CONSTRUCTION PROJECT

建设工程施工合同纠纷诉讼实务指南

Practice Guide for Dispute Litigation in Construction Contract

郑一珺　常东岳◎著

法律出版社 LAW PRESS·CHINA

目　　录

上篇　建设工程施工合同纠纷诉讼程序指南

上篇　建设工程施工合同纠纷诉讼程序指南

CHAPTER 1

第一章

建设工程施工合同纠纷案件诉讼的提起

建设工程施工合同的双方当事人因工程价款的支付、工程质量、工程索赔等问题发生纠纷,如无法通过自行协商或相关部门主持调解解决,当事人向人民法院提起诉讼是最常见的解决纠纷的方式。

第一节 起 诉 条 件

当事人向人民法院提起诉讼,应当符合法律规定的起诉条件。根据《民事诉讼法》第一百一十九条的规定,起诉必须符合下列条件:(1)原告是与本案有直接利害关系的公民、法人和其他组织;(2)有明确的被告;(3)有具体的诉讼请求和事实、理由;(4)属于人民法院受理民事诉讼的范围和受诉人民法院管辖。

1. 原告是与本案有直接利害关系的公民、法人和其他组织,意指原告必须是民事权益受到侵害或者与他人发生争议的公民、法人和其他组织。民事权益未受侵害,也未与他人发生争议的公民、法人和其他组织,不是民事诉讼的适格原告。建设工程施工合同纠纷的原告,应当是建设工程施工合同的一方当事人,因合同相对方不履行或未完全履行建设工程施工合同而提起诉讼。

2. 有明确的被告。原告提起诉讼必须有被告,而且被告的指向应当明确。《最高人民法院关于适用〈中华人民共和国民事诉讼法〉的解释》(以下简称《民事诉讼法司法解释》)第二白零九条规定,原告提供被告的姓名或者名称、住所等信息具体明确,足以使被告与他人相区别的,可以认定为有明确的被告。起诉状列写被告信息不足以认定明确的被告的,人民法院可以告知原告补正。原告补正后仍不能确定明确的被告的,人民法院裁定不予受理。根据该条规定,原告起诉时,应向人民法院提供被告的身份信息,身份信息尽可能完整。被告为个人的,原告应当提供被告的姓名、性别、民族、出生日期、住所、联系方式等信息。被告为法人和其他组织的,原告应当提供被告的名称、住所地,以及法定代表人或负责人的姓名、职务和联系方式。

3. 有具体的诉讼请求和事实、理由。原告起诉时,诉讼请求必须具体、明确,不可出现模糊的表述。建设工程施工合同纠纷中,原告起诉要求被告支付工程价款的,应当在诉讼请求中明确工程价款的数额以及利息(违约金)的数额或计算标准、起止时间;原告要求被告赔偿损失的,应当在诉讼请求中明确赔偿损失的具体数额;原告要求确认享有建设工程优先受偿权的,应当在诉讼请求中明确优先受偿权行使的范围及客体。诉讼请求所依据的事实和理由也应当明确具体,有逻辑性,层层推进,重点突出。

4. 属于人民法院受理民事诉讼的范围和受诉人民法院管辖。《民事诉讼法》第三条规定:"人民法院受理公民之间、法人之间、其他组织之间以及他们相互之间因财产关系和人身关系提起的民事诉讼,适用本法的规定。"不属于平等民事主体之间因财产关系和人身关系提起的诉讼,人民法院不予受理。除当事人提起的诉讼属于人民法院受理民事诉讼的范围的条件外,当事人还应当向具有管辖权的人民法院提起诉讼。如原告向不具有管辖权的人民法院提起诉讼,人民法院应告知原告向有管辖权的人民法院起诉。根据《民事诉讼法司法解释》第二百一十一条的规定,原告坚持向没有管辖权的人民法院起诉的,裁定不予受理。

《民事诉讼法》第一百二十四条规定了民事诉讼受理的消极条件。根据该条规定:"人民法院对下列起诉,分别情形,予以处理:(一)依照行政诉讼法的规定,属于行政诉讼受案范围的,告知原告提起行政诉讼;(二)依照法律规定,双方当事人达成书面仲裁协议申请仲裁、不得向人民法院起诉的,告知原告向仲裁机构申请仲裁;(三)依照法律规定,应当由其他机关处理的争议,告知原告向有关机关申请解决;(四)对不属于本院管辖的案件,告知原告向有管辖权的人民法院起诉;(五)对判决、裁定、调解书已经发生法律效力的案件,当事人又起诉的,告知原告申请再审,但人民法院准许撤诉的裁定除外;(六)依照法律规定,在一定期限内不得起诉的案件,在不得起诉的期限内起诉的,不予受理;(七)判决不准离婚和调解和好的离婚案件,判决、调解维持收养关系的案件,没有新情况、新理由,原告在六个月内又起诉的,不予受理。"符合以上情形的,人民法院对原告的起诉均不予受理。

除以上条件外,还应注意,原告在起诉状中切不可有谩骂和人身攻击之辞。一些建设工程施工合同纠纷中,原告、被告双方的矛盾非常激烈,原告可能将这种激烈的情绪带入起诉状中,对被告进行谩骂和人身攻击。《民事诉讼法司法解释》第二百一十条规定:"原告在起诉状中有谩骂和人身攻击之辞的,人民法院应当告知其修改后提起诉讼。"该条虽然没有明确人民法院对有谩骂和人身攻击之辞的起诉状不予受理,但从条文内容可推知,原告提交有谩骂和人身攻击之辞的起诉状,人民法院暂不予立案,应告知原告修改起诉状后再予立案受理,如原告拒不修改起诉状,或重新提交的起诉状中仍有谩骂和人身攻击之词,人民法院应裁定不予受理。

第二节　诉讼主体的确定

当事人在提起诉讼前,首先要确定诉讼的主体,包括原告、被告和第三人。在建设工程施工实践中,存在大量的借用资质、挂靠、转包、违法分包等违法违规行为,还存在内部承包、专业分包、劳务分包等合法行为,建设工程施工合同的主体非常多样化,而且还可能出现合同的签订主体和履行主体不一致的情况。这就导致建设工程施工合同纠纷诉讼主体的确定变得较为复杂。诉讼主体选择错误,轻则在诉讼中变更或追加诉讼主体、重新收集或补充证据,加大工作量,重则被裁定不予受理、驳回起诉或驳回诉讼请求,增加当事人的诉累,还可能增加诉讼费、保全费、律师费等费用的支出。因此,当事人在提起建设工程施工合同纠纷诉讼前,应当审慎地依据法律规定选择和确定诉讼主体。

一、原告主体的确定

在建设工程施工合同纠纷中,适格的原告应当是与建设工程施工合同案件有直接利害关系的公民、法人或其他组织。一般来说,建设工程施工合同的一方当事人,因对方当事人不履行合同或履行合同存在瑕疵,或就建设工程施工合同与他人产生争议,可以作为原告向人民法院起诉。特殊情形下原告主体建议按以下方法确定:

1. 建设单位或施工单位的内设部门或下属机构与他人签订建设工程施工合同产生纠纷,以建设单位或施工单位作为原告起诉。

2. 建设单位或施工单位的分支机构与他人签订建设工程施工合同产生纠纷,一般以建设单位或施工单位作为原告起诉。依法设立并领取营业执照的法人的分支机构,根据《民事诉讼法司法解释》第五十二条第(五)项的规定,属于《民事诉讼法》第四十八条规定的其他组织,可作为原告起诉。未依法设立的分支机构,或者虽依法设立,但没有领取营业执照的分支机构,不能作为原告起诉。

3. 没有资质的施工单位和个人因建设工程施工合同产生纠纷,可以作为原告起诉。

4. 施工作业班组,不属于《民事诉讼法》规定的公民、法人、其他组织,不能作为原告起诉,而应以承包人作为原告起诉。

5. 施工员、建筑工人等不属于实际施工人的人员,不能在建设工程施工合同案件中作为原告起诉。

6. 不具备相应资质的施工单位或个人借用有资质的施工单位资质或挂靠有资质的施工单位与发包人签订建设工程施工合同的,一般以被挂靠单位为原告起诉,如有证据证明发包人签订合同时明知借用资质或挂靠的事实,挂靠人可作为原告参加诉讼。

7. 施工单位实行合法内部承包,发生建设工程施工合同纠纷时,应以施工单位作为原告起诉。

8. 合作开发建设工程并对合作建设工程享有共同权益的,其中合作一方与建设工程施工合同相对方发生争议的,其他合作人可以作为共同诉讼人。[①] 如合作开发各方成立项目开发公司的,则应以该项目开发公司作为原告起诉。

9. 联合承包人共同承包建设工程,以联合承包人作为共同原告起诉。如联合承包人组成项目公司的,则以该项目公司作为原告提起诉讼。

10. 个人合伙承包工程的,根据《民事诉讼法司法解释》第六十条的规定,未依法登记领取营业执照的个人合伙的全体合伙人作为共同诉讼人。个人合伙有依法核准登记字号的,应在法律文书中注明登记的字号。全体合伙人可以出具推选书,推选代表人参加诉讼。

11. 建设单位或施工单位合并的,因合并前建设工程施工合同产生的纠纷,以合并后的单位作为诉讼主体;建设单位或施工单位分立的,因分立前建设工程施工合同产生的纠纷,以分立后的单位作为共同诉讼主体。

二、被告主体的确定

虽然法律规定民事诉讼中有明确的被告即符合起诉的条件,但为了获得实体上胜诉的结果,被告仍然应当适格。被告或者是建设工程施工合同的相对方,或者与建设工程施工合同存在密切关系。原告主体确定的方法除第6项外,同样适用于被告主体的确定。被告主体确定的其他规则如下:

1. 不具备相应的资质的施工单位或个人借用有资质的施工单位资质或挂靠有资质的施工单位与发包人签订建设工程施工合同,发包人提起民事诉讼的,根据

---

① 参见常设中国建设工程法律论坛第五工作组:《建设工程施工合同纠纷证据指引理解与适用》,法律出版社2018年版,第2~3页。

《民事诉讼法司法解释》第五十四条的规定，应以挂靠人和被挂靠人作为共同被告提起诉讼。

2. 发包人与施工单位签订建设工程施工合同后，施工单位将工程转包或违法分包，产生质量纠纷，发包人应将施工单位以及转承包人、受分包人等实际施工人作为共同被告。

3. 发包人与施工总承包单位签订建设工程施工合同后，施工总承包单位将工程进行专业分包、劳务分包的，产生质量纠纷，施工总承包单位应当对整个工程的质量负责，因此，应将施工总承包单位、专业分包单位和劳务分包单位作为共同被告。

4. 工程转包、违法分包的情况下，实际施工人追索工程欠款的，一般情况下以与实际施工人有合同关系的转包人、违法分包人作为被告。如发包人存在欠付工程款的，以发包人、转包人和违法分包人作为共同被告。工程存在层层转包、分包的情形，实际施工人除可将与其有合同关系的转包人、违法分包人作为被告外，还可将与其无合同关系的欠付工程款的发包人、转包人和违法分包人作为共同被告。

5. 建设单位或施工单位解散的，注销前，仍以该单位作为被告；建设单位或施工单位未依法清算即被注销的，以该单位的股东、发起人或出资人为被告；建设单位或施工单位为个人独资企业或一人公司，可将建设单位或施工单位及其投资者或股东为共同被告；建设单位或施工单位为股份有限公司或有限责任公司，公司股东未履行或未全面履行出资义务，可以建设单位或施工单位、股东、发起人作为共同被告，公司股东抽逃出资的，可以建设单位或施工单位、股东作为共同被告。

三、第三人主体的确定

民事诉讼的第三人，是指对当事人争议的诉讼标的具有独立的请求权，或者虽无独立的请求权，但案件处理结果同他有法律上的利害关系，从而参加到他人已开始的诉讼中去的人。第三人分为有独立请求权的第三人和无独立请求权的第三人。对当事人双方的诉讼标的有独立请求权的，为有独立请求权的第三人；对当事人双方的诉讼标的无独立请求权的，但案件处理结果同他有法律上的利害关系的，为无独立请求权的第三人。建设工程施工合同纠纷中，根据以下情形确定需要参加诉讼的第三人：

1. 实际施工人以发包人为被告主张权利，而未将转包人或违法分包人列为被告的，转包人或违法分包人应当作为第三人参加诉讼。根据 2021 年 1 月 1 日施行的《最高人民法院关于审理建设工程施工合同纠纷案件适用法律问题的解释（一）》

(以下简称《建设工程司法解释(一)》)第四十三条的规定:实际施工人以转包人、违法分包人为被告起诉的,人民法院应当依法受理。实际施工人以发包人为被告主张权利的,人民法院应当追加转包人或者违法分包人为本案第三人,在查明发包人欠付转包人或者违法分包人建设工程价款的数额后,判决发包人在欠付建设工程价款范围内对实际施工人承担责任。

2. 实际施工人以发包人为被告提起代位权诉讼的,可将转包人或违法分包人列为第三人。《建设工程司法解释(一)》第四十四条规定:"实际施工人依据民法典第五百三十五条规定,以转包人或者违法分包人怠于向发包人行使到期债权或者与该债权有关的从权利,影响其到期债权实现,提起代位权诉讼的,人民法院应予支持。"

四、施工人和实际施工人身份的界定

(一)实际施工人概念的创设与沿用

《最高人民法院关于审理建设工程施工合同纠纷案件适用法律问题的解释》(2005年1月1日起施行,2021年1月1日失效)首次使用"实际施工人"这一概念。该解释共有四个条文出现实际施工人的表述。第一条规定:"建设工程施工合同具有下列情形之一的,应当根据合同法第五十二条第(五)项的规定,认定无效:(一)承包人未取得建筑施工企业资质或者超越资质等级的;(二)没有资质的实际施工人借用有资质的建筑施工企业名义的;(三)建设工程必须进行招标而未招标或者中标无效的。"第四条规定:"承包人非法转包、违法分包建设工程或者没有资质的实际施工人借用有资质的建筑施工企业名义与他人签订建设工程施工合同的行为无效。人民法院可以根据民法通则第一百三十四条规定,收缴当事人已经取得的非法所得。"第二十五条规定:"因建设工程质量发生争议的,发包人可以以总承包人、分包人和实际施工人为共同被告提起诉讼。"第二十六条规定:"实际施工人以转包人、违法分包人为被告起诉的,人民法院应当依法受理。实际施工人以发包人为被告主张权利的,人民法院可以追加转包人或者违法分包人为本案当事人。发包人只在欠付工程价款范围内对实际施工人承担责任。"

继《最高人民法院关于审理建设工程施工合同纠纷案件适用法律问题的解释》之后,一些部门规范性文件中也开始使用"实际施工人"这一概念。如住房和城乡建设部办公厅《关于进一步做好工程建设实施和工程质量管理专项治理排查工作的通知》、国家电力监管委员会《承装(修、试)电力设施许可证监督管理实施办法》(已失效)均有实际施工人的表述。

《最高人民法院关于审理建设工程施工合同纠纷案件适用法律问题的解释(二)》(2019年2月1日起施行,2021年1月1日失效)继续沿用“实际施工人”的概念。该解释第二十四条规定:“实际施工人以发包人为被告主张权利的,人民法院应当追加转包人或者违法分包人为本案第三人,在查明发包人欠付转包人或者违法分包人建设工程价款的数额后,判决发包人在欠付建设工程价款范围内对实际施工人承担责任。”第二十五条规定:“实际施工人根据合同法第七十三条规定,以转包人或者违法分包人怠于向发包人行使到期债权,对其造成损害为由,提起代位权诉讼的,人民法院应予支持。”

2021年1月1日施行的《建设工程司法解释(一)》中实际施工人的概念,除对《最高人民法院关于审理建设工程施工合同纠纷案件适用法律问题的解释》第二十六条和《最高人民法院关于审理建设工程施工合同纠纷案件适用法律问题的解释(二)》第二十四条进行合并外,其他内容未作实质修改。

(二)施工人和实际施工人概念的厘清

综合《建设工程司法解释(一)》及部门规范性文件的规定,实际施工人可定义为无效建设工程施工合同的施工主体,是实际投入资金、材料、设备和人力进行工程施工的人。包括转包、非法分包的承包人,以及借用有资质的施工单位资质承包工程的承包人。实际施工人的界定应着重把握以下五个方面:

1. 实际施工人应当是无效建设工程施工合同的施工主体。根据法律规定,转包、违法分包、借用有资质的施工单位资质承包工程签订的建设工程施工合同无效。而合法的分包,如专业分包、劳动作业分包,并不违反法律的强制性规定,相应的建设工程施工合同合法有效,专业工程分包人、劳动分包人就不是实际施工人。

2. 实际施工人应当是实际进行施工作业的承包人。建设工程领域,经常会出现多次转包、层层分包的现象。中间环节的转包人、违法分包人往往未实际进行作业,他们就不是实际施工人。只有实际投入人力、资金、材料、设备进行施工作业的承包人才是实际施工人。

3. 实际施工人与发包人没有直接的合同关系或者名义上的合同关系。实际施工人如果直接与发包人签订建设工程施工合同,则属于承包人、施工人,无须强调“实际”二字。①

---

① 参见最高人民法院民事审判第一庭编著:《最高人民法院建设工程施工合同司法解释(二)理解与适用》,人民法院出版社2019年版,第492页。

4. 实际施工人应当是承包工程的当事人。施工班组和承包人的工作人员、建筑工人并非承包工程的当事人,不能界定为实际施工人。

5. 未参与施工仅向实际施工人出借资金等的个人、企业,后因借贷关系加入工程施工,一般不宜认定为实际施工人,其法律关系应认定为借贷。①

案例 1　黑龙江省环亚建筑工程有限公司(以下简称环亚公司)与哈尔滨医科大学附属第四医院(以下简称医大四院)及原审第三人刘某某建设工程施工合同纠纷案②

最高人民法院二审认为:关于第三人刘某某是否为医技楼项目工程的实际施工人,其对工程款是否享有独立请求权的问题。最高人民法院经审理认为,依据《合同法》第269条(已失效,现为《民法典》第七百八十八条)之规定,建设工程合同是承包人进行工程建设,发包人支付价款的合同。本案承包人环亚公司在完成医技楼项目前期管网改造工程后,与作为发包人的医大四院签订的《施工合同》,为双方当事人的真实意思表示,内容不违反法律法规的强制性规定,应认定合法有效。

《施工合同》签订后,环亚公司陆续将安装、消防、水暖等后续工程分别分包哈尔滨市中实美盛混凝土有限公司等公司,并签订相关分包施工合同。各分包施工合同履行过程中,虽刘某某与环亚公司于2006年9月12日签订《协议书》约定,环亚公司不参与管理,出现问题由环亚公司的项目公司六分公司与刘某某负责,刘某某负责办理了工程的《工程报审表》《结算书报审表》《工程结算报审表》《工程概预算书》等与施工相关的事项,但上述各类表格载明的刘某某均为医技楼项目施工负责人或者管理人。哈尔滨市道外区人民法院作出的(2007)外民三初字第752号民事判决、(2007)外民一初字第1958号民事判决及(2008)南民一初字第2128号民事判决等生效的民事判决,均判令环亚公司向医技楼工程项目的分包单位履行付款义务。2008年5月12日,黑龙江省建设厅发布的《关于发布2007年度黑龙江省建设工程质量优质建设工程获奖名单的通知》也载明:施工单位为环亚公司。

事实证明,环亚公司为涉案《施工合同》及分包施工合同的签约主体与义务承担主体。刘某某作为医技楼项目施工负责人,是依据环亚公司的意思表示从事负

① 参见肖峰、严慧勇、徐宽宝:《〈关于审理建设工程施工合同纠纷案件适用法律问题的解释(二)〉解读与探索》,载《法律适用》2019年第7期。

② 最高人民法院(2009)民一终字第75号民事判决书。

责施工管理，不符合《最高人民法院关于审理建设工程施工合同纠纷案件适用法律问题的解释》第二十六条“实际施工人为转包人”和“违法分包人的承包人”的条件。环亚公司关于刘某某不是实际施工人的上诉主张，依据充分，予以支持。一审判决认定刘某某为医技楼项目工程的实际施工人，对工程款享有独立请求权，适用法律错误，予以纠正。

与实际施工人相对的是施工人的概念。在《民法典》中，施工人的概念出现在三个条文中，这三个条文中的施工人均指与发包人签订建设工程施工合同的承包人。实践中，施工人还包括合法分包人，包括专业工程分包人、劳务作业分包人。由上可知，施工人应界定为有效建设工程施工合同的承包人、专业工程分包人和劳务作业分包人，不包括转包、违法分包、借用资质承包工程等无效施工合同的承包人。

部分高级人民法院出台规范性文件对“实际施工人”的概念进行界定。河北省高级人民法院《建设工程施工合同案件审理指南》（2018 年）第二十九条规定：“实际施工人与名义上的承包人相对，一般是指非法转包合同、违法分包合同、借用资质（挂靠）签订合同的承包人。具有下列情形可认定为实际施工人：（一）存在实际施工行为，包括在施工过程中购买材料、支付工人工资、支付水电费等行为；（二）参与建设工程承包合同的签订与履行过程；（三）存在投资或收款行为。具有下列情形的，不能认定为实际施工人：（一）属于施工企业的内部职工；（二）与非法转包人、违法分包人无施工合同关系的农民工、建筑工人或者施工队、班组成员。上述人员不能直接向发包人主张权利，只能依据劳动关系或劳务关系向实际施工人（承包人）主张权利。建设工程经数次转包的，实际施工人为最终的承包人。”四川省高级人民法院《关于审理建设工程施工合同纠纷案件若干疑难问题的解答》（2015 年）第十二条规定，“实际施工人”是指转包、违法分包以及借用资质的无效建设工程施工合同的承包人。建设工程经数次转包或分包的，实际施工人应当是实际投入资金、材料和劳力进行工程施工的企业或个人。对于不属于前述范围的当事人依据司法解释的相关规定以发包人为被告主张欠付工程款的，应当不予受理，已经受理的，应当裁定驳回起诉。建筑工人追索欠付工资或劳务报酬的，按照劳动关系或雇佣关系妥善处理。

案例 2　李某某与孟某某、长春圣祥建筑工程有限公司等案外人执行异议之诉案①

最高人民法院再审认为：原判决认定李某某系蓝天佳苑二期工程的实际施工人，超出了本案的审理范围。实际施工人是《最高人民法院关于审理建设工程施工合同纠纷案件适用法律问题的解释》中规定的概念，旨在对于那些已实际施工诉争工程但无法因合同关系主张工程款的人予以限制性保护，因其规范情形之特定性，故亦应在该规范所涉之建设工程施工合同纠纷案件中，才适宜对实际施工人的身份作出认定。本案系案外人执行异议之诉，并非实际施工人以发包人和承包人为被告提起的建设工程施工合同纠纷，原判决认定李某某为蓝天佳苑二期工程的实际施工人，一方面超出了本案的审理范围，另一方面因一审、二审法院并非针对建设工程施工合同纠纷进行审理，并未围绕该工程所涉各方之诉辩主张、举证质证情况进行庭审、判断及裁决，故作出该认定可能有失公正且可能对于该工程所涉各方之权利义务关系造成一定影响。因此，原判决作出的关于李某某为蓝天佳苑二期工程的实际施工人的认定欠妥，予以纠正。

第三节　管辖法院的确定

诉讼主体确定以后，原告下一步的工作就是确定建设工程合同纠纷的管辖法院。管辖法院的确定是提起民事诉讼非常重要的一环，如果原告向不具有管辖权的法院提起诉讼，会被告知向具有管辖权的法院提起诉讼，或被裁定移送至有管辖权的法院。如原告拒不向有管辖权的法院起诉，原告的起诉将被驳回。这样会增加原告的诉累和诉讼成本。

管辖法院的确定需要考虑三个方面的因素：一是职能管辖；二是级别管辖；三是地域管辖。

一、职能管辖

确定职能管辖，是指确定建设工程施工合同纠纷案件是否属于人民法院的受理范围。首先，要审查建设工程施工合同、补充协议和结算协议是否有仲裁条款，以

① 最高人民法院（2016）最高法民再 149 号民事判决书，载《最高人民法院公报》2017 年第 2 期。

及当事人是否签订单独的仲裁协议。如当事人在上述合同、协议中约定仲裁的,则应向约定的仲裁委员会申请仲裁,而不应向人民法院提起诉讼。仲裁协议约定两个以上仲裁机构、约定由某地的仲裁机构仲裁但该地有两个以上仲裁机构,当事人不能就仲裁机构的选择达成一致,仲裁协议无效;当事人约定争议可以向仲裁机构申请仲裁也可以向人民法院起诉的,仲裁协议无效;当事人对仲裁事项或仲裁机构约定不明确,双方当事人达不成补充协议的,仲裁协议无效。仲裁协议无效的,当事人可以向人民法院提起诉讼。其次,要审查起诉是否存在人民法院不予受理的情形,如是否存在"一事不再理"的情形,是否存在二审撤回起诉后又提起诉讼的情形等。

实际施工人突破合同相对性原则以发包人作为被告提起诉讼,发包人能否以其与承包人之间存在仲裁协议为由排除人民法院管辖,实践中存在争议。观点一认为,实际施工人突破合同相对性原则向发包人主张权利,其取代的是承包人的地位,发包人可用合同约定的条款对抗实际施工人,包括其与承包人签订的仲裁协议排除人民法院的管辖。观点二认为,实际施工人非合同当事人,不受仲裁协议的约束,发包人不得以其与承包人签订的仲裁协议对抗实际施工人提起的诉讼。笔者倾向于第二种观点。实际施工人向发包人主张权利可分为两种情形:(1)实际施工人行使代位权的情形。《民法典》第五百三十五条仅规定债权人向人民法院请求行使代位权,并没有规定代位权可以通过仲裁机构仲裁的方式行使。发包人以其与承包人签订仲裁协议为由认为实际施工人应向仲裁机构行使代位权,与法律规定不符。(2)实际施工人依据《建设工程司法解释(一)》第四十三条规定向发包人主张权利的情形。实际施工人只能向发包人主张欠付工程款的权利,并没有取代承包人作为合同当事人的地位。因此,实际施工人并不受合同约定的工程价款和支付时间以外其他条款的约束,发包人与承包人签订的仲裁协议也不应约束实际施工人。

二、级别管辖

民商事案件的第一审管辖法院一般是基层人民法院。一些建设工程施工合同纠纷案件标的额较大,案件影响较大,可能存在第一审管辖法院为中级人民法院、高级人民法院乃至最高人民法院的情况。

《民事诉讼法》第十七条规定:"基层人民法院管辖第一审民事案件,但本法另有规定的除外。"第十八条规定:"中级人民法院管辖下列第一审民事案件:(一)重大涉外案件;(二)在本辖区有重大影响的案件;(三)最高人民法院确定由中级人民法院管辖的案件。"第十九条规定:"高级人民法院管辖在本辖区有重大影响的第一审民事案件。"第二十条规定:"最高人民法院管辖下列第一审民事案件:(一)在全国有重大影响的案件;(二)认为应当由本院审理的案件。"

《最高人民法院关于调整高级人民法院和中级人民法院管辖第一审民商事案件标准的通知》(法发〔2015〕7 号)和《最高人民法院关于调整高级人民法院和中级人民法院管辖第一审民事案件标准的通知》(法发〔2019〕14 号)对级别管辖进行了细化。以北京、上海、江苏、浙江、广东为例:诉讼标的额在 50 亿元以上(包含本数)或者其他在本辖区有重大影响的第一审民商事案件由高级人民法院管辖;当事人住所地均在受理法院所处省级行政辖区,诉讼标的额在 1 亿元以上 50 亿元以下的第一审民商事案件由中级人民法院管辖;当事人一方住所地不在受理法院所处省级行政辖区,诉讼标的额在 5000 万元以上 50 亿元以下的第一审民商事案件由中级人民法院管辖。对重大疑难、新类型和在适用法律上有普遍意义的案件,可以依照《民事诉讼法》第三十八条的规定,由上级人民法院自行决定由其审理,或者根据下级人民法院报请决定由其审理。

建设工程施工合同纠纷案件诉讼标的额,一般按原告诉讼请求中的金额确定,包括工程欠款的本金、利息、违约金、损失赔偿数额等。

三、地域管辖

2015 年 2 月 4 日《民事诉讼法司法解释》施行之前,虽然《民事诉讼法》第三十三条第(一)项规定因不动产纠纷提起的诉讼,由不动产所在地人民法院管辖,但当时通说认为,此处因不动产纠纷提起的诉讼,是指因不动产所有权、使用权、相邻权等物权纠纷提起的诉讼,不包括建设工程施工合同等不动产合同纠纷。已失效的《最高人民法院关于审理建设工程施工合同纠纷案件适用法律问题的解释》第二十四条规定,建设工程施工合同纠纷以施工行为地为合同履行地。该条即为建设工程施工合同地域管辖的程序性规定,明确建设工程施工合同纠纷案件不适用专属管辖,而应当适用合同纠纷的一般性地域管辖原则。[①] 因此,2015 年之前,以一般合同纠纷的管辖规定确定建设工程施工合同纠纷的管辖法院,即由被告所在地或合同履行地人民法院管辖,但当事人可以书面协议选择被告住所地、合同履行地、合同

① 参见最高人民法院民事审判第一庭编著:《最高人民法院建设工程施工合同司法解释的理解与适用》,人民法院出版社 2015 年版,第 172 页。

签订地、原告住所地、标的物所在地等与争议有实际联系的地点的人民法院管辖。

2015 年 2 月 4 日起施行的《民事诉讼法司法解释》第二十八条规定：民事诉讼法第三十三条第一项规定的不动产纠纷是指因不动产的权利确认、分割、相邻关系等引起的物权纠纷。农村土地承包经营合同纠纷、房屋租赁合同纠纷、建设工程施工合同纠纷、政策性房屋买卖合同纠纷，按照不动产纠纷确定管辖。不动产已登记的，以不动产登记簿记载的所在地为不动产所在地；不动产未登记的，以不动产实际所在地为不动产所在地。该条规定建设工程施工合同纠纷按不动产纠纷确定管辖法院，即由不动产所在地人民法院管辖。这是考虑到建设工程施工合同纠纷，往往涉及建筑物工程造价评估、质量鉴定、价款优先受偿、执行拍卖等，由建筑物所在地法院管辖，有利于案件的审理与执行。①

几类特殊案件的管辖法院分析如下：

1. 建设工程债权转让，债权受让人与建设工程施工合同的相对人产生纠纷，管辖法院如何确定。第一种观点认为，应当依一般合同纠纷的管辖规定确定管辖法院，由被告所在地或合同履行地的人民法院管辖，当事人可以协议确定管辖法院；第二种观点认为，应当以建设工程所在地人民法院专属管辖。笔者认为，建设工程债权转让后，债权受让人与建设工程施工合同的相对人产生纠纷，如债权受让人向合同相对人主张工程价款债权，相对人可以合同约定的质量问题、工期延误问题等进行抗辩，实质上仍是建设工程施工合同纠纷，应当以建设工程施工合同纠纷确定管辖法院。

案例 3　中房京贸房地产开发有限公司（以下简称中房京贸公司）与北京城建五资产管理有限公司（以下简称城建五资产公司）建设工程施工合同纠纷②

北京市高级人民法院二审认为：债权转让生效后，债权受让人诉至法院要求债务人还款，诉讼标的是原合同的权利义务关系，债务人亦可基于原合同的权利义务关系对受让的债权进行抗辩，故应按原合同类型确定案由及案件管辖。本案中，城建五资产公司主张其受让了城建五建设公司对中房京贸公司享有的债权，要求中房京贸公司还款，故应以城建五建设公司与中房京贸公司之间的原合同关系确定

① 参见沈德咏主编：《最高人民法院民事诉讼法司法解释理解与适用》（上），人民法院出版社 2015 年版，第 181 页。

② 北京市高级人民法院（2019）京民辖终 289 号民事裁定书。

本案案由及管辖。本案争议原合同系中房京贸公司与城建五建设公司签订有《建设工程施工合同》,故本案争议系建设工程施工合同纠纷,应以不动产所在地法院专属管辖。该合同约定建设地位于北京市海淀区,故由北京市海淀区有管辖权的法院对本案行使管辖权。结合本案诉讼标的额确定级别管辖,一审法院对本案有管辖权。中房京贸公司认为一审法院对本案没有管辖权没有法律依据,不予支持;一审法院裁定驳回中房京贸公司的管辖权异议正确,应予维持。

2. 实际施工人提起代位权诉讼,管辖法院如何确定。《建设工程司法解释(一)》第四十四条规定:“实际施工人依据民法典第五百三十五条规定,以转包人或者违法分包人怠于向发包人行使到期债权或者与该债权有关的从权利,影响其到期债权实现,提起代位权诉讼的,人民法院应予支持。”该条是关于实际施工人向发包人提起代位权诉讼的规定。第一种观点认为,应当以代位权诉讼管辖规定确定管辖法院。而代位权诉讼应由被告住所地人民法院管辖。因此,实际施工人提起代位权诉讼,应当由被告即发包人住所地的人民法院管辖。第二种观点认为,实际施工人提起代位权诉讼,应当按照建设工程施工合同纠纷的管辖规定确定管辖法院。第三种观点认为,《民事诉讼法》和《民事诉讼法司法解释》关于专属管辖的规定应优先适用,实际施工人对发包人提起的代位权诉讼涉及建设工程价款债权的,应由建设工程所在地人民法院管辖,不涉及建设工程价款债权的,应由发包人住所地人民法院管辖。[①]最高人民法院民事审判第一庭编著的《最高人民法院建设工程施工合同司法解释(二)理解与适用》采用的是第三种观点,本书亦从之。

3. 施工单位或实际施工人凭借工程款欠条主张权利,管辖法院如何确定。建设工程实践中,常有施工单位与发包人结算后,发包人向施工单位出具工程款欠条,实际施工人与前手承包人结算后,承包人向实际施工人出具工程款欠条的情况。关于此类案件管辖法院如何确定,有两种观点。第一种观点认为,应当适用建设工程施工合同专属管辖的规定确定管辖法院;第二种观点认为,此类案件与民间借贷案件更为相似,因此不应适用专属管辖的规定,而应参照民间借贷纠纷的管辖规则确定管辖法院。笔者认为,发包人或前手承包人出具工程款欠条,施工单位或实际施工人凭借工程款欠条提起诉讼,其基础法律关系仍是建设工程施工合同关系而非民间借贷关系,管辖法院的确定也应当适用建设工程施工合同专属管辖的规定。

---

① 参见最高人民法院民事审判第一庭编著:《最高人民法院建设工程施工合同司法解释(二)理解与适用》,人民法院出版社 2019 年版,第 518 页。

4. 破产企业作为债务人的建设工程施工合同纠纷案件由受理破产的人民法院管辖。《企业破产法》第二十一条规定："人民法院受理破产申请后，有关债务人的民事诉讼，只能向受理破产申请的人民法院提起。"由于破产是一种概括式的债权债务处理方式，涉及破产企业的所有债权债务均由受理破产申请的人民法院集中处理。虽然司法解释规定建设工程施工合同案件由建设工程所在地人民法院专属管辖，但涉及破产企业的建设工程施工合同案件仍应适用《企业破产法》的规定，由受理破产申请的人民法院管辖。

江苏省高级人民法院《关于审理建设工程施工合同纠纷案件若干问题的解答》（2018 年）第一条规定："建设工程合同案件专属管辖如何理解？《最高人民法院关于适用〈中华人民共和国民事诉讼法〉的解释》第 28 条规定建设工程施工合同案件按照不动产专属管辖确定受诉法院，即建设工程施工合同纠纷一律由建设工程所在地人民法院管辖。'建设工程施工合同纠纷'还包括建设工程价款优先受偿权纠纷、建设工程分包合同纠纷、建设工程监理合同纠纷、装饰装修合同纠纷、建设工程勘察合同纠纷、建设工程设计合同纠纷。尚未开工建设的建设工程施工合同纠纷，以及达成结算协议的建设工程施工合同纠纷，均适用专属管辖。工程款债权转让的，债务人与受让人因债务履行发生纠纷的，由于该债权源于建设工程施工合同，按建设工程施工合同纠纷适用专属管辖。"

第四节 撰写民事起诉状、提交起诉材料和提出保全

当事人在向人民法院起诉前，应当完成民事起诉状的撰写及相关起诉材料的准备，以供人民法院在立案时审查。

一、民事起诉状的撰写

《民事诉讼法》第一百二十条规定，起诉原则上应以书面的形式提交起诉状，只有在书写起诉状确有困难的情况下，才可以采用口头的形式。建设工程施工合同纠纷案件一般不存在原告书写起诉状确有困难的情况，因此，原告在向人民法院起诉前，应完成起诉状的撰写。起诉状是原告向人民法院起诉的首个文书，直接关系到人民法院是否受理案件和是否作出胜诉判决，其重要性不言而喻。

《民事诉讼法》第一百二十一条规定："起诉状应当记明下列事项：(一)原告的姓名、性别、年龄、民族、职业、工作单位、住所、联系方式，法人或者其他组织的名称、住所和法定代表人或者主要负责人的姓名、职务、联系方式；(二)被告的姓名、性别、工作单位、住所等信息，法人或者其他组织的名称、住所等信息；(三)诉讼请求和所根据的事实与理由；(四)证据和证据来源，证人姓名和住所。"

撰写起诉状时应注意以下几个问题：

1. 应严格按照起诉状的格式撰写起诉状，在格式上不要创新。(1)标题：居中写明民事起诉状，字体加大加黑。(2)原告、被告和第三人的身份情况：原告的信息应严格按照《民事诉讼法》第一百二十一条第(一)项规定填写，被告和第三人的信息应尽可能完整，以使被告和第三人的身份明确。(3)诉讼请求：写明原告请求人民法院裁判支持自己的实体权利。(4)事实和理由：写明原告诉讼请求所依据的事实、理由及法律依据。(5)证据和证据来源，证人姓名和住所：列明原告诉讼请求、事实和理由所依据的证据材料清单。证据材料清单也可以单独列出附在民事起诉状之后。(6)尾部：写明致送人民法院的全称、具状人或起诉人、起诉时间和附件内容。

2. 起诉状中载明的诉讼请求应当全面、具体，切忌模棱两可、含糊不清。确定诉讼请求前要通盘考虑，不要有遗漏，诉讼请求前后不能自相矛盾。以主张工程欠款为例，原告确定诉讼请求前，要计算出工程造价，减去已付工程款，得出欠付工程款的数额；并根据合同约定计算出工程欠款的利息和违约金，如利息和违约金是按拖欠工程款日期计算，要写明以工程欠款为基数，按合同约定或法律规定的标准，计算至工程款付清之日止，支付的利息和违约金，最好能计算出到起诉之日利息或违约金的数额(很多法院要求列明，以便计算诉讼费用)。原告享有建设工程价款优先受偿权或担保权的，要写明在法律规定或约定的范围内对建设工程、担保物折价或拍卖的价款享有优先受偿的权利，或由保证人承担保证责任。写明诉讼费用、财产保全费用由被告承担。

3. 诉讼请求所依据的事实和理由应当围绕诉讼请求展开。写明订立建设工程施工合同的过程，对建设工程施工合同中与诉讼请求相关的重要内容进行摘录，写明建设工程施工合同的履行情况、对方违反合同及因此造成原告损失的情况，写明诉讼请求所依据的法律。起诉状中事实和理由的撰写要做到简明扼要、重点突出、逻辑分明、事实清楚、理据充分，切忌长篇大论、主次不分，不要过分渲染自己的感情成分，更不可有谩骂和人身攻击之辞。

民事起诉状范例

民事起诉状

原告:(写明原告的姓名、性别、年龄、民族、职业、工作单位、住所、联系方式,法人或者其他组织的名称、住所和法定代表人或者主要负责人的姓名、职务、联系方式)

委托诉讼代理人:________________________。

被告:(写明被告的姓名、性别、工作单位、住所等信息,法人或者其他组织的名称、住所等信息)

诉讼请求:

(写明原告请求人民法院裁判支持的实体权利)

事实和理由:

(写明原告诉讼请求所依据的事实、理由及法律依据)

证据和证据来源,证人姓名和住所:

(列明证据清单)

此致

__________人民法院

起诉人:(盖章或签名)

______年____月____日

附:本起诉状副本____份

二、提交诉讼材料

当事人向人民法院提起建设工程施工合同纠纷诉讼时,应向人民法院提交以下材料:

1. 民事起诉状。民事起诉状由原告签名或盖章,向人民法院提交正本一份,并按照被告人数提出起诉状副本。

2. 原告主体资格证明材料。原告系公民的,应向人民法院提交身份证复印件;原告系法人的,应提交营业执照复印件、法定代表人身份证明及法定代表人身份证复印件;原告系其他组织的,如有营业执照,应提交营业执照复印件、主要负责人身份证明及主要负责人身份证复印件，如无营业执照，应提交证明该组织有效成立的法律文件复印件、主要负责人身份证明及主要负责人身份证复印件。

3. 被告主体资格证明材料。部分人民法院要求原告起诉的被告为个人的，原告需提交被告的身份证复印件或公安机关盖章的户籍信息，原告应按人民法院的要求提交前述证明材料。受理案件的人民法院未作上述要求的，原告仅需提供足以使被告明确的身份信息即可。

4. 授权委托手续。原告委托诉讼代理人代为参加诉讼，委托诉讼代理人为公民的，在起诉时应当将原告签名或盖章的授权委托书、委托诉讼代理人身份证复印件、委托诉讼代理人符合公民代理的证明材料（与原告系近亲属关系，与原告存在劳动人事关系，或者当事人所在社区、单位或社会团体推荐）提交人民法院。委托诉讼代理人为律师的，应提交律师执业证、律师事务所证明材料。委托诉讼代理人是基层法律工作者的应当提交法律服务工作者执业证、基层法律服务所出具的介绍信以及当事人一方位于本辖区内的证明材料。

5. 证据材料。原告应围绕诉讼请求、事实和理由收集并提交证据材料，制作证据清单。原告应提交证据材料正本，并按被告人数提交证据材料的副本。关于提交证据材料的内容，将在“建设工程施工合同纠纷的证据”一章中详述。

三、财产保全的提出

财产保全，是指人民法院依一方当事人的申请作出裁定，对另一方当事人的财产采取查封、扣押、冻结等保全措施，防止该当事人转移、处分财产，保障裁判的顺利执行。财产保全分为诉前财产保全和诉中财产保全。由于我国建筑业市场存在很多不规范之处，一些发包人、施工单位和其他承包人资金短缺，常采用高息借贷的方式向他人借用大量资金用于工程建设，出现资金链断裂，无力支付工程款；还有一些发包人、施工单位和其他承包人恶意转移、处分自己的财产，以逃避债务。原告在提起建设工程施工合同纠纷诉讼之前或之时，申请人民法院对被告的财产进行保全，可有效防止被告转移、处分财产，有利于未来裁判的顺利执行。

（一）诉前财产保全

《民事诉讼法》第一百零一条第一款和第二款规定：“利害关系人因情况紧急，不立即申请保全将会使其合法权益受到难以弥补的损害的，可以在提起诉讼或者申请仲裁前向被保全财产所在地、被申请人住所地或者对案件有管辖权的人民法院申请采取保全措施。申请人应当提供担保,不提供担保的,裁定驳回申请。人民法院接受申请后,必须在四十八小时内作出裁定;裁定采取保全措施的,应当立即开始执行。”该条是对诉前财产保全的规定。

诉前财产保全应当符合以下条件:

1. 对方当事人有转移、毁损、隐匿财物的行为或可能,且情况紧急,不立即申请保全将会使申请人合法权益受到难以弥补的损害。

2. 申请人必须在提起诉讼前向人民法院提出书面财产保全申请。

3. 申请人应向被保全财产所在地、被申请人住所地或者对案件有管辖权的人民法院申请采取保全措施。

4. 申请人应提供相当于请求保全数额的担保。

申请人应在人民法院采取保全措施后30日内提起诉讼,否则人民法院将解除财产保全。

(二)诉中财产保全

《民事诉讼法》第一百条规定:“人民法院对于可能因当事人一方的行为或者其他原因,使判决难以执行或者造成当事人其他损害的案件,根据对方当事人的申请,可以裁定对其财产进行保全、责令其作出一定行为或者禁止其作出一定行为;当事人没有提出申请的,人民法院在必要时也可以裁定采取保全措施。人民法院采取保全措施,可以责令申请人提供担保,申请人不提供担保的,裁定驳回申请。人民法院接受申请后,对情况紧急的,必须在四十八小时内作出裁定;裁定采取保全措施的,应当立即开始执行。”

诉中财产保全应当符合以下条件:

1. 申请诉中财产保全的时间应当是提起诉讼后,裁判作出前。申请既可以在第一审诉讼程序中提出,也可以在第二审诉讼程序中提出。情况紧急的,最好在提起诉讼的同时向人民法院申请财产保全。

2. 对方当事人有转移、毁损、隐匿财物的行为或可能,使裁判难以执行或对申请人造成其他损害。

3. 申请财产保全的当事人应当向受理案件的人民法院提出书面财产保全申请。

4. 申请人按人民法院的要求提供相应担保。人民法院采取保全措施的,根据案件的具体情况,可以责令申请人提供担保,担保的数额由人民法院确定。人民法院责令申请人提供担保,申请人不提供的,财产保全申请将被驳回。

四、证据保全的提出

证据保全,是指为了防止证据灭失或以后难以取得,人民法院在诉讼前或者对证据材料进行调查前,根据利害关系人、当事人的申请或者依职权采取措施,对案件有证明意义的证明材料予以提取、保存或者查封的制度。[①]《民事诉讼法》第八十一条规定:"在证据可能灭失或者以后难以取得的情况下,当事人可以在诉讼过程中向人民法院申请保全证据,人民法院也可以主动采取保全措施。因情况紧急,在证据可能灭失或者以后难以取得的情况下,利害关系人可以在提起诉讼或者申请仲裁前向证据所在地、被申请人住所地或者对案件有管辖权的人民法院申请保全证据。证据保全的其他程序,参照适用本法第九章保全的有关规定。"

建设工程施工合同履行过程中,工程因各种原因停工、合同解除的情况并不鲜见。施工单位或实际施工人退场后,发包人、总承包人等可能会与其他承包人签订合同由其他承包人继续施工。在这种情形下,退场的施工单位或实际施工人就难以确定自己已完成的工程量,也难以取得已完成工程量的证据,在发生纠纷时于其非常不利。为防止上述工程量无法确定的情况出现,有必要申请对建设工程实施证据保全。在其他因情势变更、物理上的变化等原因可能导致证据灭失或无法使用的情形下,原告也可以向人民法院申请采取证据保全措施。

申请证据保全措施时应注意以下几个问题:

1. 申请人可以在诉前或诉中申请证据保全。诉前证据保全中,申请人应当向证据所在地、被申请人住所地或者对案件有管辖权的人民法院书面申请保全证据。在人民法院采取诉前证据保全措施后30日内,申请人应当提起诉讼,否则人民法院将解除财产保全。诉中证据保全中,原告应当向受理案件的人民法院书面申请证据保全。

2. 根据2019年12月25日修正的《最高人民法院关于民事诉讼证据的若干规定》(以下简称新《民事证据规定》)第二十五条第一款的规定,申请证据保全的,申请书应当载明需要保全的证据的基本情况、申请保全的理由以及采取何种保全措施等内容。

3. 申请人申请诉中证据保全的,应当在人民法院确定的举证期限届满前向人民法院提出。

---

① 参见毕玉谦:《证据法要义》,法律出版社2003年版,第523页。

4. 申请人申请证据保全的措施为采取查封、扣押等限制保全标的物的流通、使用的,或者保全可能对证据持有人造成损失的,申请人应当提供相应的担保。

五、诉讼费用的交纳

原告向人民法院起诉后,应当根据人民法院的诉讼费用交纳通知预交诉讼费用。根据国务院《诉讼费用交纳办法》的规定,诉讼费用包括:(1)案件受理费;(2)申请费;(3)证人、鉴定人、翻译人员、理算人员在人民法院指定日期出庭发生的交通费、住宿费、生活费和误工补贴。

建设工程施工合同纠纷属于财产案件,根据国务院《诉讼费用交纳办法》第十三条第(一)项的规定,根据诉讼请求的金额或者价额,按照下列比例分段累计交纳:(1)不超过1万元的,每件交纳50元;(2)超过1万元至10万元的部分,按照2.5%交纳;(3)超过10万元至20万元的部分,按照2%交纳;(4)超过20万元至50万元的部分,按照1.5%交纳;(5)超过50万元至100万元的部分,按照1%交纳;(6)超过100万元至200万元的部分,按照0.9%交纳;(7)超过200万元至500万元的部分,按照0.8%交纳;(8)超过500万元至1000万元的部分,按照0.7%交纳;(9)超过1000万元至2000万元的部分,按照0.6%交纳;(10)超过2000万元的部分,按照0.5%交纳。第十四条第(二)项和第(三)项规定,申请保全措施的,根据实际保全的财产数额按照下列标准交纳:财产数额不超过1000元或者不涉及财产数额的,每件交纳30元;超过1000元至10万元的部分,按照1%交纳;超过10万元的部分,按照0.5%交纳。但是,当事人申请保全措施交纳的费用最多不超过5000元。依法申请支付令的,比照财产案件受理费标准的1/3交纳。第十五条和第十六条规定,适用简易程序,或以调解、当事人申请撤诉方式结案的,案件受理费减半收取。

原告应当在收到人民法院诉讼费用交纳通知次日起7日内向人民法院指定的账户预交诉讼费用,逾期不交纳的,按原告自动撤回起诉处理。

诉讼费用的最终负担,根据国务院《诉讼费用交纳办法》第二十九条的规定,诉讼费用由败诉方负担,胜诉方自愿承担的除外。部分胜诉、部分败诉的,人民法院根据案件的具体情况决定当事人各自负担的诉讼费用数额。共同诉讼当事人败诉的,人民法院根据其对诉讼标的的利害关系,决定当事人各自负担的诉讼费用数额。

CHAPTER 2

第二章

被告应诉

被告收到人民法院送达的民事起诉状副本、原告证据材料副本等诉讼材料后，应高度重视，及时委托诉讼代理人（如有需要），立即着手民事答辩状、证据材料等应诉材料的准备工作。

第一节　提交民事答辩状、证据材料等应诉材料

被告应诉时，应提交以下应诉材料。

一、被告主体资格证明材料

与原告起诉时需要提交的主体资格证明材料类似，被告应诉时也需要提交主体资格证明材料。被告是公民的，应向人民法院提交身份证复印件；被告是法人的，应提交营业执照复印件、法定代表人身份证明及法定代表人身份证复印件；被告是其他组织的，如有营业执照，应提交营业执照复印件、主要负责人身份证明及主要负责人身份证复印件，如无营业执照，应提交证明该组织有效成立的法律文件复印件、主要负责人身份证明及主要负责人身份证复印件。

二、民事答辩状

民事答辩状是被告针对原告起诉状中所载诉讼请求、事实和理由提出的回答和辩解意见。根据《民事诉讼法》第一百二十五条的规定，人民法院应当在立案之日起 5 日内将起诉状副本发送被告，被告应当在收到之日起 15 日内提出答辩状。答辩状的副本数量应按对方当事人的人数提出。被告收到起诉状副本之日起的 15 日即为答辩期。答辩状中应载明以下内容：(1) 被告的姓名、性别、年龄、民族、职业、工作单位、住所、联系方式；法人或者其他组织的名称、住所和法定代表人或者主要负责人的姓名、职务、联系方式。(2) 针对原告的诉讼请求及所依据的事实和理由进行回答和辩解的内容。(3) 致送人民法院的全称。(4) 答辩人签名或盖章和答辩日期。被告不提出答辩状的，不影响人民法院审理。

民事答辩状范例

民事答辩状

答辩人:(被告为个人的,写明姓名、性别、年龄、民族、职业、工作单位、住所、联系方式;被告为法人或者其他组织的,写明名称、住所和法定代表人或者主要负责人的姓名、职务、联系方式)

委托诉讼代理人:____________________。

因__________诉本人(我单位)建设工程施工合同纠纷一案,答辩如下:

(针对原告起诉状中的诉讼请求及所依据的事实、理由发表回答或辩解意见。答辩意见可以针对原告起诉的程序问题作出回应,如原告没有诉权、不符合法律规定的起诉条件、管辖权问题、原告起诉已超过诉讼时效等。答辩意见重点针对原告起诉的实体问题展开,陈述案件事实,对原告起诉状中不符合事实的描述和错误的法律适用进行反驳,提出原告诉讼请求中不合理的部分及不合理的理由和依据)

此致

________人民法院

答辩人:(盖章或签名)

_____年____月____日

附:答辩状副本_____份。

其他证明文件_____份。

三、收集并提交证据

针对原告的民事起诉状及证据材料,被告应收集反驳的证据,制作反驳证据清单,列明分组编号、证据名称、份数和页数、证据来源及证明对象,并按对方当事人人数制作证据材料副本,于人民法院指定的举证期限内提交。

四、对被保全的财产提供担保

原告在诉前或诉中申请人民法院保全被告的财产,人民法院采取保全措施的,可能对被告产生重大影响。特别是一些企业的基本账户被冻结或重要财产被查封的情况,企业的正常生产经营受到严重影响。财产保全措施对被告造成严重影响的,被告可通过提供担保的方式解除保全。《民事诉讼法》第一百零四条规定:“财产纠纷案件,被申请人提供担保的,人民法院应当裁定解除保全。”被告提供相应的担保,既可以使未来的生效裁判得到顺利执行,又可以避免保全措施给被告财产的流通造成障碍。

被告提供担保的,既可以是人的担保,也可以是物的担保。实践中,以物的担保为主。被告提供担保,担保数额应不低于被保全财产的价值和金额。

第二节 管辖权异议的提出

管辖权异议,是被告对受理案件的人民法院是否有管辖权提出的异议。《民事诉讼法》第一百二十七条规定:“人民法院受理案件后,当事人对管辖权有异议的,应当在提交答辩状期间提出。人民法院对当事人提出的异议,应当审查。异议成立的,裁定将案件移送有管辖权的人民法院;异议不成立的,裁定驳回。当事人未提出管辖异议,并应诉答辩的,视为受诉人民法院有管辖权,但违反级别管辖和专属管辖规定的除外。”根据该条规定,管辖权异议应当在提交答辩状期间内提出。《民事诉讼法》第一百二十五条规定,答辩状提出的时间是被告收到起诉状副本之日起15日内。因此,被告如对受理建设工程施工合同纠纷案件的人民法院的管辖权存在异议,应当自收到起诉状副本之日起15日内向人民法院提出管辖权异议。法律未对管辖权异议提出的方式作出规定,但原则上当事人应提出书面异议。当事人对人民法院作出的管辖权异议裁定不服的,有权在管辖权异议裁定书送达之日起10日内向上一级人民法院上诉。

管辖权异议申请书范例

管辖权异议申请书

申请人:(写明申请人的身份信息,申请人是公民的,应写明其姓名、性别、出生日期、居民身份证号码、民族和住址;申请人为法人或其他组织机构的,应写明名称、地址及法定代表人或负责人姓名、职务)

请求事项:(写明请求人民法院将本案移送至有管辖权的人民法院审理)

事实和理由:(写明案件的性质,根据案件的性质、建设工程所在地、诉讼标的数额及案件影响,根据《民事诉讼法》《民事诉讼法司法解释》的相关规定,着重论述案件不应由受理案件的人民法院管辖的理由)

此致

________________人民法院

申请人:(签名或盖章)

______年____月____日

第三节　反诉的提出

反诉,是指被告向原告提起的、可以成为独立诉讼标的且能够系属于本诉审理法院的诉讼请求。反诉是民事诉讼中被告享有的诉讼权利,也是对抗原告诉讼请求、保护自己合法权益的诉讼手段,其性质是一种独立的请求权。《民事诉讼法》第五十一条规定:"原告可以放弃或者变更诉讼请求。被告可以承认或者反驳诉讼请求,有权提起反诉。"第一百四十条规定:"原告增加诉讼请求,被告提出反诉,第三人提出与本案有关的诉讼请求,可以合并审理。"

一、提出反诉的条件

被告提出反诉应当具备以下几个条件:

1. 反诉必须以本诉的存在为前提。反诉虽然是一种独立的诉,但其目的在于抵销、吞并或排斥原告的诉讼请求。[①] 因此,只有本诉存在,被告才有可能提起反诉。如本诉因撤诉等原因消灭,反诉就不再是反诉,而是转化为本诉。

2. 反诉必须是本诉被告向本诉原告提起。反诉的当事人应当与本诉的当事人一致,只是原告、被告的身份互换。本诉被告提起反诉的对象必须是本诉原告,如本诉被告向本诉原告以外的其他人提起诉讼,或将本诉原告和其他人一并作为被告提起诉讼,就不应提起反诉,而应另行提起其他诉讼。

3. 反诉的诉讼请求和事实应当与本诉基于同一事实或同一法律关系。《民事

---

① 参见最高人民法院民事审判第一庭编著:《最高人民法院建设工程施工合同司法解释(二)理解与适用》,人民法院出版社2019年版,第154页。

诉讼法司法解释》第二百三十三条第二款规定:“反诉与本诉的诉讼请求基于相同法律关系、诉讼请求之间具有因果关系,或者反诉与本诉的诉讼请求基于相同事实的,人民法院应当合并审理。”如施工单位以发包人为被告提起诉讼要求支付工程欠款,而发包人对施工单位有一笔民间借贷债权,两个诉的请求和事实不属于同一事实或同一法律关系,发包人不能通过反诉向施工单位主张民间借贷的债权。

4. 反诉应当在本诉立案受理后、一审法庭辩论终结前提出。《民事诉讼法司法解释》第二百三十二条规定:“在案件受理后,法庭辩论结束前,原告增加诉讼请求,被告提出反诉,第三人提出与本案有关的诉讼请求,可以合并审理的,人民法院应当合并审理。”如本诉被告在一审法庭辩论终结后或二审程序中提出反诉,人民法院将告知被告另行起诉。

5. 反诉与本诉能够进行合并审理,即不存在禁止请求合并的情形。[①]

6. 反诉必须向受理本诉的人民法院提出,而且受理本诉的人民法院对反诉有管辖权。受理本诉的人民法院对反诉案件可通过牵连关系取得管辖权,但反诉案件属于其他人民法院专属管辖的除外。反诉如由其他地区的人民法院专属管辖,受理本诉的人民法院应告知被告向有管辖权的人民法院另行提起诉讼。

民事反诉状范例

民事反诉状

反诉原告(本诉被告):(写明反诉原告的姓名、性别、年龄、民族、职业、工作单位、住所、联系方式,法人或者其他组织的名称、住所和法定代表人或者主要负责人的姓名、职务、联系方式)

委托诉讼代理人:____________________。

反诉被告(本诉原告):(写明反诉被告的姓名、性别、工作单位、住所等信息,法人或者其他组织的名称、住所等信息)

反诉请求:

(写明反诉原告希望得到人民法院裁判支持的用于抵销、吞并或排斥原告诉请的实体权利)

① 参见最高人民法院民事审判第一庭编著:《最高人民法院建设工程施工合同司法解释(二)理解与适用》,人民法院出版社2019年版,第154页。

事实和理由：

（写明反诉原告反诉请求所依据的事实、理由及法律依据）

反诉证据和证据来源，证人姓名和住所：

（列明反诉证据清单）

此致

________人民法院

反诉人：（盖章或签名）

______年____月____日

附：反诉状副本____份

二、反诉和抗辩的区别

在司法实践中，被告针对原告的诉讼请求、事实和理由常会提出一些对抗性意见，如称原告违约应减少被告支付的价款，或要求原告承担违约责任或赔偿责任，这些意见既有阻却原告诉讼请求之意，又有要求法院判令原告承担相应责任之意。上述意见究竟属于反诉还是抗辩难以判断。

民事诉讼中的抗辩，是指民事诉讼中的被告为防止其受因原告的起诉而产生的对其不利裁判的危险，进行的抵销、吞并或排斥本诉原告的诉讼请求的行为。依据抗辩权产生的法律依据不同，将抗辩权分为程序法上的抗辩权与实体法上的抗辩权。程序法上的抗辩权可进一步分为事实上的抗辩与程序上的抗辩，事实上的抗辩是指诉讼当事人根据诉讼法的规定，主张对方所主张的事实缺乏真实性，没有事实根据，根本不存在；程序上的抗辩是指诉讼当事人根据诉讼法的规定，主张诉讼程序缺乏法律依据，如案件不属于人民法院主管范围及受理法院没有管辖权等。实体法上的抗辩，是指当事人根据实体法制定所享有的抗辩权，如同时履行抗辩权、先履行抗辩权、不安抗辩权、保证人先诉抗辩权等，前三种抗辩权是合同法上的抗辩权，后一种是担保法上的抗辩权。①

反诉与抗辩主要存在以下区别：

1. 本质属性不同。反诉是被告向原告提起的能成为独立诉讼标的请求，是一种可以独立于本诉的诉讼请求。而抗辩是一种阻却、对抗原告诉讼请求的权利，不是

① 参见殷栗平：《反诉与抗辩的区别和认定》，载《人民法院报》2015年12月17日，第7版。

诉讼请求,更不是独立的诉讼请求。

2. 是否需交纳诉讼费用不同。人民法院受理被告的反诉,应要求被告交纳反诉案件受理费,而被告提出抗辩,则不需要交纳诉讼费用。

3. 是否需要重新确定举证期限不同。被告提出反诉后,人民法院应当根据案件具体情况重新确定举证期限,而被告提出抗辩,人民法院无须重新确定举证期限。

4. 提出的时间期限不同。被告的反诉,应当在一审法庭辩论终结前提出。而被告的抗辩,从人民法院立案受理后到判决前均可提出,一审、二审、再审中均可提出抗辩。

5. 当事人的诉讼地位不同。人民法院受理反诉以后,本诉被告就成了反诉中的原告,本诉原告成了反诉中的被告,但被告提出的抗辩不会造成当事人身份的转换。

6. 人民法院的处理方式不同。人民法院受理反诉后,在判决主文中应明确对被告的反诉进行裁判,而对抗辩则不需要在判决主文中进行裁判。

最高人民法院民事审判第一庭认为,对于抗辩与反诉的判断标准应从两方面入手:一是是否超过原告诉讼请求范围;二是是否具有独立给付请求内容。如果被告的主张没有超过原告的诉讼请求,也没有请求给付的内容,则应认定为抗辩;否则,应认定为反诉。① 在实务中判断反诉和抗辩时,可资借鉴。

三、建设工程施工合同纠纷中反诉与抗辩的界定

建设工程施工合同纠纷中,反诉与抗辩容易混淆在以下情形中:承包人向发包人主张欠付工程款,发包人以承包人施工的工程质量不符合合同规定、工程逾期等为由主张承包人违约。对于发包人以工程质量不合格、工程逾期为由要求承包人承担违约责任、赔偿损失的,目前各地法院的观点基本一致,发包人应当对其主张提起反诉。对于发包人以承包人违约为由要求减少工程款,属于抗辩还是反诉,实践中存在不同观点。

观点一:发包人以承包人施工质量不合格等为由要求减少工程价款的,属于抗辩。例如,浙江省高级人民法院民事审判第一庭《关于审理建设工程施工合同纠纷案件若干疑难问题的解答》(2012 年)第九条规定:"发包人以工程质量为由提出的对抗性主张,究竟是抗辩还是反诉?承包人诉请给付工程价款,发包人以工程质量

① 参见最高人民法院民事审判第一庭编著:《最高人民法院建设工程施工合同司法解释(二)理解与适用》,人民法院出版社 2019 年版,第 151 页。

不符合合同约定或国家强制性的质量规范标准为由，要求减少工程价款的，按抗辩处理；发包人请求承包人赔偿损失的，按反诉处理。”

观点二：发包人以承包人施工质量不合格为由要求减少工程价款，是否要提起反诉，要看工程是否竣工验收或交付使用。如工程未竣工验收，也未使用，发包人以工程质量不符合合同约定为由要求减少工程价款，属于抗辩；如工程已竣工验收合格，或发包人对未经竣工验收的工程擅自使用的，发包人以工程质量不符合约定为由要求减少工程价款的，应当提起反诉。例如，北京市高级人民法院《关于审理建设工程施工合同纠纷案件若干疑难问题的解答》（2012 年）第二十八条规定，承包人要求支付工程款，发包人主张工程质量不符合合同约定给其造成损害的，应按以下情形分别处理：（1）建设工程已经竣工验收合格，或虽未经竣工验收，但发包人已实际使用，工程存在的质量问题一般应属于工程质量保修的范围，发包人以此为由要求拒付或减付工程款的，对其质量抗辩不予支持，但确因承包人原因导致工程的地基基础工程或主体结构质量不合格的除外；发包人反诉或另行起诉要求承包人承担保修责任或者赔偿修复费用等实际损失的，按建设工程保修的相关规定处理。（2）工程尚未进行竣工验收且未交付使用，发包人以工程质量不符合合同约定为由要求拒付或减付工程款的，可以按抗辩处理；发包人要求承包人支付违约金或者赔偿修理、返工或改建的合理费用等损失的，应告知其提起反诉或另行起诉。（3）发包人要求承包人赔偿因工程质量不符合合同约定而造成的其他财产或者人身损害的，应告知其提起反诉或另行起诉。安徽省高级人民法院《关于审理建设工程施工合同纠纷案件适用法律问题的指导意见（二）》（2013 年）第六条规定：“尚未竣工验收或使用的建设工程，承包人主张工程价款，发包人以工程质量不符合合同约定或者国家质量标准为由，主张减少工程价款或者扣除修复费用的，属于抗辩。工程已经竣工验收合格，发包人又以工程质量不合格为由，主张承包人承担违约责任的，应当提起反诉。”

笔者认为，被告以工程质量不合格等为由主张原告违约，应界定为反诉还是抗辩，关键要看被告的主张是否有独立给付请求的内容。

被告的主张没有独立给付请求的内容，也没有超出原告的诉讼请求范围，如仅仅是减少或拒绝工程价款的支付，无论被告主张的理由是工程质量不合格、工期逾期，还是工程款已经全部支付，都应认定为抗辩，无须提出反诉。这是因为被告的上述主张仅仅是阻却、对抗原告的诉讼请求，而没有成为独立的诉讼标的请求，不能构成独立的反诉。

被告以原告违约为由,要求原告承担违约责任、赔偿损失,或要求原告承担保修责任,因被告的主张有独立给付请求的内容,应当界定为构成独立的反诉。《建设工程司法解释(一)》第十六条规定:"发包人在承包人提起的建设工程施工合同纠纷案件中,以建设工程质量不符合合同约定或者法律规定为由,就承包人支付违约金或者赔偿修理、返工、改建的合理费用等损失提出反诉的,人民法院可以合并审理。"因工程质量不合格造成人身或财产损失,发包人要求承包人赔偿的,该主张具有独立给付请求的内容,发包人应提起反诉或另行提起诉讼。

至于被告以工程质量不合格对抗原告诉讼请求的主张,是否需要提起反诉也不应当因工程是否通过验收或使用而存在差别。工程未通过竣工验收且未使用,被告以工程质量不合格主张减少或拒付工程价款,目前观点比较一致,该主张应当属于抗辩。工程已通过竣工验收,或者工程未通过竣工验收,但发包人擅自使用的,被告又以工程质量不合格为由主张减少或拒付工程款,由于被告的主张仍然只是对抗原告请求支付工程款的请求,而未形成独立的诉,该主张仍属于抗辩而非反诉,至于人民法院是否应当支持被告的这一主张,属于实体问题的处理,不能影响反诉和抗辩的界定。

CHAPTER 3

第三章

建设工程施工合同纠纷的证据

证据是证明案件事实是否客观存在的材料。原告通过提供证据，用以证明自己主张的案件事实客观存在、诉讼请求成立；被告通过提供证据，用以证明自己陈述的案件事实客观存在，反驳原告主张的案件事实和诉讼请求。证据在民事诉讼中具有极其重要的作用，可以说举证质证和人民法院对证据的认定是民事诉讼中的核心问题和关键环节，证据的充分与否直接决定当事人能否胜诉。《民事诉讼法司法解释》第九十条规定："当事人对自己提出的诉讼请求所依据的事实或者反驳对方诉讼请求所依据的事实，应当提供证据加以证明，但法律另有规定的除外。在作出判决前，当事人未能提供证据或者证据不足以证明其事实主张的，由负有举证证明责任的当事人承担不利的后果。"该条是对当事人举证责任和未尽到举证责任不利后果的规定。

建设工程施工合同纠纷往往涉及非常复杂的案件事实、法律关系和专业性技术问题，证据材料数量多、分散，而且具有高度的专业性。证据材料的收集和筛选工作对建设工程施工合同纠纷的诉讼至关重要，当事人应当高度重视，安排专人进行涉诉证据材料的收集和筛选工作，收集完成后，应及时向人民法院提交。

第一节　建设工程施工合同纠纷通常提交的证据

根据《民事诉讼法》第六十三条的规定，证据包括：(1)当事人的陈述；(2)书证；(3)物证；(4)视听资料；(5)电子数据；(6)证人证言；(7)鉴定意见；(8)勘验笔录。证据必须查证属实，才能作为认定事实的根据。建设工程施工合同纠纷中，通常提交的证据主要有以下几种：

1. 营业执照、资质证书等证明主体资格合法的文件；
2. 建设用地规划许可证、建设工程规划许可证、施工许可证；
3. 招标文件、投标文件和中标通知书；
4. 建设工程施工合同、补充协议和其他合同；
5. 转包合同、分包合同、挂靠协议和内部承包合同；
6. 施工设计图纸、工程量清单、工程预算书；

7. 开工通知书、开工报告或其他证明实际开工日期的证据；

8. 工程设计变更文件、联系单、签证单、会议纪要、往来函件、备忘录；

9. 请款单、付款凭证、承兑汇票、领款单、取款记录、领款人授权文件等证明已付工程款的证据；

10. 施工(监理)日志；

11. 甲供设备和材料清单及相关证据；

12. 承包人购买、租赁设备和材料清单及相关证据；

13. 分项工程竣工验收报告；

14. 整体工程竣工验收报告和竣工图；

15. 有关部门的验收、质检报告；

16. 工程移交手续；

17. 工程造价决算书；

18. 结算协议、政府审计部门出具的审计报告、工程造价咨询机构出具的工程审价意见书等证明工程量和工程价款的证据；

19. 承包人向发包人或监理人送达工程结算资料的证据，以及承包人向发包人催款的证据；

20. 建设工程的影像资料；

21. 工程质量相关证据。

当事人可以根据案件情况和自身实际需要，参照上述列明的通常证据，收集和筛选要提交的证据。上述未提到的证据，可以根据案件特殊情况进行补充，如证人证言、建设工程未竣工验收发包人擅自使用、发包人因承包人未履行工程保修义务额外支出的费用等证据。证据收集和筛选完成后，要按一定顺序排列(通常按上述证据的类型并按证据形成时间排列)，制作证据清单或目录，证据清单或目录应注明序号、证据名称、份数、页码、证明对象、原件或复印件、提交人及提交时间等信息。复印证据时，应使用A4纸复印，在证据材料上标明页码，将证据清单或目录和证据一并装订成册。书证应当提交原件。提交原件确有困难的，可以提交复制件，但复制件应当完整、清楚。持有书证原件提交复制件的，应当提供原件审查核对。当事人提交的证据，应当用醒目清晰的适当方式标明作为事实主张依据的具体内容和重点部分。

证据清单范例

证据清单

证据提交人：×××公司　　　　证据提交时间：××××年××月××日

组号	序号	证据名称	证据来源	原件或复印件	页码	证明对象
第一组	1	营业执照	原告持有	×	×	原告主体身份情况，原告具备本案工程施工资质
	2	施工资质证书	原告持有	×	×	
第二组	3	建设工程用地规划许可证	被告持有	×	×	建设工程已取得用地规划、工程规划和施工许可的审批
	4	建设工程规划许可证	被告持有	×	×	
	5	建设工程施工许可证	被告持有	×	×	
第三组	6	招标文件	原告持有	×	×	经公开招投标，××××年××月××日原告中标××××工程的施工
	7	投标文件	原告持有	×	×	
	8	中标通知书	原告持有	×	×	
第四组	9	建设工程施工合同	原告持有	×	×	中标后，原告与被告于××××年××月××日签订中标建设工程施工合同
第五组	10	施工设计图纸	××档案馆存档	×	×	本案工程设计情况
第六组	11	工程量清单	原告持有	×	×	建设工程工程量和价款预算情况
	12	工程预算书	原告持有	×	×	
第七组	13	开工通知书	原告持有	×	×	建设工程开工时间为××××年××月××日
第八组	14	设计变更通知单	原告持有	×	×	建设工程设计、施工工程量变更情况
	15	签证单	原告持有	×	×	
	16	联系单	原告持有	×	×	
	17	会议纪要	原告持有	×	×	
第九组	18	付款记录	原告持有	×	×	被告已付工程款××××元

续表

组号	序号	证据名称	证据来源	原件或复印件	页码	证明对象
第十组	19	竣工验收报告	原告持有	×	×	××××年××月××日工程通过被告组织的竣工验收，以及工程竣工状况
	20	竣工图纸	××档案馆存档	×	×	
第十一组	21	工程造价决算书	原告持有	×	×	涉案工程总造价为××××元，原告于××××年××月××日向被告寄送工程结算资料
	22	工程结算资料及快递面单	原告持有	×	×	

第二节 举 证 期 限

举证期限是法律和司法解释规定当事人向人民法院提交证据的期限。当事人应当在举证期限内向人民法院提交证据，逾期提交证据的，人民法院可以不采纳证据，或者视情况对逾期提交证据的当事人进行处罚。《民事诉讼法》第六十五条第二款规定："人民法院根据当事人的主张和案件审理情况，确定当事人应当提供的证据及其期限。当事人在该期限内提供证据确有困难的，可以向人民法院申请延长期限，人民法院根据当事人的申请适当延长。当事人逾期提供证据的，人民法院应当责令其说明理由；拒不说明理由或者理由不成立的，人民法院根据不同情形可以不予采纳该证据，或者采纳该证据但予以训诫、罚款。"

2008年12月16日修改的《最高人民法院关于民事诉讼证据的若干规定》（以下简称原《民事证据规定》）规定了非常严格的逾期证据失权的规则。2012年修订的《民事诉讼法》及之后的《民事诉讼法司法解释》对逾期证据失权规则做了比较大的改动，新《民事证据规定》则基本删除逾期证据失权的规则。新《民事证据规定》关于举证期限规定的修改主要在以下几个方面。

一、举证期限的天数

原规定法院指定举证期限的，指定的期限不少于30日。新《民事证据规定》第五十一条第二款规定："人民法院指定举证期限的，适用第一审普通程序审理的案件不得少于十五日，当事人提供新的证据的第二审案件不得少于十日。适用简易程序审理的案件不得超过十五日,小额诉讼案件的举证期限一般不得超过七日。”此外,新《民事证据规定》删除申请法院调查取证、申请证人出庭作证等的期限为举证期限届满前7日、10日的规定,将申请调查取证、证人出庭作证、申请书证提出命令等请求事项的期限统一规定为举证期限届满前,当事人申请鉴定则应当在法院指定的期限内申请。

二、增加规定特殊情形下举证期限的确定

根据新《民事证据规定》第五十五条的规定,特殊情形下举证期限按以下方式确定:(1)当事人提出管辖权异议的,举证期限中止,自驳回管辖权异议的裁定生效之日起恢复计算;(2)追加当事人或第三人参加诉讼的,重新确定举证期限;(3)发回重审的案件,酌情确定举证期限;(4)当事人增加、变更诉讼请求或提起反诉的,应当重新确定举证期限;(5)公告送达的,举证期限自公告期届满之次日起计算。

三、删除“新的证据”规定

原《民事证据规定》中新的证据对应的是逾期失权证据,原规定对当事人逾期提交的证据以证据失权为原则,只有逾期提交的证据构成新的证据才不发生失权的后果。新的证据指的是举证期限届满后或一审庭审后发现的证据或因客观原因无法在举证期限内提交的证据。2012年修正的《民事诉讼法》改变了逾期提交证据失权的一般原则,而是针对逾期提供证据的理由是否成立,导致训诫、罚款直至不予采纳的后果。2015年《民事诉讼法司法解释》基本改变了逾期提交证据导致证据失权的规定,仅在当事人故意或重大过失且提供的证据与案件基本事实无关时,证据才可能失权。因此,与失权证据相对应的新的证据这一概念就没有存在的价值,故新《民事证据规定》删除了原规定中关于“新的证据”条款。

四、删除延期举证和证据交换次数的限制

原《民事证据规定》中延期举证和证据交换的次数一般不得超过两次,新《民事证据规定》考虑到一些重大疑难案件的证据繁多、事实难度较大,删除了延期举证和证据交换的次数一般不得超过两次的规定。

建设工程施工合同纠纷的证据材料数量多、种类复杂,而且分散存放于多个单位、个人,收集难度非常大。因此,原告在起诉前,应当准备好绝大部分的证据特别是关键证据,在起诉时就提交法院,其他少数证据可在举证期限内向法院提交。被

告在收到起诉状副本后，应立即着手证据材料的收集工作，尽可能地在举证期限内将证据收集和筛选完毕。当事人确实不能在人民法院指定的举证期限内完成证据收集工作的，应当及时向人民法院书面申请延长举证期限并说明理由，延长举证期限的次数并无法定限制。原告收到被告证据后，需要提交反驳证据，或被告收到原告在起诉以后提交的证据需要提交反驳证据，可以向人民法院申请再次组织证据交换。

第三节　申请人民法院调查取证

建设工程施工合同纠纷中，常有存放于相关部门、当事人及其委托的诉讼代理人无法自行收集的证据，当事人可以申请人民法院调取，人民法院也可依职权调取。《民事诉讼法》第六十四条第二款规定："当事人及其诉讼代理人因客观原因不能自行收集的证据，或者人民法院认为审理案件需要的证据，人民法院应当调查收集。"当事人申请人民法院调查取证，应当符合以下几个条件。

一、形式要件

当事人向人民法院申请调查取证，应当采用书面申请的方式。根据新《民事证据规定》第二十条第二款的规定，当事人递交的调查取证申请书应当载明以下内容：(1)载明被调查人的姓名或单位名称、住所地等基本情况；(2)所要调查收集的证据名称或内容；(3)需要由人民法院调查收集证据的原因；(4)调查收集的证据要证明的事实；(5)明确的线索。

二、时间要件

根据新《民事证据规定》第二十条第一款的规定，当事人及其诉讼代理人申请人民法院调查收集证据，应当在举证期限届满前提交书面申请。

三、实质要件

(一)申请人民法院调查取证的范围

为保证人民法院在审理案件过程中的中立性，申请人民法院调查取证的范围不能过分扩大，仅限于当事人及其诉讼代理人因客观原因不能自行收集的证据。

根据《民事诉讼法司法解释》第九十四条的规定:“民事诉讼法第六十四条第二款规定的当事人及其诉讼代理人因客观原因不能自行收集的证据包括:(一)证据由国家有关部门保存,当事人及其诉讼代理人无权查阅调取的;(二)涉及国家秘密、商业秘密或者个人隐私的;(三)当事人及其诉讼代理人因客观原因不能自行收集的其他证据。当事人及其诉讼代理人因客观原因不能自行收集的证据,可以在举证期限届满前书面申请人民法院调查收集。”

(二)申请人民法院调查取证确有必要

当事人及其诉讼代理人因客观原因不能自行收集证据是申请人民法院调查取证最基本的实质性条件,除此之外,申请人民法院调查取证还应满足必要性的条件。《民事诉讼法司法解释》第九十五条规定:“当事人申请调查收集的证据,与待证事实无关联、对证明待证事实无意义或者其他无调查收集必要的,人民法院不予准许。”根据该条规定,申请人民法院调查收集的证据,应当与待证事实存在关联性,当事人申请调查收集的证据如与待证事实无关联性,则人民法院不予准许调查取证的申请。该条规定的其他无调查收集必要的消极要件,属于人民法院不予准许调查取证申请的兜底性条款,由审理案件的法官根据具体情况进行判断。例如,对于待证事实,审理案件的法官已经形成较为充分的内心确信,无论当事人及其诉讼代理人申请调查收集的证据是否存在、内容如何,均不可能对法官的心证基础产生动摇的,应属于这种无调查收集证据必要的情形。① 再如,待证事实的查明与案件处理无关的,也应属于无调查收集证据必要的情形。

第四节 证据的三性

证据的三性,是指证据的真实性、合法性和关联性。证据三性是民事诉讼证据的基本属性,是当事人质证和人民法院审核认定证据的核心内容。《民事诉讼法司法解释》第一百零四条规定:“人民法院应当组织当事人围绕证据的真实性、合法性以及与待证事实的关联性进行质证,并针对证据有无证明力和证明力大小进行说明和辩论。能够反映案件真实情况、与待证事实相关联、来源和形式符合法律规定

---

① 参见沈德咏主编:《最高人民法院民事诉讼法司法解释理解与适用》(上),人民法院出版社 2015 年版,第 325 页。

的证据,应当作为认定案件事实的根据。”该条就是关于证据三性的规定,根据该条规定,人民法院组织的质证及审核认定证据都要围绕证据的三性开展。

一、证据的真实性

证据的真实性,是指证据本身是真实的,其能够反映案件的真实情况。证据的真实性可分为形式上的真实性和内容上的真实性。形式上的真实性,相当于客观性,是指证据的载体或证据本身必须真实,非伪造、变造,没有被篡改、删除、添加,而不论其是否反映了案件的真实情况。内容的真实性,是指证据记载的内容即包含的信息必须真实,能够客观地反映案件的真实情况。①

审查证据形式上的真实性,主要看当事人提供的证据是否是原件、原物。如果当事人提供的证据是复制件、复制品,则应查验原件、原物,看当事人提供的复制件、复制品与原件、原物是否一致。如果当事人提供复制件、复制品,又无法提交可供查验的原件、原物,要看对方当事人对复制件、复制品的真实性是否认可,如对方当事人不认可的,则人民法院要综合其他相关证据、案件的其他情况进行审核认定。

审查证据内容上的真实性,主要看证据所载的信息是否真实,是否客观地反映了案件的事实。例如,承包人签字的领款单,证据形式上的真实性不存在问题,但领款单上记载的款项数额是否真实、是否全额地由承包人实际领取,属于证据内容是否真实的问题,特别是在领款单上记载的数额较大的情形下,可能还需要结合转账记录等证据综合判断其真实性。因此,审查证据内容上的真实性是一项非常复杂的工作,需要审判人员综合其他证据、案件的其他事实,并利用日常生活经验、逻辑推理,判断证据内容的真实与否。

二、证据的合法性

证据的合法性,是指证据的主体、形成、形式、认定等程序符合法律规定。证据不具备合法性,即为非法证据,应当予以排除,而不得作为认定案件事实的依据。证据的内容是否合法不属于证据合法性审查的范围,如建设工程施工合同纠纷中因转包、非法分包签订的合同,违反法律关于禁止转包、违法分包的强制性规定,但转包、非法分包合同并不属于非法证据,人民法院仍然可以将转包、违法分包合同作为认定案件事实的依据。

---

① 参见王新平:《民事诉讼证据运用与实务技巧》,法律出版社 2020 年版,第 6 页。

证据的合法性包括证据主体的合法性、证据形成的合法性、证据形式的合法性和证据认定的合法性。

（一）证据主体的合法性

证据主体的合法性，是指证据形成的主体应当符合法律规定。例如，新《民事证据规定》第六十七条第一款规定："不能正确表达意思的人，不能作为证人。"当事人在诉讼中申请不能正确表达意思的人作为证人出庭作证，该证人证言就不具备合法性。

（二）证据形成的合法性

证据形成的合法性，主要是指证据的调查和收集应当符合法律规定。《民事诉讼法司法解释》第一百零六条规定："对以严重侵害他人合法权益、违反法律禁止性规定或者严重违背公序良俗的方法形成或者获取的证据，不得作为认定案件事实的根据。"其中，侵害他人合法权益获取的证据，必须达到严重侵害他人合法权益的程度，才会被作为非法证据予以排除，一般侵害他人合法权益获取的证据，不会被排除。例如，非法侵入他人住宅安装监控，属于严重侵害他人合法权益，因此取得的证据应当被排除。违背公序良俗的方式，也必须达到严重的程度，才会导致证据被排除的后果。违反法律禁止性规定，不仅指民事法律的禁止性规定，还包括刑法、行政法等实体法律的禁止性规定，如当事人违反法律禁止性规定获取证据，将会被作为非法证据排除。

（三）证据形式的合法性

证据形式的合法性，是指在法律对证据形式有特别要求的，证据应符合法律规定的形式。例如，《民事诉讼法司法解释》第一百一十五条规定："单位向人民法院提出的证明材料，应当由单位负责人及制作证明材料的人员签名或者盖章，并加盖单位印章。人民法院就单位出具的证明材料，可以向单位及制作证明材料的人员进行调查核实。必要时，可以要求制作证明材料的人员出庭作证。单位及制作证明材料的人员拒绝人民法院调查核实，或者制作证明材料的人员无正当理由拒绝出庭作证的，该证明材料不得作为认定案件事实的根据。"例如，当事人提供的单位证明材料不符合上述形式，该证据在形式上就不具备合法性。再如，新《民事证据规定》关于证人出庭作证的规定，证人原则上应出庭作证，且需签署和宣读保证书，证人无正当理由不出庭作证,或不签署和宣读保证书的,其证言形式上就不具备合法性。

(四)证据认定的合法性

人民法院在审查认定证据时,应当经过法律规定的程序。如证据必须在法庭出示并经当事人相互质证的程序,才能作为认定案件事实的根据。《民事诉讼法》第六十八条规定:"证据应当在法庭上出示,并由当事人互相质证。对涉及国家秘密、商业秘密和个人隐私的证据应当保密,需要在法庭出示的,不得在公开开庭时出示。"《民事诉讼法司法解释》第一百零三条规定:"证据应当在法庭上出示,由当事人互相质证。未经当事人质证的证据,不得作为认定案件事实的根据。当事人在审理前的准备阶段认可的证据,经审判人员在庭审中说明后,视为质证过的证据。涉及国家秘密、商业秘密、个人隐私或者法律规定应当保密的证据,不得公开质证。"

另外,最高人民法院民事审判第一庭著述认为,在判断非法证据时应当谨慎为之,以利益衡量的原则为标准进行,如取证方法的违法性对他人权益的损害明显弱于违法性所能保护的利益,则不应判断该证据为非法证据。①

三、证据的关联性

证据的关联性,是指证据与案件待证事实之间存在实质性的联系,对待证事实具有证明作用。通说认为,证据的关联性是证据的实质性和证明性的结合。证据的实质性是指证据与案件的待证事实之间的实质性关系,而证据的证明性是指证据有助于案件待证事实的认定,对证明案件事实具有实际意义。在确定证据的关联性时,应重点把握以下几个问题:

1. 证据所欲证明的案件事实是什么?当事人在制作证据清单和举证时,应当明确证据的证明对象,其所指向的是哪个或哪几个案件事实。

2. 证据证明的事实是否是案件的实质性问题,证据是否与案件事实存在实质联系?当事人提交证据,应当指向与案件相关的事实,如证据证明的事实与案件的处理没有关系,该证据就不具备关联性。当事人提交的证据,应当与案件事实有实质性的联系,如证据与案件事实不存在联系,或不存在实质性的联系,那么,该证据也不具备关联性。证据的关联性,并非要求证据必须与案件的争议焦点直接相关,证据与案件的背景、辅助性的事实具有实质联系的,也具有关联性。例如,建设工程施

---

① 参见最高人民法院民事审判第一庭编著:《最高人民法院新民事诉讼证据规定理解与适用》(下),人民法院出版社2020年版,第764页。

工合同纠纷案件中，当事人提供订立建设工程施工合同背景的相关证据，虽然与案件争议焦点并不一定直接相关，但此证据有助于案件背景的事实认定，具有关联性。

3. 证据是否对证明案件待证事实具有实际意义？美国《联邦证据规则》规定：关联性证据是指证据具有任何这样一种倾向，有这项证据比没有这项证据，使对审理案件有意义的任何事实的存在更可能或更不可能。[①] 这项规则体现的即为证据的证明性。一般而言，当事人提出的证据如果使其欲证明的事实主张的成立更有可能或者更无可能，则该证据具有证明性。证明性的判断，需审判人员根据日常生活经验等因素，并结合当事人的诉讼请求进行审查。[②] 例如，建设工程施工合同纠纷中，承包人的诉讼请求为要求发包人支付欠付工程款，但承包人提供的是双方在中标合同外另行订立的与中标合同约定的工程价款存在实质性不一致的合同，该合同不能证明建设工程价款，其对证明承包人要求发包人支付欠付工程款的诉讼请求没有实际意义，不具有证明价值，也不存在关联性；但承包人如提供的是合法的中标合同，该证据对证明建设工程价款具有实际意义，具有关联性。

证据具备真实性、合法性和关联性三性，才能作为认定案件事实的根据。但符合三性的证据所欲证明的案件事实，能否被人民法院作为案件事实认定，还要看证据的证明力大小，能否使人民法院确信待证事实的存在具有高度可能性，对一些特别事项的证明能否达到排除合理怀疑的程度。《民事诉讼法司法解释》第一百零八条规定："对负有举证证明责任的当事人提供的证据，人民法院经审查并结合相关事实，确信待证事实的存在具有高度可能性的，应当认定该事实存在。对一方当事人为反驳负有举证证明责任的当事人所主张事实而提供的证据，人民法院经审查并结合相关事实，认为待证事实真伪不明的，应当认定该事实不存在。法律对于待证事实所应达到的证明标准另有规定的，从其规定。"第一百零九条规定："当事人对欺诈、胁迫、恶意串通事实的证明，以及对口头遗嘱或者赠与事实的证明，人民法院确信该待证事实存在的可能性能够排除合理怀疑的，应当认定该事实存在。"上述两个条款就是关于证据证明力程度标准的规定，人民法院需要对符合三性的证据的证明力大小作出判断，最终确定证据所反映或所载明的案件事实能否被认定。

---

① 参见毕玉谦主编：《证据法要义》，法律出版社 2003 年版，第 539 页。

② 参见最高人民法院民事审判第一庭编著：《最高人民法院新民事诉讼证据规定理解与适用》（下），人民法院出版社 2020 年版，第 761 页。

第五节　书证提出命令

书证提出命令意指对负举证责任的当事人有利的书证在对方当事人的控制之下,由当事人申请,人民法院责令控制该书证的对方当事人提交该书证。在民事诉讼中,当事人并不总是持有全部对其有利的证据,有些有利证据掌握在对方当事人或案外人手中。当有利书证掌握在对方当事人手中时,当事人无法取得书证,也难以通过申请人民法院调查取证的方式取得书证。故很多大陆法系国家和地区设立书证提出命令制度,以保障当事人的诉讼权利。我国的书证提出命令制度由《民事诉讼法司法解释》第一百一十二条创设,该条规定:"书证在对方当事人控制之下的,承担举证证明责任的当事人可以在举证期限届满前书面申请人民法院责令对方当事人提交。申请理由成立的,人民法院应当责令对方当事人提交,因提交书证所产生的费用,由申请人负担。对方当事人无正当理由拒不提交的,人民法院可以认定申请人所主张的书证内容为真实。"新《民事证据规定》第四十五条至第四十八条对书证提出命令制度做了细化规定。

一、书证提出命令的申请条件

当事人申请书证提出命令应具备以下几个条件:(1)申请提出的书证应当特定化。申请人能够明确书证的名称或主要内容的,即达到特定化的标准。如申请人确实不知道书证的名称或详细内容,只要其对书证的描述能够达到明确书证的程度,亦可使书证特定化。(2)待证事实及事实的重要性。待证事实应当是与案件相关的重要事实,该事实的查明应对案件的裁判结果产生实质性影响,如此一来,才有必要责令对方当事人提交书证。(3)对方当事人控制书证的根据。申请人应当提供证据证明书证为对方当事人控制,如对方当事人否认控制书证的,人民法院应综合法律规定、习惯等多个因素进行判断。(4)对方当事人应当提交书证的理由。这主要指书证符合新《民事证据规定》第四十七条规定的情形。当事人书面申请书证提出命令时,应当载明以上四点内容。

二、书证提出命令的客体范围

根据新《民事证据规定》第四十七条的规定,控制书证的当事人在以下情形下应当提交书证:(1)引用文书,即控制书证的当事人在诉讼中曾经引用过的书证;(2)利益文书,即为对方当事人(指申请文书提出命令的当事人)的利益制作的书证;(3)权利文书,即对方当事人依照法律规定有权查阅、获取的书证,如《公司法》规定股东可以查阅的书证及《民法典》规定业主可以查阅的书证等;(4)账簿、记账原始凭证;(5)人民法院认为应当提交书证的其他情形。

三、不遵守"书证提出命令"的法律后果

新《民事证据规定》第四十八条规定:控制书证的当事人无正当理由拒不提交书证的,人民法院可以认定对方当事人所主张的书证内容为真实。控制书证的当事人存在《民事诉讼法司法解释》第一百一十三条规定情形的,人民法院可以认定对方当事人主张以该书证证明的事实为真实。《民事诉讼法司法解释》第一百一十三条规定的情形是指当事人存在以妨碍对方当事人使用为目的,毁灭有关书证或者实施其他致使书证不能使用的行为。控制书证的当事人不遵守"书证提出命令",推定对方当事人所主张的书证内容为真实,这就要求申请书证提出命令的当事人在提出申请时,应尽可能地明确书证的内容。

建设工程施工合同纠纷中,对一方当事人有利的证据被对方当事人控制的情形并不鲜见。例如,转包合同关系中,合同约定工程价款依发包人与总承包人签订的建设工程施工合同约定的价格按一定比例下浮计算,而受转包人并未掌握发包人与总承包人签订的建设工程施工合同,也没有掌握发包人与总承包人的结算资料,这些证据被总承包人控制。又如,发包人将付款凭证遗失,而承包人的会计账簿中有这笔付款的记录。在证据被对方当事人控制的情形下,一方当事人可以向人民法院申请书证提出命令,责令对方当事人提交相应的书证。

第六节 电子数据证据

联合国《电子商务示范法》第二条规定,电子数据是指由电子手段、光学手段或类似手段生成的传送、接收或存储的信息。2012 年修正的《民事诉讼法》第一次将电子数据作为一种独立的证据形式。2020 年修正的《民事诉讼法司法解释》对电子数据的范围做了原则性的规定,该解释第一百一十六条第二款、第三款规定:"电子数据是指通过电子邮件、电子数据交换、网上聊天记录、博客、微博客、手机短信、电

子签名、域名等形成或者存储在电子介质中的信息。存储在电子介质中的录音资料和影像资料,适用电子数据的规定。”电子数据类型非常复杂,而且随着电子技术的不断发展,电子数据的种类和范围也在不断变化。在民事诉讼特别是建设工程施工合同诉讼纠纷中,电子数据证据的重要性越来越凸显,当事人在诉讼中越来越多地提交电子数据证据以证明自己的主张。新《民事证据规定》在第十四条、第十五条、第二十三条、第九十条第(四)项、第九十三条、第九十四条、第九十九条第二款共七个条文中规定或涉及电子数据证据,对电子数据证据规定得较为全面和详细。

一、电子数据证据的种类

电子数据证据包括以下几类:(1)网页、博客、微博等网络平台发布的信息;(2)手机短信、电子邮件、即时通信、通讯群组等网络应用服务的通信信息;(3)用户注册信息、身份认证信息、电子交易记录、通信记录、登录日志等信息;(4)文档、图片、音频、视频、数字证书、计算机程序等电子文件;(5)其他以数字化形式存储、处理、传输的能够证明案件事实的信息。

二、电子数据视为原件的规则

新《民事证据规定》第十五条第二款规定:“当事人以电子数据作为证据的,应当提供原件。电子数据的制作者制作的与原件一致的副本,或者直接来源于电子数据的打印件或其他可以显示、识别的输出介质,视为电子数据的原件。”当事人提交电子数据证据时,可以提交最终完整性和可用性等功能等同于原件的电子数据证据副本。例如,可准确反映原始数据内容的输出物或显示物,具有最终完整性和可供随时调取查用的副本,经公证机关公证的副本,附加可靠电子签名或其他安全程序保障的副本,法律规定或当事人特别约定的其他标准的副本。①

三、电子数据的真实性判断

电子数据是可擦写的数据,容易被截取、篡改、删除,如何认定电子数据真实性是审判实践中的一大难题。新《民事证据规定》第九十三条规定,人民法院对于电子数据的真实性,应当结合以下因素综合判断:电子数据生成、存储、传输所依赖的计算机系统硬件、软件环境是否完整、可靠,是否处于正常运行状态及具备完整的

---

① 参见最高人民法院民事审判第一庭编著:《最高人民法院新民事诉讼证据规定理解与适用》(上),人民法院出版社2020年版,第197页。

防错监测、核查手段；电子数据的保存、传输、提取是否完整，保存、传输、提取的方法是否可靠，主体是否适当；电子数据是否在正常往来的活动中形成和存储；影响电子数据完整性和可靠性的其他因素。由于电子数据真实性的审查往往需要专业知识，人民法院可以通过鉴定或勘验等方式判断电子数据是否真实。审判人员审查的重点一般包括：(1)该电子数据的存储磁盘、光盘等可移动存储介质是否与打印件一并提交，是否一致；(2)是否载明该电子数据形成的时间、地点、对象、制作人、制作过程及设备情况等；(3)制作、存储、传输、出示电子数据的程序和环节是否合法，取证的主体是否有签名或盖章等；(4)内容是否真实，有无篡改、添加、拼凑等伪造变造的情形；(5)出示的电子数据是不是原件，如不是原件，是否附有无法调取原件的说明。[①]

四、推定为真实的电子证据

新《民事证据规定》还规定了推定为真实的电子证据：(1)由当事人提交或保管的于己不利的电子数据；(2)由记录和保存电子证据的中立第三方平台(如网络购物平台、收发电子邮件的服务商、银行支付系统等)提供或者确认的；(3)在正常业务活动中形成的；(4)以档案管理方式保管的；(5)以当事人约定的方式保存、传输、提取的。以上推定为真实的电子数据的反证标准是提供“足以反驳”的证据，而经公证机关公证的电子数据内容，当事人的反证标准为提供“足以推翻”的证据。

第七节　专家辅助人

专家辅助人，是指在科学、技术及其他专业知识方面具有特殊的专门知识或者经验的人，根据当事人的申请并经人民法院通知，出庭就鉴定人作出的鉴定意见或者案件事实所涉及的专门问题进行说明或者发表专业意见的人。建设工程施工合同纠纷诉讼在确定工程造价、工程质量问题等事实时，常常涉及专业性、技术性问题，当事人、诉讼代理人和法官通常不具备这些方面的知识。为了当事人能够更专业、更充分地发表专业性意见，保障当事人的诉讼权利，也为了人民法院更准确地认定案件事实，《民事诉讼法》引入了专家辅助人的概念。该法第七十九条规定：

① 参见毕玉谦等：《民事诉讼电子数据证据规则研究》，中国政法大学出版社2016年版，第348页。

“当事人可以申请人民法院通知有专门知识的人出庭,就鉴定人作出的鉴定意见或者专业问题提出意见。”这里“有专门知识的人”即为专家辅助人。

一、专家辅助人的定性

对于专家辅助人的定性,实务中存在不同的观点。观点一认为,专家辅助人是一种专家证人,应当就其专业知识范围内的事项,以中立和客观的立场和态度,在庭审中发表意见,以帮助人民法院正确认定事实。观点二认为,专家辅助人是一种诉讼辅助人,其与专家证人存在本质上的区别。专家辅助人应当辅助一方当事人就专业性问题发表意见,其立场并不是中立的。

笔者认为,我国法律和司法解释规定的“有专门知识的人”即专家辅助人属于诉讼辅助人,而非专家证人。《民事诉讼法》设立专家辅助人制度的目的是弥补当事人及其诉讼代理人在专业知识方面的缺乏,为保障当事人的诉讼权利,由当事人申请专家辅助人辅助该当事人就专业问题进行说明或发表专业意见。专家辅助人的功能在于辅助一方当事人充分、专业地发表意见,其地位并不是中立的,不具备担任法庭专业助手的功能。《民事诉讼法司法解释》第一百二十二条第二款规定:“具有专门知识的人在法庭上就专业问题提出的意见,视为当事人的陈述。”从该条款可以看出,专家辅助人是帮助一方当事人对专业问题进行陈述的人,其在法庭上的活动视为当事人的活动,所发表的意见相当于该方当事人的陈述。而专家证人本质上是一种证人,地位和立场应该是中立的,专家证人的主要功能在于帮助法庭认定专业性的事实。在我国,并不存在专家证人的概念,因为我国法律和司法解释规定证人只能就其经历或体验的事实进行陈述,而不能发表自己的主观意见,这与专家证人发表专业性意见的制度是格格不入的。因此,专家辅助人并非专家证人,当事人在申请专家辅助人出庭时,要注意不要使用“专家证人”“作证”“证言”之类的用语,否则容易引起混乱,此类的申请还有可能因概念混乱不被人民法院准许。

二、专家辅助人的申请

当事人申请专家辅助人出庭时,应注意以下两个问题:

1. 申请专家辅助人出庭,应当采用书面申请的方式。申请书中应载明专家辅助人的基本情况,以便人民法院核对专家辅助人的身份,并确定专家辅助人是否具备相应的资格或专业知识。虽然主流观点认为人民法院对专家辅助人的资格不做审查,但写明专家辅助人的基本情况,包括其从事的领域和具备的专业知识,可以大大增强专家辅助人陈述的说服力。申请书中还应载明申请专家辅助人出庭的目的,明确专家辅助人在庭审中参与诉讼活动的范围。新《民事证据规定》第八十三条规定:“当事人依照民事诉讼法第七十九条和《最高人民法院关于适用〈中华人民共和国民事诉讼法〉的解释》第一百二十二条的规定,申请有专门知识的人出庭的,申请书中应当载明有专门知识的人的基本情况和申请的目的。人民法院准许当事人申请的,应当通知双方当事人。”

2. 申请应于举证期限届满前提出,专家辅助人的人数应为一名至二名。《民事诉讼法司法解释》第一百二十二条第一款规定:“当事人可以依照民事诉讼法第七十九条的规定,在举证期限届满前申请一至二名具有专门知识的人出庭,代表当事人对鉴定意见进行质证,或者对案件事实所涉及的专业问题提出意见。”根据该条规定,如当事人在举证期限届满后才申请专家辅助人出庭,将产生逾期举证的后果,按《民事诉讼法》第六十五条的规定处理。专家辅助人的人数不应超过二名。

三、对专家辅助人的询问及专家辅助人参与诉讼活动的范围

专家辅助人在法庭审理中可以在法庭的主持下对鉴定意见进行质证或对专业性问题发表意见,必要时,审判人员及对方当事人可以询问专家辅助人。《民事诉讼法司法解释》和新《民事证据规定》均规定了对专家辅助人的询问制度。新《民事证据规定》第八十四条第一款规定:“审判人员可以对有专门知识的人进行询问。经法庭准许,当事人可以对有专门知识的人进行询问,当事人各自申请的有专门知识的人可以就案件中的有关问题进行对质。”由于专家辅助人陈述的意见相当于申请一方当事人的陈述,上述条文中的对专家辅助人进行询问的当事人应当指对方当事人。双方当事人均申请专家辅助人出庭的,双方的专家辅助人还可以就案件中的专业性问题进行对质。

专家辅助人参加诉讼活动的范围仅限于对鉴定意见发表质证意见以及就专业性问题发表意见,不得对法律适用问题和其他事实问题发表意见。《民事诉讼法司法解释》第一百二十三条第二款和新《民事证据规定》第八十四条第二款均规定,有专门知识的人不得参与对鉴定意见质证或者就专业问题发表意见之外的法庭审理活动。因此,专家辅助人仅在法庭对鉴定意见进行质证或对专门性问题进行事实调查时才能参加庭审活动,质证结束或专门性问题调查结束后,专家辅助人应当退出法庭。专家辅助人在对鉴定意见进行质证和对专门性问题发表意见时,不能陈述超出其专业知识范围的意见。

CHAPTER 4

第四章

建设工程施工合同纠纷案件的鉴定

鉴定是指具备资格的鉴定人根据人民法院的委托，对民事诉讼中的一些专门性问题进行鉴别、认定、分析和判断，并提出结论性意见。鉴定人出具的结论性意见即为鉴定意见。《全国人民代表大会常务委员会关于司法鉴定管理问题的决定》第一条规定："司法鉴定是指在诉讼活动中鉴定人运用科学技术或者专门知识对诉讼涉及的专门性问题进行鉴别和判断并提供鉴定意见的活动。"建设工程施工合同纠纷涉及大量的专业性、技术性问题，审判人员一般不具备建设工程专业、技术方面的知识，难以对这些问题作出正确判断。因此，人民法院在审理建设工程施工合同纠纷案件时，常常借助专业司法鉴定机构的鉴定对专门性、技术性的问题进行认定。司法实践中，鉴定意见经常左右当事人诉讼的成败。因此，有观点认为，就建设工程施工合同案件而言，打官司就是"打司法鉴定"。[①] 由此可见，鉴定在建设工程施工合同诉讼中具有极其重要的地位。

第一节　鉴定的启动

鉴定的启动主要包括以下问题：鉴定的启动方式，主要涉及发起鉴定的主体；申请鉴定的期限；鉴定的范围；不准许鉴定的情形；二审鉴定程序的启动。

一、鉴定的启动方式

《民事诉讼法》第七十六条规定："当事人可以就查明事实的专门性问题向人民法院申请鉴定。当事人申请鉴定的，由双方当事人协商确定具备资格的鉴定人；协商不成的，由人民法院指定。当事人未申请鉴定，人民法院对专门性问题认为需要鉴定的，应当委托具备资格的鉴定人进行鉴定。"根据该条规定，鉴定的启动以当事人申请鉴定为主、法院依职权启动鉴定为补充。

① 参见李玉生主编：《建设工程施工合同案件审理指南》，人民法院出版社 2019 年版，第 332 页。

（一）当事人申请鉴定

由当事人申请作为鉴定的启动方式，应重点把握以下几个问题：

1. 负申请鉴定义务的当事人应当是对待证事实负有举证责任的当事人。根据"谁主张，谁举证"的举证责任原则，当事人对某项涉及专门性、技术性问题的事实负有举证责任，有义务申请鉴定。例如，承包人向发包人主张工程欠款，应当对工程价款和发包人欠付工程款的事实承担举证责任，在双方未对工程款进行结算导致工程款数额不明的情况下，承包人应当向人民法院申请对工程价款进行鉴定。又如，发包人称承包人施工的工程存在质量问题，其对主张的工程质量存在缺陷的事实承担举证责任，这时工程质量鉴定的申请义务人就是发包人。如果负有举证责任的当事人未申请鉴定，在人民法院释明后仍拒绝申请鉴定，致使待证事实真伪不明的，当事人将承担不利后果。但也存在对待证事实不负举证责任的当事人申请鉴定的情形，如承包人主张工程欠款，而发包人也希望通过鉴定确定工程价款，这时，发包人虽无鉴定申请的义务，也可能提出工程价款鉴定的申请。

2. 申请鉴定的事项与待证事实应当有关联性。当事人申请鉴定的事项应当与案件事实存在实质关联，且对案件待证事实的证明存在实质意义。根据《民事诉讼法司法解释》第一百二十一条第一款的规定，当事人申请鉴定的事项与待证事实无关联，或者对证明待证事实无意义的，人民法院不予准许。

3. 人民法院应当对当事人的鉴定申请进行审查。当事人申请鉴定并非都能得到人民法院的准许，只有在申请鉴定的事实与待证事实之间存在关联性，且待证事实涉及专业性、技术性问题，只有通过鉴定才能查明的情况下，人民法院才会准许当事人的鉴定申请。人民法院在对是否启动鉴定程序作出决定前，应当听取对方当事人的意见。人民法院在决定是否启动鉴定程序时，应当同时对鉴定事项是否明确、鉴定事项与待证事实是否存在关联性、鉴定是否具有可行性、计价原则和计价方式如何确定等内容进行审查，以决定是否准许申请。如此，可防止一些当事人滥用鉴定申请权，也可保障当事人的诉讼权利。

4. 鉴定的启动应当遵循必要性、关联性、可行性原则。江苏省高级人民法院民一庭《建设工程施工合同纠纷案件司法鉴定操作规程》（2015 年）第五条规定："人民法院应当根据当事人的申请，结合双方争议事项，依照《民事诉讼法》及相关司法解释的规定决定是否启动鉴定并合理确定鉴定事项。人民法院启动鉴定、确定鉴定事项应当遵循以下原则：（1）必要性原则。因争议事实涉及专门性问题，通过当事人的举证对争议事实无法达到高度盖然性证明标准，当事人申请鉴定的，人民法院可以准许；争议事实虽涉及专门性问题，但通过当事人的举证人民法院可以认定的，不予鉴定。(2)关联性原则。人民法院应当根据查明待证事实的需要确定鉴定事项，鉴定事项应当与待证事实具有充分关联性，能够为查明待证事实提供依据。(3)可行性原则。人民法院委托鉴定的事项应当属于能够通过司法鉴定得出鉴定意见的事项。(4)鉴定范围最小化原则。人民法院在委托鉴定前应通过其他手段排除无争议项，只对有争议项进行鉴定。对于建设工程造价争议应先根据诉辩意见及当事人举证质证确定争议项，再对争议项进行鉴定。”

5. 待证事实需要通过鉴定意见证明的，人民法院有义务向当事人释明。当案件的待证事实确需通过鉴定查明，而当事人又未申请鉴定的，人民法院应当向当事人释明鉴定的必要性，并说明不申请鉴定的不利后果。新《民事证据规定》第三十条第一款规定：“人民法院在审理案件过程中认为待证事实需要通过鉴定意见证明的，应当向当事人释明，并指定提出鉴定申请的期间。”人民法院释明的对象应当是对待证事实负有举证责任的当事人，当事人认为其对待证事实不负举证责任或该待证事实可不通过鉴定就可查明的，可以向人民法院发表异议。人民法院向当事人释明时，应当一并指定申请鉴定的时间。如一审法院未履行释明义务，导致案件基本事实不清，案件可能被二审法院或再审法院发回重审。

（二）依职权委托鉴定

《民事诉讼法司法解释》第一百二十一条第三款规定：“符合依职权调查收集证据条件的，人民法院应当依职权委托鉴定，在询问当事人的意见后，指定具备相应资格的鉴定人。”新《民事证据规定》第三十条第二款也有类似规定，符合《民事诉讼法司法解释》第九十六条第一款规定情形的，人民法院应当依职权委托鉴定。由于人民法院审理案件时处于中立的地位，对属于当事人举证责任范围的鉴定事项一般不得依职权启动鉴定，而应由当事人申请，在当事人未申请时，根据举证责任分配原则向负有举证责任的当事人进行释明，当事人仍不申请的，承担不利后果。如人民法院动辄依职权启动鉴定，不符合人民法院作为中间裁判者的身份，对不负举证责任的当事人也是不公正的。因此，《民事诉讼法司法解释》和新《民事证据规定》的上述条文均规定，人民法院依职权委托鉴定，仅限于符合依职权调查收集证据条件的情形。

《民事诉讼法》第六十四条第二款规定，人民法院认为审理案件需要的证据，人民法院应当调查收集。《民事诉讼法司法解释》第九十六条规定:“民事诉讼法第六十四条第二款规定的人民法院认为审理案件需要的证据包括:(一)涉及可能损害国家利益、社会公共利益的;(二)涉及身份关系的;(三)涉及民事诉讼法第五十五条规定诉讼的;(四)当事人有恶意串通损害他人合法权益可能的;(五)涉及依职权追加当事人、中止诉讼、终结诉讼、回避等程序性事项的。除前款规定外,人民法院调查收集证据,应当依照当事人的申请进行。”除上述五项规定以外的情形,均由当事人申请启动鉴定,包括在人民法院的释明下当事人申请鉴定,人民法院不依职权委托鉴定。

二、当事人申请鉴定的期限

原《民事证据规定》要求当事人在举证期限内提出鉴定申请。《民事诉讼法司法解释》关于申请鉴定期限的规定与原《民事证据规定》一致,规定当事人申请鉴定,可以在举证期限届满前提出。新《民事证据规定》对当事人申请鉴定的期限作了修改,将“应当在举证期限届满前提出”修改为“应当在人民法院指定期间内提出”,申请鉴定的期限不再受限于举证期限。这是考虑到实践中很多当事人之所以提出鉴定申请,是因为另一方当事人在诉讼中陈述的意见、提交的证据致使涉及专门性问题的待证事实出现真伪不明的状态。如建设工程施工合同纠纷案件中,承包人在举证期限的最后一天出示发包人代理人签字认可的结算书,发包人则认为该代理人的签字并不真实,由此申请笔迹鉴定。在这些情况下,要求当事人必须在举证期限内提出鉴定申请,是不合理的,在实践中也不具备可操作性。基于此考虑,新《民事证据规定》将申请鉴定的期限规定为人民法院指定的期限。

新《民事证据规定》第三十一条规定:“当事人申请鉴定,应当在人民法院指定期间内提出,并预交鉴定费用。逾期不提出申请或者不预交鉴定费用的,视为放弃申请。对需要鉴定的待证事实负有举证责任的当事人,在人民法院指定期间内无正当理由不提出鉴定申请或者不预交鉴定费用,或者拒不提供相关材料,致使待证事实无法查明的,应当承担举证不能的法律后果。”《建设工程司法解释(一)》第三十二条第一款规定:“当事人对工程造价、质量、修复费用等专门性问题有争议,人民法院认为需要鉴定的,应当向负有举证责任的当事人释明。当事人经释明未申请鉴定,虽申请鉴定但未支付鉴定费用或者拒不提供相关材料的,应当承担举证不能的法律后果。”根据上述规定,当事人应当在人民法院指定期间内申请鉴定,并预交鉴定费用、提供鉴定相关的材料,否则将视为放弃鉴定申请,对需要鉴定的待证事实负举证责任的当事人还将承担不利后果。

三、建设工程施工合同纠纷案件鉴定的范围

建设工程施工合同纠纷案件鉴定的范围主要包括工程价款、工程质量、工期及工期延误损失和停窝工损失、修复费用等。

(一)工程价款

双方当事人对工程价款存在争议,未达成结算协议,通过双方当事人提交的证据和其他案件事实无法确定工程价款,主张工程欠款的一方当事人应当对工程价款申请鉴定。发包人认为工程款已超付,要求承包人返还多付的工程款,应当申请工程价款鉴定。

以下情形,当事人申请的工程价款鉴定可被准许:

1. 合同约定采用固定总价方式确定工程价款,同时对固定总价包含的风险范围、风险费用的计算方法及风险范围以外的合同价格的调整方法作出了约定,需要确定风险范围以外的工程价款的,或者工程未完工,需要确定已完成工程在全部工程中所占比例的。

2. 合同约定采用单价方式确定工程价款,需要通过鉴定方式确定工程价款的。

3. 合同约定采用成本加酬金方式确定工程价款,需要通过鉴定方式确定建设成本及酬金的。

4. 合同约定采用其他价格形式确定工程价款,需要通过鉴定方式确定工程价款的。

5. 建设工程未完工,需要通过鉴定方式确定已完工工程价款的。

6. 合同未约定工程价款的确定方法,需要通过鉴定方式确定工程价款的。

(二)工程质量

工程质量是否符合建设工程施工合同约定,是否达到国家强制性标准,涉及专门性知识,如双方当事人对工程质量存在争议,主张工程质量存在缺陷的当事人应向人民法院申请工程质量鉴定。《建设工程质量管理条例》规定,建设单位、勘察单位、设计单位、施工单位、工程监理单位依法对建设工程质量负责。工程质量确实存在缺陷的,当事人可能会对工程质量存在缺陷的原因存在争议。如发包人可能主张是承包人的原因导致工程质量缺陷;承包人可能认为是发包人提供的材料存在

问题导致工程质量缺陷，或者是因设计单位、勘察单位、监理单位的原因导致质量缺陷，此种情形下，承包人应当对工程质量存在缺陷的原因申请鉴定。

（三）工期及工期延误损失和停窝工损失

建设工程工序复杂、时间长，参与的主体多，法律法规和建设工程施工合同通用条款中规定了大量工程顺延的条款。建设工程施工合同纠纷涉及工期延长的，延长是因何种原因所致，能否顺延，能否计入工程延误期间或停窝工期间作为相应损失的赔偿依据，停窝工期间损失如何计算，当事人对于这些问题往往争执不下。这些问题涉及专门性知识，人民法院如果无法通过当事人的举证作出正确判断，此时，当事人应当对工期等问题申请鉴定。承包人对其主张工期因法律规定或合同约定的情形顺延，或工期延长系发包人或监理人原因导致，承包人存在停窝工损失等事实承担举证责任，其应负申请鉴定的义务。

江苏省高级人民法院民一庭《建设工程施工合同纠纷案件司法鉴定操作规程》（2015 年）第四十六条规定，人民法院委托鉴定机构对窝工损失进行鉴定，可以根据案件审理的需要，对下列费用委托鉴定：（1）保护、保管暂停施工部分的工程或全部工程的费用；（2）由于暂停施工而引起的、必需的安全费用；（3）项目经理部人员的工资及进入施工现场生产工人的工资；（4）由于暂停施工而引起的需延期租赁的施工机械和施工机具租赁费用；（5）为暂停施工部分的工程复工所必需的准备费用。

（四）修复费用

《建设工程质量管理条例》第三十二条规定："施工单位对施工中出现质量问题的建设工程或者竣工验收不合格的建设工程，应当负责返修。"第四十一条规定："建设工程在保修范围和保修期限内发生质量问题的，施工单位应当履行保修义务，并对造成的损失承担赔偿责任。"例如，工程因承包人施工导致质量问题，但承包人拒绝或无正当理由未在发包人指定的期间对工程进行修理、返工或改建，发包人可以请具备相应资质的单位对工程进行修复，并要求承包人承担修复费用或减少工程价款的支付。《建设工程司法解释（一）》第十二条规定："因承包人的原因造成建设工程质量不符合约定，承包人拒绝修理、返工或者改建，发包人请求减少支付工程价款的，人民法院应予支持。"当事人对修复工程的费用产生争议，而发包人提供的证据不足以证明合理的修复费用，可通用鉴定确定合理的修复费用。

（五）鉴定的范围以当事人争议的事实为限

《建设工程司法解释（一）》第三十一条规定："当事人对部分案件事实有争议的，仅对有争议的事实进行鉴定，但争议事实范围不能确定，或者双方当事人请求对全部事实鉴定的除外。"承包人向发包人主张工程欠款，双方对工程价款存在部分争议，如发包人认为承包人结算资料中的人工费用不合理，对其他费用没有争议，那么，鉴定的范围为建设工程价款中的人工费用。当事人在申请鉴定时，要明确鉴定范围为双方争议的事实，不要将双方没有争议的事实列入，否则，鉴定期限将延长，鉴定费用也会相应增加。

四、建设工程施工合同纠纷案件中排除鉴定的情形

在司法实践中，建设工程鉴定普遍存在鉴定时间冗长、鉴定费用高、重复鉴定次数多等问题。因此，人民法院对鉴定启动条件的审查越来越严格，非通过鉴定不能查明案件待证事实外，一般不轻易启动鉴定程序。以下情形，当事人的鉴定申请可能被驳回：

1. 建设工程施工合同约定按固定总价结算工程价款的，且不存在约定风险外的工程价款或工程未完工的情形，当事人申请工程造价鉴定。

《建设工程司法解释（一）》第二十八条规定："当事人约定按照固定价结算工程价款，一方当事人请求对建设工程造价进行鉴定的，人民法院不予支持。"笔者认为，对该司法解释的条文应作限缩理解：其一，固定价应限缩为固定总价，因为合同约定工程价款按固定单价计算的，如工程量不确定，仍然需要通过鉴定确定工程价款；其二，固定总价结算工程价款的合同，在约定风险外产生的工程价款，也可以通过鉴定确定；其三，固定总价结算工程价款的合同，如工程未完工，而已完工工程在全部工程中所占比例不能确定的，也应通过鉴定确定已完工工程的比例。

案例4　姜某某、于某某与大连博源建设集团有限公司（以下简称博源公司）、新东北电气集团高压开关有限公司（以下简称新东北公司）建设工程施工合同纠纷案[1]

辽宁省高级人民法院二审认为：关于案涉工程款结算标准的确定问题。根据

[1] 辽宁省高级人民法院（2017）辽民终33号民事判决书。

新东北公司与博源公司签订的建设工程施工合同、博源公司与于某某签订的协议书、于某某与姜某某签订的协议书，可以认定，新东北公司将生产基地建设项目126－550kV GIS装配厂房工程发包给博源公司，博源公司将其中的钢结构工程承包给于某某，于某某将该钢结构工程全部转包给姜某某施工。姜某某进行了部分施工后，中途停工。就停工原因，姜某某与于某某双方各执一词。现案涉工程已经交付使用，姜某某作为实际施工人请求给付工程款，应当予以支持。诉讼双方约定的固定总价针对的是姜某某负责施工的全部钢结构工程，但姜某某并未完成全部工程。就已完工程量，应当通过鉴定的方式确定。且各方当事人同意对工程量进行鉴定。故，一审法院以鉴定结论作为给付工程款的参照标准，并无不当。

2. 当事人已对建设工程价款结算达成协议，一方当事人在诉讼中申请工程造价鉴定。

《建设工程司法解释(一)》第二十九条规定："当事人在诉讼前已经对建设工程价款结算达成协议，诉讼中一方当事人申请对工程造价进行鉴定的，人民法院不予准许。"当事人已对工程价款结算达成协议，协议不存在无效或可撤销的情形，当事人就应严格按结算协议的约定支付工程款。当事人在诉讼中对工程造价申请鉴定，属于对结算协议的反悔，违反诚实信用原则，是对申请鉴定权利的滥用，人民法院对当事人在此情形下提出的鉴定申请不予准许。此条文中的当事人并不限于发包人和承包人，转包人、违法分包人与实际施工人之间达成结算协议的也适用该条规定。当事人在诉讼中就工程价款达成结算协议的，根据类似情况作同等处理的原则，可类推适用该条规定。

当事人就工程价款达成的结算协议属于无效协议，协议约定的工程价款无法适用，这种情形下，工程价款无法通过当事人举证确定的，当事人应当申请工程造价鉴定。《民法典》规定，行为人与相对人以虚假的意思表示实施的民事法律行为无效；违反法律、行政法规的强制性规定的民事法律行为无效，但是，该强制性规定不导致该民事法律行为无效的除外；违背公序良俗的民事法律行为无效；行为人与相对人恶意串通，损害他人合法权益的民事法律行为无效。符合以上无效情形的结算协议，不得作为确定工程价款的依据。

当事人就工程价款达成的结算协议被撤销的，协议约定的工程价款也无法适用。根据《民法典》的规定，当事人可申请人民法院或仲裁机构撤销以下民事法律行为：(1)基于重大误解实施的民事法律行为；(2)一方以欺诈手段，使对方在违背真实意思的情况下实施的民事法律行为；(3)第三人实施欺诈行为，使一方在违背真实意思的情况下实施的民事法律行为，对方知道或者应当知道该欺诈行为的；(4)一方或者第三人以胁迫手段，使对方在违背真实意思的情况下实施的民事法律行为；(5)一方利用对方处于危困状态、缺乏判断能力等情形，致使民事法律行为成立时显失公平的。当事人达成的结算协议符合以上情形，受损害方（重大误解为双方）可以请求人民法院或仲裁机构撤销结算协议。与结算协议无效不同的是，当事人撤销协议存在除斥期限，而且人民法院在建设工程施工合同纠纷中不主动审查结算协议是否符合可撤销的条件。因此，当事人应当在撤销权除斥期间内行使撤销权，如除斥期间届满，撤销权消灭，结算协议即使符合可撤销的条件，仍然具有法律效力。

案例5 成都丰瑞建筑劳务有限公司（以下简称丰瑞公司）与四川准达岩土工程有限责任公司（以下简称准达公司）、中国水利水电第十四工程局有限公司（以下简称水电十四局公司）建设工程施工合同纠纷案①

广东省深圳市中级人民法院二审认为：虽然《深圳××河项目部××渠综合整治工程劳务分包合同》无效，但根据原《最高人民法院关于审理建设工程施工合同纠纷案件适用法律问题的解释》第二条的规定，如丰瑞公司已完成的工程成果经验收合格，其有权参照合同约定请求准达公司计付工程价款。本案中，准达公司的涉案项目经理和其深圳分公司负责人已与丰瑞公司签署《工程结算表》，根据《民法总则》第一百七十条（现为《民法典》第一百七十条）关于法人工作人员职务代理行为的法律后果归属规定，该结算表内容属准达公司与丰瑞公司对工程价款数额的共同确认，根据《最高人民法院关于审理建设工程施工合同纠纷案件适用法律问题的解释（二）》第十二条（现为《建设工程司法解释（一）》第二十九条）关于结算协议中的工程价款数额内容对双方具有约束力的规定精神，该《工程结算表》亦应作为确定工程价款数额的主要依据。虽然丰瑞公司不能提交涉案工程已经验收合格的直接证据，但现有证据并未显示水电十四局公司、准达公司或者建设方曾提出过工程质量异议，在准达公司已与丰瑞公司进行结算的情况下，可视为准达公司在结算时已认可丰瑞公司完成的工程成果，且水电十四局公司在准达公司结算后又向丰瑞公司支付了两笔共240万元的工程款，按常理可推知水电十四局公司作为涉案工程总承包人亦认可该工程成果。据此，一审判决关于由准达公司继续支付结算价款

① 广东省深圳市中级人民法院(2020)粤03民终3554号民事判决书。

并计付利息的处理,符合前述司法解释规定精神。

3. 诉讼前工程造价咨询机构已对工程价款出具咨询意见,且双方当事人均在工程造价咨询意见书上签字表示认可,一方当事人在诉讼中申请对工程造价进行鉴定的。

(1)诉前当事人委托工程造价咨询机构出具意见的性质。

原《民事证据规定》第二十八条规定,一方当事人自行委托有关部门作出的鉴定结论,另一方当事人有证据足以反驳并申请重新鉴定的,人民法院应予准许。新《民事证据规定》对该条作了较大的修改,将"有关部门"修改为"有关机构或者人员",将"作出的鉴定结论"修改为"出具的意见",将"有证据足以反驳"修改为"有证据或者理由足以反驳",将"申请重新鉴定"修改为"申请鉴定"。新《民事证据规定》第四十一条规定:"对于一方当事人就专门性问题自行委托有关机构或者人员出具的意见,另一方当事人有证据或者理由足以反驳并申请鉴定的,人民法院应予准许。"

从《民事证据规定》的修正情况看,当事人在诉讼前委托相关机构和人员出具的意见已被排除在鉴定之外,现在,民事诉讼程序的鉴定仅指人民法院对外委托启动的鉴定。当事人诉前委托相关机构和人员出具的意见存在以下缺陷:①出具意见所依据的基础资料未经过举证质证,真实性和完整性无法保证。②出具意见的机构和人员的选任未经合理程序选定,具有随意性。往往是一方当事人直接选定机构或人员,即使由双方当事人共同委托,也常存在其中一方当事人在选任时具有绝对优势地位或决定权的情形,而且相关机构或人员并不一定符合司法鉴定的资质。③另一方当事人对诉前咨询的参与度较低,程序上无法保障其合法权利。一方当事人委托诉前咨询,咨询机构或人员通常只是口头通知对方当事人,对方当事人在这种情况下往往不会去参与咨询活动,无法充分表达自己的意见,也无法向咨询机构或人员提交相应的证据材料。在双方委托的场合,由于其中一方常具有的优势地位,另一方当事人参与咨询、发表意见的权利也无法得到充分保障。④诉前委托咨询的公正性难以保证。当事人委托相关机构或人员出具意见,在一方当事人委托或具有优势地位的场合,难以保证相关机构或人员作出公正的意见。因此,司法解释规定,一方当事人诉前委托有关机构或者人员出具的意见,另一方当事人只要有证据或理由足以反驳,即使待证事实处于真伪不明的状态,该意见就不应被人民法院采信,另一方当事人可以申请鉴定。

(2)建设工程施工合同纠纷中,当事人诉讼前委托相关机构或人员对工程造价出具咨询意见,但双方当事人未明确表示认可,诉讼中一方当事人表示异议并申请鉴定的,应予准许。

工程造价咨询企业的资质分为甲、乙两类。根据《工程造价咨询企业管理办法》第十九条的规定:“工程造价咨询企业依法从事工程造价咨询活动,不受行政区域限制。甲级工程造价咨询企业可以从事各类建设项目的工程造价咨询业务。乙级工程造价咨询企业可以从事工程造价2亿元人民币以下各类建设项目的工程造价咨询业务。”第三十六条规定:“未取得工程造价咨询企业资质从事工程造价咨询活动或者超越资质等级承接工程造价咨询业务的,出具的工程造价成果文件无效,由县级以上地方人民政府住房城乡建设主管部门或者有关专业部门给予警告,责令限期改正,并处以1万元以上3万元以下的罚款。”在实践中,当事人诉前委托的咨询机构或人员很多不具备相应的工程造价咨询资质,他们出具的咨询意见不具有法律效力,当事人当然可以否认,并在诉讼过程中申请对工程价款进行鉴定。

《建设工程价款结算暂行办法》第十八条规定:“工程造价咨询机构接受发包人或承包人委托,编审工程竣工结算,应按合同约定和实际履约事项认真办理,出具的竣工结算报告经发、承包双方签字后生效。当事人一方对报告有异议的,可对工程结算中有异议部分,向有关部门申请咨询后协商处理,若不能达成一致的,双方可按合同约定的争议或纠纷解决程序办理。”根据该条规定,发包人或承包人单方委托工程造价咨询机构出具的工程竣工结算意见,需经发、承包双方签字后才生效,如一方当事人未签字,结算意见不发生法律效力,当事人可以不认可结算意见,并向人民法院申请工程造价鉴定。

关于双方诉前共同委托工程造价咨询的效力,《建设工程司法解释(一)》作了明确规定,该司法解释第三十条规定:“当事人在诉讼前共同委托有关机构、人员对建设工程造价出具咨询意见,诉讼中一方当事人不认可该咨询意见申请鉴定的,人民法院应予准许,但双方当事人明确表示受该咨询意见约束的除外。”可见,当事人在诉前共同委托工程造价咨询机构和人员出具的咨询意见,双方并未明确表示接受咨询意见的约束,在诉讼中,一方当事人表示异议的,人民法院就不应采信该咨询意见。之所以作这样的规定,是因为当事人自行委托工程造价咨询机构咨询时,供相关机构或人员使用的基础材料都是双方当事人自己提供,难免作出有利于自己的取舍,造成咨询意见不能客观、完全地体现争议事实的真实面貌。同时,相关机构、人员的专业资格、计算工程造价的程序和方法等也没有接受人民法院的监督,使其出具的咨询意见不具有权威性。[1] 需要注意的是,《建设工程司法解释(一)》第三十条的规定与新《民事证据规定》第四十一条的规定存在区别:新《民事证据规定》对诉前委托相关机构或者人员出具的意见,一方当事人有异议的,需要提供证据或者理由足以反驳该意见,才可申请鉴定;而《建设工程司法解释(一)》并未规定当事人需要提供足以反驳诉前工程造价咨询意见的证据或者理由,只要当事人提出异议并申请鉴定,人民法院就应当准许。《建设工程司法解释(一)》第三十条是针对诉前建设工程造价咨询意见的特别规定,当事人对工程造价咨询意见有异议的,应当适用《建设工程司法解释(一)》的规定。

(3)当事人明确表示受诉前工程造价咨询意见约束的,一方当事人在诉讼中申请工程造价鉴定,不予准许。

双方当事人均在工程造价咨询意见书上签字,或以其他方式明确表示双方均受工程造价咨询意见约束的,应视为双方就工程价款达成了一致的结算协议。此情形下,工程价款应当按工程造价咨询意见确定。当事人在诉讼中又申请鉴定,违反诚实信用原则,也不具有必要性,人民法院不应准许。但当事人提供充分的证据证明其在工程造价咨询意见书上签字或以其他方式表示受咨询意见约束,是因重大误解、受欺诈、受胁迫,或者工程造价咨询意见书存在违反法律或行政法规的强制性规定、恶意串通损害他人利益、违反公序良俗的情形除外。

案例6 许某某、北京中关村开发建设股份有限公司(以下简称中关村建设公司)与北京中关村开发建设股份有限公司新疆分公司、乌鲁木齐经济技术开发区建设工程管理中心(以下简称建设管理中心)、乌鲁木齐经济技术开发区建设发展总公司建设工程施工合同纠纷案[2]

最高人民法院再审审查认为:《最高人民法院关于审理建设工程施工合同纠纷案件适用法律问题的解释(二)》第十三条(现为《建设工程司法解释(一)第三十条》)规定:"当事人在诉讼前共同委托有关机构、人员对建设工程造价出具咨询意见,诉讼中一方当事人不认可该咨询意见申请鉴定的,人民法院应予准许,但双方当事人明确表示受该咨询意见约束的除外。"本案一审审理过程中,许某某已明确提出对工程价款、材料设备损失及停窝工损失进行司法鉴定的申请,但一审法院未

---

① 参见最高人民法院民事审判第一庭编著:《最高人民法院建设工程施工合同司法解释(二)理解与适用》,人民法院出版社2019年版,第304页。

② 最高人民法院(2019)最高法民终956号民事裁定书。

予准许。一审法院依据建设管理中心单方委托新疆驰远天合工程造价咨询有限公司作出的新驰天价字〔2015〕361号土建工程的工程结算审查书、新驰天价字〔2015〕454号钢结构工程结算审查书、新驰天价字〔2015〕454号钢结构（签证变更部分）工程结算审查书确认已完工工程造价。上述三份工程结算审查书并未经许某某确认，许某某亦未曾表示其愿意受上述工程结算审查书约束。一审法院以“鉴定过程中由建设管理中心、中关村建设公司与许某某共同参与审价机构的工程结算审核工作的事实”推定上述工程结算审查书体现了建设管理中心、中关村建设公司、许某某共同意思表示，对许某某的司法鉴定申请不予准许，显然与司法解释规定不符。

4. 建设工程施工合同明确约定工程价款按政府审计部门的审计报告确定，当事人在诉讼中申请工程造价鉴定的。但政府审计部门长期未出具审计意见或审计意见存在明显瑕疵的除外。

建设工程施工合同明确以政府审计部门审计方式确定工程价款的，双方当事人均应受该条款的约束。政府审计部门已出具审计报告，或者政府审计部门未出具审计报告尚在合理期间范围内，原则上不准许当事人工程造价鉴定的申请。但在实践中，审计部门因当事人争议过大等种种原因长时间地不出具审计报告，如果一概不允许当事人申请工程造价鉴定，将有损当事人的合法权益。因此，在审计部门长时间不出具审计报告的情形下，当事人有权申请工程造价鉴定。江苏省高级人民法院《关于审理建设工程施工合同纠纷案件若干问题的解答》（2018年）第十条规定：“当事人约定以行政审计、财政评审作为工程款结算依据的如何处理？当事人约定以行政审计、财政评审作为工程款结算依据的，按照约定处理。但行政审计、财政评审部门明确表示无法进行审计或者无正当理由长期未出具审计结论，当事人申请进行司法鉴定的，可以准许。”审计报告如存在明显瑕疵，不能作为确定工程价款的依据，当事人也有权申请鉴定确定工程价款。

5. 当事人在合同专用条款中明确约定发包人在收到竣工结算文件后一定期限内不予答复即视为认可竣工结算文件，发包人的行为符合该约定，在诉讼中一方当事人申请工程价款鉴定的。

当事人在合同专用条款中明确约定发包人在收到竣工结算文件后一定期限内（如28天）不予答复即视为认可竣工结算文件，该约定是双方当事人真实意思表示，不违反法律、行政法规的强制性规定，对双方均具有约束力。发包人收到承包人的竣工结算文件后，在约定的期限内未予答复，承包人的竣工结算文件应当作为确定工程价款的依据,无须另行通过鉴定的方式确定工程价款。

6. 工程竣工验收合格,或者工程未竣工验收但发包人擅自使用,承包人起诉要求支付工程价款,发包人主张工程存在质量问题拒绝或要求减少工程价款的支付并申请工程质量鉴定的。

建设工程竣工验收是发包人组织勘察、设计、施工、监理等单位依规定程序对工程项目进行检查和验收。建设工程经竣工验收合格,说明发包人及相关责任单位认可工程质量符合约定和国家强制性标准,此时,承包人有权要求发包人支付工程结算价款。

工程未经竣工验收,发包人擅自使用工程的,应视为其认可工程质量,或者其愿意为工程质量承担责任。《建设工程司法解释(一)》第十四条规定:"建设工程未经竣工验收,发包人擅自使用后,又以使用部分质量不符合约定为由主张权利的,人民法院不予支持;但是承包人应当在建设工程的合理使用寿命内对地基基础工程和主体结构质量承担民事责任。"因此,在发包人擅自使用工程的情况下,承包人有权要求发包人支付工程结算价款。

建设工程经竣工验收,或者未经竣工验收,发包人擅自使用的,发包人无权主张因工程质量问题拒绝或要求减少支付工程结算款。发包人在此情形下申请对工程质量进行鉴定,人民法院不予准许。但发包人有证据证明工程地基基础工程和主体结构存在质量问题的除外。建设工程经竣工验收后,发包人起诉要求承包人承担工程质量责任(如对工程进行修复或承担工程修复费用等),并有初步证据证明工程质量在保修期内存在缺陷,此时发包人申请对工程质量、修复费用进行鉴定,由于工程竣工验收合格并不代表工程在保修期内不会出现质量问题,承包人应在保修期内对工程承担保修责任,因此,对发包人该项鉴定申请,人民法院应予准许。

江苏省高级人民法院民一庭《建设工程施工合同纠纷案件司法鉴定操作规程》(2015年)第三十九条规定:"建设工程经竣工验收合格,承包人要求发包人支付工程价款,发包人以工程质量提出抗辩并要求对工程进行质量鉴定的,人民法院不予准许,但涉及地基基础工程和主体结构质量的除外。建设工程经竣工验收合格,发包人起诉或反诉主张工程质量不合格向人民法院申请鉴定,并就质量问题有初步证据证明的,人民法院可以准许。"

五、二审鉴定程序的启动

当事人在一审中未申请鉴定,或者申请鉴定但未按期交纳鉴定费用、拒不提供鉴定材料,二审程序中又申请鉴定,人民法院能否启动鉴定程序,存在两种不同的观点。观点一认为,当事人申请鉴定的期限为人民法院指定的期限,人民法院指定的期限指的是在一审程序中人民法院指定申请鉴定的期限,二审程序中并不存在人民法院指定申请鉴定的期限。当事人未在人民法院指定申请鉴定的期限内申请鉴定,或者申请鉴定但未按期交纳鉴定费用、拒不提供鉴定材料,视为负举证义务的当事人放弃鉴定权利,应当对待证事实承担举证不能的不利后果。因此,当事人在二审程序中申请鉴定,不予准许。观点二认为,当事人未在人民法院指定期限内申请鉴定,后果与逾期举证的后果相同,如果案件基本事实有必要通过鉴定确定,当事人在人民法院指定期限届满后或二审程序中申请鉴定,人民法院应予准许。

《建设工程司法解释(一)》采纳的是第二种观点。该司法解释第三十二条第二款规定:"一审诉讼中负有举证责任的当事人未申请鉴定,虽申请鉴定但未支付鉴定费用或者拒不提供相关材料,二审诉讼中申请鉴定,人民法院认为确有必要的,应当依照民事诉讼法第一百七十条第一款第三项的规定处理。"《民事诉讼法》第一百七十条第一款规定:"第二审人民法院对上诉案件,经过审理,按照下列情形,分别处理:……(三)原判决认定基本事实不清的,裁定撤销原判决,发回原审人民法院重审,或者查清事实后改判……"之所以如此规定,是因为原《民事证据规定》中逾期证据失权的规则已被2012年修正的《民事诉讼法》及之后出台的《民事诉讼法司法解释》修改,当事人非因故意或重大过失逾期提交的证据应予采纳,当事人因故意或重大过失提供的与案件基本事实有关的证据也应采纳。鉴定意见作为民事诉讼证据的一种类型,也应适用上述规定。在二审程序中申请鉴定,应重点把握以下几点:

1. 申请鉴定的待证事实应当是案件的基本事实。案件基本事实是指案件的关键事实,即可能影响案件最终判决的事实。只有在申请鉴定的待证事实是案件的基本事实,也就是说鉴定与否可能影响案件最终裁判时,二审程序中申请鉴定才可能得到准许。如当事人在二审程序中申请鉴定的待证事实对案件最终判决没有影响的,二审无须启动鉴定程序。

2. 鉴定对案件基本事实的证明存在必要性。只有案件的基本事实涉及专门性问题,当事人在一审、二审程序中提交的证据均不能证明案件基本事实,该事实只能通过鉴定才能查明,二审程序中的鉴定申请才可能得到准许。如果案件基本事实不涉及专门性问题,或者案件基本事实已被其他证据证明,二审启动鉴定就不存在必要性。

3. 当事人在一审中未申请鉴定,或者申请鉴定但未按期交纳鉴定费用、拒不提供鉴定材料,在二审中申请鉴定,二审法院准许的,应当根据《民事诉讼法司法解释》第一百零二条的规定,对当事人进行训诫、罚款,当事人一方有权要求另一方赔偿因逾期提供证据致使其增加的交通、住宿、就餐、误工、证人出庭作证等必要费用。

4. 二审法院准许当事人鉴定申请的,以发回一审法院重审启动鉴定程序为原则,以直接委托鉴定并作出判决为例外。我国民事诉讼采取的是二审终审制,当事人享有通过一审、二审两审程序解决纠纷的权利,如二审法院直接委托鉴定并作出判决,可能损害当事人的审级利益。因此,除非双方当事人均同意二审法院直接委托鉴定并依鉴定意见做出裁判,二审法院原则上应发回一审法院重审,在重审中启动鉴定程序。河北省高级人民法院《建设工程施工合同案件审理指南》(2018 年)第二十八条第二款规定,一审诉讼中负有举证责任的当事人未对工程价款申请鉴定,二审诉讼中申请鉴定的,人民法院可予准许。人民法院准许后,可以将案件发回一审法院委托鉴定,但不得违反《民事诉讼法》的相关规定。对经一审法院释明未申请鉴定的当事人,可参照《民事诉讼法》对逾期举证的规定,对当事人进行训诫、罚款。四川省高级人民法院《关于审理建设工程施工合同纠纷案件若干疑难问题的解答》(2015 年)第三十四条规定,原判决认定基本事实不清或者认定的基本事实缺乏依据,二审法院经审理认为案件基本事实需要通过司法鉴定进行查明的,可以发回一审法院重审,由一审法院委托鉴定查明案件事实。

第二节　鉴定材料的提交

全面、真实、合法的鉴定材料是司法鉴定得以正常进行的基础,当事人申请司法鉴定,人民法院准许的,当事人有义务提供鉴定材料。

一、鉴定材料的提交主体和范围

鉴定材料实质上属于证据的范畴,对于鉴定材料的提交主体应依举证责任分配制度予以确定。当事人应当向人民法院提交属于其举证责任范围的鉴定材料。当事人拒不提供鉴定材料,导致鉴定无法进行,将承担举证不能的不利后果。由于建设工程施工合同纠纷中的鉴定材料较多,有些在承包人处,有些由发包人控制,双方当事人均有义务提交或配合提交鉴定材料。河北省高级人民法院《建设工程施工合同案件审理指南》(2018年)第二十七条规定:"鉴定过程中,各方当事人均有提交鉴定资料的义务。当事人在鉴定过程中未按法院指定的期限提交鉴定资料,经过催告仍不提交,且不能做出合理解释的,视为拖延提交鉴定资料,应承担举证不能的法律后果。"

鉴定是一种专门性、技术性的活动,除了鉴定通常所需的材料,当事人并不一定清楚鉴定所需的特殊材料。因此,鉴定启动后,人民法院应当会同鉴定机构共同确定需要提交的鉴定材料,并根据举证责任分配原则,确定鉴定材料的提交主体,形成鉴定材料清单。鉴定材料清单应载明鉴定材料的名称、提交材料的义务主体、提交鉴定材料的时间,以及不提交鉴定材料的后果。鉴定材料清单形成后,及时向当事人送达。当事人可以对鉴定材料清单上的提交义务主体和鉴定材料范围提出异议,如当事人认为鉴定材料与待证事实之间不存在关联性,或者认为鉴定材料实际上被对方当事人控制,人民法院对异议进行审查后,决定是否对鉴定材料清单进行调整。

鉴定材料的范围,以工程造价鉴定为例,一般包括:建设工程施工合同,补充协议,设计变更材料、签证单、联系单、会议纪要、来往函件等证明工程量变更的材料,施工设计图,竣工图等。

二、鉴定材料须经过当事人举证质证环节

《司法鉴定程序通则》第十三条第一款规定:"委托人应当向司法鉴定机构提供真实、完整、充分的鉴定材料,并对鉴定材料的真实性、合法性负责。"司法鉴定机构应当核对并记录鉴定材料的名称、种类、数量、性状、保存状况、收到时间等。《建设工程司法鉴定程序规范》也有类似规定,该规范4.1.3规定,委托人应向鉴定机构提供真实、充分的鉴定资料,并对鉴定资料的真实性、合法性负责。根据上述规定,委托鉴定时,委托人对鉴定材料的真实性和合法性负责,鉴定机构对鉴定材料真实性、合法性的审查只是形式上的审查。因此,人民法院在委托鉴定时,要先通过举证质证程序对鉴定材料的真实性和合法性进行审查。

《民事诉讼法》第六十八条规定:"证据应当在法庭上出示,并由当事人互相质证。对涉及国家秘密、商业秘密和个人隐私的证据应当保密,需要在法庭出示的,不得在公开开庭时出示。"《民事诉讼法司法解释》第一百零三条规定:"证据应当在法庭上出示,由当事人互相质证。未经当事人质证的证据,不得作为认定案件事实的根据。当事人在审理前的准备阶段认可的证据,经审判人员在庭审中说明后,视为

质证过的证据。涉及国家秘密、商业秘密、个人隐私或者法律规定应当保密的证据，不得公开质证。”鉴定所依据的材料，属于民事诉讼证据范畴，必须在法庭上出示，并经过对方当事人质证、人民法院审查后，再移交给鉴定机构。鉴定材料的举证质证可以在人民法院组织的证据交换中进行，也可以在法庭审理时进行。未经举证质证的材料，不得成为鉴定的依据。如鉴定意见依据未经举证质证的材料作出，则鉴定意见形成的基础不牢固、结论的正确性难以保障，人民法院不应予以采信。新《民事证据规定》第三十四条第一款规定：“人民法院应当组织当事人对鉴定材料进行质证。未经质证的材料，不得作为鉴定的根据。”对建设工程施工合同纠纷案件，司法解释特别规定了补充质证的程序，鉴定意见依据未经质证的鉴定材料作出，人民法院应当对该部分材料进行质证，如经质证、人民法院审查后认为该部分材料符合证据三性，可以作为鉴定依据的，则鉴定意见可以采信；如经质证、人民法院审查后认为鉴定材料不应采纳，那么，依据该鉴定材料作出的鉴定意见也不应采信。《建设工程司法解释（一）》第三十四条规定：“人民法院应当组织当事人对鉴定意见进行质证。鉴定人将当事人有争议且未经质证的材料作为鉴定依据的，人民法院应当组织当事人就该部分材料进行质证。经质证认为不能作为鉴定依据的，根据该材料作出的鉴定意见不得作为认定案件事实的依据。”

鉴定材料的举证质证由人民法院组织进行，鉴定机构无权组织举证质证。因此，当事人在提交鉴定材料时，特别是鉴定机构直接要求当事人补充鉴定材料时，要注意应当向人民法院提交鉴定材料，而不是向鉴定机构提交。当事人如向鉴定机构直接提交鉴定材料的，应当向人民法院说明原因，并同时请求人民法院对鉴定材料进行举证质证。当事人质证时对鉴定材料的真实性、关联性、合法性提出异议的，人民法院审查后认为鉴定材料可以采纳，不妨碍该鉴定材料成为鉴定的合法依据。河北省高级人民法院《建设工程施工合同案件审理指南》（2018 年）第二十五条第二、三款规定：“人民法院准许当事人对工程价款进行鉴定的申请后，应当根据当事人申请及查明案件事实的需要，确定委托鉴定的事项及范围，并组织双方当事人对争议的鉴定材料进行质证，确定鉴定依据。当事人对对方提交的鉴定资料无法达成一致意见的，人民法院不能简单以当事人不予认可为由否认该鉴定资料的真实性，人民法院应依法对争议的资料进行审查并确定是否可以作为鉴定资料使用。”

第三节 鉴定意见的审查认定

鉴定意见作为证据的一种法定形式，应当根据法律规定，经质证程序，由人民法院审查是否采纳。人民法院对鉴定意见的审查，应围绕鉴定意见的真实性、合法性和与待证事实的关联性，运用逻辑推理和日常生活经验法则，全面、客观地对鉴定意见是否有证明力和证明力大小作出判断。

一、鉴定书形式的审查

根据新《民事证据规定》第三十六条的规定："人民法院对鉴定人出具的鉴定书，应当审查是否具有下列内容：（一）委托法院的名称；（二）委托鉴定的内容、要求；（三）鉴定材料；（四）鉴定所依据的原理、方法；（五）对鉴定过程的说明；（六）鉴定意见；（七）承诺书。鉴定书应当由鉴定人签名或者盖章，并附鉴定人的相应资格证明。委托机构鉴定的，鉴定书应当由鉴定机构盖章，并由从事鉴定的人员签名。"

《司法鉴定程序通则》及《司法部关于印发司法鉴定文书格式的通知》对司法鉴定意见书的内容要求如下：(1)基本情况。应当简要说明委托人、委托事项、受理日期、鉴定材料等情况。(2)基本案情。简要说明案件的基本情况。(3)资料摘要。应当摘录与鉴定事项有关的鉴定资料，如建设工程施工合同中与鉴定相关的内容、工程签证单载明的工程量变更等。(4)鉴定过程，应当客观、详实、有条理地描述鉴定活动发生的过程，包括人员、时间、地点、内容、方法，鉴定材料的选取、使用，采用的技术标准、技术规范或者技术方法，检查、检验、检测所使用的仪器设备、方法和主要结果等。(5)分析说明。应当详细阐明鉴定人根据有关科学理论知识，通过对鉴定材料，检查、检验、检测结果，鉴定标准，专家意见等进行鉴别、判断、综合分析、逻辑推理，得出鉴定意见的过程。要求有良好的科学性、逻辑性。(6)鉴定意见。鉴定机构对鉴定事项作出结论性意见。(7)附件。附件包括鉴定委托书、与鉴定意见有关的现场勘验与测绘报告，调查笔录，相关的图片、照片，鉴定机构的营业执照、资质证明文件，鉴定人员的资质证明文件等。司法鉴定机构和司法鉴定人应当按照统一规定的文本格式制作司法鉴定意见书。司法鉴定意见书应当由司法鉴定人签名。多人参加的鉴定，对鉴定意见有不同意见的，应当注明。司法鉴定意见书应当加盖司法鉴定机构的司法鉴定专用章。司法鉴定意见书各页之间应当加盖司法鉴定专用章红印,作为骑缝章。司法鉴定意见书出具后,发现有下列情形之一的,司法鉴定机构可以进行补正:(1)图像、谱图、表格不清晰的;(2)签名、盖章或者编号不符合制作要求的;(3)文字表达有瑕疵或者错别字,但不影响司法鉴定意见的。补正应当在原司法鉴定意见书上进行,由至少一名司法鉴定人在补正处签名。必要时,可以出具补正书。对司法鉴定意见书进行补正,不得改变司法鉴定意见的原意。

针对鉴定机构准入门槛低、专业能力参差不齐,鉴定存在大量不规范、不准确的情况,新《民事证据规定》增加鉴定人义务的规定。新《民事证据规定》第三十三条规定:"鉴定开始之前,人民法院应当要求鉴定人签署承诺书。承诺书中应当载明鉴定人保证客观、公正、诚实地进行鉴定,保证出庭作证,如作虚假鉴定应当承担法律责任等内容。鉴定人故意作虚假鉴定的,人民法院应当责令其退还鉴定费用,并根据情节,依照民事诉讼法第一百一十一条的规定进行处罚。"因此,鉴定意见书应当附有鉴定机构承诺书,供人民法院审查。

二、鉴定主体的审查

鉴定主体的审查包括鉴定机构及鉴定人员的审查。鉴定机构和鉴定人员其中之一不具备相应的鉴定资质,都会导致鉴定意见不被采纳和重新鉴定程序的启动。

(一)鉴定机构的审查

鉴定机构要解决的是专门性和技术性问题,需要有具备专门性知识的人员、相关的仪器设备、专门的科学技术手段。因此,鉴定机构应当具备一定的资质条件,需要相关行政部门审核,颁发资质证书,登记编入机构名册,才能进行鉴定工作。《全国人民代表大会常务委员会关于司法鉴定管理问题的决定》(以下简称《司法鉴定决定》)第五条规定:"法人或者其他组织申请从事司法鉴定业务的,应当具备下列条件:(一)有明确的业务范围;(二)有在业务范围内进行司法鉴定所必需的仪器、设备;(三)有在业务范围内进行司法鉴定所必需的依法通过计量认证或者实验室认可的检测实验室;(四)每项司法鉴定业务有三名以上鉴定人。"符合上述条件的法人或其他组织,由省级人民政府司法行政部门审核,对符合条件的予以登记,编入鉴定机构名册并公告。

建设工程司法鉴定机构和人员,由建设行政主管部门的部门规章规定。根据《国务院对确需保留的行政审批项目设定行政许可的决定》以及国务院清理整顿经济鉴证类社会中介机构领导小组《关于规范工程造价咨询行业管理的通知》的精神，工程造价咨询单位和造价工程师的审批、注册工作由建设行政部门负责。《最高人民法院关于如何认定工程造价从业人员是否同时在两个单位执业问题的答复》（法函〔2006〕68 号）规定，根据全国人民代表大会常务委员会《关于司法鉴定管理问题的决定》第二条的规定，工程造价咨询单位不属于实行司法鉴定登记管理制度的范围。对于从事工程造价咨询业务的单位和鉴定人员的执业资质认定，以及对工程造价成果性文件的程序审查，应当以工程造价行政许可主管部门的审批、注册管理和相关法律规定为据。《工程造价咨询企业管理办法》第三条、第四条规定，工程造价咨询企业，是指接受委托，对建设项目投资、工程造价的确定与控制提供专业咨询服务的企业。工程造价咨询企业应当依法取得工程造价咨询企业资质，并在其资质等级许可的范围内从事工程造价咨询活动。因此，未被司法行政部门编入鉴定机构名册，但依法取得工程造价咨询企业资质的机构，应当被认定为有资质的鉴定机构。

鉴定机构不仅需要具备鉴定资质，而且需要符合鉴定资质等级，否则鉴定意见可能不被采纳。如工程造价鉴定，根据《工程造价咨询企业管理办法》第十九条的规定，工程造价超出 2 亿元的建设项目工程造价咨询业务应由甲级工程造价咨询企业从事，乙类工程造价咨询企业不得从事。如乙类工程造价咨询企业鉴定价款超出 2 亿元的建设项目工程造价鉴定，该鉴定意见根据《工程造价咨询企业管理办法》第三十六条的规定，应为无效。虽然最高人民法院在（2014）民一终字第 72 号江苏南通六建建设集团有限公司与山西嘉和泰开发有限公司建设工程施工合同纠纷案的民事判决书中认为，“超越资质等级承接工程造价咨询业务的，出具的工程造价成果文件无效”的规定，是原建设部的部颁规章，属于管理性规定，不能作为评判鉴定结论效力的依据。但这只是个案观点。根据《民法典》的相关规定，部门规章和管理性规定不能作为评判民事法律行为包括合同效力的依据，但民事法律行为和司法鉴定意见完全是两种不同的概念。如允许鉴定机构超越资质范围承接鉴定工作，势必造成鉴定秩序的混乱，加重鉴定不规范和鉴定意见不准确的现状。没有任何法律法规规定部门规章不可以作为评判鉴定意见是否有效的依据。因此，鉴定机构应当在资质证书注明的业务范围内从事鉴定工作，否则，其出具的鉴定意见应当不予采纳。

案例7 **中建材佳星玻璃(黑龙江)有限公司(以下简称佳星公司)与黑龙江恒泰建设集团有限公司(以下简称恒泰公司)建设工程施工合同纠纷案①**

黑龙江省高级人民法院二审认为:哈工大咨询公司作出的鉴定结论能否作为本案定案依据。无论佳星公司在一审法院鉴定抽签前是否明确要求鉴定机构必须具有甲级资质,恒泰公司反诉主张诉争工程总造价超过1亿元,佳星公司主张总造价7000多万元,2006年《工程造价咨询企业管理办法》第十九条第三款、第三十八条规定了乙级工程造价咨询企业从事工程造价咨询业务范围,以及超越资质等级承接工程造价咨询业务的,出具的工程造价成果文件无效。而鉴定机构哈工大咨询公司为乙级资质,明知其只能从事工程造价5000万元人民币以下的各类建设项目的工程造价咨询业务,又在一审法院一份委托书项下作出27个单体工程鉴定意见书,明显违反前述规定,该规定虽系部门规章,但有权确认其管理的工程造价咨询机构出具的造价文件在该行业中的效力,既然案涉鉴定意见书是否具有行业管理上效力的问题值得商榷,就不能作为民事诉讼证据认定案件事实。《最高人民法院关于审理建设工程施工合同纠纷案件适用法律问题的解释》第一条(现为《建设工程司法解释(一)》第一条)将承包人未取得建筑施工企业资质或者超越资质等级所签订的建设工程施工合同认定为无效,而工程造价鉴定资质是建筑活动资质在工程造价领域的延伸,同为工程质量和公共安全的保障,两者并无本质上的区别,参照该条司法解释的原理,亦应认定超越质证作出的鉴定结论不能作为认定事实的依据。再者,《民事诉讼法司法解释》第一百二十一条第二款规定了应确定具备相应资格的鉴定人,《最高人民法院关于民事诉讼证据的若干规定》第二十七条第一款(现为新《民事诉讼证据》第四十条)亦要求审查鉴定机构是否具备相关的鉴定资格,故对于不具有相关资质的鉴定机构出具的鉴定结论,一审法院未将其作为本案定案依据并无不当。因此,经一审法院及本院释明,恒泰公司不申请,抑或不在法院指定的期限内申请具有相应资质的鉴定部门按照符合本案实际的结算标准对其施工的工程总造价进行鉴定,亦应视为其未完成举证责任,一审法院驳回其反诉请求正确。

(二)鉴定人员的审查

鉴定人员又被称为鉴定人,是指鉴定机构指派,负责对鉴定项目进行鉴定的有

① 黑龙江省高级人民法院(2018)黑民终208号民事判决书。

相应职业资格的人员。《司法鉴定决定》第四条规定:“具备下列条件之一的人员,可以申请登记从事司法鉴定业务:(一)具有与所申请从事的司法鉴定业务相关的高级专业技术职称;(二)具有与所申请从事的司法鉴定业务相关的专业执业资格或者高等院校相关专业本科以上学历,从事相关工作五年以上;(三)具有与所申请从事的司法鉴定业务相关工作十年以上经历,具有较强的专业技能。因故意犯罪或者职务过失犯罪受过刑事处罚的,受过开除公职处分的,以及被撤销鉴定人登记的人员,不得从事司法鉴定业务。”符合条件的人员,由省级人民政府司法行政部门审核,编入鉴定机构名册并公告。建设工程鉴定的人员,由建设行政部门的部门规章予以规范,审核与注册由建设行政部门负责。

以建设工程造价鉴定为例,建设工程造价鉴定的鉴定人应当是注册造价工程师。根据《注册造价工程师管理办法》第三条的规定,注册造价工程师是指通过土木建筑工程或者安装工程专业造价工程师职业资格考试取得造价工程师职业资格证书或者通过资格认定、资格互认,并按照该办法注册后,从事工程造价活动的专业人员。注册造价工程师分为一级注册造价工程师和二级注册造价工程师。《建设工程造价鉴定规范》(GB/T 51262—2017)规定,鉴定人指受鉴定机构指派,负责鉴定项目工程造价鉴定的注册造价工程师。鉴定机构接受委托后,应指派本机构中满足鉴定项目专业要求,具有相关项目经验的鉴定人进行鉴定。

三、鉴定程序的审查

人民法院对鉴定程序的审查主要包括以下几个方面:

1. 鉴定组织是否合法。《司法鉴定程序通则》第十九条规定,司法鉴定机构对同一鉴定事项,应当指定或者选择二名司法鉴定人进行鉴定;对复杂、疑难或者特殊的鉴定事项,可以指定或者选择多名司法鉴定人进行鉴定。《建设工程造价鉴定规范》(GB/T 51262—2017)规定,根据鉴定工作需要,鉴定机构可安排非注册造价工程师的专业人员作为鉴定人的辅助人员,参与鉴定的辅助性工作。鉴定机构对同一鉴定事项,应指定两名及以上鉴定人共同进行鉴定。对争议标的较大或涉及工程专业较多的鉴定项目,应成立由三名及以上鉴定人组成的鉴定项目组。人民法院应审查鉴定组织是否由两名以上具备相应鉴定资格的鉴定人组成,如其中一名鉴定人不具备相应的鉴定资格,则鉴定程序严重违法。

2. 鉴定人员是否存在应回避而未回避的情形。鉴定人员实行回避制度。《司法鉴定决定》第九条第三款规定,鉴定人应当依照诉讼法律规定实行回避。《司法鉴定程序通则》第二十条规定:“司法鉴定人本人或者其近亲属与诉讼当事人、鉴定事项涉及的案件有利害关系,可能影响其独立、客观、公正进行鉴定的,应当回避。司法鉴定人曾经参加过同一鉴定事项鉴定的,或者曾经作为专家提供过咨询意见的,或者曾被聘请为有专门知识的人参与过同一鉴定事项法庭质证的,应当回避。”《司法鉴定程序通则》第三十一条第(三)项规定,原司法鉴定人应当回避没有回避的,司法鉴定机构可以接受办案机关委托进行重新鉴定。《建设工程造价鉴定规范》(GB/T 51262—2017)规定:鉴定人有下列情形之一的,应当自行提出回避,未自行回避,经当事人申请,委托人同意,通知鉴定机构决定其回避的,必须回避:(1)是鉴定项目当事人、代理人近亲属的;(2)与鉴定项目有利害关系的;(3)与鉴定项目当事人、代理人有其他利害关系,可能影响鉴定公正的。在鉴定过程中,鉴定人有下列情形之一的,当事人有权向委托人申请其回避,但应提供证据,由委托人决定其是否回避:(1)接受鉴定项目当事人、代理人吃请和礼物的;(2)索取、借用鉴定项目当事人、代理人款物的。符合上述规定的回避条件的鉴定人没有回避的,鉴定意见将不被采纳。

3. 鉴定意见所依据的鉴定材料是否经过质证和认证程序。鉴定材料应当经过质证和认证程序前面已有详细论述,不再赘述。鉴定意见所依据的鉴定材料必须是经当事人质证程序、法院认证后认为应当采信的材料。如果鉴定意见依据的是未经质证程序,或是不真实、不合法、不充分或取得方式不合法的材料,那么鉴定意见的准确性会大打折扣。

4. 鉴定实施程序是否合法。如《司法鉴定程序通则》第二十四条第二款规定:“经委托人同意,司法鉴定机构可以派员到现场提取鉴定材料。现场提取鉴定材料应当由不少于二名司法鉴定机构的工作人员进行,其中至少一名应为该鉴定事项的司法鉴定人。现场提取鉴定材料时,应当有委托人指派或者委托的人员在场见证并在提取记录上签名。”如果在鉴定机构现场提取材料时,只有一名工作人员进行,或二名工作人员均不是鉴定人,或没有委托人指派或委托的人员在场见证和签名,鉴定程序违法。

需要注意的是,只有鉴定程序存在重大违法时,才会启动重新鉴定程序。如鉴定程序仅存在一般违法之处,可以通过补正、补充鉴定等方法处理,并不影响鉴定意见的采纳。

四、鉴定意见是否依据明显不足的判断

鉴定意见明显依据不足的,当事人有权申请重新鉴定。鉴定意见明显依据不

足,主要是指鉴定意见明显违反客观规律或与当事人提供的证据明显不一致。[①] 对鉴定意见是否依据明显不足的判断,可以从以下几个方面入手:

1. 鉴定方法是否正确。鉴定应当依照相关鉴定技术规范、双方合同约定的方法进行。以工程造价鉴定为例,鉴定人应根据合同约定的计价原则和方法进行鉴定。如双方在建设工程施工合同中未约定计价原则和方法,或者客观上无法采用合同约定的计价原则和方法进行鉴定,且双方当事人对计价标准无法达成一致的,鉴定人应当提请委托法院确定计价标准,以委托法院确定的计价标准进行鉴定。如建设工程施工合同约定计价风险范围和幅度,施工中出现材料款、人工费等项目价格的变化超出计价风险的情形,鉴定意见却未根据合同约定调整合同价款,则可认定鉴定意见依据明显不足。

2. 鉴定分析说明是否充分、合理。鉴定意见书中的分析说明,是鉴定机构和鉴定人员专业知识和逻辑推理能力的集中展现,鉴定人员依据专业知识,运用科学方法,对鉴定材料,检查、检验、检测结果,鉴定标准,专家意见等进行鉴别、判断、综合分析、逻辑推理。对该部分的审查,主要审查论据是否充分,推论是否合理,论据和结论之间有无矛盾;鉴定过程是否以偏概全;鉴定意见是否把握了以客体的本质特征为依据,而不是停留在对个别特征的认识上;对特征符合点和差异点的解释是否全面,是否符合情理。[②] 如果鉴定意见书的分析说明部分,论据非常不充分,逻辑推理明显存在错误,或存在明显以偏概全的分析,可以认定鉴定意见依据明显不足。

3. 鉴定意见合理性的审查。鉴定意见应当具备合理性,不得违背事物的客观规律和常理。如果鉴定意见明显违背客观规律和常理,也可认定为依据明显不足。如建设工程施工合同中未涉及工程地基基础和主体结构的质量缺陷修复费用的鉴定,鉴定意见中修复费用的金额高于工程造价,该鉴定意见明显存在不合理性,依据明显不足。

4. 鉴定意见与其他证据和事实一致性的审查。鉴定意见与其他证据存在冲突,则要比较鉴定意见与其他证据的真实性程度何者更高。如鉴定意见与被人民法院确认为真实的证据或已知的事实不一致,则可以认定鉴定意见依据明显不足。

新《民事证据规定》第四十条规定:“当事人申请重新鉴定,存在下列情形之一的,人民法院应当准许:(一)鉴定人不具备相应资格的;(二)鉴定程序严重违法的;

① 参见最高人民法院民事审判第一庭编著:《最高人民法院新民事诉讼证据规定理解与适用》(上),人民法院出版社2020年版,第391页。

② 参见王新平:《民事诉讼证据运用与实务技巧》,法律出版社2020年版,第261页。

（三）鉴定意见明显依据不足的；（四）鉴定意见不能作为证据使用的其他情形。存在前款第一项至第三项情形的，鉴定人已经收取的鉴定费用应当退还。拒不退还的，依照本规定第八十一条第二款的规定处理。对鉴定意见的瑕疵，可以通过补正、补充鉴定或者补充质证、重新质证等方法解决的，人民法院不予准许重新鉴定的申请。重新鉴定的，原鉴定意见不得作为认定案件事实的根据。”根据该条规定，鉴定意见存在鉴定数据错误、鉴定材料未经质证等瑕疵或缺陷的，可以通过补正、补充鉴定或者补充质证、重新质证等方法解决，无须进行重新鉴定。但鉴定意见与鉴定事项不符、未按照人民法院确定的鉴定方法鉴定、鉴定人员不具备相应的职业资格或符合回避条件未回避等情形，难以通过出具补充鉴定意见书方式予以纠正的，应当进行重新鉴定。

案例8　王某某与内蒙古德田工贸有限责任公司建设工程施工合同纠纷案①

最高人民法院再审审查认为：首先，关于案涉道路工程是否具备鉴定条件。王某某于一审审理期间申请对维修工程量及工程款进行鉴定，一审法院委托鉴定机构进行鉴定，该鉴定机构所做出阿金鉴字〔2014〕002号工程造价鉴定意见书载明：案涉道路工程于2005年完工，2006年返修，距鉴定日期太久，现场已经无法反映修复情况，工程量无法核定，只能依据送鉴资料确定修复工程量。二审判决按照一般常识以及鉴定机构不能通过现场勘验核定工程量的说明，认定案涉道路工程已不具备鉴定条件，具有相应事实和法律依据。其次，关于是否应当采信案涉工程造价鉴定意见。根据《最高人民法院关于民事诉讼证据的若干规定》第二十九条（新《民事诉讼证据》第四十条）规定，人民法院应当对鉴定结论的依据进行审查认定。本案鉴定机构对修复工程量进行鉴定所依据的送鉴资料，主要系科林监理公司出具的工程签证单。该工程签证单虽盖有科林监理公司公章，但是，经一审法院核实，公司法定代表人及当时现场工程师均否认签证单系由该公司出具。由于本案鉴定意见的依据缺乏真实性，一审、二审判决对该鉴定意见不予采信，符合相关法律与司法解释规定。

五、鉴定人出庭

鉴定意见是鉴定机构对专门性问题进行鉴别和判断形成的意见，审判人员和

① 最高人民法院（2016）最高法民申798号民事判决书。

当事人仅依鉴定书难以判断鉴定意见是否科学、合理。因此，在一些情形下，鉴定人有必要出庭，接受当事人发问和法庭询问，回答与鉴定相关的问题，将鉴定的方法、过程、依据、论证等在法庭审理中详细陈述。鉴定人出庭作证，是保障当事人诉讼权利的重要手段，也是对鉴定意见进行质证、确认鉴定意见的三性和证明力的重要程序。

《民事诉讼法》第七十八条规定："当事人对鉴定意见有异议或者人民法院认为鉴定人有必要出庭的，鉴定人应当出庭作证。经人民法院通知，鉴定人拒不出庭作证的，鉴定意见不得作为认定事实的根据；支付鉴定费用的当事人可以要求返还鉴定费用。"根据该条规定，鉴定人应当出庭作证的事由有二：(1)当事人对鉴定意见有异议。根据新《民事证据规定》第三十七条第一款、第二款的规定，人民法院收到鉴定书后，应当及时将副本送交当事人。当事人对鉴定书的内容有异议的，应当在人民法院指定期间内以书面方式提出。但是，并非当事人一提出异议，人民法院就要通知鉴定人出庭。新《民事证据规定》第三十七条第三款前段规定，对于当事人的异议，人民法院应当要求鉴定人作出解释、说明或者补充。根据该规定，当事人对鉴定意见提出异议的，不是直接要求鉴定人出庭，而是应先经过要求鉴定人作出解释、说明或者补充的程序，鉴定人作出解释、说明或者补充后，当事人仍有异议的，人民法院可以要求鉴定人出庭。(2)人民法院认为鉴定人有必要出庭的。人民法院对鉴定意见进行审查后，认为当事人未提出异议的部分需要鉴定人作出说明的，也可以要求鉴定人出庭。当然，在鉴定人出庭之前，也应先要求鉴定人进行解释、说明或者补充。新《民事证据规定》第三十七条第三款后段规定，人民法院认为有必要的，可以要求鉴定人对当事人未提出异议的内容进行解释、说明或者补充。

鉴定人经人民法院通知拒不出庭作证的后果是鉴定意见不得作为认定事实的根据，而且已预交鉴定费用的当事人可以要求鉴定机构退还鉴定费用。这主要是考虑到鉴定意见的专业性和对案件裁判的重要影响，鉴定人有义务出庭对鉴定意见进行解释和说明，并回答审判人员和当事人的提问。而且，鉴定意见和鉴定机构并不存在唯一性，鉴定机构拒不出庭的，人民法院可以要求其退还鉴定费用，另择鉴定机构重新作出鉴定意见。

此外，当事人还可以向人民法院申请专家辅助人出庭，就鉴定人作出的鉴定意见发表意见。专家辅助人制度前已论述，此处不赘。

CHAPTER 5

第五章

证据交换、庭前会议和开庭审理

建设工程施工合同纠纷案件总体上是一类较为疑难复杂的案件，涉及主体多、证据材料繁多、标的数额大、事实查明难、法律关系复杂。人民法院在开庭审理前，往往要做很多的庭前准备工作。建设工程施工合同纠纷案件的审理常要经历证据交换或庭前会议、开庭审理阶段。

第一节 证 据 交 换

证据交换是对证据较多或疑难复杂案件适用举证时限的特殊制度，指在人民法院的组织下，双方当事人在指定的时间和地点将各自持有的证据与对方当事人互相交换。证据交换的目的在于整理证据、固定争议焦点，避免证据突袭，使开庭审理围绕争议焦点进行，保障庭审的顺利开展。对于证据不多或案情简单，通过指定举证期限能够固定争议焦点和证据的案件，不必采用证据交换的方式；对于证据较多或复杂疑难的案件，仅通过举证期限不易达到整理争议焦点、固定争议焦点和证据目的的案件，人民法院应当组织证据交换。[①]《民事诉讼法》第一百三十三条第（四）项规定，人民法院对受理的案件，分别情形，予以处理：需要开庭审理的，通过要求当事人交换证据等方式，明确争议焦点。《民事诉讼法司法解释》第二百二十六条规定："人民法院应当根据当事人的诉讼请求、答辩意见以及证据交换的情况，归纳争议焦点，并就归纳的争议焦点征求当事人的意见。"

一、证据交换的时间

根据《民事诉讼法司法解释》第二百二十四条的规定，证据交换的时间在答辩期届满后、开庭审理前。证据交换时间的确定有两种方式：一是双方当事人协商一致，人民法院批准；二是人民法院直接指定。目前，大部分法院采取第二种方式即直接指定的方式确定证据交换时间。证据交换之日，举证期限届满。人民法院确定的证据交换时间，应当在举证期限届满之日或举证期限届满之后。举证期限延期或

① 参见沈德咏主编：《最高人民法院民事诉讼司法解释理解与适用》，人民法院出版社 2015 年版，第 593 页。

重新确定的，证据交换的时间也应重新确定。新《民事证据规定》第五十六条规定："人民法院依照民事诉讼法第一百三十三条第四项的规定，通过组织证据交换进行审理前准备的，证据交换之日举证期限届满。证据交换的时间可以由当事人协商一致并经人民法院认可，也可以由人民法院指定。当事人申请延期举证经人民法院准许的，证据交换日相应顺延。"

二、证据交换的开展

新《民事证据规定》第五十七条规定："证据交换应当在审判人员的主持下进行。在证据交换的过程中，审判人员对当事人无异议的事实、证据应当记录在卷；对有异议的证据，按照需要证明的事实分类记录在卷，并记载异议的理由。通过证据交换，确定双方当事人争议的主要问题。"证据交换一般由法官或合议庭主持，也可以根据案件实际情况，由合议庭委托法官助理协助主持。证据交换的证据范围包括当事人持有的全部证据，包括书证、证人证言、鉴定意见等，也包括人民法院调查收集的证据。审判人员主持证据交换时，应尽量引导当事人出示全部证据。证据交换中，原告依证据清单的顺序，出示证据，逐一说明证据的名称、来源、主要内容和证明对象，提交复印件的，应提供原本核对，被告对证据发表质证意见，并出示反驳证据的，由原告质证。审判人员应当将双方均无异议的证据记录在卷，对有异议的证据按证明对象分类记录在卷，并记录异议理由。

三、证据交换的再次进行

新《民事证据规定》第五十八条规定："当事人收到对方的证据后有反驳证据需要提交的，人民法院应当再次组织证据交换。"由于证据交换的时间经常是举证期限届满之日，一些当事人在证据交换之日才提交证据，对方当事人在证据交换中才首次看到这些证据，如果证据交换程序就此终结，对于需要提供反驳证据的当事人是不公平的。因此，当事人在收到对方证据后需要提供反驳证据，证据交换就应当重新举行。原《民事证据规定》将证据交换的次数原则上限制为两次，新《民事证据规定》删除了证据交换次数的限制，这对建设工程施工合同纠纷这类疑难复杂案件的处理是有益的。

第二节 庭前会议

《民事诉讼法司法解释》在《民事诉讼法》第一百三十三条第(四)项规定的基础上,新增开庭审理前准备阶段的庭前会议程序。《民事诉讼法司法解释》第二百二十五条规定:"根据案件具体情况,庭前会议可以包括下列内容:(一)明确原告的诉讼请求和被告的答辩意见;(二)审查处理当事人增加、变更诉讼请求的申请和提出的反诉,以及第三人提出的与本案有关的诉讼请求;(三)根据当事人的申请决定调查收集证据,委托鉴定,要求当事人提供证据,进行勘验,进行证据保全;(四)组织交换证据;(五)归纳争议焦点;(六)进行调解。"庭前会议是庭前准备的一项重要内容,有利于提高庭审质量和效率,加速诉讼程序的进程,促进当事人和解、调解。

庭前会议举行的时间是答辩期满至开庭审理前,一般由法官或合议庭主持,根据案情需要,合议庭可以委托法官助理协助主持庭前会议。庭前会议涵盖了证据交换的内容。除证据交换的内容外,庭前会议还有以下功能:明确原告的诉讼请求、被告的反诉请求以及相应的答辩意见,审查处理增加变更的诉讼请求、反诉及有独立请求权第三人提出的独立请求,决定调查取证、启动鉴定程序、勘验以及进行证据保全,归纳争议焦点并听取当事人的意见。庭前会议中还可以组织双方当事人进行调解。

第三节 开庭审理

开庭审理是民事诉讼程序的核心阶段。法官根据双方当事人的诉辩意见归纳和确定争议焦点,围绕争议焦点进行法庭调查、开展法庭辩论,并由当事人陈述最后意见。

根据《民事诉讼法》和《民事诉讼法司法解释》的相关规定,开庭审理的要点如下:

1. 开庭审理案件应当公开进行,涉及国家秘密、个人隐私或者法律另有规定的,以及当事人在离婚案件、涉及商业秘密的案件中申请不公开开庭的除外。

2. 适用普通程序审理的案件,应当在开庭3日前用传票传唤当事人。原告经传票传唤，无正当理由拒不到庭的，或者未经法庭许可中途退庭的，可以按撤诉处理；被告反诉的，可以缺席判决。被告经传票传唤，无正当理由拒不到庭的，或者未经法庭许可中途退庭的，可以缺席判决。

3. 法庭审理应当围绕当事人争议的事实、证据和法律适用等焦点问题进行。

4. 法庭调查按照下列顺序进行：(1) 当事人陈述；(2) 告知证人的权利义务，证人作证，宣读未到庭的证人证言；(3) 出示书证、物证、视听资料和电子数据；(4) 宣读鉴定意见；(5) 宣读勘验笔录。

5. 当事人在庭审中对其在审理前的准备阶段认可的事实和证据提出不同意见的，人民法院应当责令其说明理由。必要时，可以责令其提供相应证据。人民法院应当结合当事人的诉讼能力、证据和案件的具体情况进行审查。理由成立的，可以列入争议焦点进行审理。

6. 法庭辩论按照下列顺序进行：(1) 原告及其诉讼代理人发言；(2) 被告及其诉讼代理人答辩；(3) 第三人及其诉讼代理人发言或者答辩；(4) 互相辩论。法庭辩论终结，由审判长按照原告、被告、第三人的先后顺序征询各方最后意见。

7. 法庭辩论终结，应当依法作出判决。判决前能够调解的，还可以进行调解，调解不成的，应当及时判决。

CHAPTER 6

第六章

上诉与审判监督程序

当事人对一审法院作出的判决,以及不予受理、管辖权异议和驳回起诉的裁定,有权提起上诉。当事人对已经发生法律效力的判决、裁定和调解书,有权依法申请启动审判监督程序。

第一节 上 诉

《民事诉讼法》第一百六十四条规定:“当事人不服地方人民法院第一审判决的,有权在判决书送达之日起十五日内向上一级人民法院提起上诉。当事人不服地方人民法院第一审裁定的,有权在裁定书送达之日起十日内向上一级人民法院提起上诉。”在上述规定的期间内,当事人未提起上诉的,即丧失上诉权利,一审判决、裁定发生法律效力。

上诉有两种方式:一是通过原审法院提出上诉状,并按照对方当事人或者代表人的人数提出副本;二是直接向二审法院提出,二审法院五日内将上诉状移送原审法院。当事人原则上应采用第一种方式提起上诉。上诉状的内容应当包括:当事人的姓名,法人的名称及其法定代表人的姓名或者其他组织的名称及其主要负责人的姓名;原审人民法院名称、案件的编号和案由;上诉的请求和理由。

民事上诉状范例

民事上诉状

上诉人(原审诉讼地位):(写明上诉人的姓名、性别、年龄、民族、职业、工作单位、住所、联系方式,法人或者其他组织的名称、住所和法定代表人或者主要负责人的姓名、职务、联系方式)

法定代理人/负责人:______________________。

委托诉讼代理人:________________________。

被上诉人(原审诉讼地位):(写明被上诉人的姓名、性别、年龄、民族、职业、工作单位、住所、联系方式,法人或者其他组织的名称、住所和法定代表人或者主要负

责人的姓名、职务、联系方式）

上诉人______________因与被上诉人________________建设工程施工合同纠纷一案，不服________________人民法院____年__月__日作出的（____）__民初______号民事判决，现提起上诉。

上诉请求：

（写明上诉人请求二审人民法院依法撤销或者变更原审裁判，以及如何解决本案民事权益争议的具体请求）

上诉理由：

（写明一审判决认定事实、适用法律和程序上的问题，以及上诉人上诉请求成立的理由）

此致

________人民法院

上诉人：（签名或者盖章）

______年____月____日

附：本上诉状副本____份

二审法院应围绕上诉人提出的上诉请求进行审理，上诉人的上诉请求未涉及的问题，二审法院不予审理，但一审判决违反法律禁止性规定，或者损害国家利益、社会公共利益、他人合法权益的除外。因此，当事人在确定上诉请求时，要通盘考虑，其希望撤销或变更一审判决的全部请求要体现在上诉请求中，不要遗漏。二审法院对上诉案件原则上应进行开庭审理，在开庭前，也可以组织证据交换、庭前会议等准备程序。合议庭经过阅卷、调查和询问当事人，对没有提出新的事实、证据或者理由认为案件不需要开庭审理的，也可以不开庭。

上诉案件的处理分为四种情形：(1)原判决、裁定认定事实清楚，适用法律正确的，以判决、裁定方式驳回上诉，维持原判决、裁定；(2)原判决、裁定认定事实错误或者适用法律错误的，以判决、裁定方式依法改判、撤销或者变更；(3)原判决认定基本事实不清的，裁定撤销原判决，发回原审人民法院重审，或者查清事实后改判；(4)原判决遗漏当事人或者违法缺席判决等严重违反法定程序的，裁定撤销原判决，发回原审人民法院重审。其中，严重违反法定程序是指：(1)审判组织的组成不合法的；(2)应当回避的审判人员未回避的；(3)无诉讼行为能力人未经法定代理人代为诉讼的;(4)违法剥夺当事人辩论权利的。发回重审的案件判决或裁定后再上诉的,不得二次发回重审。

第二节 审判监督程序

当事人认为人民法院作出的生效判决、裁定错误的,有权在判决、裁定发生法律效力后6个月内申请再审。以下四种情形,当事人申请再审的期限是知道或者应当知道该情形之日起6个月内:当事人有新的证据足以推翻原判决、裁定;原判决、裁定认定事实的主要证据是伪造的;据以作出原判决、裁定的法律文书被撤销或者变更;审判人员审理该案件时有贪污受贿、徇私舞弊、枉法裁判行为。当事人对已经发生法律效力的调解书,提出证据证明调解违反自愿原则或者调解协议的内容违反法律的,可以申请再审。

当事人申请再审,一般向上一级人民法院提出,当事人一方人数众多或者当事人双方为公民的案件,也可以向原审法院申请再审。《民事诉讼法》第二百条详细列举了人民法院应当再审的情形:(1)有新的证据,足以推翻原判决、裁定的;(2)原判决、裁定认定的基本事实缺乏证据证明的;(3)原判决、裁定认定事实的主要证据是伪造的;(4)原判决、裁定认定事实的主要证据未经质证的;(5)对审理案件需要的主要证据,当事人因客观原因不能自行收集,书面申请人民法院调查收集,人民法院未调查收集的;(6)原判决、裁定适用法律确有错误的;(7)审判组织的组成不合法或者依法应当回避的审判人员没有回避的;(8)无诉讼行为能力人未经法定代理人代为诉讼或者应当参加诉讼的当事人,因不能归责于本人或者其诉讼代理人的事由,未参加诉讼的;(9)违反法律规定,剥夺当事人辩论权利的;(10)未经传票传唤,缺席判决的;(11)原判决、裁定遗漏或者超出诉讼请求的;(12)据以作出原判决、裁定的法律文书被撤销或者变更的;(13)审判人员审理该案件时有贪污受贿,徇私舞弊,枉法裁判行为的。

当事人申请再审被驳回的,还可以向上一级人民检察院申请提起抗诉,或向同级人民检察院申请启动审判监督程序,提出检察建议或者提请上级人民检察院向同级人民法院提出抗诉。

再审申请书范例

再审申请书

申请人(原审诉讼地位):(写明申请人的姓名、性别、年龄、民族、职业、工作单位、住所、联系方式,法人或者其他组织的名称、住所和法定代表人或者主要负责人的姓名、职务、联系方式)

法定代理人/负责人:____________________。

委托诉讼代理人:____________________。

被申请人(原审诉讼地位):(写明被申请人的姓名、性别、年龄、民族、职业、工作单位、住所、联系方式,法人或者其他组织的名称、住所和法定代表人或者主要负责人的姓名、职务、联系方式)

申请人____________因与被申请人______________建设工程施工合同纠纷一案,不服__________人民法院____年__月__日作出的(____)__民初_____号民事判决,根据__(写明申请再审所依据的法律规定)__,现提出再审申请。

申请请求:

(写明再审申请人请求再审人民法院依法撤销或者变更生效裁判,以及如何解决本案民事权益争议的具体请求)

上诉理由:

(写明生效裁判符合《民事诉讼法》第二百条的情形,详述再审申请成立的事实、理由及法律依据)

此致

________人民法院

申请人:(签名或者盖章)

____年__月__日

附:

1. 再审申请书副本____份
2. 原生效裁判文书副本____份

下篇　建设工程施工合同纠纷诉讼实体指南

CHAPTER 1

第一章

建设工程领域中的转包、分包与挂靠

《民法典》《建筑法》等法律法规明令禁止承包人将建设工程转包、违法分包给他人，或者将施工资质出借给他人使用(出借资质也称为挂靠)。而且，法律法规对转包、违法分包、挂靠行为设定了较为严厉的违法后果，如相应的合同无效，对相关企业进行罚款、停业整顿乃至吊销营业执照。但在建设工程实践中，由于利益驱动和监管不到位，仍普遍存在转包、违法分包和挂靠的现象，这不仅严重扰乱建筑市场，而且造成建筑质量低下，给人民生活带来不安全的因素。司法实践中，对如何区分转包、挂靠和内部承包，如何区分合法分包和违法分包，如何确定转包、违法分包和挂靠的法律后果等问题，存在不少疑惑和争议，需要进一步厘清。

第一节 转　包

根据住房和城乡建设部《建筑工程施工发包与承包违法行为认定查处管理办法》(以下简称《工程发包和承包违法行为认定查处办法》)第七条所作的定义，转包，是指承包单位承包工程后，不履行合同约定的责任和义务，将其承包的全部工程或者将其承包的全部工程肢解后以分包的名义分别转给其他单位或个人施工的行为。转包实质上是一种将合同债权债务概括转让的行为，承包人与发包人签订建设工程施工合同之后，将施工合同的全部债权债务转让给第三人。

一、转包的形态

根据《工程发包和承包违法行为认定查处办法》的规定，可以认定为转包的行为有以下几种：

1. 承包单位将其承包的全部工程转给其他单位或个人施工的。

该行为是典型的转包行为，最为常见。转承包人既可以是单位，也可以是自然人，但转承包人与转包人应当是互相独立的民事主体。转承包人是否具备相应的施工资质在所不问。转包不限于发包人不知的情形，发包人明知承包人将工程转给第三人，甚至同意或指令承包人将工程转给第三人，均成立转包。

实践中，争议较大的问题是母公司从发包人处承接工程后，将工程转给子公司,该情形是否构成转包。观点一认为,母公司将工程转给子公司的行为不能定性为分包或转包,而应定性为特殊的内部组织管理关系,其原因是:(1)转包的法律性质是债务移转,债务移转的表面特征是债务履行主体发生变化,由一个主体变为另一个主体。债务移转的实质性改变则是指履行债务的法律主体的履行资质和能力发生改变,这种改变对债权人来说可能是积极的变化也可能是消极的变化,正是基于债务移转会影响债权人债权的实现,所以法律规定债权移转须经债权人同意。母公司将工程交给子公司施工,债务履行主体的资质和能力并没有发生实质性改变,没有损害债权人的利益,与债务移转制度的价值不冲突,这种关系是一种特殊的内部管理关系。(2)母公司基于其控股地位对子公司具有绝对的控制力,母公司的管理文件对子公司具有直接的约束力,足以保证工程合约由母公司交由子公司后能严格按照母公司的管理要求认真组织实施,确保工程质量。观点二认为,母公司和子公司是平等的民事主体关系,母公司承接工程后,将工程转给子公司,符合转包的定义,属于转包行为。笔者同意第二种观点,母公司承接工程后,将工程转给子公司施工,属于转包。这是因为:(1)子公司具有独立的法人地位。母公司通过股份的占有或控制协议对子公司享有控制地位,但这并不影响子公司的独立法人地位。既然子公司具有独立的法人地位,就不应该将子公司和母公司混为一谈,将子公司的行为视为母公司的行为。子公司从母公司处转接工程进行施工,施工作业实质上由子公司进行,而非母公司。(2)一般而言,子公司的施工能力和水平要弱于母公司。发包人之所以与母公司签订建设工程施工合同,是看中母公司履行建设工程施工合同的能力。母公司承接工程后要将工程转交给子公司,对发包人来说难言有利。因此,以子公司履行合同不会影响发包人的利益为由,将母公司转交工程给子公司的行为排除在转包范围之外,理由并不充分。(3)法律法规关于转包的定义和条件的规定并没有将母公司转交工程给子公司的行为排除在转包之外。母公司转交工程给子公司的行为,只要符合法律法规关于转包的定义和条件,就应认定为转包。(4)母公司对子公司的控制力不足以保证子公司会严格按照母公司的要求认真组织实施,确保工程质量。母公司对子公司的控制是在应然的层面,而非实然,母公司对子公司转接工程后的施工行为是否有严格的要求、严密的管理体系和实际的控制,并不存在必然性。而且,即使存在上述的管控体系,子公司的施工能否确保工程质量,也是未知数。因此,母公司承接工程后,不履行合同约定的责任和义务,将工程转交给子公司的行为,应当认定为转包。《工程发包和承包违法行为认定查处办法》第八条第一款第(一)项将母公司承接建筑工程后将所承接工程交由具有独立法人资格的子公司施工的情形包括在转包情形之中,可以印证笔者的观点。

2. 承包单位将其承包的全部工程肢解以后,以分包的名义分别转给其他单位或个人施工的。

此情形即为通常说的肢解转包。需要注意的是,承包人将承包工程的全部肢解后,以分包的名义分别转给其他单位或个人施工的,才构成转包。如果承包人肢解的是部分工程,则该行为构成分包,而非转包。肢解转包的对象是其他单位或个人,如承包人将工程分部分由承包人的内设部门分别施工,不构成转包。

3. 施工总承包单位或专业承包单位未派驻项目负责人、技术负责人、质量管理负责人、安全管理负责人等主要管理人员,或派驻的项目负责人、技术负责人、质量管理负责人、安全管理负责人中一人及以上与施工单位没有订立劳动合同且没有建立劳动工资和社会养老保险关系,或派驻的项目负责人未对该工程的施工活动进行组织管理,又不能进行合理解释并提供相应证明的。

正常的建设工程施工合同关系中,施工总承包单位或专业承包单位于项目开工前后,会设立项目机构并向施工现场派驻项目负责人、技术负责人、质量管理负责人、安全管理负责人等人员。如果工程项目开工后,施工总承包单位或专业承包单位未在施工现场配备上述人员,应认定其没有履行建设工程施工合同约定的责任和义务,未对工程进行组织管理,此情形可以认定为转包。承包单位派驻施工现场的项目负责人、技术负责人、质量管理负责人、安全管理负责人均应当是承包单位的工作人员,与承包单位签订劳动合同并建立社会保险关系。如上述负责人其中一人或以上与承包单位不存在劳动关系,也可以认定为转包。承包单位派驻的项目负责人应当对工程施工活动进行实际的组织管理,如项目负责人只是挂名,没有实施组织管理行为的,这也是认定转包的情形之一。

4. 合同约定由承包单位负责采购的主要建筑材料、构配件及工程设备或租赁的施工机械设备,由其他单位或个人采购、租赁,或施工单位不能提供有关采购、租赁合同及发票等证明,又不能进行合理解释并提供相应证明的。

建设工程施工合同中约定由承包单位负责采购的主要建筑材料、构配件及工程设备或租赁的施工机械设备,正常情况下,承包单位会自行或委托他人采购或租赁(委托人不参与工程施工)。承包单位自行或委托他人采购或租赁,应有采购、租赁合同,相应的发票,委托手续等证据。如合同约定由承包单位采购或租赁的材料、设备由其他单位或个人实施(承包人委托他人采购或租赁,且受托人未从事工程施工的除外),或者承包单位没有证据证明其自行或委托他人采购、租赁材料和设备的,可以认定为转包。

5. 专业作业承包人承包的范围是承包单位承包的全部工程,专业作业承包人计取的是除上缴给承包单位“管理费”之外的全部工程价款的。

根据《房屋建筑和市政基础设施工程施工分包管理办法》所作的定义,专业工程分包,是指施工总承包企业将其所承包工程中的专业工程发包给具有相应资质的其他建筑业企业完成的活动。正常的专业作业承包中,专业作业承包人承包的范围是工程项目中的专业工程部分。专业作业承包人不能从事主体工程的施工(钢结构工程除外),更不能承接全部工程的施工。如专业作业承包人承包的是全部工程,其实质上是一种转包行为。

6. 承包单位通过采取合作、联营、个人承包等形式或名义,直接或变相将其承包的全部工程转给其他单位或个人施工的。

承包单位通过合作、联营等方式,与他人共同承包工程,并不违反法律的强制性规定。但在建设工程领域中,出现非常多地以合作、联营等合法行为的名义,变相地将工程转包给他人的行为。如何认定以合作、联营为名实施的转包行为?笔者认为,关键是看承包单位有没有实际参与施工,有没有实际对施工进行组织和管理。如果承包单位与他人签订合作或联营协议后,没有实际参与施工,也没有对工程施工进行组织管理,而是由合作方或联营方对全部工程进行施工,该行为可以认定为转包。

7. 专业工程的发包单位不是该工程的施工总承包或专业承包单位的,但建设单位依约作为发包单位的除外,以及专业作业的发包单位不是该工程承包单位的。

除合同约定建设工程发包人发包专业工程的,专业工程应由施工总承包或专业承包单位发包。如果专业工程或专业作业不是由承包或专业承包单位发包,而是由其他单位或个人发包,这说明其他单位或个人实际接手工程,此情形可以认定为转包。

8. 施工合同主体之间没有工程款收付关系,或者承包单位收到款项后又将款项转拨给其他单位和个人,又不能进行合理解释并提供材料证明的。

在正常的建设工程施工合同关系中,发包单位和承包单位之间应当存在工程款支付关系,发包人把工程款直接支付给承包单位。承包单位可以委托他人代收工程款,代收人应当是没有参与工程施工的人,而且委托代收事宜应当在建设工程施工合同或其他协议中明确约定。承包单位收到款项后转拨给其他单位或个人,是否构成转包，要看承包单位收到工程款的数额和转给他人款项的数额的对比、承包单位将款项转给他人的时间和次数、收取款项的单位或个人是否参与工程施工。如承包单位收到发包人支付的工程进度款或结算后，较短时间内扣除一定比例或数额的款项，将剩余款项转给参与施工的单位或个人，该行为可以认定为转包。承包单位对委托他人收款、将款项转拨给他人可以进行合理解释并提供材料证明的，如转拨款项是为了归还之前的借款、支付材料款等合理事由，可以否定转包行为的存在。

9. 视为转包的情形。两个以上的单位组成联合体承包工程，在联合体分工协议中约定或者在项目实际实施过程中，联合体一方不进行施工也未对施工活动进行组织管理的，并且向联合体其他方收取管理费或者其他类似费用的，视为联合体一方将承包的工程转包给联合体其他方。

正常的联合体承包中，联合体中的所有单位都应当参与工程项目的实施，不存在其中一个或几个单位要向联合体中的其他单位交纳类似管理费的费用的情况。实践中已经出现两个以上单位组成联合体承包工程，但工程项目的实施由其中一个或几个单位进行，其他单位不参与工程实施，也不对工程施工进行组织管理，仅收取类似管理费的费用。这实际上是借联合体承包工程的形式行转包之实，因此，《工程发包和承包违法行为认定查处办法》将该情形视为转包。

二、转包的法律后果

建设工程转包，将产生以下法律后果。

（一）因转包签订的合同无效

前已述及，转包实质上是一种合同债权债务概括转移的行为。《民法典》第五百五十五条规定："当事人一方经对方同意，可以将自己在合同中的权利和义务一并转让给第三人。"第五百五十六条规定："合同的权利和义务一并转让的，适用债权转让、债务转移的有关规定。"关于债权转让的限制，《民法典》第五百四十五条第一款规定："债权人可以将债权的全部或者部分转让给第三人，但是有下列情形之一的除外：（一）根据债权性质不得转让；（二）按照当事人约定不得转让；（三）依照法律规定不得转让。"建设工程施工合同中承包人的债权债务属于依照法律规定不得转让的债权债务。《民法典》第七百九十一条第二款后段规定："承包人不得将其承包的全部建设工程转包给第三人或者将其承包的全部建设工程支解以后以分包的名义分别转包给第三人。”《建筑法》第二十八条规定:“禁止承包单位将其承包的全部建筑工程转包给他人,禁止承包单位将其承包的全部建筑工程肢解以后以分包的名义分别转包给他人。”《建设工程质量管理条例》也有禁止建设工程转包的规定。由于建设工程转包对建设市场秩序、建设工程质量和人民群众生命财产安全造成严重影响,涉及公共秩序和公共利益,上述法律、行政法规关于建设工程不得转包的规定为效力性强制性规定。建设工程转包签订的合同违反法律、行政法规的强制性规定,根据《民法典》第一百五十三条的规定,合同应当确认无效。《建设工程司法解释(一)》第一条第二款规定:“承包人因转包、违法分包建设工程与他人签订的建设工程施工合同,应当依据民法典第一百五十三条第一款及第七百九十一条第二款、第三款的规定,认定无效。”转承包人是否具有相应的施工资质不影响转包合同无效的认定。

案例9 **闵某某与江西吉祥建设工程有限公司(以下简称吉祥公司)、吉安市天成实业有限公司及第三人江西江鹏建设集团有限公司建设工程施工合同纠纷案①**

最高人民法院再审审查认为:《建筑法》第二十八条规定:“禁止承包单位将其承包的全部建筑工程转包给他人,禁止承包单位将其承包的全部建筑工程肢解以后以分包的名义分别转包给他人。”《最高人民法院关于审理建设工程施工合同纠纷案件适用法律问题的解释》第四条(现为《建设工程司法解释(一)》第一条第二款)规定:“承包人非法转包、违法分包建设工程或者没有资质的实际施工人借用有资质的建筑施工企业名义与他人签订建设工程施工合同的行为无效。人民法院可以根据民法通则第一百三十四条规定,收缴当事人已经取得的非法所得。”本案吉祥公司承包案涉工程后,又将全部工程非法转包给不具备建筑施工资质的个人闵某某实际施工,故吉祥公司与闵某某签订的《工程内部承包合同》违反了法律的强制性规定,应属无效。吉祥公司作为非法转包合同当事人,对于闵某某因履行转包合同而发生的工程价款,依法应当承担清偿责任。因此,原审法院判令吉祥公司承担支付工程款的责任,不存在适用法律错误的情形。

关于转包行为是否会影响发包人与承包人签订的建设工程施工合同效力的问

① 最高人民法院(2019)最高法民申3068号民事判决书。

题,笔者持否定观点。这是因为:(1)发包人与承包人签订的建设工程施工合同,只要是双方当事人真实意思表示、不违反法律和行政法规的强制性规定,就应当是有效的。转包只能导致转包合同无效,不会使得发包人与承包人签订的建设工程施工合同违反当事人的真实意思或法律、行政法规的强制性规定,也不会影响该合同的效力。(2)转包行为在时间逻辑上是发生在发包人与承包人的合同签订后,是在建设工程施工合同履行过程中发生的因素。绝对无效的合同自始无效,其无效因素在合同签订时就应该存在。不能以合同履行是否合法作为判断之前已经成立的合同效力的依据。因此,如认定合同无效既无法律依据,也违背合同无效理论。①发包人在与承包人签订建设工程施工合同之前,就明示承包人要将工程转交给其他单位或个人的,此种情形更类似于一种挂靠,而非转包。

(二)收缴非法所得

根据《建筑法》第六十七条第一款的规定,承包单位将承包的工程转包的,没收违法所得。根据上述规定,承包人将工程转包后,要求转承包人支付管理费等费用的,人民法院不予支持。转承包人已向承包人支付管理费用的,建设行政主管部门还将没收违法所得。

(三)行政处罚

根据《建筑法》的相关规定,承包单位将承包的工程转包的,责令改正,没收违法所得,并处罚款,可以责令停业整顿,降低资质等级;情节严重的,吊销资质证书。《建设工程质量管理条例》第六十二条第一款规定,承包单位将承包的工程转包,责令改正,没收违法所得,对施工单位处工程合同价款0.5%以上1%以下的罚款;可以责令停业整顿,降低资质等级;情节严重的,吊销资质证书。《工程发包和承包违法行为认定查处办法》规定,施工单位将工程转包的,可依法限制其参加工程投标活动、承揽新的工程项目,并对其企业资质是否满足资质标准条件进行核查,对达不到资质标准要求的限期整改,整改后仍达不到要求的,资质审批机关撤回其资质证书。

① 参见龚雪林:《转包、分包和借用资质情形下的建设工程施工合同效力分析——兼论建设工程施工合同司法解释有关效力规定》,载《法律适用》2014年第12期。

第二节　分　　包

分包，是指承包人承接建设工程后，将单位工程或分部、分项工程转交给其他单位或个人施工的行为。分包可分为合法分包和违法分包。关于合法分包，《建筑法》第二十九条第一款规定：“建筑工程总承包单位可以将承包工程中的部分工程发包给具有相应资质条件的分包单位；但是，除总承包合同中约定的分包外，必须经建设单位认可。施工总承包的，建筑工程主体结构的施工必须由总承包单位自行完成。”《民法典》第七百九十一条第二款前段规定：“总承包人或者勘察、设计、施工承包人经发包人同意，可以将自己承包的部分工作交由第三人完成。”关于违法分包，根据《工程发包和承包违法行为认定查处办法》所作的定义，违法分包是指承包单位承包工程后违反法律法规规定，把单位工程或分部分项工程分包给其他单位或个人施工的行为。

一、合法分包

承包人将单位工程或分部、分项工程交给其他单位或个人实施，不应违反法律、行政法规的强制性规定。合法分包应当符合以下几个条件。

（一）分包的范围

建设工程分包的范围限于专业工程项目和劳务作业，而且，建筑工程的主体结构部分不能分包给他人施工。《民法典》第七百九十一条第三款后段规定：“建设工程主体结构的施工必须由承包人自行完成。”《建筑法》第二十九条第一款后段也有类似规定：“施工总承包的，建筑工程主体结构的施工必须由总承包单位自行完成。”因此，合法分包的范围只能是建筑工程主体结构以外的专业工程项目或劳务作业，但钢结构工程主体结构属于专业分包序列，可以分包给有相应资质单位施工。

（二）分包的对象应当是有相应资质的单位

《建筑业企业资质等级标准》（部分失效）将建筑业企业资质分为施工总承包、专业承包和施工劳务三个序列。其中，施工总承包序列设为12个类别，分为四个等级(特级、一级、二级、三级);专业承包序列设为36个类别,分为三个等级(一级、二级、三级);施工劳务序列不分类别和等级。专业承包序列的36个类别包括:地基基础工程专业承包、起重设备安装工程专业承包、预拌混凝土专业承包、电子与智能化工程专业承包、消防设施工程专业承包、防水防腐保温工程专业承包、桥梁工程专业承包、隧道工程专业承包、钢结构工程专业承包、模板脚手架专业承包、建筑装修装饰工程专业承包、建筑机电安装工程专业承包、建筑幕墙工程专业承包等。

具有法人资格的企业具备满足标准要求的资产,具备满足标准要求的注册建造师及其他注册人员、工程技术人员、施工现场管理人员和技术人员,具有满足标准要求的工程业绩和必要的技术装备等条件后,可申请相应的建筑业企业资质,取得建筑业企业资质证书后,方可实施与其资质相对应的建设工程施工活动。取得专业承包资质的企业可以承接具有施工总承包资质的企业依法分包的专业工程或建设单位依法分包的专业工程。专业承包企业对其承接的专业工程,一般应自行组织施工,但可将劳务作业分包给具备施工劳务资质的企业施工。

值得注意的是,2016年4月,住房和城乡建设部(以下简称住建部)批准浙江、安徽、陕西三省开展建筑劳务用工制度改革试点取消劳务资质办理和资质准入。住建部市场司在2017年工作要点中提到,各级推进建筑用工制度改革,研究取消建筑施工劳务资质,大力扶持以作业为主的专业企业发展。各地开始陆续取消相关资质审批。①

(三)承包人分包工程应当经得发包人同意

《民法典》《建筑法》均规定承包人将部分工程分包给有相应资质的单位,应当经发包人同意,或者在建设工程施工合同中有明确约定。因此,经发包人同意或在建设工程施工合同中有明确约定是分包合法的前提条件之一。合法分包的情形下,受分包人就其完成的工作成果与总承包人向发包人承担连带责任。

二、违法分包

不符合以上三种合法条件的分包即为违法分包。《民法典》第七百九十一条第三款规定:"禁止承包人将工程分包给不具备相应资质条件的单位。禁止分包单位将其承包的工程再分包。建设工程主体结构的施工必须由承包人自行完成。"《建

① 参见最高人民法院民事审判第一庭编著:《最高人民法院建设工程施工合同司法解释(二)理解与适用》,人民法院出版社2019年版,第99页。

筑法》第二十九条第三款规定："禁止总承包单位将工程分包给不具备相应资质条件的单位。禁止分包单位将其承包的工程再分包。"《建设工程质量管理条例》对违法分包的概念进行细化，该条例第七十八条第二款规定："本条例所称违法分包，是指下列行为：（一）总承包单位将建设工程分包给不具备相应资质条件的单位的；（二）建设工程总承包合同中未有约定，又未经建设单位认可，承包单位将其承包的部分建设工程交由其他单位完成的；（三）施工总承包单位将建设工程主体结构的施工分包给其他单位的；（四）分包单位将其承包的建设工程再分包的。"

（一）违法分包的形态

根据《工程发包和承包违法行为认定查处办法》第十二条的规定，可认定为违法分包的情形有以下几种：

1. 承包单位将其承包的工程分包给个人的。

从事专业工程分包和劳务作业分包必须是建筑业企业，个人不具备实施分包工程的资质。因此，将工程分包给个人的，属于违法分包。

2. 施工总承包单位或专业承包单位将工程分包给不具备相应资质单位的。

从事专业工程分包作业的必须是获得与专业工程相对应的专业承包资质的单位，从事劳务分包的必须是取得劳务作业承包资质的单位。如接受专业分包的单位不具专业承包资质，或者其专业承包资质范围不包括其实际从事的专业分包工程的，如具备消防设施工程专业承包资质的单位去从事地基基础工程专业承包，都属于违法分包。承包人或专业承包人将工程中的劳务部分分包给未取得劳务作业承包资质的单位，也属于违法分包。由于各地陆续取消建筑施工劳务资质的审批，因此判断未取得劳务作业承包资质的企业接受劳务分包是否属于违法分包时，要注意当地是否已取消建筑施工劳务资质的审批。

3. 施工总承包单位将施工总承包合同范围内工程主体结构的施工分包给其他单位的，钢结构工程除外。

《民法典》和《建筑法》明确规定建筑工程主体结构的施工必须由总承包单位自行完成，因此，总承包单位将工程主体结构的施工分包给其他单位，即使接受分包的单位具备相应的施工资质，仍属于违法分包。《建筑业企业资质标准》规定，钢结构工程属于专业承包序列，而且考虑到钢结构工程的具体情况，《工程发包和承包违法行为认定查处办法》规定钢结构主体工程可以进行专业分包。

4. 专业分包单位将其承包的专业工程中非劳务作业部分再分包的。

《房屋建筑和市政基础设施工程施工分包管理办法》第九条第一款规定:“专业工程分包除在施工总承包合同中有约定外,必须经建设单位认可。专业分包工程承包人必须自行完成所承包的工程。”因此,专业分包工程承包人将专业承包工程再分包的,属于违法分包。根据《建设工程司法解释(一)》第五条的规定,具有劳务作业法定资质的承包人与总承包人、分包人签订的劳务分包合同,当事人请求确认无效的,人民法院依法不予支持。根据该条规定,专业分包工程承包人可以将专业承包工程中的劳务作业部分分包给有资质的劳务分包企业。

5. 专业作业承包人将其承包的劳务再分包的。

这里的“专业作业承包人”应理解为劳务作业承包人。根据《房屋建筑和市政基础设施工程施工分包管理办法》第九条第二款的规定:“劳务作业分包由劳务作业发包人与劳务作业承包人通过劳务合同约定。劳务作业承包人必须自行完成所承包的任务。”劳务作业承包人接受劳务作业分包后,必须自行完成劳务作业,其将劳务作业再分包的,属于违法分包。

6. 专业作业承包人除计取劳务作业费用外,还计取主要建筑材料款和大中型施工机械设备、主要周转材料费用的。

这里的“专业作业承包人”仍指劳务作业承包人。劳务分包关系中,劳务作业承包人一般仅从事工程中的劳务作业,例外情形下可能提供辅助建筑材料和租赁小型设备。北京市高级人民法院《关于审理建设工程施工合同纠纷案件若干疑难问题的解答》(2012年)第四条规定:“同时符合下列情形的,所签订的劳务分包合同有效:(1)劳务作业承包人取得相应的劳务分包企业资质等级标准;(2)分包作业的范围是建设工程中的劳务作业(包括木工、砌筑、抹灰、石制作、油漆、钢筋、混凝土、脚手架、模板、焊接、水暖、钣金、架线);(3)承包方式为提供劳务及小型机具和辅料。合同约定劳务作业承包人负责与工程有关的大型机械、周转性材料租赁和主要材料、设备采购等内容的,不属于劳务分包。”四川省高级人民法院民事审判第一庭《关于审理建设工程施工合同纠纷案件若干疑难问题的解答》(2015年)第七条规定,劳务分包是指建设工程的总承包人或者专业承包人将其承包工程中的劳务作业(包括木工、砌筑、抹灰、石制作、油漆、钢筋、混凝土、脚手架、模板、焊接、水暖、钣金、架线等)发包给具有相应劳务资质的劳务作业承包人完成的行为。审判实践中,可以结合下列情形综合认定是否属于劳务分包:(1)劳务作业承包人具有劳务分包企业资质;(2)分包内容是劳务作业而不是工程本身;(3)劳务作业承包人一般仅提供劳务作业，施工技术、工程主要材料、大型机械、设备等均由总承包人或者专业承包人负责；(4)劳务费用一般是通过工日的单价和工日的总数量进行费用结算，不发生主要材料、大型机械、设备等费用的结算，不收取管理费。

因此，劳务作业承包人收取的费用限于劳务作业费用、辅助建筑材料费和小型设备租赁费。如果劳务作业承包人在计取劳务作业费用、辅助材料费和小型设备租赁费外，还计取主要建筑材料和大中型施工机械设备、主要周转材料费用的，那么劳务作业承包人实质上从事的不是劳务作业，而是部分工程的承包，该行为应当认定为违法分包。

案例 10　西安天和建筑劳务有限公司与陕西中建致远实业有限公司建设工程施工合同纠纷案①

陕西省高级人民法院再审审查认为：虽然再审申请人依法可将其承包的建设施工工程中的劳务向外分包，但因案涉《建筑工程劳务扩大承包合同》及《建筑工程劳务扩大承包合同补充协议》中约定，承包方式为劳务扩大(包工、包周转材料及辅材、包机械设备、包质量、保安全及文明施工等)；施工范围及内容为："乙方承包本工程从垫层施工至工程最高点土建施工图纸范围内全部工程内容及设计变更内容。"从上述约定看，被申请人承包的工程范围及内容明显超出被申请人《营业执照》载明的"建筑劳务分包"经营范围，故原审依据《最高人民法院关于审理工程施工合同纠纷案件适用法律问题的解释》第一条第一款[现为《建设工程司法解释(一)》第一条第一款第(一)项]规定，认定案涉《建筑工程劳务扩大承包合同》及《建筑工程劳务扩大承包合同补充协议》无效，于法有据，再审申请人的该项再审理由依法不能成立。

7. 施工总承包合同中未有约定，又未经建设单位认可，分包工程发包人将承包工程中的部分专业工程分包给他人的。

《工程发包和承包违法行为认定查处办法》未将该情形规定为违法分包的范围，但《房屋建筑和市政基础设施工程施工分包管理办法》第十四条规定："禁止将承包的工程进行违法分包。下列行为，属于违法分包：……(二)施工总承包合同中未有约定，又未经建设单位认可，分包工程发包人将承包工程中的部分专业工程分

① 陕西省高级人民法院(2020)陕民申630号民事判决书。

包给他人的。"《建设工程质量管理条例》第七十八条第二款第(二)项也有同样规定。因此,未经发包人同意,建设工程施工总承包合同在无明确约定的情况下,总承包人或专业工程承包人将部分工程分包的,无论受分包人是否具有资质,均属于违法分包。

(二)违法分包的法律后果

与转包的法律后果类似,因违法分包订立的合同无效,但违法分包行为不影响建设工程施工总承包合同和专业承包(分包)合同的效力。实施分包行为的单位或个人因此取得的非法收入如管理费等将被建设行政主管部门收缴。承包单位违法分包的,对施工单位处工程合同价款 0.5% 以上 1% 以下的罚款;可以责令停业整顿,降低资质等级;情节严重的,吊销资质证书。

第三节 挂 靠

建筑领域中的挂靠,即借用资质,是指没有相关资质的单位或个人,借用有资质的单位或借用其他施工单位的资质,以借用有资质的施工单位的名义参与建设工程投标、签订建设工程施工合同、办理施工手续并从事施工作业等活动的行为。《工程发包和承包违法行为认定查处办法》第九条规定:"本办法所称挂靠,是指单位或个人以其他有资质的施工单位的名义承揽工程的行为。前款所称承揽工程,包括参与投标、订立合同、办理有关施工手续、从事施工等活动。"我国《建筑法》等法律法规严令禁止工程挂靠行为。《建筑法》第二十六条第二款规定:"禁止建筑施工企业超越本企业资质等级许可的业务范围或者以任何形式用其他建筑施工企业的名义承揽工程。禁止建筑施工企业以任何形式允许其他单位或者个人使用本企业的资质证书、营业执照,以本企业的名义承揽工程。"《建设工程质量管理条例》第二十五条第二款规定:"禁止施工单位超越本单位资质等级许可的业务范围或者以其他施工单位的名义承揽工程。禁止施工单位允许其他单位或者个人以本单位的名义承揽工程。"

我国的建筑资质体系非常复杂和严密,前已述及。建筑资质体系的设置造成了有相应资质的企业与建筑业市场不匹配的局面。有资质的企业没有意愿或资源去承接建设工程,没有资质的单位或个人却对承接该建设工程有足够的意愿和资源,建筑实践中的类似情形非常多见。因此,虽然法律法规严禁工程挂靠行为,但在目前的建筑领域中,没有相应资质的单位或个人借用有资质建筑业企业的名义承接建设工程的现象非常普遍。

一、挂靠的形态

根据《工程发包和承包违法行为认定查处办法》的规定,以下情形可以认定为挂靠:

1. 没有资质的单位或个人借用其他施工单位的资质承揽工程的。这是最为典型的工程挂靠行为,工程施工承包应当由具备工程施工资质的建筑企业进行,不具备资质的单位或个人不能承包建设工程,其借用有资质的建筑企业的名义和资质承包工程的,应认定为挂靠。

2. 有资质的施工单位相互借用资质承揽工程的,包括资质等级低的借用资质等级高的,资质等级高的借用资质等级低的,相同资质等级相互借用的。有资质的施工单位借用资质承揽工程,一般是资质等级低的施工单位借用资质等级高的施工单位的资质,或是专业承包单位借用其他专业承包单位的资质。但在实践中,也存在少数资质等级高的施工单位借用资质等级低的施工单位的资质,以及相同资质等级相互借用的情形,这些情形均属于挂靠。

3. 符合前述转包的形态第(三)项至第(八)项规定的情形,但有证据证明属于挂靠而非转包的。挂靠与转包存在非常多的相似之处,前述转包的形态第(三)项至第(八)项规定的情形,一般情况下可认定为转包,有证据证明是挂靠的,应当认定为挂靠。

二、挂靠与相关概念的区分

(一)挂靠与转包的区分

实践中,挂靠与转包之间的界限非常模糊,难以区分。

挂靠与转包存在以下相同点:(1)与发包人签订建设工程施工合同的承包人均没有履行合同约定的义务,未实际参与施工,也未对施工现场进行组织管理。(2)全部工程的施工均由其他单位或个人完成。(3)实际施工人与被挂靠人和转包人相互独立,互不隶属,没有产权或劳动关系。(4)被挂靠人和转包人均以收取管理费的方式取得经济利益。(5)人员配置管理、施工组织和设备材料购置等形式大致相同,《工程发包和承包违法行为认定查处办法》第八条第一款第(三)项至第

(九)项规定的属于转包情形的人员配置管理、材料设备提供、工程款收支等,在有相关证据证明为挂靠时,都可以作为认定挂靠的依据。(6)挂靠和转包均为法律法规明令禁止。

挂靠与转包存在以下区别:(1)挂靠是借用他人名义承揽工程的行为,挂靠人和被挂靠人之间实质上是一种借名关系;转包是承包人承揽工程后将工程整体一并转让给他人,实质上是一种合同债权债务的概括转移。(2)挂靠多是没有资质或资质等级低的单位或个人借用有相应资质或资质等级较高的施工单位的名义,而转包关系中,转承包人则可能具备施工工程的相应资质。虽然挂靠中存在资质等级高的借用资质等级低的或相同资质之间互借的极少数情形,但实际施工人是否具备工程施工的相应资质是判断挂靠抑或转包的一个重要标准。(3)实务中区分转包和挂靠主要应从实际施工人有没有参与投标和合同订立来进行判断。转包是承包人承接工程后将工程的权利义务概括转移给实际施工人,转包中的实际施工人一般并未参与招投标和订立总承包合同,其承接工程的意愿一般是在总承包合同签订之后;而挂靠是承包人出借资质给实际施工人,挂靠中实际施工人在投标和合同订立阶段一般就已经参与。因此,审查的重点是投标保证金的交纳主体和资金来源、实际施工人是否以承包人的委托代理人身份签订合同、实际施工人有没有与发包人就合同事宜进行磋商,并以此来确定是否为挂靠。[①] (4)考察实际施工人在项目实施中的地位和作用。挂靠人一般从项目招投标到合同的签订、履行直至结算,实质性地主导了工程项目运作的全过程,其熟知发包人与承包人间的第一手合同关系且直接干预。转包人通常是在已付出各项成本取得项目后将工程转交他人施工,实际施工人对于发包人与承包人之间的权利义务关系了解程度显然不如挂靠人。[②]

案例 11 张某某与山东广昊置业发展有限公司、宿迁市建设工程(集团)有限公司(以下简称宿迁建设公司)建设工程施工合同纠纷案[③]

山东省德州市中级人民法院二审认为:根据我国住房和城乡建设部《工程发包

① 参见李玉生主编:《建设工程施工合同案件审理指南》,人民法院出版社 2019 年版,第 70 页。

② 参见李春艳:《挂靠与转包对实际施工人工程款请求权的影响》,载《人民司法(案例)》2016 年第 35 期。

③ 山东省德州市中级人民法院(2020)鲁 14 民终 464 号民事判决书。

和承包违法行为认定查处办法》的规定,转包和挂靠均属于发包与承包违法行为,亦即违法工程承包关系。其中,转包,是指承包单位承包工程后,不履行合同约定的责任和义务,将其承包的全部工程或者将其承包的全部工程肢解后以分包的名义分别转给其他单位或个人施工的行为。挂靠,是指单位或个人以其他有资质的施工单位的名义承揽工程的行为。《工程发包和承包违法行为认定查处办法》第八条第一款规定:"存在下列情形之一的,应当认定为转包,但有证据证明属于挂靠或者其他违法行为的除外:(一)承包单位将其承包的全部工程转给其他单位(包括母公司承接建筑工程后将所承接工程交由具有独立法人资格的子公司施工的情形)或个人施工的……(三)施工总承包单位或专业承包单位未派驻项目负责人、技术负责人、质量管理负责人、安全管理负责人等主要管理人员,或派驻的项目负责人、技术负责人、质量管理负责人、安全管理负责人中一人及以上与施工单位没有订立劳动合同且没有建立劳动工资和社会养老保险关系,或派驻的项目负责人未对该工程的施工活动进行组织管理,又不能进行合理解释并提供相应证明的……(六)承包单位通过采取合作、联营、个人承包等形式或名义,直接或变相将其承包的全部工程转给其他单位或个人施工的……"第十条规定:"存在下列情形之一的,属于挂靠:(一)没有资质的单位或个人借用其他施工单位的资质承揽工程的;(二)有资质的施工单位相互借用资质承揽工程的,包括资质等级低的借用资质等级高的,资质等级高的借用资质等级低的,相同资质等级相互借用的;(三)本办法第八条第一款第(三)至(九)项规定的情形,有证据证明属于挂靠的。"据此,对没有资质的个人借用其他施工单位的资质承揽工程的情形,应当认定为挂靠。对存在转包的情形,但又有证据证明属于挂靠的,亦应认定为挂靠,而不应认定为转包。本案中,即使上诉人张某某与被上诉人宿迁建设公司之间符合《工程发包和承包违法行为认定查处办法》第八条第一款第(一)项、第(三)项、第(六)项规定的任一情形,但因上诉人张某某以有资质的被上诉人宿迁建设公司名义施工之事实清楚,且张某某曾以委托代理人身份出庭支持宿迁建设公司起诉、经发大厦开工日期早于签署合同日期、张某某持有施工合同原件并编制工程结算书等事实,予以佐证。故上诉人张某某与被上诉人宿迁建设公司之间属挂靠关系而并非转包的法律关系。

(二)挂靠与内部承包的区分

建设工程内部承包,是指建筑企业作为承包人与发包人签订建设工程施工合同以后,将工程交给其内部员工、内设机构或分支机构施工的行为。内部承包属于建筑企业的内部管理方式，承包主体是建筑企业内部的员工、内设机构或分支机构，不具有独立的法人资格。内部承包并未被法律禁止，是一种合法的生产组织形式。实践中，经常有挂靠人与被挂靠人签订内部承包合同来实施挂靠行为的情况，以合法形式掩盖非法目的。如何区分挂靠与内部承包，成为实践中的一大难点。

笔者认为，挂靠与内部承包存在如下区别：

1. 挂靠关系中，挂靠人与被挂靠人是相互独立的民事主体，独立经营和核算，互不隶属。而在内部承包关系中，内部承包人或是建筑企业的员工，与建筑企业存在劳动关系，或是建筑企业的内设机构、分支机构，与建筑企业有产权关系。建筑企业的内设机构，不具有独立的财产，机构的资产均属于建筑企业；建筑企业的分支机构可能有部分财产，但分支机构由建筑企业投资设立，其主要资产属于建筑企业。如承包人系个人，与建筑企业不存在劳动关系，其以建筑企业名义承接工程，实质上是一种挂靠施工行为。这里要注意的是，个人挂靠建筑企业，与建筑企业签订劳动合同并由建筑企业缴纳社会保险，但未实际提供劳动，建筑企业未按工资支付周期支付工资，而是按其承包的工程项目支付承包款，此种情形在实践中非常多见。由于建筑企业与该个人之间的关系不符合劳动关系的本质特征，双方实际上不存在劳动关系，仍然是一种挂靠关系。还有一些建筑企业的分支机构，并非建筑企业投资设立，而是由他人借用建筑企业的名义设立，建筑企业也没有提供生产资料，设立分支机构是为了挂靠。还有一些建筑企业将空壳的分支机构转让给他人或由他人承包，建筑企业不提供生产资料，也不进行管理，这也是一种挂靠行为。

2. 挂靠关系中，挂靠人借用被挂靠人的名义承接工程后，被挂靠人除代收工程款、收取管理费外，很少参与工程施工管理，也不对挂靠人提供资金、人员、财物上的支持。而内部承包关系中，建筑企业不仅会提供资金、人员、技术和财物等方面的支持，还会对内部承包人的施工进行组织管理。

浙江省高级人民法院民事审判第一庭《关于审理建设工程施工合同纠纷案件若干疑难问题的解答》(2012 年)第一条规定："如何认定内部承包合同？如何认定其效力？建设工程施工合同的承包人与其下属分支机构或在册职工签订合同，将其承包的全部或部分工程承包给其下属分支机构或职工施工，并在资金、技术、设备、人力等方面给予支持的，可认定为企业内部承包合同；当事人以内部承包合同的承包方无施工资质为由，主张该内部承包合同无效的，不予支持。"四川省高级人民法院民事审判第一庭《关于审理建设工程施工合同纠纷案件若干疑难问题的解答》(2015 年)第六条规定："建筑施工企业将其承包的全部或部分工程交由其下属分支机构或在册的项目经理等本企业职工个人承包施工，建筑施工企业对工程施工过程及质量进行管理，并在资金、技术、设备、人力等方面给予支持的，属于内部承包。审判实践中，可以结合下列情形综合认定是否属于内部承包：（一）合同的发包人为建筑施工企业，承包人为建筑施工企业下属分支机构或在册的项目经理等本企业职工，两者之间存在管理与被管理的行政隶属关系的；（二）发包给个人的，发、承包人之间有合法的劳动关系以及社会保险关系的；（三）承包人使用建筑施工企业的建筑资质、商标及企业名称等是履行职责行为，在建筑施工企业的管理和监督下进行项目施工，承包人根据承包合同约定向建筑施工企业交纳承包合同保证金的；（四）施工现场的项目经理或其他现场管理人员接受建筑施工企业的任免，调动和聘用的；（五）承包人组织项目施工所需的人、财、物及资金，由建筑施工企业予以协调支持的；（六）承包人在建筑施工企业统一管理和监督下独立核算、自负盈亏，承包人与建筑施工企业按照承包合同约定对经营利润进行分配的。内部承包的对外民事权利义务主体为该合同发包人建筑施工企业。”杭州市中级人民法院民事审判第一庭《关于审理建设工程及房屋相关纠纷案件若干实务问题的解答》（2010年）第一条第二项规定：“对于建设单位内部承包合同，应当认定为是工程承包人就其承包的全部或部分工程与其下属分支机构或职工签订的工程承包合同，属建筑施工企业的一种内部经营方式，法律和行政法规对此并不禁止，该承包人应对工程施工过程及质量等进行管理，对外承担施工合同的权利义务。当事人一方以内部承包合同中的承包方无施工资质为由主张该内部承包合同无效的，不予支持。而挂靠则是指实际施工主体借用有资质的建筑施工企业名义承揽建设工程，该实际施工主体与被挂靠企业间并不存在隶属或管理关系，构成独立主体间的承包合同关系，如果挂靠单位并无相应施工资质的，应认定该承包合同关系无效。因此，二者区分主要应从合同当事人间是否有劳动或隶属管理关系，承包工程所需资金、材料、技术是否由对方当事人提供等进行判断。”

案例12 浙江中天精诚装饰集团有限公司（以下简称中天公司）与杨某某建设工程施工合同纠纷案①

浙江省高级人民法院再审认为：关于中天公司与杨某某之间是挂靠关系还是劳动关系的问题。法院认为，虽然双方签订有劳动合同，但根据查明的事实，双方之

① 浙江省高级人民法院（2019）浙民再569号民事判决书。

间不存在真实的劳动关系,双方之间系挂靠关系。具体理由如下:首先,从双方2015年2月1日签订的劳动合同内容看。该劳动合同仅约定了合同期从2015年2月1日起至2018年1月31日止,杨某某从事项目经理工作,并未对工作条件、工作地点、劳动报酬等作出约定。再审庭审中,杨某某亦承认中天公司未向其支付过工资,也未为其缴纳职工社会养老保险,其在签订劳动合同之前及现在,均是在户籍所在地缴纳农保。因此,双方之间不符合劳动合同的基本特征。其次,从劳动仲裁的情况看。中天公司在杭州市中级人民法院作出(2018)浙01民终5486号民事裁定后,向杭州市劳动人事争议仲裁委员会申请仲裁,该仲裁委员会依据《劳动争议调解仲裁法》第二条之规定,认为中天公司的仲裁请求(被申请人杨某某赔偿经济损失3,063,146元及利息)不属于劳动人事争议仲裁受理范围,作出浙杭劳人仲〔2018〕第49号不予受理案件通知书。《劳动争议调解仲裁法》第二条具体规定了用人单位与劳动者发生的劳动争议适用该法的六种情形。该仲裁委员会作出的不予受理案件通知书显然排除了双方之间的争议属于劳动争议的情形。最后,从《承诺函》的内容看。2015年2月5日,杨某某向中天公司出具一份《承诺函》,其中载明:"本人承包的桐庐观缘大饭店的装饰工程项目","项目履约保证金500万元,按照施工合同约定打入公司账户","本人前期已对桐庐观缘大饭店的履约能力和工程概况作了详细调研",结合当天桐庐观缘大饭店(甲方)与中天公司(乙方)签订《建设工程施工合同》(但在该合同附件3《工程质量保修书》后面所载明的时间是2015年1月30日)的事实,表明桐庐观缘大饭店的装饰工程项目系由杨某某进行前期的洽谈,以中天公司名义与桐庐观缘大饭店签订施工合同,具体由杨某某承包施工。之后,中天公司刻制了"浙江中天装饰集团有限公司桐庐观缘大饭店装饰工程项目部技术专用章"给杨某某,杨某某又以中天公司名义将案涉工程整体转包给鹏飞公司施工。当时施行的住建部(2014)第118号《建筑工程施工转包违法分包等违法行为认定查处管理办法(试行)》第十一条及现行的住建部建市规(2019)1号《工程发包和承包违法行为认定查处办法》第十条第一款均规定,没有资质的单位或个人借用其他施工单位的资质承揽工程的,属于挂靠。杨某某作为不具有从事建筑活动主体资格的个人,其以具备从事建筑活动资格的建筑施工企业中天公司的名义承揽工程,符合挂靠的特征。综上所述,双方之间并不存在劳动合同关系,本案一审、二审法院确定本案案由为劳动争议,存在不当。

三、挂靠的法律后果

建筑企业违反法律规定将资质借给其他单位或个人使用,将产生以下法律后果。

(一)挂靠合同无效

建设工程中的挂靠行为,破坏国家对建筑市场资质的管理秩序,危害建设工程质量和安全,涉及公共秩序和公共利益,因此法律、行政法规关于禁止建筑企业出借资质的规定是效力性强制性规定。挂靠人与被挂靠人之间借用资质承包工程的合同因违反法律、行政法规的效力性强制性规定,应当认定无效。

关于发包人与出借资质的承包人之间签订的建设工程施工合同是否有效的问题,实践中存在不同观点。观点一认为,《建筑法》对建筑施工企业的从业资格作了严格限定,同时规定,禁止建筑施工企业以任何形式用其他建筑施工企业的名义承揽工程,禁止建筑施工企业以任何方式允许其他单位或个人使用本企业的资质证书、营业执照,以本企业的名义承揽工程。如放宽对无资质企业借用具有法定资质企业名义对外承揽工程的限制,最终导致的将是建筑业市场的混乱,影响建筑业市场的健康有序发展,影响建筑工程质量。因此,《建设工程司法解释(一)》第一条明确规定,建设工程施工合同具有以下情形之一的,应当认定无效:没有资质的实际施工人借用有资质的建筑施工企业名义的。[①] 观点二认为,发包人与出借资质的承包人之间的施工合同,除非发包人明知或积极追求借用资质的后果,否则通常情况下不宜否定合同效力,应当维护市场交易安全,保障诚信守约方依据合同追究违约责任的权利。这是因为:(1)禁止借用和出借资质是《建筑法》对建筑行业进行资质许可管理的需要,《建筑法》第二十六条和《建设工程质量管理条例》第二十五条规制的对象是借用和出借资质的行为。针对的主体是出借资质的企业和借用资质的企业或个人,并非规制发包人和出借资质企业之间的合同行为,不是针对出借资质的企业和发包人。(2)认定合同无效不利于保护诚信守法一方的合法权益,不利于实现《建筑法》《建设工程质量管理条例》的立法目的。合同无效,发包人只能接受现实,参照合同约定支付工程款,却无权向出借资质的承包人主张违约责任以维护自身权益。法律倡导的价值对市场主体的行为预期影响很大,认定合同无效让不守诚信的违法者付出的代价更少,获利更多,自然会导致一些建筑企业出借资质无所顾忌,反而不利于实现《建筑法》相关规定的立法目的。(3)司法实践中难以区分转包与挂靠,既然转包不影响发包人与总承包人之间合同的效力,挂靠也不应当影

---

① 参见最高人民法院民事审判第一庭编著:《最高人民法院建设工程施工合同司法解释理解与适用》,人民法院出版社2015年版,第27~28页。

响发包人与出借资质的承包人之间合同的效力。[①] 笔者认为,发包人与出借资质的承包人之间签订的建设工程施工合同应当认定无效,但发包人签订建设工程施工合同时不知道挂靠行为,属于善意相对人,应当认定建设工程施工合同系双方当事人真实意思表示,合法有效。理由是:(1)《建筑法》《建设工程质量管理条例》关于禁止借用资质和出借资质的规定,规制的不仅是挂靠人与被挂靠人之间的借用资质的行为,而且也规制挂靠人借用资质承接工程的行为,即相关单位或个人不得借用建筑施工企业的名义和资质与发包人签订建设工程施工合同。因此,挂靠人借用被挂靠人名义、资质与发包人签订建设工程施工合同,违反法律、行政法规的禁止性规定,应当确认无效。(2)认定发包人与出借资质的承包人之间签订的建设工程施工合同无效,并不必然有利于违法者的利益。建设工程施工合同无效,被挂靠人只能要求参照合同支付工程价款,而不得要求高于合同有效时的利益,挂靠人主张工程款也存在很多障碍。以合同无效不利于守约方为由,认为发包人与出借资质的承包人签订的合同有效,理据不足。(3)法律法规已对挂靠与转包的概念和不同情形作了规定,而且对挂靠和转包分别规定了不同的处罚方法。司法实践对于挂靠和转包的判断也摸索出了一套行之有效的方法。仅因转包与挂靠难以区分,就认为发包人与出借资质的承包人签订的施工合同有效,理由同样是不充分的。(4)在发包人签订建设工程施工合同时不知道挂靠行为的情况下,应优先保护善意相对人的合法权利,认定合同有效。对《建设工程司法解释(一)》第一条第(二)项的规定应限缩解释为:发包人在签订建设工程施工合同时知道或应当知道没有资质的实际施工人借用有资质的建筑施工企业名义的,建设工程施工合同无效。

案例 13 许昌信诺置业有限公司(以下简称信诺公司)与牛某某、河南林九建设工程有限公司(以下简称林九公司)建设工程施工合同纠纷案[②]

最高人民法院再审审查认为:关于二审判决适用法律是否错误的问题。第一,在处理无资质的企业或个人挂靠有资质的建筑企业承揽工程时,应区分内部关系和外部关系。挂靠人与被挂靠人之间的协议因违反法律的禁止性规定,属于无效协议。而挂靠人以被挂靠人名义对外签订合同的效力,应根据合同相对人是否善

---

① 参见龚雪林:《转包、分包和借用资质情形下的建设工程施工合同效力分析——兼论建设工程施工合同司法解释有关效力规定》,载《法律适用》2014 年第 12 期。

② 最高人民法院(2019)最高法民申 1245 号民事裁定书。

意、在签订协议时是否知道挂靠事实来作出认定。如果相对人不知道挂靠事实,有理由相信承包人就是被挂靠人,则应优先保护善意相对人,双方所签订协议直接约束善意相对人和被挂靠人,该协议并不属于无效协议。如果相对人在签订协议时知道挂靠事实,即相对人与挂靠人、被挂靠人通谋作出虚假意思表示,则当事人签订的建设工程施工合同属于无效合同。本案中,信诺公司与林九公司签订《建设工程施工合同》,林九公司为承包方,该合同上加盖了林九公司公章和林九公司法定代表人马某某的私人印章。该合同及附属合同亦未将牛某某列为当事人。林九公司与牛某某之间签订《内部承包协议书》,只能证明林九公司与牛某某之间的借用资质或者转包关系。信诺公司明确表示,其与林九公司签订《建设工程施工合同》及附属合同,在签订合同时不知道林九公司与牛某某之间的关系。本案无证据证明信诺公司在签订《建设工程施工合同》及附属合同时知道系牛某某借用林九公司的名义与其签订合同,故信诺公司在签订上述合同时有理由相信承包人为林九公司,是善意的。本案应优先保护作为善意相对人的信诺公司的利益。信诺公司主张案涉《建设工程施工合同》及附属合同有效,有法律依据。该协议直接约束信诺公司和林九公司。一审、二审判决认定案涉《建设工程施工合同》及附属合同无效缺乏法律依据,本院予以纠正。第二,信诺公司在收到牛某某提交的《正负零以下工程预算书》后,未及时依合同约定核定工程量,亦未按合同约定的时间支付工程款,对案涉工程停工、工期延期存在过错。一审、二审法院综合双方当事人的过错情况,对信诺公司提出的工程延期违约金请求以及牛某某提出的拖欠工程价款损失均不予支持,并无不当。第三,鉴于牛某某施工的主体结构分部工程已经验收合格,剩余工程牛某某已不再施工,一审、二审判决判令信诺公司返还履约保证金并无不当。由于双方均对工期延误存在过错,二审判决综合双方过错情况均未支持双方当事人要求对方承担违约责任的诉讼请求,信诺公司关于应将该履约保证金作为林九公司的违约金予以扣除的再审申请理由亦不能成立。第四,双方当事人约定,案涉工程获得"中州杯"后,工程合同价按预算价主体下浮4%,装饰下浮5%,否则按工程造价下浮8%为工程结算价。由于案涉工程因双方发生纠纷并未施工完毕,牛某某施工的主体结构分部工程已经验收合格,二审判决综合全案情况,酌定牛某某建设的工程决算价为预算主体价下浮5%,是适当的。

(二)对挂靠人和被挂靠人的行政处罚

根据《建筑法》第六十六条的规定,出借资质证书或者以其他方式允许他人以本企业的名义承揽工程的，责令改正，没收违法所得，并处罚款，可以责令停业整顿，降低资质等级；情节严重的，吊销资质证书。《建设工程质量管理条例》第六十一条规定：“违反本条例规定，勘察、设计、施工、工程监理单位允许其他单位或者个人以本单位名义承揽工程的，责令改正，没收违法所得，对勘察、设计单位和工程监理单位处合同约定的勘察费、设计费和监理酬金1倍以上2倍以下的罚款；对施工单位处工程合同价款2%以上4%以下的罚款；可以责令停业整顿，降低资质等级；情节严重的，吊销资质证书。”该条例规定的对被挂靠单位的处罚要比对转包人的处罚更为严厉。《招标投标法》第五十四条规定：“投标人以他人名义投标或者以其他方式弄虚作假，骗取中标的，中标无效，给招标人造成损失的，依法承担赔偿责任；构成犯罪的，依法追究刑事责任。依法必须进行招标的项目的投标人有前款所列行为尚未构成犯罪的，处中标项目金额千分之五以上千分之十以下的罚款，对单位直接负责的主管人员和其他直接责任人员处单位罚款数额百分之五以上百分之十以下的罚款；有违法所得的，并处没收违法所得；情节严重的，取消其一年至三年内参加依法必须进行招标的项目的投标资格并予以公告，直至由工商行政管理机关吊销营业执照。”

第四节 实际施工人权利的保护

转包人、违法分包人和被挂靠人与实际施工人签订的转包、分包和挂靠合同，但是由于实际施工人的工作已物化到建设工程之中，实际施工人仍有权向其合同相对方即转包人、违法分包人或被挂靠人主张工程款。而且，根据相关司法解释的规定，实际施工人可有限地突破合同相对性原则向发包人主张权利。

一、实际施工人直接向发包人主张权利

合同相对性原则是合同法的基本原则之一，是指只有合同当事人一方有权基于合同向与其有合同关系的另一方提出请求或提起诉讼，而不能向与其无合同关系的第三人提出合同上的请求，也不能擅自为第三人设定合同上的义务。[①]《民法典》第四百六十五条规定：“依法成立的合同，受法律保护。依法成立的合同，仅对

---

① 参见范欠歌等：《实际施工人对合同相对性的突破及限制》，载《人民司法（案例）》2018年第11期。

当事人具有法律约束力,但是法律另有规定的除外。”该条即是对合同相对性原则的规定,根据该规定,仅在法律另有规定的情况下,才能突破合同相对性原则使合同对第三人产生效力。

为保护建筑工人的利益,确保建筑工人能及时、全额地领到工资,2005 年 1 月 1 日施行、现已失效的《最高人民法院关于审理建设工程施工合同纠纷案件适用法律问题的解释》突破合同相对性原则,规定实际施工人可跳过其合同相对方,直接向发包人主张权利。该司法解释第二十六条规定:“实际施工人以转包人、违法分包人为被告起诉的,人民法院应当依法受理。实际施工人以发包人为被告主张权利的,人民法院可以追加转包人或者违法分包人为本案当事人。发包人只在欠付工程价款范围内对实际施工人承担责任。”

《最高人民法院关于审理建设工程施工合同纠纷案件适用法律问题的解释》施行十多年来,关于实际施工人有限突破合同相对性的规定在保护建筑工人和实际施工人利益方面起了非常大的积极作用,但也产生了一些问题,如责任主体和法律关系复杂化、引发恶意诉讼和虚假诉讼等。全国民商事审判工作会议纪要和最高人民法院相关负责人的讲话,多次对《最高人民法院关于审理建设工程施工合同纠纷案件适用法律问题的解释》第二十六条第二款进行限缩。2011 年《全国法院民事审判工作会议纪要》第二十八条规定:“人民法院在受理建设工程施工合同纠纷时,不能随意扩大《关于审理建设工程施工合同纠纷案件适用法律问题的解释》第二十六条第二款的适用范围,要严格控制实际施工人向与其没有合同关系的转包人、违法分包人、总承包人、发包人提起的民事诉讼,且发包人只在欠付工程价款范围内对实际施工人承担责任。”2015 年召开的全国民商事审判工作会议,时任最高人民法院民事审判第一庭庭长程新文在题为《关于当前民事审判工作中的若干具体问题》的讲话中强调,对于《最高人民法院关于审理建设工程施工合同纠纷案件适用法律问题的解释》第二十六条规定,目前实践中执行得比较混乱,要根据该条第一款规定严守合同相对性原则,不能随意扩大该条第二款规定的适用范围,只有在欠付劳务分包工程款导致无法支付劳务分包关系中农民工工资时,才可以要求发包人在欠付工程价款范围内对实际施工人承担责任,不能随意扩大发包人责任范围。各地法院也相继出台对《最高人民法院关于审理建设工程施工合同纠纷案件适用法律问题的解释》第二十六条规定进行限制的规定。例如,浙江省高级人民法院民事审判第一庭《关于审理建设工程施工合同纠纷案件若干疑难问题的解答》(2012 年)第二十三条规定:实际施工人可以向谁主张权利?实际施工人的合同相对人破产、下落不明或资信状况严重恶化,或实际施工人至承包人(总承包人)之间的合同均为无效的,可以依照《最高人民法院关于审理建设工程施工合同纠纷案件适用法律问题的解释》第二十六条第二款的规定,提起包括发包人在内为被告的诉讼。

在《最高人民法院关于审理建设工程施工合同纠纷案件适用法律问题的解释(二)》的制定过程中,曾有观点认为,《最高人民法院关于审理建设工程施工合同纠纷案件适用法律问题的解释》第二十六条第二款规定在司法实践中弊大于利,应当修改或废除,理由是:(1)这一规定突破了合同相对性原则,缺乏法律依据;(2)本款规定对于保护农民工利益具有间接性,保护实际施工人难以达到直接保护农民工的司法政策的目的;(3)这一规定抑制了施工合同各方的守约意识,也会产生负面激励,容易引发虚假诉讼、恶意诉讼;(4)目前保护农民工权益的法律法规政策和执法状况已有较大改善,农民工工资保证金制度、劳动监察巡查机制等制度在实践中的效果较好,农民工的利益保障更加多元化、体制化,不必再通过突破合同相对性、破坏交易秩序的方式来保护农民工权益。[①] 然而,虽然国家出台一系列的法律法规、政策对农民工工资进行多方位、多层次的保护,拖欠农民工工资的问题仍未得到彻底解决,特别是在实际施工人资金短缺,甚至因此"跑路"的情况下,农民工的利益更难得到切实保障。为保护农民工合法权益以及为民营企业创造良好的营商环境,《最高人民法院关于审理建设工程施工合同纠纷案件适用法律问题的解释(二)》并未对《最高人民法院关于审理建设工程施工合同纠纷案件适用法律问题的解释》第二十六条第二款的规定作根本性修改,仅是为查明案件事实的需要,增加人民法院应当追加转包人或违法分包人为第三人的规定,以及增加查明发包人欠付工程款的数额的规定。《最高人民法院关于审理建设工程施工合同纠纷案件适用法律问题的解释(二)》第二十四条规定:"实际施工人以发包人为被告主张权利的,人民法院应当追加转包人或者违法分包人为本案第三人,在查明发包人欠付转包人或者违法分包人建设工程价款的数额后,判决发包人在欠付建设工程价款范围内对实际施工人承担责任。"

2021 年 1 月 1 日施行的《建设工程司法解释(一)》对实际施工人突破合同相对性原则向发包人主张权利的保护仍然承继了此前两部司法解释的规定,仅是对《最高人民法院关于审理建设工程施工合同纠纷案件适用法律问题的解释》第二十六条和《最高人民法院关于审理建设工程施工合同纠纷案件适用法律问题的解释

① 参见最高人民法院民事审判第一庭编著:《最高人民法院建设工程施工合同司法解释(二)理解与适用》,人民法院出版社 2019 年版,第 483 页。

（二）》第二十四条进行合并，实质性的内容并无变化。《建设工程司法解释（一）》第四十三条规定："实际施工人以转包人、违法分包人为被告起诉的，人民法院应当依法受理。实际施工人以发包人为被告主张权利的，人民法院应当追加转包人或者违法分包人为本案第三人，在查明发包人欠付转包人或者违法分包人建设工程价款的数额后，判决发包人在欠付建设工程价款范围内对实际施工人承担责任。"

案例 14　宋某某与重庆空港新城开发建设有限公司（以下简称空港开发建设公司）、吉林省长城路桥建工有限责任公司（以下简称吉林路桥公司）建设工程施工合同纠纷案①

重庆市高级人民法院二审认为：《最高人民法院关于审理建设工程施工合同纠纷案件适用法律问题的解释（二）》（现为《建设工程司法解释（一）》第四十三条）规定："实际施工人以发包人为被告主张权利的，人民法院应当追加转包人或者违法分包人为本案第三人，在查明发包人欠付转包人或者违法分包人建设工程价款的数额后，判决发包人在欠付建设工程价款范围内对实际施工人承担责任。"具体到本案中，吉林路桥公司与空港开发建设公司原本约定最终工程结算金额须以审计局审定金额为准，后因审计局职能调整，双方又签订了《秋成大道北延段二期工程施工合同补充协议》，约定将结算条款修订为以区级审计审核单位的审查或备案金额为准。经审查，案涉工程现已按照职能调整由渝北区国有资产监督管理委员会进行了审定，工程造价金额已经明确，空港开发建设公司的工程款支付条件已经成就，二审中，空港开发建设公司认可因审核报告已经作出，同意按合同约定承担工程款支付责任，故其应按审定的工程结算价款 85,768,744.18 元支付案涉工程款。截至 2019 年 12 月 19 日，空港开发建设公司已累计支付吉林路桥公司工程款 58,279,800元，尚欠 27,488,944.18 元，故其应当在欠付吉林路桥公司的 27,488,944.18 元范围内对宋某某承担给付责任。

（一）实际施工人直接向发包人主张权利的条件

实际施工人依据《建设工程司法解释（一）》第四十三条直接向发包人主张权利应当符合以下条件：

① 重庆市高级人民法院（2019）渝民终 449 号民事判决书。

1. 实际施工人与前手承包人存在转包、非法分包的关系。

《建设工程司法解释(一)》第四十三条规定的是转包、违法分包情形下实际施工人权利的主张,其他情形下的施工人是否可突破合同相对性原则直接向发包人主张权利,存在较大争议。

(1)合法分包的承包人突破合同相对性原则直接向发包人主张权利的处理。合法分包的承包人,包括专业工程承包人和劳务作业承包人,他们是否可依据《建设工程司法解释(一)》第四十三条直接向发包人主张权利,实践中存在争议。观点一认为,合法分包的承包人可以直接向发包人主张权利,这是因为:分包合同有效无效,违法合法不是决定是否保护农民工权益的标准。此外,举重以明轻,既然在分包合同违法的情况下,对分包合同的承包人的权利要特别保护,在分包合同合法的情况下,对分包合同的承包人的权利当然应当给予同等保护。因此,《建设工程司法解释(一)》第四十三条的规定应当适用于合法分包合同的承包人。[①] 观点二认为,实际施工人突破合同相对性原则直接向发包人主张权利,应当作严格限制,司法解释并未规定合法分包的承包人可以直接向与其没有合同关系的发包人主张权利。因此,司法解释关于实际施工人直接向发包人主张权利的规定不适用于合法分包的承包人。笔者同意第二种观点,理由是:①因转包合同、分包合同引发的工程款支付等纠纷,即使合同因违反法律强制性规定无效,当事人原则上仍应向其合同相对方主张权利,仅有在法律另有规定的情况下,才能根据法律设定的条件,有限制地突破合同相对性原则向合同以外的当事人主张权利。《建设工程司法解释(一)》第四十三条规定可以突破合同相对性原则直接向发包人主张权利的主体是实际施工人,合法分包的承包人不是实际施工人,其向无合同关系的发包人主张工程款等权利,没有法律依据,而且违反了合同相对性原则。②司法解释之所以要规定实际施工人突破合同相对性原则向发包人主张权利,关注点在于实际施工人雇佣的建筑工人的利益,考虑到现实中很多转包人、违法分包人欠缺支付能力,特别是在层层转包、分包的情形中,很多中间转包人、违法分包人既无资质又无支付能力。而在合法分包中,分包人绝大多数是有施工资质的总承包人,其经济实力和支付能力远远强于转包人、违法分包人。因此,赋予合法分包的承包人突破合同相对性原则直接向发包人主张权利,也不符合司法解释的规范意旨。

(2)挂靠关系中的实际施工人根据《建设工程司法解释(一)》第四十三条向发

① 参见最高人民法院民事审判第一庭编著:《最高人民法院建设工程施工合同司法解释(二)理解与适用》,人民法院出版社2019年版,第509页。

包人主张权利的处理。关于挂靠关系中的实际施工人能否依据《建设工程司法解释(一)》第四十三条的规定向发包人主张权利,实践中存在较大争议。观点一认为,挂靠关系的实际施工人不能直接向发包人主张权利,理由是:①挂靠是一种与非法转包、违法分包相并列的违法行为,而《建设工程司法解释(一)》第四十三条仅针对非法转包和违法分包两种情形,并未包含挂靠关系。②一方面,在司法实践中,对《建设工程司法解释(一)》第四十三条的解读出现偏差,损害了发包人的合法权益,甚至出现借用实际施工人名义恶意诉讼获取不正当利益的情形。另一方面,制定《建设工程司法解释(一)》第四十三条意在保护农民工利益,而目前已有其他途径解决了这一社会问题。鉴于此,最高人民法院明确要求限制《建设工程司法解释(一)》第四十三条的适用范围,据此,对于《建设工程司法解释(一)》第四十三条的解读理应从严而不应从宽。③挂靠人为工程项目的实际控制人,对于项目的承揽、施工过程,被挂靠单位远不如挂靠人熟知,挂靠人直接参与了具有合法形式的建设工程施工合同的签订、履行,甚至以被挂靠单位名义直接与发包人结算,其追索工程款的障碍明显小于转包关系中的实际施工人。[①] 观点二认为,《建设工程司法解释(一)》第四十三条虽然仅规定转包、违法分包情形下实际施工人可向发包人主张权利,但挂靠关系中的实际施工人基于同样的理由即保护建筑工人的利益,也可以适用《建设工程司法解释(一)》第四十三条的规定,向发包人主张权利。而且,《建设工程司法解释(一)》第四十三条规定的以发包人为被告主张权利的实际施工人,并未局限于转包、违法分包情形下的实际施工人,而是将挂靠关系中的实际施工人包括在内。笔者倾向于认为,挂靠关系中的实际施工人不得根据《建设工程司法解释(一)》第四十三条向发包人主张权利。挂靠一般分为两种:一种情况是发包人与挂靠人有工程施工的合意,但因挂靠人没有资质,故借用他人资质、名义签订合同并施工;另一种情况是挂靠人与被挂靠人约定由挂靠人借用被挂靠人名义及资质承揽工程和施工,发包人在签订合同时不知道有挂靠情形的存在。[②] 第一种情形,虽然建设工程施工合同名义上的当事人是发包人和被挂靠人,但该合同实际上是发包人和挂靠人合意的结果,发包人和挂靠人均有受合同拘束的意思表示,可以认定合同实际的主体是发包人和挂靠人。发包人与被挂靠人没有成立建设工程施

① 参见李春艳:《挂靠与转包对实际施工人工程款请求权的影响》,载《人民司法(案例)》2016年第25期。

② 参见肖峰等:《〈关于审理建设工程施工合同纠纷案件适用法律问题的解释(二)〉解读与探索》,载《法律适用》2019年第7期。

工合同的意思,属于通谋虚伪行为。根据《民法典》第一百四十六条的规定,行为人与相对人以虚假的意思表示实施的民事法律行为无效。以虚假的意思表示隐藏的民事法律行为的效力,依照有关法律规定处理。因此,发包人与被挂靠人签订的建设工程施工合同无效。发包人与挂靠人之间实际成立建设工程施工合同,属于挂靠人借用被挂靠人资质签订的合同,根据《建设工程司法解释(一)》第一条第一款第(二)项的规定,该合同亦应确认无效。建设工程施工合同无效,但是挂靠人作为实际的合同当事人仍可向相对方发包人主张合同无效后的权利,包括参照合同约定要求发包人支付工程款。第二种情形,发包人并不清楚挂靠人与被挂靠人之间的挂靠关系,发包人的真实意思表示是与被挂靠人签订建设工程施工合同并受该合同约束。建设工程施工合同成立于发包人与被挂靠人之间,发包人与挂靠人之间不存在建设工程施工合同关系。在法律法规、司法解释未明确规定的情况下,挂靠人不得突破合同相对性原则,直接向与其没有合同关系的发包人主张权利。《建设工程司法解释(一)》第四十三条规定的实际施工人指向的是转包、违法分包中的承包人,挂靠关系中的挂靠人并未被包括在该条规定的实际施工人之中。对合同相对性原则的突破应当严格限制,在法律没有明确规定的情况下,不应赋予挂靠人直接向发包人主张工程款的权利。最高人民法院民事审判第一庭编著的《最高人民法院建设工程施工合同司法解释(二)理解与适用》对该条的释义明确:本条规定不适用于借用资质的实际施工人。

案例 15 王某与宜章县莽山湘峰缘置业有限公司(以下简称湘峰缘公司)、湖南东泰建设有限公司(以下简称东泰公司)、刘某、陈某文、李某、李某平建设工程施工合同纠纷[①]

湖南省高级人民法院二审认为:本案的争议焦点为王某是否具有适格诉讼主体资格。王某上诉主张其享有原告主体资格理由有二:一是其是实际施工人,二是其享有代位权。本院认为,首先,从王某的诉讼请求来看,其是起诉要求"湘峰缘公司支付工程款62,415,731.13元,东泰公司承担连带责任",而不是要求东泰公司支付工程款,湘峰缘公司在欠付工程款范围内承担责任。这并不完全符合《最高人民法院关于审理建设工程施工合同纠纷案件适用法律问题的解释》第二十六条(现为《建设工程司法解释(一)》第四十三条)的规定。《最高人民法院关于审理建设工

① 湖南省高级人民法院(2019)湘民终663号民事裁定书。

程施工合同纠纷案件适用法律问题的解释》第二十六条规定:“实际施工人以转包人、违法分包人为被告起诉的,人民法院应当依法受理。实际施工人以发包人为被告主张权利的,人民法院可以追加转包人或者违法分包人为本案当事人。发包人只在欠付工程款范围内对实际施工人承担责任。”该条规定只赋予了具有非法转包、违法分包关系的实际施工人突破合同相对性向发包人主张工程款的权利。而且结合《最高人民法院关于审理建设工程施工合同纠纷案件适用法律问题的解释(二)》第二十四条(现为《建设工程司法解释(一)》第四十三条)规定来理解,原则上不准许当事人突破合同相对性提起诉讼,应当按照合同相对性原则有序诉讼。只有特殊情形下,即具有非法转包、违法分包关系的实际施工人不提起以发包人为被告的诉讼就难以保障其权利的情况下,才准许其提起以发包人等没有合同关系的当事人为被告的诉讼。《最高人民法院关于审理建设工程施工合同纠纷案件适用法律问题的解释》第二十六条的适用范围并未包含挂靠关系。本案中,王某承认其与东泰公司之间系挂靠关系,而非转包、分包关系,作为挂靠关系的实际施工人,不能依据该条规定越过被挂靠单位东泰公司直接向湘峰缘公司主张建设工程施工合同权利。其次,王某在本案中并非提起代位权诉讼。根据《合同法》第七十三条(现为《民法典》第五百三十五条)规定,因债务人怠于行使其到期债权,对债权人造成损害的,债权人可以向人民法院请求以自己的名义代位行使债务人的债权,但该债权专属于债务人自身的除外。王某作为东泰公司的债权人在东泰公司怠于行使其对次债务人湘峰缘公司享有的权利而有害于其债权时,王某为保全自己的债权,可以自己的名义代位行使东泰公司对湘峰缘公司的权利。但本案中,王某在一审中并未提出代位权之诉的主张,王某是起诉次债务人湘峰缘公司支付工程款及利息,并要求债务人东泰公司承担连带责任,不符合代位权之诉的诉讼结构。故王某上诉中以行使代位权为据主张其享有原告主体资格,理由不足。综上,王某的起诉不符合《民事诉讼法》第一百一十九条“原告是与本案有直接利害关系的公民、法人和其他组织”的规定,原审裁定驳回其起诉并无不当。

(3)关于《建设工程司法解释(一)》第四十三条中的实际施工人是否应局限于劳务作业承包人的问题。有观点认为,《建设工程司法解释(一)》第四十三条设立的目的是保护建筑工人的利益,而涉及建筑工人工资的主要是劳务分包中的劳务费用,因此,只有在欠付劳务分包工程款导致无法支付劳务分包关系中建筑工人工资时,实际施工人才可根据《建设工程司法解释(一)》第四十三条向发包人主张权利。前面已经提到,第八次全国法院民事审判工作会议上,时任最高人民法院民事审判第一庭庭长程新文在讲话中对该观点作重点强调。笔者认为,《建设工程司法解释(一)》第四十三条中的实际施工人不应仅指劳务作业的承包人,理由是:①并非只有劳务分包才涉及建筑工人的利益,转包和违法分包中,实际施工人承接工程的方式多为包工包料,既进行劳务作业,又购买或租赁建筑材料、设备。包工包料的承接工程方式同样涉及众多建筑工人的利益。以保护建筑工人利益为由将向发包人主张权利的实际施工人限于劳务作业的承包人,实为损害建筑工人利益。②劳务分包多为合法分包,大部分劳务作业的承包人是合法的施工人,不是司法解释规定的实际施工人,合法的施工人不能根据《建设工程司法解释(一)》第四十三条向发包人主张权利。如将上述司法解释条文中规定的实际施工人限于违法劳务分包的承包人,则保护范围过于狭小,对劳务分包以外的转包、违法分包中的实际施工人及其雇佣建筑工人的保护明显欠周全。

2. 实际施工人对转包人、违法分包人享有工程款请求权等债权。

实际施工人对转包人、违法分包人享有债权,是实际施工人突破合同相对性向发包人主张权利的基础条件。实际施工人享有的债权,既可以是工程款请求权,也可以是因转包、违法分包合同无效产生的赔偿请求权。实际施工人对转包人、违法分包人不享有债权,其向发包人主张工程款等就缺少权利基础。如实际施工人施工的建设工程质量不合格,在未经修复之前,实际施工人不享有要求转包人、违法分包人参照合同关于工程价款的约定折价补偿的权利,其向发包人主张参照合同关于工程价款的约定进行折价补偿也就缺少权利基础,不应得到支持。

实际施工人向发包人主张权利是否必须以转包人、违法分包人下落不明、资信状况严重恶化等情形为前提。有观点认为,实际施工人依《建设工程司法解释(一)》第四十三条规定向发包人主张权利,起码应满足本案存在其不提起以发包人为被告的诉讼就难以保障其权利实现的特定情形,包括其合同相对方下落不明、资信状况严重恶化缺乏支付能力、怠于行使到期债权等情形。[①] 笔者不同意这种观点,在司法解释规定之外增加设置实际施工人向发包人主张权利的限制性条件,没有法律依据,不利于保护实际施工人和建筑工人的利益,与司法解释规定的原意不符。实际施工人难以举证证明合同相对方资信状况严重恶化缺乏支付能力,怠于行使到期债权是当事人行使代位权的要件,但实际施工人直接向发包人主张权利的法律基础并非代位权制度,如此设置限制条件,将大大增加实际施工人直接向发

① 参见王政勇:《实际施工人直接以发包人为被告主张权利应限制条件》,载《人民司法(案例)》2016 年第 29 期。

包人主张权利的难度。《最高人民法院关于审理建设工程施工合同纠纷案件适用法律问题的解释》施行过程中,要求废除该解释第二十六条第二款的声音并不少,但《最高人民法院关于审理建设工程施工合同纠纷案件适用法律问题的解释(二)》以及后来的《建设工程司法解释(一)》并未采纳这些建议,没有将合同相对方下落不明、资信状况严重恶化缺乏支付能力、怠于行使到期债权等情形作为实际施工人直接向发包人主张权利的限制性条件。从《建设工程司法解释(一)》制定的情况及规定精神看,在适用该司法解释第四十三条时不应另行增加限制性条件。

3. 发包人存在欠付工程款的行为。

根据《建设工程司法解释(一)》第四十三条的规定,实际施工人以发包人为被告主张权利的,发包人只在欠付工程价款范围内对实际施工人承担责任。发包人欠付工程款,是指发包人未完全履行建设工程施工合同约定的支付工程款义务,向合同相对方支付全部工程价款。如发包人已向其合同相对方,包括与发包人签订合同的总承包人、转包人和分包人,完全履行支付工程款义务,那么,实际施工人无权直接向发包人主张工程款。转包人、违法分包人欠付实际施工人的工程款数额多于发包人欠付工程款数额的,实际施工人不得就超出部分向发包人主张权利。发包人在欠付工程款范围内承担的是一种连带责任,即发包人在欠付工程款范围内与实际施工人的合同相对人承担连带支付工程价款或赔偿损失的责任。杭州市中级人民法院民事审判第一庭《关于审理建设工程及房屋相关纠纷案件若干实务问题的解答》(2010 年)第二条第(一)项规定,建设工程因非法转包、违法分包导致建设工程施工合同无效的,发包人应当在其欠付工程价款范围内,与非法转包人、违法分包人向实际施工人承担连带责任。

实际施工人直接向发包人主张工程款时,人民法院是否需要查清发包人欠付工程价款的数额,司法实践中存在不同的做法。其中有一种做法是对发包人是否欠付工程款、欠付工程款的数额不予查明,直接在判决主文中判令发包人在欠付工程款范围内对实际施工人承担责任。笔者认为,实际施工人以发包人为被告主张权利的,人民法院应当查清发包人欠付工程款的数额,否则,生效判决中支付数额不明确,难以执行。因此,《建设工程司法解释(一)》相较 2005 年 1 月 1 日施行《最高人民法院关于审理建设工程施工合同纠纷案件适用法律问题的解释》增加规定人民法院要先查明发包人欠付转包人或者违法分包建设工程价款的数额再作出发包人承担责任的判决,并规定实际施工人只起诉发包人承担责任的,人民法院应当追加转包人、违法分包人为第三人,以查清欠付工程款的数额。实际施工人应当就发包人与承包人已经结算、发包人对承包人欠付工程价款的数额、实际施工人的工程价款未得到清偿等事实承担举证证明责任。必要时可通过鉴定确定。实际施工人有证据证明发包人与承包人已对工程款进行结算的,发包人和承包人均有义务提交结算资料。发包人主张不欠付工程价款或欠付工程价款数额小于实际施工人主张的数额等事实予以反驳的,应提供付款凭证等证据加以证明。不能证明或不足以证明相关待证事实的,分别由实际施工人、发包人承担不利的后果。安徽省高级人民法院《关于审理建设工程施工合同纠纷案件适用法律问题的指导意见(二)》(2013年)第十三条规定,实际施工人根据《最高人民法院关于审理建设工程施工合同纠纷案件适用法律问题的解释》第二十六条第二款(现为《建设工程司法解释(一)》第四十三条)的规定要求发包人承担责任,发包人对其已支付的工程价款数额负有举证责任。

案例16 **林某某与上海绿地宝岛置业有限公司(以下简称绿地宝岛公司)、上海绿地建筑工程有限公司(以下简称绿地建筑公司)建设工程施工合同纠纷案①**

《最高人民法院关于审理建设工程施工合同纠纷案件适用法律问题的解释》第二条(现为《民法典》第七百九十三条)规定,建设工程施工合同无效,但建设工程经竣工验收合格,承包人请求参照合同约定支付工程价款的,应予支持。虽然林某某与绿地建筑公司签订的承包协议无效,但林某某作为实际施工人,具体施工的系争工程已竣工验收并已交付,故其有权请求参照合同约定要求绿地建筑公司支付工程价款。绿地建筑公司以双方系挂靠关系,以及合同约定付款方式为绿地宝岛公司每付一笔工程款、绿地建筑公司原则同步向林某某支付相应工程款作为其不承担付款责任的相关抗辩,一审法院不予采纳。

虽然绿地宝岛公司陈述系争工程的结算尚未完成,但系争工程早已竣工验收并交付,绿地建筑公司也将林某某相关的结算资料早已提交给了绿地宝岛公司。绿地宝岛公司称林某某的结算资料不完备,是结算未完成的原因。一审法院对此认为,在案证据显示,林某某所交资料已基本符合结算条件,这并非其可不予支付工程价款的正当理由。一审法院也注意到林某某与绿地建筑公司之间关于结算的约定应当是适用绿地建筑公司与绿地宝岛公司签订的《施工总承包合同》中的结算

① 上海市高级人民法院(2019)沪民终496号民事判决书。

条款，虽然绿地宝岛公司与其他两块即A01、A02地块的建设工程尚未结算，但鉴于林某某与绿地建筑公司的承包协议无效，且林某某实际施工的A03地块已竣工交付多时，绿地建筑公司或绿地宝岛公司向林某某支付系争工程价款并不会损害到两公司的利益；同时，出于保护实际施工人合法权益的角度考虑，一审法院认为，林某某向绿地建筑公司及绿地宝岛公司主张工程价款的条件已成就。

《最高人民法院关于审理建设工程施工合同纠纷案件适用法律问题的解释（二）》（现为《建设工程司法解释（一）》第四十三条）规定，实际施工人以发包人为被告主张权利的，法院在查明发包人欠付转包人或者违法分包人建设工程价款的数额后，判决发包人在欠付建设工程价款范围内对实际施工人承担责任。因此，绿地宝岛公司应在其欠付绿地建筑公司的建设工程价款范围内对林某某承担责任。但由于绿地宝岛公司表示其向绿地建筑公司支付的工程款433,938,326.6元中，无法区分哪些费用是对应本案系争工程款，亦即其无法确认就系争工程欠付绿地建筑公司之具体数额，故相关的法律后果应由己承担。鉴于此，绿地宝岛公司应在绿地建筑公司欠付系争工程价款的范围内对林某某承担责任。

（二）层层转包、分包中实际施工人向发包人主张权利

《建设工程司法解释（一）》似乎未考虑到建筑领域中的层层转包、分包的情况，仅规定单次转包、违法分包中（“发包人—承包人—实际施工人”模式）实际施工人可直接向发包人主张权利。在建筑领域中，“发包人—总承包人—转包人或分包人—实际施工人”模式的层层转包、分包非常多见，在很多工程中，总承包人到实际施工人之间甚至有数个转包人和分包人。司法解释未对层层转包、分包中实际施工人能否直接向发包人主张权利的问题进行规定，不能不说是一种遗憾。实践中，关于这一问题存在很多争议。

观点一认为，《建设工程司法解释（一）》第四十三条规定的是单次转包、违法分包中实际施工人权利的保护，并不适用于层层转包、分包情形下实际施工人权利的保护。而且，层层转包、违法分包关系中，从发包人到实际施工人，这中间不仅有承包人，还有一个甚至多个转包人或分包人，如实际施工人直接向发包人主张权利，要数次突破合同相对性。在法律、司法解释没有明确规定的情况下，没有理由支持实际施工人多次突破合同相对性向发包人主张权利。

观点二认为，《建设工程司法解释（一）》第四十三条规定的实际施工人并不局限于单次转包、违法分包的实际施工人，层层转包、分包的实际施工人也可以根据

上述司法解释的规定直接向发包人主张权利。

笔者同意第二种观点,理由是:

1. 从文义上看,《建设工程司法解释(一)》第四十三条未将实际施工人限于单次转包、违法分包的实际施工人,也未将层层转包、分包的实际施工人排除在外。因此,从司法解释条文的文义不能得出层层转包、分包的实际施工人不能直接向发包人主张权利的结论。

2. 从司法解释规定的原意看,不应将层层转包、分包的实际施工人排除在外。单次转包、违法分包中,实际施工人的合同相对人是施工总承包人,而层层转包、分包中,实际施工人的合同相对人不是施工总承包人,而是承包人后手或后几手的转包人或违法分包人。相较于施工总承包人,层层转包、分包的转包人、分包人经济能力和支付能力更弱。因此,层层转包、分包关系中,实际施工人及其雇用的建筑工人的利益更需要通过直接向发包人主张权利来保护。

3.《最高人民法院关于审理建设工程施工合同纠纷案件适用法律问题的解释(二)》制定过程中,有建议在司法解释中增加层层转包、分包中实际施工人权利的保护,但由于层层转包、分包的法律关系比较复杂,该司法解释未作出统一规定。此后颁布的《建设工程司法解释(一)》也未作出规定。但最高人民法院民事审判第一庭编著的《最高人民法院建设工程施工合同司法解释(二)理解与适用》一书在对第二十四条的理解与适用中明确,本条规定应当适用于多层转包或者违法分包中实际施工人的权利保护。[①]

因此,在建设工程层层转包、违法分包关系中,实际施工人可依据《建设工程司法解释(一)》第四十三条的规定,以发包人为被告主张权利。江苏省高级人民法院《关于审理建设工程施工合同纠纷案件若干问题的解答》(2018 年)第二十三条亦持该观点:层层转包、违法分包中,实际施工人以发包人为被告主张权利的,人民法院应当追加实际施工人的合同相对方即其前手转包人、违法分包人作为第三人参加诉讼。同时,为查明欠付工程款的数额等事实,一般要将施工总承包人作为第三人参加诉讼。河北省高级人民法院《建设工程施工合同案件审理指南》(2018 年)第三十条规定:"对于工程项目多次分包或转包的,实际施工人起诉合同相对方、发包人支付工程款的,为查明发包人欠付工程款的数额应追加总承包人为第三人,其余违法分包人、转包人未参与实际施工,不影响案件事实查明的,可以不追加为案件诉讼主体。"

---

① 参见最高人民法院民事审判第一庭编著:《最高人民法院建设工程施工合同司法解释(二)理解与适用》,人民法院出版社 2019 年版,第 503 页。

案例 17 **崔某某与被申请人洛阳路桥建设集团第二工程有限公司(以下简称路桥集团二公司)、洛阳路桥建设集团有限责任公司(以下简称路桥集团)、中铁隧道集团一处有限公司(以下简称中铁隧道集团一处)、山西平榆高速公路有限责任公司(以下简称平榆高速公路公司)建设工程施工合同纠纷案①**

最高人民法院再审审查认为:《最高人民法院关于审理建设工程施工合同纠纷案件适用法律问题的解释》第二十六条第二款(现为《建设工程司法解释(一)》第四十三条)规定:"实际施工人以发包人为被告主张权利的,人民法院可以追加转包人或者违法分包人为本案当事人。发包人只在欠付工程价款范围内对实际施工人承担责任。"平榆高速公路公司将涉案工程发包给中铁隧道集团一处,中铁隧道集团一处将涉案工程分包给路桥集团,路桥集团又将该工程交由其子公司路桥集团二公司,路桥集团二公司与崔某某签订《山西平榆高速公路 AS3 石马沟 2#桥工程联合合作协议书》,将案涉工程转包给崔某某,并由崔某某实际施工建设。依据上述规定,崔某某有权请求发包人平榆高速公路公司在欠付工程款的范围内承担责任。如果平榆高速公路公司已经向中铁隧道集团一处支付全部工程款,不存在欠付工程款的情况,则中铁隧道集团一处应当在欠付工程款范围内向崔某某承担责任,依次类推,确定案涉工程的发包人、分包人、转包人应向实际施工人崔某某承担责任的范围。二审判决以不能突破合同相对性、崔某某无证据证明本案其他被申请人之间存在违法转包的情形为由,认定路桥集团、中铁隧道集团一处、平榆高速公路公司不应向崔某某承担责任,缺乏事实和法律依据。

二、实际施工人提起代位权诉讼

债权人代位权,是指债权人为保全自己的债权,以自己的名义行使属于债务人权利的权利。② 债权人代位权制度突破合同相对性,赋予债权人在一定条件下越过债务人向次债务人主张债权的权利,以解决三方债务纠纷,保护债权人利益。我国第一次规定代位权制度是在 1999 年施行的《合同法》中,该法第七十三条规定:"因债务人怠于行使其到期债权,对债权人造成损害的,债权人可以向人民法院请求以自己的名义代位行使债务人的债权,但该债权专属于债务人自身的除外。代位权的行使范围以债权人的债权为限。债权人行使代位权的必要费用,由债务人负

① 最高人民法院(2019)最高法民申 5724 号民事判决书。

② 参见韩世远:《合同法总论》,法律出版社 2008 年版,第 282 页。

担。"《民法典》延续了《合同法》规定的代位权制度，第五百三十五条规定："因债务人怠于行使其债权或者与该债权有关的从权利，影响债权人的到期债权实现的，债权人可以向人民法院请求以自己的名义代位行使债务人对相对人的权利，但是该权利专属于债务人自身的除外。代位权的行使范围以债权人的到期债权为限。债权人行使代位权的必要费用，由债务人负担。相对人对债务人的抗辩，可以向债权人主张。"

实际施工人的代位权与《建设工程司法解释（一）》第四十三条关于实际施工人向发包人主张权利的规定，均是对合同相对性的突破，但《建设工程司法解释（一）》第四十三条并非基于代位权制度，二者理论基础和法律制度不同。因此，《建设工程司法解释（一）》第四十四条专门规定了实际施工人的代位权制度，该条规定："实际施工人依据民法典第五百三十五条规定，以转包人或者违法分包人怠于向发包人行使到期债权或者与该债权有关的从权利，影响其到期债权实现，提起代位权诉讼的，人民法院应予支持。"

（一）实际施工人提起代位权诉讼的条件

代位权并非建设工程实际施工人独特享有，实际施工人在行使代位权时，应符合《民法典》规定的代位权行使的条件。

1. 实际施工人对与其有合同关系的转包人、违法分包人拥有合法的到期债权。

实际施工人的债权属于合法的债权，是其行使代位权的基本前提。不合法的债权本身不受法律保护，不能适用代位权制度。值得注意的是，实际施工人与转包人、违法分包人签订建设工程施工合同，是一种违法行为，合同因此无效，但实际施工人因工程建设投入资金、劳务等已物化于建设工程之中，在建设工程质量合格的条件下，实际施工人可以参照合同约定的工程价款向转包人或违法分包人主张工程折价补偿款。实际施工人据此享有的工程折价补偿款权利属于合法债权。与实际施工人存在合同关系的转包人、违法分包人欠付实际施工人工程折价补偿款，实际施工人即拥有合法的债权。

实际施工人对转包人、违法分包人的债权必须是已到期的债权。如债权尚未到期，实际施工人尚未受到损害，自然不得通过代位权诉讼向发包人主张权利。

司法实践中，债权人享有合法的债权往往要求债权数额确定。《最高人民法院公报》刊登的《中国银行股份有限公司汕头分行与广东发展银行股份有限公司韶关分行、第三人珠海经济特区安然实业(集团)有限公司代位权纠纷案》的裁判摘要认为:“债权成立不仅指债权的内容不违反法律、法规的规定,而且要求债权的数额应当确定。债权数额的确定既可以表现为债务人、次债务人对债权的认可,也可以经人民法院判决或仲裁机构裁决加以确认。”

2. 实际施工人的合同相对方怠于向发包人行使权利。

怠于行使权利,主要指迟延行使权利或不行使权利。“债务人怠于行使其到期债权,对债权人造成损害的”,指的是债务人不履行其对债权人的到期债务,又不以诉讼方式或者仲裁方式向其债务人主张其享有的具有金钱给付内容的到期债权,致使债权人的到期债权未能实现。次债务人(债务人的债务人)不认为债务人有怠于行使其到期债权情况的,应当承担举证责任。将债务人怠于行使到期债权扩大为非以诉讼或仲裁方式向次债务人主张到期债权,减轻债权人对债务人怠于行使权利的举证责任,扩大代位权的适用范围,对债权人的保护实为有益。

债务人通过诉讼或仲裁方式向债权人行使自己的权利,即使方法错误导致败诉,债权人也不能行使代位权。如发包人欠付转包人或违法分包人工程款,经结算,发包人向转包人或违法分包人出具欠条,转包人或违法分包人以发包人向其借款为由提起诉讼,人民法院经查明欠条载明的款项是工程款而非借款,遂判决转包人或违法分包人败诉。在此情况下,由于转包人或违法分包人已向发包人主张权利,但因请求权错误而败诉,实际施工人不得以转包人或违法分包人怠于行使权利,而提起代位权诉讼向发包人主张权利。

3. 转包人或违法分包人对发包人的债权已到期。

转包人或违法分包人享有对发包人的到期债权,是发包人应当履行债务的前提条件。发包人对转包人、违法分包人的合理抗辩,同样可以对抗实际施工人。因此,实际施工人通过代位权诉讼向发包人主张权利,也需要转包人或违法分包人对发包人的债权已到期的条件。

司法实践中,与债权人享有合法的债权要求债权数额确定相似,转包人或违法分包人对发包人的债权也要求债权数额确定。债权数额确定,可通过债务人和次债务人的自认确定,也可以通过债务人和次债务人的结算、协议、欠条、借条等证据确定。

4. 转包人、违法分包人怠于行使权利的行为,导致实际施工人的权利受到损害。

转包人、违法分包人怠于向分包人主张权利的行为与实际施工人权利受损结果之间应当存在因果关系,否则,实际施工人无行使代位权的必要,也无权行使代位权。由于司法解释规定在代位权制度中,债务人对次债务人的债权以金钱给付内容为限,因此,实际施工人向发包人提起代位权诉讼,应当举证证明其合同相对方即转包人、违法分包人无法或无力履行债务导致实际施工人受到损害。转包人、违法分包人无法或无力履行债务,主要指转包人或违法分包人下落不明、破产、注销、资力严重不足等情形,转包人、违法分包人怠于向发包人主张权利,可能导致转包人、违法分包人无法向实际施工人履行债务。如果转包人、违法分包人资力充足,即使不向发包人主张权利也有足够能力清偿其对实际施工人的债务,那么实际施工人的权利并不因转包人、违法分包人怠于向发包人行使权利受到损害,自然没有理由允许实际施工人提起代位权之诉。

5. 转包人、违法分包人的债权不是专属于自身的债权。

专属于自身的债权,一般是涉及基于自然人的身份、身体产生的权利。专属于债务人自身的债权,是指基于扶养关系、抚养关系、赡养关系、继承关系产生的给付请求权和劳动报酬、退休金、养老金、抚恤金、安置费、人寿保险、人身伤害赔偿请求权等权利。建设工程施工合同中很少涉及这些债权,因此,一般情况下,实际施工人向发包人行使代位权无须考虑这一条件。

6. 实际施工人向发包人行使代位权原则上以单次转包、违法分包为限。

这里说的单次转包、违法分包指的是“发包人—承包人—实际施工人”的转包和违法分包模式,发包人与实际施工人之间只隔着一个承包人,该承包人即转包人或违法分包人。在这种情形下,实际施工人才能代位行使其合同相对方即承包人的权利,向发包人主张债权。在层层转包、违法分包,即“发包人—总承包人—转包人或违法分包人—实际施工人”的模式下,实际施工人的合同相对方系转包人或违法分包人,而转包人或违法分包人并不与发包人成立合同关系,其与发包人之间还隔着总承包人,可能还有其他的转包人或违法分包人。一般情况下,实际施工人的合同相对方不享有对发包人的债权,实际施工人自然不能代位其合同相对方向发包人主张权利。但在特殊情况下,与实际施工人签订合同的转包人或违法分包人可能对发包人享有债权,如总承包人下落不明,发包人直接与转包人或违法分包人达成结算协议。在此类情况下,由于转包人或违法分包人对发包人享有债权,实际施工人在符合条件时,可以向发包人行使代位权。

案例18 陕西中秦建设工程有限公司(以下简称中秦公司)与裕金酒业(广州)有限公司(以下简称裕金酒业公司)、松日数码发展(深圳)有限公司和中建三局集团有限公司(以下简称中建三局公司)债权人代位权纠纷案①

广东省广州市中级人民法院二审认为:本案为债权人代位权诉讼,根据《合同法》第七十三条(现为《民法典》第五百三十五条)规定,代位权的行使必须具备以下条件:(1)债权人对债务人的债权合法且债权已届履行期;(2)债务人的债权已经到期,且该债权不是专属于债务人自身的权利;(3)债务人怠于行使权利,对债权人造成损害。根据《最高人民法院关于审理建设工程施工合同纠纷案件适用法律问题的解释(二)》第二十五条(现为《建设工程司法解释(一)》第四十四条)关于"实际施工人根据合同法第七十三条(《民法典》第五百三十五条)规定,以转包人或者违法分包人怠于向发包人行使到期债权,对其造成损害为由,提起代位权诉讼的,人民法院应予支持"的规定,中建三局公司在裕金酒业公司没有付清工程款的情况下,没有履行向中秦公司支付工程款的义务,使中秦公司的到期债权未能实现,损害了实际施工人中秦公司的合法权益,一审法院根据双方当事人的诉辩、提交的证据,认定中秦公司符合债权人代位的法定要件并作出相应判决,合理合法,且理由阐述充分,予以维持。

(二)实际施工人行使代位权的效果

实际施工人成功行使代位权,将产生如下法律效果。

1. 代位行使债权利益的归属。

已失效的《最高人民法院关于适用〈中华人民共和国合同法〉若干问题的解释(一)》第二十条规定:"债权人向次债务人提起的代位权诉讼经人民法院审理后认定代位权成立的,由次债务人向债权人履行清偿义务,债权人与债务人、债务人与次债务人之间相应的债权债务关系即予消灭。"该司法解释施行后,该条规定饱受争议。有观点认为,该条规定实际上是赋予债权人优先受偿权,不仅有违债权平等原则,而且破坏共同担保原则。②《民法典》第五百三十七条规定:"人民法院认定代位权成立的,由债务人的相对人向债权人履行义务,债权人接受履行后,债权人与债务人、债务人与相对人之间相应的权利义务终止。债务人对相对人的债权或者

① 广东省广州市中级人民法院(2020)粤01民终5976号民事判决书。

② 参见崔建远:《债权人代位权的新解说》,载《法学》2011年第7期。

与该债权有关的从权利被采取保全、执行措施，或者债务人破产的，依照相关法律的规定处理。”笔者认为，虽然《民法典》规定债务人对次债务人的债权及其从权利被保全、采取执行措施和债务人破产这三种情形，应当依照相关法律规定处理，而不应判决次债务人直接向债权人履行，但《民法典》仍未彻底解决债权人不应享有而实际享有的优先权问题。上述三种情形之外，债务人有多个债权人，如判决次债务人直接向提起代位权诉讼的债权人履行义务，其他不享有优先权的债权人的利益如何保障，是否可以向提起代位权诉讼的债权人主张按债权比例分享次债务人履行的利益，仍需在《民法典》修订或最高人民法院出台司法解释时予以明确。就目前来说，实际施工人成功行使代位权，发包人应当向实际施工人履行义务，实际施工人、转包人或违法分包人和发包人之间相应的权利义务终止。

2. 诉讼时效中断的效果。

实际施工人以发包人为被告提起代位权诉讼，可以产生两个债权诉讼时效中断的效果：一是实际施工人对转包人、违法分包人债权诉讼时效因此中断，二是转包人、违法分包人对发包人债权的诉讼时效因此中断。根据《最高人民法院关于审理民事案件适用诉讼时效制度若干问题的规定》第九条的规定，权利人对同一债权中的部分债权主张权利，诉讼时效中断的效力及于剩余债权，但权利人明确表示放弃剩余债权的情形除外。如实际施工人向发包人代位行使的债权只是转包人、违法分包人对发包人享有债权的一部分，诉讼时效中断的效果不仅及于实际施工人代位行使的债权，而且及于超出部分。

3. 实际施工人的费用偿还请求权。

实际施工人行使代位权的必要费用由转包人、违法分包人负担。《民法典》第五百二十五条第二款后段规定：“债权人行使代位权的必要费用，由债务人负担。”该条规定的必要费用，包括实际施工人行使代位权的律师代理费、差旅费等必要费用。另外，实际施工人行使代位权并胜诉的，诉讼费用由发包人负担，从实现的债权中优先支付。

三、实际施工人依据《建设工程司法解释(一)》第四十三条主张权利与依据《建设工程司法解释(一)》第四十四条主张权利的优劣比较

实际施工人依据《建设工程司法解释(一)》第四十三条主张权利，对比于依据《建设工程司法解释(一)》第四十四条主张权利，存在以下优势：(1)提起诉讼前欠付工程款的数额未要求明确。实际施工人提起代位权诉讼，应当满足两个债权数

额明确的条件：一是实际施工人对转包人、违法分包人享有的债权数额明确，二是转包人、违法分包人对发包人享有的债权数额明确。而实际施工人依据《建设工程司法解释（一）》第四十三条，以发包人作为被告提起诉讼，法律和司法解释并未要求欠付工程款必须明确。《建设工程司法解释（一）》第四十三条还要求人民法院在作出判决前，应当查明发包人欠付转包人或者违法转包人建设工程价款的数额。人民法院在审理中，应当查明发包人欠付工程款的数额以及实际施工人对转包人、违法分包人享有债权的数额。因此，在欠付工程款数额不明确的情况下，实际施工人依据《建设工程司法解释（一）》第四十三条的规定提起诉讼，更为有利。（2）可以适用层层转包、违法分包的情形。前面已分析，层层转包、违法分包的情形下，实际施工人仍可依据《建设工程司法解释（一）》第四十三条的规定向发包人主张权利。但实际施工人原则上不能突破好几层的合同相对性向发包人行使代位权。（3）没有转包人、违法分包人怠于行使权利导致实际施工人受损的前提条件。《建设工程司法解释（一）》第四十三条并未规定实际施工人向发包人主张权利须以其合同相对人怠于行使权利为前提，因此发包人存在欠付转包人、违法分包人工程款的情形，实际施工人即可根据上述规定向发包人主张权利，转包人、违法分包人是否怠于行使权利并导致实际施工人受到损害，在所不问。而实际施工人提起代位权诉讼必须以转包人、违法分包人怠于行使权利并导致实际施工人受损为要件。

实际施工人依据《建设工程司法解释（一）》第四十四条行使代位权，相对于依据《建设工程司法解释（一）》第四十三条主张权利，存在以下优势：（1）转包人、违法分包人对发包人的债权并不以工程款为限。在代位权诉讼中，转包人、违法分包人对发包人的债权可以是案涉工程的工程款，也可以是其他工程的工程款，还可以是其他如民间借贷的债权等。而《建设工程司法解释（一）》第四十三条规定实际施工人主张权利限制在发包人欠付工程款的范围内。（2）实际施工人可代承包人之位主张建设工程价款优先受偿权。① 在代位权诉讼中，实际施工人取代转包人、违法分包人的地位，可以向发包人主张建设工程价款优先受偿权。而实际施工人依据《建设工程司法解释（一）》第四十三条向发包人主张权利时，无权行使建设工程价款优先受偿权。

实际施工人向发包人提起代位权诉讼，因欠付工程款数额不明确等原因被驳回诉讼请求的，实际施工人仍可根据《建设工程司法解释（一）》第四十三条，以发包

---

① 参见肖峰等：《〈关于审理建设工程施工合同纠纷案件适用法律问题的解释（二）〉解读与探索》，载《法律适用》2019 年第 7 期。

人为被告向人民法院提起诉讼。

四、实际施工人向与其不存在合同关系的总承包人、转包人或违法分包人主张权利

建设工程层层转包、违法分包中，建设单位 A 将工程发包给施工总承包单位 B，施工总承包单位将工程转包或分包给后手承包人 C，C 又将工程转包或分包给其后手承包人 D（实践中，可能没有该环节或存在数个该环节），D 最终将工程转包或分包给实际施工人 E。B、C 与实际施工人 E 不存在合同关系。实际施工人向与其不存在合同关系的总承包人、转包人或违法分包人主张权利，主要存在以下两个问题：

1. 实际施工人能否依据《建设工程司法解释（一）》第四十三条向与其不存在合同关系的总承包人、转包人或违法分包人主张权利？

《建设工程司法解释（一）》第四十三条规定的发包人指的是建设单位，不包括将工程转包或违法分包的单位或个人，因此，B 和 C 都不是发包人。司法实践中对 E 能否依据上述司法解释向与其没有合同关系的 B 和 C 主张权利，存在不同观点。

观点一认为，由于 B 和 C 不属于发包人，实际施工人不能依据《建设工程司法解释（一）》第四十三条向 B 和 C 主张权利，只能要求 D 支付工程款，并要求 A 在欠付工程款范围内承担连带责任。河北省高级人民法院《建设工程施工合同案件审理指南》（2018 年）第三十一条第一款规定："实际施工人向与其没有合同关系的转包人、分包人、总承包人、发包人提起的诉讼，发包人与承包人就工程款问题尚未结算的，原则上仍应坚持合同相对性，由与实际施工人有合同关系的前手承包人给付工程款。"四川省高级人民法院民事审判第一庭《关于审理建设工程施工合同纠纷案件若干疑难问题的解答》（2015 年）第十三条第一款规定，《最高人民法院关于审理建设工程施工合同纠纷案件适用法律问题的解释》第二十六条（现为《建设工程司法解释（一）》第四十三条）中的"发包人"应当理解为建设工程的业主，不应扩大理解为转包人、违法分包人等中间环节的相对发包人。

观点二认为，根据类似情况作相同处理的法律原则，此类情形可类推适用《建设工程司法解释（一）》第四十三条的规定，B 和 C 在欠付工程款范围内向实际施工人承担支付责任。江苏省高级人民法院《关于审理建设工程施工合同纠纷案件若干问题的解答》（2018 年）第二十三条规定："层层转包中，实际施工人要求所有转包人、违法分包人均承担责任的，如何处理？建设工程因转包、违法分包导致建设工

程施工合同无效的,实际施工人要求转包人、违法分包人对工程欠款承担连带责任的,应予支持。前手转包人、违法分包人举证证明其已付清工程款的,可以相应免除其给付义务。发包人在欠付的工程款范围内承担连带责任。”该条解答实际上赋予实际施工人向与其没有合同关系的转包人、违法分包人在欠付工程款范围内主张权利的权利。

笔者倾向于第一种观点。自 2011 年全国民事审判工作会议以来,最高人民法院的司法政策和观点一直强调要严格限制实际施工人突破合同相对性原则主张权利的适用。在上述司法解释已经突破合同相对性,对实际施工人索要工程款的权利予以扩大保护的情况下,实践中执行司法解释的时候不应当再行扩大司法解释的适用范围。司法解释规定的发包人仅指业主即建设单位,不包括与实际施工人没有合同关系的总承包人、转包人和违法分包人。司法解释赋予实际施工人突破合同相对性,向发包人即建设单位主张工程款的权利,但没有继续赋予实际施工人突破合同相对性向转包人、分包人、总承包人主张工程款的权利。观点二将与实际施工人没有合同关系的总承包人、转包人、违法分包人类比为发包人,认为实际施工人可以根据上述司法解释的规定,突破合同相对性向总承包人、转包人、违法分包人主张工程款,没有法律依据,也与最高人民法院一贯的司法政策和观点不相符。

2. 实际施工人能否向与其不存在合同关系的总承包人、转包人或违法分包人行使代位权?

《建设工程司法解释(一)》第四十四条规定实际施工人以发包人为被告提起代位权诉讼,但未规定实际施工人以没有合同关系的总承包人、转包人或违法分包人为被告提起代位权诉讼。有观点认为,在司法解释没有明确规定的情况下,不能扩大实际施工人行使代位权对象的范围,实际施工人不得以没有合同关系的总承包人、转包人或违法分包人为被告提起代位权诉讼。笔者不同意该观点,只要符合法律规定的代位权行使的要件,实际施工人就可以向没有合同关系的总承包人、转包人或违法分包人行使代位权。这是因为:代位权并非仅规定在《建设工程司法解释(一)》中,《民法典》也对代位权作了规定。建设工程施工合同作为一种典型合同,应当受到《民法典》的调整。《民法典》规定代位权行使的要件,符合这些要件,债权人就可以行使代位权。在实际施工人 E 对与其有合同关系的前手转包人、违法分包人 D 享有合法债权的情况下,E 属于法律、司法解释规定的代位权制度中的债权人,在 D 怠于向 C 主张权利导致 E 权利受损,符合代位权行使的要件时,E 作为债权人可以向C行使代位权。但在D对B没有债权的情形下,E不能以B为被告提起代位权诉讼。《民法典》未将实际施工人排除在可行使代位权的债权人范围之外,《建设工程司法解释(一)》第四十四条规定实际施工人可向发包人行使代位权,也没有实际施工人不得向无合同关系的总承包人、转包人或违法分包人行使代位权之意。

第五节 挂靠和转包、违法分包关系对外民事责任的承担

建设工程转包、分包和挂靠关系涉及多方面的对外民事责任,如因工程转、分包和挂靠给发包人造成损失,实际施工人对外签订合同,施工造成他人损害等。由于现行法律法规欠缺关于转包、违法分包和挂靠关系对外民事责任承担的规定,因此,在发生对外民事责任时,由谁承担责任、如何承担责任,是司法实践中的一大难题。

一、挂靠关系对外民事责任的承担

挂靠关系对外的民事责任主要涉及以下几个方面:一是对发包人所负的建设工程质量瑕疵等赔偿责任;二是挂靠人对外签订合同产生的合同责任;三是施工过程中侵害他人人身权和财产权产生的责任。

(一)因挂靠施工的建设工程质量缺陷等向发包人所负的责任

挂靠人借用被挂靠人的名义承接工程,其施工的工程质量存在缺陷,挂靠人和被挂靠人应当对建设工程质量缺陷造成的损失承担连带责任。《建筑法》第六十六条规定:"建筑施工企业转让、出借资质证书或者以其他方式允许他人以本企业的名义承揽工程的……对因该项承揽工程不符合规定的质量标准造成的损失,建筑施工企业与使用本企业名义的单位或者个人承担连带赔偿责任。"《建设工程司法解释(一)》第十五条规定:"因建设工程质量发生争议的,发包人可以以总承包人、分包人和实际施工人为共同被告提起诉讼。"该条规定的实际施工人包括挂靠人、转承包人和受分包人。一些地方法院出台的解答和指导意见也有类似规定。江苏省高级人民法院《关于审理建设工程施工合同纠纷案件若干问题的解答》(2018

年)第二十一条规定:“发包人主张挂靠人与被挂靠人对工程质量承担连带责任的如何处理?挂靠人以被挂靠人名义订立建设工程施工合同,发包人要求挂靠人与被挂靠人就工程质量承担连带责任的,应予支持。”

因挂靠施工对发包人造成质量缺陷以外其他损害的,挂靠人与被挂靠人也应对发包人承担连带责任。《建设工程司法解释(一)》第七条规定:“缺乏资质的单位或者个人借用有资质的建筑施工企业名义签订建设工程施工合同,发包人请求出借方与借用方对建设工程质量不合格等因出借资质造成的损失承担连带赔偿责任的,人民法院应予支持。”如挂靠施工的工期延误导致发包人损失的,挂靠人和被挂靠人对工期延误造成发包人的损失承担连带赔偿责任。

(二)挂靠人对外签订合同产生的合同责任

挂靠人借用被挂靠人的资质与发包人签订建设工程施工合同后,又将工程转包或分包给他人施工,并签订相应的转包或分包合同,这种情形并不鲜见。由此,就产生了对转承包人和受分包人支付工程款等合同责任。挂靠人在施工中,要购买、租赁建筑材料和设备,因签订买卖合同和租赁合同又会产生支付货款、租赁费等合同责任。一些挂靠人对外借款,向他人出具借条或与他人签订借款协议,由此又会产生还款责任。对于承担合同责任主体是挂靠人抑或是被挂靠人,还是两者承担连带责任或补充责任,司法实践中存在非常大的争议。

观点一认为,挂靠人对外签订民事合同,挂靠人与被挂靠人应当对合同责任承担连带责任。《民事诉讼法司法解释》第五十四条规定:“以挂靠形式从事民事活动,当事人请求由挂靠人和被挂靠人依法承担民事责任的,该挂靠人和被挂靠人为共同诉讼人。”该司法解释之所以要把挂靠人和被挂靠人作为共同诉讼人,就是因为挂靠人和被挂靠人应当对因挂靠行为产生的民事责任包括合同责任承担连带责任。而且,司法解释和司法政策大多规定了挂靠人与被挂靠人要承担连带责任,如挂靠从事道路交通运输经营活动的机动车发生交通事故造成损害,由挂靠人和被挂靠人承担连带责任;旅游经营者准许他人挂靠其名下从事旅游业务,造成旅游者人身损害、财产损失,旅游经营者与挂靠人承担连带责任。

观点二认为,挂靠人对外签订民事合同,被挂靠人是否要承担连带责任,要看挂靠人是否以被挂靠人名义签订民事合同。如挂靠人以被挂靠人名义签订民事合同,则被挂靠人对合同责任应当与挂靠人一起承担连带责任;如挂靠人没有以被挂靠人名义签订民事合同,则应由挂靠人自行承担合同责任,被挂靠人无须承担连带责任。

观点三认为，挂靠人对外签订民事合同，被挂靠人是否要承担连带责任，不仅要区分挂靠人以被挂靠人名义和没有以被挂靠人名义签订合同两种情形，在挂靠人以被挂靠人名义签订合同的情形，还要区分合同相对人明知挂靠事实和合同相对人不明知挂靠事实这两种情形。挂靠人没有以被挂靠人名义签订民事合同，应当由挂靠人承担合同责任，与被挂靠人无关；挂靠人以被挂靠人名义签订民事合同，合同相对方不明知挂靠行为的，应当由挂靠人与被挂靠人承担连带责任；挂靠人以被挂靠人名义签订民事合同，合同相对方明知挂靠行为的，应当由挂靠人承担合同责任，被挂靠人承担补充责任。北京市高级人民法院《关于审理建设工程施工合同纠纷案件若干疑难问题的解答》（2012 年）第二十条第二款规定，挂靠人承揽工程后，以被挂靠人名义将工程分包、转包给他人施工，施工人主张欠付工程款的，按照北京市高级人民法院《审理民商事案件若干问题的解答之五》第四十七条规定处理。北京市高级人民法院《审理民商事案件若干问题的解答之五》（2007 年）第四十七条规定："合同相对人同时起诉挂靠者和被挂靠者的，如果合同相对人对于挂靠事实不明知，由挂靠者与被挂靠者承担连带民事责任；如果合同相对人对于挂靠事实明知，首先由挂靠者承担责任，被挂靠者承担补充的民事责任。合同相对人只起诉被挂靠者的，被挂靠者对外应先行承担民事责任。在被挂靠者对外承担责任的范围内，被挂靠者对挂靠者享有追偿权。"

观点四认为，被挂靠人是否应对挂靠人对外签订的民事合同承担责任，要看挂靠人签订民事合同的行为是否构成表见代理。如挂靠人与合同相对人签订合同的行为符合挂靠人具有代理被挂靠人的表象、合同相对人善意无过失等表见代理的构成要件，则被挂靠人应当承担责任。如不符合表见代理的构成要件，则被挂靠人无须承担责任。被挂靠人承担的是直接的合同责任，而非连带责任。

笔者更倾向于第四种观点。理由是：

1.《民事诉讼法司法解释》第五十四条将挂靠人与被挂靠人作为共同诉讼人，是考虑挂靠人和被挂靠人经常要承担连带责任，但并非所有的挂靠关系产生的民事责任均要由挂靠人和被挂靠人连带承担。而且，作为程序法解释的《民事诉讼法司法解释》不能作为挂靠人和被挂靠人在实体上承担连带责任的法律依据。

2. 二人以上承担连带责任，必须由法律明确规定或当事人约定。《民法典》第一百七十八条第三款规定："连带责任，由法律规定或者当事人约定。"在审议民法典总则编草案的过程中，有代表提出，连带责任是两个或两个以上的债务人共同向债权人承担民事责任，是一种较为严厉的责任方式，除当事人有约定外，宜由法律作出规定。因此，《民法典》在第一百七十八条规定连带责任时增加了第三款的规定。根据《民法典》的立法精神，除非法律有明确规定或当事人有约定外，连带责任不能构成。建设工程中的挂靠是一种较为严重的违法行为，《民事诉讼法司法解释》也将挂靠人和被挂靠人作为必要共同诉讼人，但法律没有规定或当事人没有约定被挂靠人要对挂靠人对外签订民事合同承担连带责任，不能仅以挂靠违法或其他原因让挂靠人和被挂靠人承担连带责任。

挂靠人以自己名义而没有以被挂靠人名义对外签订民事合同，不构成代理，也没有代理权的表象，在这种情况下，合同责任应由挂靠人自行承担，被挂靠人不承担合同责任。

挂靠人以被挂靠人名义对外签订民事合同，被挂靠人是否要承担责任，要区分以下不同情况：

1. 挂靠人以被挂靠人名义签订的民事合同，与建设工程项目部职能无关，或明显超越项目部的职能范围，挂靠人不具备代理权的表象，被挂靠人不承担民事责任。如挂靠人签订的保证合同，与工程项目部职能无关，不应由被挂靠人承担保证责任。再如挂靠人对外借款签订的借款合同，借款并未用于工程建设，也与工程项目部职能无关，被挂靠人同样不应承担民事责任。

2. 挂靠人以被挂靠人名义签订的民事合同，与建设工程项目部职能相关，但挂靠人不具备代理权的外观，被挂靠人也不应承担民事责任。与建设工程项目部相关的民事合同，如购买建筑材料合同、租赁建筑设备合同、劳务分包合同等。如果挂靠人仅在合同上注明合同当事人是被挂靠人，未出示委托书，也未盖有项目部印章或被挂靠人印章，没有代理权的表象和外观，这种情形不构成表见代理，被挂靠人无须承担责任。

3. 合同相对人非善意或存在过错的，被挂靠人不承担民事责任。表见代理构成要件要求相对人善意无过错，这里的善意无过错是针对挂靠人无代理权的事实，如相对人明知挂靠的事实，或者存在未对挂靠人的委托手续作仔细审查、应当知道民事合同与建设工程项目部职能无关等过错的，挂靠人的行为不构成表见代理，被挂靠人不承担民事责任。

4. 挂靠人以被挂靠人名义签订的民事合同，挂靠人具有代理权的外观，且相对人善意无过失的，被挂靠人应当承担合同责任。挂靠人具有代理权的外观，且相对人善意无过失，构成表见代理。如挂靠人与被挂靠人约定挂靠人不得从事购买建筑材料,但挂靠人实际持有被挂靠人出具的委托书或者项目部印章,挂靠人与材料供应商签订材料购买合同,此行为构成表见代理,被挂靠人应当承担合同责任。挂靠人以被挂靠人名义对外签订借款合同,且借款用于工程建设,按通常理解,借款并非工程项目部的职能范围,被挂靠人原则上不应承担归还借款和利息的责任,即便挂靠人在借款合同上盖项目部印章也不例外。但挂靠人确实具备代理权的外观,且借款合同相对人善意无过失,构成表见代理的,被挂靠人仍要承担还款责任。人民法院对挂靠人对外借款构成表见代理的审查比其他合同行为构成表见代理的审查应更为严格。江苏省高级人民法院《关于审理建设工程施工合同纠纷案件若干问题的解答》(2018 年)第二十五条规定:"建设工程领域,项目部或项目经理以施工企业名义对外借款,出借人要求施工企业承担责任的如何处理?建设工程领域,项目部或者项目经理不具有对外借款的职权,其以施工企业名义对外借款的,出借人要求施工企业承担还款责任的,原则上不予支持。出借人举证证明项目经理系获得施工企业授权,或具有款项进入施工企业账户、实际用于工程等情形,导致其有理由相信项目部或项目经理有代理权的,出借人要求施工企业承担还款责任的,可予支持。"

案例 19 绍兴市中富商品混凝土有限公司(以下简称中富公司)与鉴湖建设集团有限公司(以下简称鉴湖公司)商品混凝土买卖合同纠纷案[①]

2008 年 9 月 7 日和 2010 年 11 月 9 日,鉴湖公司与中富公司签订供货合同 2 份,约定由中富公司向鉴湖公司施工的兰亭国际公寓一期、二期工程供应共计约 22,000 立方的各种规格的混凝土。合同还约定了商品混凝土的价格按当月信息价下浮 17%,抗渗混凝土每方另加 15 元,以及付款方式和违约责任:需方逾期付款,每逾期 1 天,偿付逾期部分金额的 1% 违约金。此后,中富公司按鉴湖公司要求陆续向案涉工地供货,截至 2013 年 12 月 30 日,经双方对账,中富公司共计向鉴湖公司供应了价值 8,944,282.05 元的商品混凝土,鉴湖公司支付了货款 7,477,940.25 元,尚余 1,466,341.80 元未付。鉴湖公司承诺在 2013 年 12 月 30 日前支付 5 万元,余款 1,416,341.80 元在 2014 年 1 月 28 日前一次性付清。但此后鉴湖公司只支付 15 万元,尚余货款 1,316,341.80 元,经中富公司多次催讨,一直未付,遂成讼。鉴湖公司于 2009 年 5 月 15 日开出 1 份金额为 98 万元的转账支票给祝某某用以支付

① 浙江省绍兴市中级人民法院(2015)浙绍商终字第 163 号民事判决书。

工程款。祝某某事后又背书给中富公司，中富公司于2009年5月18日入账。中富公司已开具21份增值税发票给鉴湖公司，价税合计8,349,468.91元。

绍兴市中级人民法院二审认为：本案双方的争议焦点是祝某某以鉴湖公司的名义出具结账清单的行为对鉴湖公司有无约束力。第一，供货合同上虽未加盖鉴湖公司公章，但抬头及落款处均为鉴湖公司名称，祝某某在委托代理人处签名。合同履行过程中月对账单上记载的收款对象也是"鉴湖建工"。可见，本案买卖合同是祝某某等行为人以鉴湖公司名义而非以个人名义签订并履行。第二，鉴湖公司对祝某某作为项目副经理、经济责任承包人的身份予以确认。但鉴湖公司在二审中提供的内部承包合同仅涉及兰亭国际公寓二期工程，而本案买卖合同关系自一期工程即已发生，对于一期工程是否由祝某某内部承包，鉴湖公司并未提供证据证明。而且，内部承包合同中关于祝某某职责范围的约定，系鉴湖公司内部关系，并无证据证明中富公司明知该约定，故对中富公司无约束力。第三，即使祝某某的行为系无权代理，由于祝某某系该工地的实际负责人，其购买建材行为与工程施工直接有关。而且，从混凝土这种商品的特性来看，需要现场搅拌现场浇灌，同时结合城建档案资料，兰亭国际公寓使用的混凝土相应的质量证明书由中富公司出具，可见，本案所涉混凝土实际用在兰亭国际公寓工程中。中富公司将混凝土运送至鉴湖公司承建的兰亭国际公寓施工现场，足以使中富公司相信与其签订供货合同、履行供货合同的相对方为鉴湖公司。第四，中富公司开具给鉴湖公司的增值税费发票鉴湖公司均已认证抵扣，应视为鉴湖公司对交易关系的认可。综合分析本案合同实际履行的情况，祝某某出具结账清单的行为对鉴湖公司有约束力。另外，结账清单中约定2013年12月30日支付50万元，余款于2014年1月28日前一次性付清，故中富公司的主张也未超过诉讼时效。至于鉴湖公司提出的不应当支付违约金的问题，鉴湖公司未按结账清单的约定付款应当支付相应的违约金，一审判决依据双方在供货合同中的约定以及中富公司自愿调整后的利率判令鉴湖公司支付相应的违约金，并无不当。综上，鉴湖公司的上诉理由不能成立，不应予以支持。

由于目前各地法院对被挂靠人是否要承担挂靠人对外签订民事合同的责任的处理各不相同，甚至同一法院对该问题的处理也不一致，因此，合同相对人在选择诉讼主体时，要尽可能地将挂靠人和被挂靠人作为共同被告。

（三）因挂靠产生的侵权和工伤责任

因挂靠产生的侵权责任，包括挂靠施工造成第三人损害的侵权责任和挂靠施工造成挂靠人雇员伤害的责任。

1. 挂靠施工造成第三人损害的侵权责任。

挂靠施工造成第三人损害主要出现在以下情形中:建筑物、构筑物倒塌导致第三人损害;公共场所或者道路上挖掘、修缮安装地下设施等造成他人损害;挂靠人的施工作业导致第三人损害。

关于建筑物、构筑物或其他设施倒塌导致第三人损害的责任,根据《民法典》第一千二百五十二条的规定:"建筑物、构筑物或者其他设施倒塌、塌陷造成他人损害的,由建设单位与施工单位承担连带责任,但是建设单位与施工单位能够证明不存在质量缺陷的除外。建设单位、施工单位赔偿后,有其他责任人的,有权向其他责任人追偿。"由于建筑物、构筑物设施倒塌是由于挂靠施工的工程质量缺陷导致,挂靠人和被挂靠人根据法律规定要对工程质量缺陷承担连带责任,因此,在挂靠施工的情形下,《民法典》第一千二百五十二条规定的施工单位包括挂靠人和被挂靠人。挂靠人、被挂靠人因挂靠施工的建筑物、构筑物或其他设施倒塌导致第三人损害,应当承担连带责任。

关于公共场所或者道路上挖掘、修缮安装地下设施等造成他人损害的责任,根据《民法典》第一千二百五十八条第一款的规定:"在公共场所或者道路上挖掘、修缮安装地下设施等造成他人损害,施工人不能证明已经设置明显标志和采取安全措施的,应当承担侵权责任。"《民法典》第一千一百六十八条规定:"二人以上共同实施侵权行为,造成他人损害的,应当承担连带责任。"共同实施侵权行为,包括共同故意、共同过失和加害行为直接结合致人损害。挂靠施工中,被挂靠人是建设工程名义上的施工单位,侵权行为中的受害人往往无从知道挂靠关系,只能从外观上判断侵权责任主体,因此,由被挂靠人承担责任,符合外观主义原则。而且挂靠人在公共场所或者道路上挖掘、修缮安装地下设施等未设置明显的安全标志和采取安全措施,被挂靠人在法律明令禁止下仍出借资质,不顾施工安全风险放任挂靠人施工,其在对工程施工应有控制、支配的权利并从工程施工中取得利益,却未有效监督挂靠人采取安全措施,应当认为挂靠人与被挂靠人的存在共同过错造成第三人损害的后果,挂靠人与被挂靠人应承担连带责任。

关于挂靠人的施工作业导致第三人损害,也可基于公共场所或道路施工承担责任理由认定挂靠人与被挂靠人的存在共同过错,共同实施侵权行为,由挂靠人与被挂靠人应承担连带责任。

2. 挂靠施工造成挂靠人雇员伤害的责任。

个人挂靠建筑企业在施工过程中，挂靠人的雇员因工受到伤害，一般可认定为工伤，由被挂靠人承担工伤保险责任。《最高人民法院关于审理工伤保险行政案件若干问题的规定》第三条规定："社会保险行政部门认定下列单位为承担工伤保险责任单位的，人民法院应予支持：……（五）个人挂靠其他单位对外经营，其聘用的人员因工伤亡的，被挂靠单位为承担工伤保险责任的单位。……"挂靠人雇用的工作人员与挂靠人之间形成提供劳务关系，但该工作人员与被挂靠人之间的关系，不符合劳动关系的特征，不应认定为劳动关系。该司法解释之所以将不是用人单位的被挂靠人作为承担工伤保险责任的主体，这是考虑到挂靠人是个人时，其不具备缴纳工伤保险和承担工伤保险责任的资质和能力，为保障挂靠人雇用的工作人员因工受伤时及时、足额地享受工伤保险待遇，故作出这样的规定。被挂靠单位承担工伤保险赔偿责任后，可以向挂靠人进行追偿。目前，大部分地区的工伤认定部门对此情形下挂靠人雇用的工作人员因工受伤予以工伤认定，因此，雇员或其近亲属在要求挂靠人和被挂靠人承担工伤保险责任前，应当先向工伤认定部门申请工伤认定，并经工伤认定和劳动能力丧失等级鉴定程序。如果挂靠人是具备用工资格的单位，则应由挂靠人承担工伤保险责任，被挂靠人不承担工伤保险责任。

二、转包、违法分包关系对外民事责任的承担

转包、违法分包关系中，也存在对发包人的质量缺陷责任、实际施工人对外签订合同的责任和实际施工人侵权导致的责任等对外民事责任，转包人、违法分包人和实际施工人承担责任的规则如下。

（一）建设工程质量缺陷责任

根据《建筑法》第六十七条第二款的规定，承包单位存在转包行为，对因转包工程不符合规定的质量标准造成的损失，与接受转包的单位承担连带赔偿责任。《建设工程司法解释（一）》第十五条规定："因建设工程质量发生争议的，发包人可以以总承包人、分包人和实际施工人为共同被告提起诉讼。"承包人承接工程后将工程转包，对工程因不符合规定或约定的质量标准造成的损失，承包人是第一责任人，转承包人对损失应承担连带责任。发包人提起工程质量诉讼的，可以将总承包人、转承包人作为共同被告，要求总承包人和转承包人承担连带责任。根据上述规定，

工程质量存在缺陷造成损失的，总承包人、转包人或违法分包人和实际施工人应当对损失承担连带赔偿责任。

（二）实际施工人对外签订民事合同责任的承担

转包、违法分包中，实际施工人对外签订民事合同产生的责任是否由转包人、违法分包人承担，也要看实际施工人对外签订民事合同是否构成表见代理，判断标准与挂靠关系类似。但转包、违法分包中构成表见代理的司法审查要比挂靠关系更为严格。这是因为：在挂靠关系中，挂靠人是以被挂靠人名义承接工程，施工过程中也是以被挂靠人的名义进行。也就是说，从工程的招投标、合同签订、施工、维修等整个过程在外观上都是被挂靠人从事，挂靠关系以外的第三人难以知道挂靠人与被挂靠人之间的挂靠关系，也难以知道与其发生民事法律关系的是挂靠人。而转包、违法分包关系中，实际施工人并未以转包人、违法分包人的名义承接工程，其从转包人、违法分包人处接手工程后，并不一定以转包人、违法分包人的名义进行施工，因此，转包、违法分包关系以外的第三人判断与其发生民事法律关系的实际主体比挂靠关系的实际主体较为容易。

实际施工人以自己名义对外签订民事合同，而非以转包人、违法分包人名义，应当由实际施工人自行承担合同责任。实际施工人以转包人、违法分包人名义对外签订民事合同，但不具备代理权的外观，或者合同相对人非善意、存在过失的，也应当由实际施工人承担合同责任，转包人、违法分包人无须承担责任。实际施工人以转包人、违法分包人名义对外签订民事合同，符合表见代理的构成要件，转包人、违法分包人应当承担合同责任。具体的判断标准参见前述挂靠关系中挂靠人签订民事合同责任的承担规则，此处不赘。河北省高级人民法院《建设工程施工合同案件审理指南》（2018 年）第四十九条第二款、第三款规定，非法转包人、违法分包人未经施工企业授权，以施工企业项目部名义对外签订买卖、租赁等合同，施工企业是否承担民事责任适用《合同法》第四十九条（现为《民法典》第一百七十二条）的规定。有证据证实合同标的用于工程或施工合同履行过程中施工企业对项目部的行为进行过认可的，可以认定债权人有理由相信非法转包人、违法分包人有代理权。非法转包人、违法分包人未经施工企业授权，以施工企业项目部名义对外签订借款合同，应按照《最高人民法院关于审理民间借贷案件适用法律若干问题的规定》严格审查借贷的基础事实，包括借款的数额、利息等，并审查借款的用途。有证据证实借款实际发生且用于工程或施工合同履行过程中施工企业对项目部的行为进行过认可的，可以认定债权人有理由相信非法转包人、违法分包人有代理权。河北省高级人民法院《建设工程施工合同案件审理指南》(2018年)第五十一条规定:“施工企业认可的项目部印章对外订立合同的，该印章具有缔约或结算的效力，施工企业应对加盖该项目部印章的合同承担责任。施工企业对项目部印章不认可的，若权利人举证证明在其他对外经济往来或具有公示效力的场合使用过该印章，则该印章具有缔约或结算的效力。”第五十二条规定:“技术章、材料收讫章、资料专用章一般不具有缔约或结算的效力，相对人主张权利的，应当结合交易习惯、该章的使用情况等举证证明其有理由相信该印章具有超出其表面记载的实际功能，可以认定该章的效力。”可资参考。

(三)转包、违法分包中实际施工人致人损害的责任

1. 实际施工人造成第三人损害的侵权责任。

建筑物、构筑物或其他设施倒塌导致第三人损害，《民法典》规定承担责任的主体是建设单位和施工单位，即建设工程施工合同中的发包人和承包人。因此，受到侵害的第三人应当向发包人和承包人主张侵权责任，发包人、承包人承担侵权责任后，可向实际施工人追偿。

公共场所或者道路上挖掘、修缮安装地下设施等造成他人损害，《民法典》规定承担责任的主体是施工人，这里的施工人包括承包人和实际施工人。因此，受到伤害的第三人可以向承包人主张权利，也可以向实际施工人主张权利。

实际施工人在施工作业中致第三人损害的，原则上应由实际施工人承担责任，但实际施工人以转包人、违法分包人名义施工，而且在外观上工程施工是由转包人、违法分包人组织实施的除外。

2. 实际施工人雇用的人员在施工中受到伤害。

实际施工人雇用的人员在施工中受到伤害，一般情况下由将工程转包、违法分包的有用工主体资格的单位承担工伤保险责任。《最高人民法院关于审理工伤保险行政案件若干问题的规定》第三条第(四)项规定:“用工单位违反法律、法规规定将承包业务转包给不具备用工主体资格的组织或者自然人，该组织或者自然人聘用的职工从事承包业务时因工伤亡的，用工单位为承担工伤保险责任的单位。”受到伤害的雇员或其近亲属应当向工伤认定部门认定工伤，待工伤认定和劳动能力丧失等级确定后，再向用工单位主张工伤保险责任。用人单位承担工伤保险赔偿责任后，有权向实际施工人追偿。

三、挂靠、转包和违法分包情形下支付农民工工资责任的承担

农民工工资问题，事关广大农民工切身利益，事关社会公平正义和社会和谐稳定。为规范建筑业企业支付工资的行为，保障农民工取得合法劳动报酬的权利，国家出台一系列的法律法规和政策。

2020 年 5 月 1 日施行的《保障农民工工资支付条例》第三十六条规定："建设单位或者施工总承包单位将建设工程发包或者分包给个人或者不具备合法经营资格的单位，导致拖欠农民工工资的，由建设单位或者施工总承包单位清偿。施工单位允许其他单位和个人以施工单位的名义对外承揽建设工程，导致拖欠农民工工资的，由施工单位清偿。"根据该条规定，因挂靠、转包和违法分包导致拖欠农民工工资的，施工单位是第一责任人，首先由施工单位承担清偿责任。施工单位承担清偿责任后，有权向实际施工人进行追偿。现行有效的《建设领域农民工工资支付管理暂行办法》第七条、第十二条规定：企业应将工资直接发放给农民工本人，严禁发放给"包工头"或其他不具备用工主体资格的组织和个人；工程总承包企业不得将工程违反规定发包、分包给不具备用工主体资格的组织或个人，否则应承担清偿拖欠工资连带责任。因此，农民工可以将施工单位和实际施工人一并作为责任主体，要求他们共同承担工资支付责任。

案例 20　葛某某与潘某某、陈某某、林州建总建筑工程有限公司、河南七建工程集团有限公司（以下简称七建公司）劳务合同纠纷案①

河南省新郑市人民法院审理认为：葛某某班组依约为潘某某分包的工程提供劳务后，经潘某某结算尚欠葛某某班组劳务工资共计 63,658 元，故该款项潘某某应当予以支付。鉴于葛某某作为该施工班组的组长已承诺拿到工资后足额发放到各个工人手中，从减少当事人诉累、节约司法资源的角度考虑，葛某某作为该班组组长对班组成员的工资一并主张，予以支持。

七建公司从郑州华南城有限公司处承包华南××××区工程后，又将主体二次结构劳务工程分包给没有相关资质的陈某某个人进行实际施工，陈某某又将其中的砌体、钢筋绑扎、混凝土浇筑、模板支设工作交给了没有相关资质的潘某某负责。根据《保障农民工工资支付条例》第三十六条"建设单位或者施工总承包单位

---

① 河南省新郑市人民法院（2020）豫 0184 民初 4418 号民事判决书。

将建设工程发包或者分包给个人或者不具备合法经营资格的单位，导致拖欠农民工工资的，由建设单位或者施工总承包单位清偿”之规定，七建公司、陈某某也应当承担支付葛某某班组劳务工资63,658元的责任。

CHAPTER 2

第二章

建设工程施工合同的效力

对建设工程施工合同效力的审查是人民法院审理建设工程施工合同纠纷案件的第一步。当事人在提起建设工程施工合同诉讼前,也应首先考量合同的效力,根据合同的效力选择诉讼方案和思路。

第一节 建设工程施工合同无效的情形

根据《民法典》的相关规定,以下情形将导致民事法律行为无效:(1)无民事行为能力人实施的民事法律行为无效。(2)限制民事行为能力人实施的与其年龄、智力、精神健康状况不相适应的民事法律行为,未经法定代理人同意或追认的无效。(3)行为人与相对人以虚假的意思表示实施的民事法律行为无效。(4)违反法律、行政法规的强制性规定的民事法律行为无效。但是,该强制性规定不导致该民事法律行为无效的除外。(5)违背公序良俗的民事法律行为无效。(6)行为人与相对人恶意串通,损害他人合法权益的民事法律行为无效。(7)行为人没有代理权、超越代理权或者代理权终止后,仍然实施代理行为,未经被代理人追认的,对被代理人不发生效力。建设工程施工合同属于民事法律行为,其效力应当受到法律关于民事法律行为效力规定的调整。因此,建设工程施工合同符合《民法典》规定民事法律行为无效的情形,将被认定为无效。

此外,《民法典》规定可撤销的民事法律行为,建设工程施工合同如符合可撤销民事法律行为的要件,当事人可以在法定期限内要求撤销:(1)基于重大误解实施的民事法律行为,行为人有权请求人民法院或者仲裁机构予以撤销;(2)一方以欺诈手段,使对方在违背真实意思的情况下实施的民事法律行为,受欺诈方有权请求人民法院或者仲裁机构予以撤销;(3)第三人实施欺诈行为,使一方在违背真实意思的情况下实施的民事法律行为,对方知道或者应当知道该欺诈行为的,受欺诈方有权请求人民法院或者仲裁机构予以撤销;(4)一方或者第三人以胁迫手段,使对方在违背真实意思的情况下实施的民事法律行为,受胁迫方有权请求人民法院或者仲裁机构予以撤销;(5)一方利用对方处于危困状态、缺乏判断能力等情形,致使民事法律行为成立时显失公平的,受损害方有权请求人民法院或者仲裁机构予以撤销。被撤销的建设工程施工合同自始没有法律约束力。

建设工程关系国计民生,《民法典》《招标投标法》《建筑法》《建设工程质量管理条例》《建设工程安全生产管理条例》等法律、行政法规,从建设工程招投标开始到建设工程施工合同的订立和履行、建设工程价款结算、建设工程质量和保修,对建设工程全过程都有严格的规定,其中有很多强制性规定。根据上述法律、行政法规及《建设工程司法解释(一)》的强制性规定,符合以下情形的,建设工程施工合同无效。

一、发包人将建设工程支解发包的

《民法典》第七百九十一条规定:“发包人可以与总承包人订立建设工程合同,也可以分别与勘察人、设计人、施工人订立勘察、设计、施工承包合同。发包人不得将应当由一个承包人完成的建设工程支解成若干部分发包给数个承包人。总承包人或者勘察、设计、施工承包人经发包人同意,可以将自己承包的部分工作交由第三人完成。第三人就其完成的工作成果与总承包人或者勘察、设计、施工承包人向发包人承担连带责任。承包人不得将其承包的全部建设工程转包给第三人或者将其承包的全部建设工程支解以后以分包的名义分别转包给第三人。”《建筑法》第二十四条规定:“提倡对建筑工程实行总承包,禁止将建筑工程肢解发包。建筑工程的发包单位可以将建筑工程的勘察、设计、施工、设备采购一并发包给一个工程总承包单位,也可以将建筑工程勘察、设计、施工、设备采购的一项或者多项发包给一个工程总承包单位;但是,不得将应当由一个承包单位完成的建筑工程肢解成若干部分发包给几个承包单位。”《建设工程质量管理条例》第七条规定:“建设单位应当将工程发包给具有相应资质等级的单位。建设单位不得将建设工程肢解发包。”根据上述规定,发包人将建设工程肢解发包,签订的建设工程施工合同无效。

案例21 安庆新城悦盛房地产发展有限公司(以下简称新城公司)与江苏苏南建设集团有限公司(以下简称苏南公司)建设工程施工合同纠纷案[①]

最高人民法院二审认为:案涉《桩基工程施工合同》的效力。案涉工程项目的《建筑工程施工许可证》载明施工单位为宜兴建工公司与中建一局第五公司,并未显示苏南公司是施工单位,上述施工单位分别与新城公司签订建设工程施工合同。

① 最高人民法院(2019)最高法民终589号民事判决书。

新城公司亦认可案涉安庆新城吾悦广场项目的总承包人是上述施工单位，苏南公司所做的案涉桩基工程包含在上述施工单位的总承包范围内，桩基工程是新城公司的指定分包。而且，安庆市住建委作出建设罚字〔2016〕第004号行政处罚决定书，认定新城公司在与施工总承包单位签订总承包合同之外，将桩基部分分包给其他施工单位，并还与桩基部分的施工单位签订了分包合同，该行为违反《建筑法》第二十四条"提倡对建筑工程实行总承包，禁止将建筑工程肢解发包"，国务院《建设工程质量管理条例》第七条第二款"建筑单位不得将建设工程肢解发包"的规定，对新城公司肢解发包行为进行处罚。新城公司将案涉工程的桩基项目肢解发包，违反了法律和行政法规强制性规定，所以案涉《桩基工程施工合同》应为无效。一审判决认定《桩基工程施工合同》有效，应属不当，予以纠正。

二、建设工程属于必须进行招标投标的项目未进行招标或中标无效的

根据《建设工程司法解释(一)》第一条第一款第(三)项的规定，建设工程必须进行招标而未招标或者中标无效的，建设工程施工合同应当认定无效。

三、低于成本价中标的

根据《招标投标法》第四十一条第(二)项的规定，中标人的投标应当能够满足招标文件的实质性要求，并且经评审的投标价格最低，但是投标价格低于成本的除外。中标人以低于成本价中标，违反该条关于投标应当符合的条件，据此签订的建设工程施工合同无效。

四、另行订立与中标合同实质性内容不一致的建设工程施工合同

《招标投标法》第四十六条第一款规定："招标人和中标人应当自中标通知书发出之日起三十日内，按照招标文件和中标人的投标文件订立书面合同。招标人和中标人不得再行订立背离合同实质性内容的其他协议。"《建设工程司法解释(一)》第二条第一款规定："招标人和中标人另行签订的建设工程施工合同约定的工程范围、建设工期、工程质量、工程价款等实质性内容，与中标合同不一致，一方当事人请求按照中标合同确定权利义务的，人民法院应予支持。"根据上述规定，工程经招投标，发包人与承包人另行订立的建设工程施工合同的实质性内容与中标合同不一致，另行订立的建设工程施工合同无效。

五、承包人未取得相应建筑企业资质的

《建筑法》第二十六条第一款规定,承包建筑工程的单位应当持有依法取得的资质证书,并在其资质等级许可的业务范围内承揽工程。根据《建设工程司法解释(一)》第一条第一款第(一)项的规定,承包人未取得建筑施工企业资质的,建设工程施工合同应当认定无效。承包人未取得建筑企业资质,与发包人签订建设工程施工合同的,应认定无效。

六、承包人超越资质等级许可的范围承接工程的

《建筑法》第二十六条第二款明令禁止建筑施工企业超越本企业资质等级许可的业务范围承揽工程。根据《建设工程司法解释(一)》第一条第一款第(一)项的规定,承包人超越资质等级的,建设工程施工合同应当认定无效。承包人违反上述规定,超越资质证书载明的等级许可业务范围承接工程的,建设工程施工合同无效。

七、挂靠人借用被挂靠人的名义承接工程的

《建筑法》第二十六条第二款明令禁止建筑施工企业以任何形式用其他建筑施工企业的名义承揽工程。禁止建筑施工企业以任何形式允许其他单位或者个人使用本企业的资质证书、营业执照,以本企业的名义承揽工程。根据《建设工程司法解释(一)》第一条第一款第(二)项的规定,没有资质的实际施工人借用有资质的建筑施工企业名义的,建设工程施工合同应当认定无效。挂靠人违反上述规定,借用被挂靠人的名义与发包人签订建设工程施工合同的,应当认定无效。

八、承包人转包、违法分包的

《民法典》第七百九十一条第二款后段规定,承包人不得将其承包的全部建设工程转包给第三人或者将其承包的全部建设工程支解以后以分包的名义分别转包给第三人。《民法典》第七百九十一条第三款规定,禁止承包人将工程分包给不具备相应资质条件的单位。禁止分包单位将其承包的工程再分包。建设工程主体结构的施工必须由承包人自行完成。《建筑法》也有类似规定。根据《建设工程司法解释(一)》第一条第二款的规定,承包人转包、违法分包建设工程与他人签订的建设工程施工合同无效。承包人转包或将承包的全部工程肢解后以分包的名义转包、违法分包的,签订的建设工程施工合同无效。

九、未取得建设用地规划和建设工程规划审批手续的

《建设工程司法解释(一)》第三条规定:“当事人以发包人未取得建设工程规划许可证等规划审批手续为由,请求确认建设工程施工合同无效的,人民法院应予支持,但发包人在起诉前取得建设工程规划许可证等规划审批手续的除外。发包人能够办理审批手续而未办理,并以未办理审批手续为由请求确认建设工程施工合同无效的,人民法院不予支持。”发包人未取得建设用地规划许可证和建设工程规划许可证擅自进行建设,其所建设的建筑物属于违法建筑,就违法建筑订立的建设工程施工合同无效。

十、违反工程建设强制性标准,任意压缩工期、降低工程质量标准的

最高人民法院关于印发《全国民事审判工作会议纪要》的通知(法办〔2011〕442号)规定,要依法维护通过招投标方式所签订的中标合同的法律效力。当事人违反工程建设强制性标准,任意压缩合理工期、降低工程质量标准的约定,也应认定无效。最高人民法院《第八次全国法院民事商事审判工作会议(民事部分)纪要》(2016年11月30日发布)第三十条规定,当事人违反工程建设强制性标准,任意压缩合理工期、降低工程质量标准的约定,应认定无效。

第二节 工程招标投标程序与建设工程施工合同效力

招标投标,是指招标人事先提出货物、工程或服务等发包业务的条件和要求,邀请众多投标人参加投标并按照规定程序从中选择交易对象的一种市场交易行为。[①] 招标投标活动主要适用于大宗货物、服务买卖和重要建设工程承包领域。

《民法典》第七百九十条规定:“建设工程的招标投标活动,应当依照有关法律的规定公开、公平、公正进行。”《建筑法》第十六条第一款规定:“建筑工程发包与承包的招标投标活动,应当遵循公开、公正、平等竞争的原则,择优选择承包单位。”发包人可以通过招标投标程序,选择资质等级高、信誉佳、建设质量好、施工价格合理

① 参见李刚、李娜:《建设工程全程法律风险控制》,法律出版社2011年版,第28页。

的建筑企业承包工程，建筑企业也可以通过招标投标程序与其他建筑企业进行公平竞争。为保障招标投标活动依法公开、公平、公正地进行，《民法典》《招标投标法》《建筑法》《招标投标法实施条例》等法律、行政法规对招标投标活动作了规范。违反上述法律、行政法规关于招标投标的强制性规定签订的建设工程施工合同将被确认无效。

一、招标投标与建设工程施工合同的成立

根据《民法典》第四百七十一条的规定，当事人订立合同，可以采取要约、承诺方式或者其他方式。订立建设工程施工合同，一般需要采用要约、承诺的方式。在招标投标程序中，存在要约邀请、要约、承诺三个阶段。

（一）招标人发布招标公告和招标邀请书属于要约邀请

要约邀请是希望他人向自己发出要约的表示。根据《民法典》第四百七十三条第一款的规定，拍卖公告、招标公告、招股说明书、债券募集办法、基金招募说明书、商业广告和宣传、寄送的价目表等为要约邀请。招标人发布招标公告或发出招标邀请书，是为了邀请投标人参与投标，属于要约邀请。

（二）投标人投标属于要约

《民法典》第四百七十二条规定："要约是希望与他人订立合同的意思表示，该意思表示应当符合下列条件：（一）内容具体确定；（二）表明经受要约人承诺，要约人即受该意思表示约束。"投标人提交的投标文件中具备内容具体明确的合同条款，一旦投标人中标，投标人就要受投标文件的约束。

（三）发出中标通知书的行为属于承诺

承诺是受要约人同意要约的意思表示。《民法典》第四百八十条规定："承诺应当以通知的方式作出；但是，根据交易习惯或者要约表明可以通过行为作出承诺的除外。"中标人确定后，招标人向中标人发出中标通知书，承诺订立建设工程施工合同。《招标投标法》第四十五条规定："中标人确定后，招标人应当向中标人发出中标通知书，并同时将中标结果通知所有未中标的投标人。中标通知书对招标人和中标人具有法律效力。中标通知书发出后，招标人改变中标结果的，或者中标人放弃中标项目的，应当依法承担法律责任。"《招标投标法》第四十六条第一款规定：

“招标人和中标人应当自中标通知书发出之日起三十日内，按照招标文件和中标人的投标文件订立书面合同。招标人和中标人不得再行订立背离合同实质性内容的其他协议。”《招标投标法》第五十九条规定：“招标人与中标人不按照招标文件和中标人的投标文件订立合同的，或者招标人、中标人订立背离合同实质性内容的协议的，责令改正；可以处中标项目金额千分之五以上千分之十以下的罚款。”

招标人向中标人发出中标通知书，是否意味着建设工程施工合同成立，如一方不与另一方签订建设工程施工合同，承担的是违约责任还是缔约过失责任，实践中存在不同观点。

观点一认为，招标人发出中标通知书后，一方不与对方订立书面合同的，建设工程施工合同并未成立。此时，招标投标程序的当事人承担的民事责任应属缔约过失责任。当然，似乎也可以理解为，招标人与中标人在中标通知书发出后，双方存在预约关系。如果一方不与对方签订书面合同，承担违反预约的违约责任。无论如何解释，具体责任内容包括：如果招标人发出中标通知书后不与中标人签订合同，应当退还投标保证金及投标人的实际损失；如果中标人不与招标人签订合同的，应当承担招标人重新招标所遭受的实际损失的责任；如双方对中标通知书发出后，一方不与对方签订书面合同的责任有约定，按照约定依法处理。[①]

观点二认为，招标人发出中标通知书后，即在招标人、中标人之间产生成立书面合同的效力。这是因为：(1)招标投标过程符合法律关于通过要约、承诺方式成立合同的基本理论。(2)将中标通知书理解为预约合同带来的问题是使招标投标程序给予当事人的约束力大为下降，任何一方当事人均可以在中标通知书发出后拒绝订约，其后果最多是构成预约合同的违约，而非本约合同的违约，这绝非《招标投标法》的本意。中标通知书发出后，确定当事人权利义务的招标文件、投标文件以及中标通知书，这些文件构成当事人之间的书面合同，而《招标投标法》第四十六条规定的书面合同只是对招投标文件以及中标通知书的进一步确认、明确和规范化。[②] 因此，中标通知书发出后，招标投标程序中的当事人拒绝与对方签订建设工程施工合同，应当承担违约责任。

笔者倾向于第二种观点。理由如下：

---

① 参见汪治平：《维护中标合同效力，消弥“黑白合同”现象》，载《民事审判指导与参考》2019 年第 1 期(总第 77 辑)。

② 参见最高人民法院民事审判第一庭编著：《最高人民法院建设工程施工合同司法解释(二)理解与适用》，人民法院出版社 2019 年版，第 237 ~238 页。

1. 投标人参与投标并中标，招标人发出中标通知书后，合同成立的要约和承诺阶段均已过，已如上述。

2.《民法典》第七百八十九条规定："建设工程合同应当采用书面形式。"中标人确定，中标通知书发出以后，招标文件、投标文件和中标通知书即对招标投标程序中的当事人产生约束力，成为确定当事人之间权利义务的书面形式。中标后双方签订的建设工程施工合同，投标文件和中标通知书成为建设工程施工合同的一部分。《建设工程施工合同示范文本》（GF－2017—0201）（以下简称 2017 年版示范文本）第一部分合同协议书第六条合同文件构成：本协议书与下列文件一起构成合同文件：（1）中标通知书（如果有）；（2）投标函及其附录（如果有）；（3）专用合同条款及其附件；（4）通用合同条款；（5）技术标准和要求；（6）图纸；（7）已标价工程量清单或预算书；（8）其他合同文件。在合同订立及履行过程中形成的与合同有关的文件均构成合同文件组成部分。由此可见，中标合同的实质性内容应当与招标文件、投标文件和中标通知书的实质性内容一致，不得偏离。因此，中标后签订的建设工程施工合同只是对招标人与中标人之间的业已存在的合同关系的一种确认，并不是一份新合同。认为中标通知书发出后，双方未订立书面合同，建设工程施工合同因欠缺书面形式而未成立的观点，是不恰当的。

3. 中标通知书发出后，拒不与对方签订合同的当事人承担违约责任，这将大大减少中标后不签约的现象，有利于守约方权利的保护和招投标秩序的维护。如果中标通知书发出后，当事人拒不与对方签订书面合同，仅承担缔约过失责任即赔偿订约成本的损失，当事人违法拒不签订合同的成本将大大降低，不足以给予该方当事人足够的惩罚，也不足以保障对方当事人的权利，招标投标程序的约束力和严肃性将受到挑战。因此，基于惩罚违法行为、保护守约方利益和维护招标投标程序的考虑，应当认为中标通知书发出后，当事人之间的合同成立并生效，一方不与对方签订建设工程施工合同的，应当承担违约责任。

二、必须招标的工程范围

《招标投标法》及其实施条例对必须进行招标的建设工程项目作了规定，《招标投标法》还授权国务院发展计划部门会同国务院有关部门制定工程项目的具体范围和规模标准，报国务院批准后实施。原国家发展计划委员会制定《工程建设项目招标范围和规模标准规定》，于 2000 年 4 月 4 日经国务院批准后予以发布施行。2018 年 3 月 27 日，国家发展和改革委员会经国务院批准，发布《必须招标的工程项目规定》,取代《工程建设项目招标范围和规模标准规定》。2018 年 6 月 6 日,国家发展和改革委员会经国务院批准,又发布《必须招标的基础设施和公用事业项目范围规定》。必须招标的工程范围,应当综合《招标投标法》及其实施条例、《必须招标的工程项目规定》、《必须招标的基础设施和公用事业项目范围规定》进行确定。

(一)《招标投标法》及其实施条例关于招标的工程范围的规定

1. 必须招标的建设工程项目。《招标投标法》第三条规定:“在中华人民共和国境内进行下列工程建设项目包括项目的勘察、设计、施工、监理以及与工程建设有关的重要设备、材料等的采购,必须进行招标:(一)大型基础设施、公用事业等关系社会公共利益、公众安全的项目;(二)全部或者部分使用国有资金投资或者国家融资的项目;(三)使用国际组织或者外国政府贷款、援助资金的项目。前款所列项目的具体范围和规模标准,由国务院发展计划部门会同国务院有关部门制订,报国务院批准。法律或者国务院对必须进行招标的其他项目的范围有规定的,依照其规定。”《招标投标法实施条例》第二条规定:“招标投标法第三条所称工程建设项目,是指工程以及与工程建设有关的货物、服务。前款所称工程,是指建设工程,包括建筑物和构筑物的新建、改建、扩建及其相关的装修、拆除、修缮等;所称与工程建设有关的货物,是指构成工程不可分割的组成部分,且为实现工程基本功能所必需的设备、材料等;所称与工程建设有关的服务,是指为完成工程所需的勘察、设计、监理等服务。”

2. 可以不进行招标的工程项目。《招标投标法》第六十六条规定:“涉及国家安全、国家秘密、抢险救灾或者属于利用扶贫资金实行以工代赈、需要使用农民工等特殊情况,不适宜进行招标的项目,按照国家有关规定可以不进行招标。”《招标投标法实施条例》第九条规定:“除招标投标法第六十六条规定的可以不进行招标的特殊情况外,有下列情形之一的,可以不进行招标:(一)需要采用不可替代的专利或者专有技术;(二)采购人依法能够自行建设、生产或者提供;(三)已通过招标方式选定的特许经营项目投资人依法能够自行建设、生产或者提供;(四)需要向原中标人采购工程、货物或者服务,否则将影响施工或者功能配套要求;(五)国家规定的其他特殊情形。招标人为适用前款规定弄虚作假的,属于招标投标法第四条规定的规避招标。”

（二）《必须招标的工程项目规定》《必须招标的基础设施和公用事业项目范围规定》中关于必须招标工程项目的规定

《招标投标法》及其实施条例对必须招标的建设工程项目规定得比较原则，国家发展和改革委员会制定并经国务院批准的《必须招标的工程项目规定》《必须招标的基础设施和公用事业项目范围规定》对必须招标的工程项目作了明确化和具体化。

《必须招标的工程项目规定》第二条规定："全部或者部分使用国有资金投资或者国家融资的项目包括：（一）使用预算资金200万元人民币以上，并且该资金占投资额10%以上的项目；（二）使用国有企业事业单位资金，并且该资金占控股或者主导地位的项目。"第三条规定："使用国际组织或者外国政府贷款、援助资金的项目包括：（一）使用世界银行、亚洲开发银行等国际组织贷款、援助资金的项目；（二）使用外国政府及其机构贷款、援助资金的项目。"第四条规定："不属于本规定第二条、第三条规定情形的大型基础设施、公用事业等关系社会公共利益、公众安全的项目，必须招标的具体范围由国务院发展改革部门会同国务院有关部门按照确有必要、严格限定的原则制订，报国务院批准。"第五条规定："本规定第二条至第四条规定范围内的项目，其勘察、设计、施工、监理以及与工程建设有关的重要设备、材料等的采购达到下列标准之一的，必须招标：（一）施工单项合同估算价在400万元人民币以上；（二）重要设备、材料等货物的采购，单项合同估算价在200万元人民币以上；（三）勘察、设计、监理等服务的采购，单项合同估算价在100万元人民币以上。同一项目中可以合并进行的勘察、设计、施工、监理以及与工程建设有关的重要设备、材料等的采购，合同估算价合计达到前款规定标准的，必须招标。"

《必须招标的基础设施和公用事业项目范围规定》第二条规定："不属于《必须招标的工程项目规定》第二条、第三条规定情形的大型基础设施、公用事业等关系社会公共利益、公众安全的项目，必须招标的具体范围包括：（一）煤炭、石油、天然气、电力、新能源等能源基础设施项目；（二）铁路、公路、管道、水运，以及公共航空和A1级通用机场等交通运输基础设施项目；（三）电信枢纽、通信信息网络等通信基础设施项目；（四）防洪、灌溉、排涝、引（供）水等水利基础设施项目；（五）城市轨道交通等城建项目。"

《必须招标的工程项目规定》第二条至第四条和《必须招标的基础设施和公用事业项目范围规定》第二条规定的是工程建设项目范围，《必须招标的工程项目规定》第五条规定的是上述工程建设项目中的单项合同估算价标准。工程建设项目只有同时符合《必须招标的工程项目规定》第二条至第四条、《必须招标的基础设施和公用事业项目范围规定》第二条规定的工程建设项目范围和《必须招标的工程项目规定》第五条规定的单项合同估算价标准,才属于必须招标的工程建设项目范围。工程建设项目如仅符合《必须招标的工程项目规定》第五条规定的单项合同估算价标准,但不属于《必须招标的工程项目规定》第二条至第四条、《必须招标的基础设施和公用事业项目范围规定》第二条规定的范围,该工程项目可以不经过招标投标程序,反之亦然。需要注意的是,同一工程项目中可以合并进行的勘察、设计、施工、监理以及与工程建设有关的重要设备、材料等的采购,合同估算价应当合并计算。同一工程项目如果分为多期或多个标段,发包人可能将多期或多个标段中的单项合同分开,如一期对应一个单项施工合同或一标段对应一个单项施工合同,根据《必须招标的工程项目规定》第五条第二款的规定,多期或多个标段的单项施工合同应当合并计算估算价,如合并计算的估算价达到400万人民币以上,则该工程项目符合必须招标工程的估算价标准。

与《工程建设项目招标范围和规模标准规定》相比,《必须招标的工程项目规定》和《必须招标的基础设施和公用事业项目范围规定》将使用民间资本投资的商品住宅项目、市政工程项目、生态环境保护项目、科教文体旅卫项目、社会福利项目等排除在必须招标的工程范围之外,而且较大幅度地提高了必须招标工程项目的单项合同估算价标准,大大缩减了必须招标的工程项目范围(见表1)。

表1 必须招标的工程范围和标准前后对照

项目和标准	《工程建设项目招标范围和规模标准规定》	《必须招标的工程项目规定》和《必须招标的基础设施和公用事业项目范围规定》
关系公共利益和公共安全的基础设施、公共事业项目	(一)煤炭、石油、天然气、电力、新能源等能源项目; (二)铁路、公路、管道、水运、航空以及其他交通运输业等交通运输项目; (三)邮政、电信枢纽、通信、信息网络等邮电通信项目; (四)防洪、灌溉、排涝、引(供)水、滩涂治理、水土保持、水利枢纽等水利项目; (五)道路、桥梁、地铁和轻轨交通、污水排放及处理、垃圾处理、地下管道、公共停车场等城市设施项目; (六)生态环境保护项目; (七)其他基础设施项目	(一)煤炭、石油、天然气、电力、新能源等能源基础设施项目; (二)铁路、公路、管道、水运,以及公共航空和A1级通用机场等交通运输基础设施项目; (三)电信枢纽、通信信息网络等通信基础设施项目; (四)防洪、灌溉、排涝、引(供)水等水利基础设施项目; (五)城市轨道交通等城建项目

续表

项目和标准	《工程建设项目招标范围和规模标准规定》	《必须招标的工程项目规定》和《必须招标的基础设施和公用事业项目范围规定》
关系社会公共利益、公众安全的公用事业项目	(一)供水、供电、供气、供热等市政工程项目; (二)科技、教育、文化等项目; (三)体育、旅游等项目; (四)卫生、社会福利等项目; (五)商品住宅,包括经济适用住房; (六)其他公用事业项目	—
使用国有资金投资项目	(一)使用各级财政预算资金的项目; (二)使用纳入财政管理的各种政府性专项建设基金的项目; (三)使用国有企业事业单位自有资金,并且国有资产投资者实际拥有控制权的项目	(一)使用预算资金200万元人民币以上,并且该资金占投资额10%以上的项目; (二)使用国有企业事业单位资金,并且该资金占控股或者主导地位的项目
国家融资项目	(一)使用国家发行债券所筹资金的项目; (二)使用国家对外借款或者担保所筹资金的项目; (三)使用国家政策性贷款的项目; (四)国家授权投资主体融资的项目; (五)国家特许的融资项目	
使用国际组织或者外国政府资金的项目	(一)使用世界银行、亚洲开发银行等国际组织贷款资金的项目; (二)使用外国政府及其机构贷款资金的项目; (三)使用国际组织或者外国政府援助资金的项目	(一)使用世界银行、亚洲开发银行等国际组织贷款、援助资金的项目; (二)使用外国政府及其机构贷款、援助资金的项目
规模标准	(一)施工单项合同估算价在200万元人民币以上的; (二)重要设备、材料等货物的采购,单项合同估算价在100万元人民币以上的; (三)勘察、设计、监理等服务的采购,单项合同估算价在50万元人民币以上的。 单项合同估算价低于第(一)、(二)、(三)项规定的标准,但项目总投资额在3000万元人民币以上	(一)施工单项合同估算价在400万元人民币以上; (二)重要设备、材料等货物的采购,单项合同估算价在200万元人民币以上; (三)勘察、设计、监理等服务的采购,单项合同估算价在100万元人民币以上。 同一项目中可以合并进行的勘察、设计、施工、监理以及与工程建设有关的重要设备、材料等的采购,合同估算价合计达到前款规定标准

(三)必须招标的工程项目未经招标对合同效力的影响

根据《建设工程司法解释(一)》第一条第一款第(三)项的规定,建设工程必须进行招标而未招标的,建设工程施工合同应当认定无效。司法实践中有观点认为,判断合同是否有效应当依据法律、行政法规的强制性规定,《招标投标法》及其实施条例规定了必须招标的工程项目范围,发包人违反《招标投标法》及其实施条例关于必须招标工程的规定,未经招投标将必须招标的工程交由建筑企业承包,签订的建设工程施工合同无效。《必须招标的工程项目规定》和《必须招标的基础设施和公用事业项目范围规定》是部门规章,其规定的必须招标的工程项目范围和规模标准不能作为认定建设工程施工合同无效的依据。笔者不同意该观点。由于必须招标工程项目的具体范围和规模标准问题情况比较复杂,而且还要根据经济发展、货币购买力以及国家政策变化进行调整,必须招标工程项目的具体范围和规模标准难以在法律中作出具体规定,因此,《招标投标法》第三条第一款对必须招标的工程项目仅作原则性规定,该条第二款授权国务院发展计划部门会同国务院有关部门制订必须招标工程项目的具体范围和规模标准,报国务院批准。《必须招标的工程项目规定》和《必须招标的基础设施和公用事业项目范围规定》均由国家发展和改革委员会根据《招标投标法》的授权制定,并经国务院批准,两个规定在《招标投标法》第三条规定的基础上,对《招标投标法》规定的必须招标工程项目范围和规模标准作明确化和具体化。当事人违反《必须招标的工程项目规定》和《必须招标的基础设施和公用事业项目范围规定》关于必须招标工程范围和规模标准的规定,应视为对《招标投标法》第三条规定的违反,因此签订的建设工程施工合同为无效合同。此外,《必须招标的工程项目规定》和《必须招标的基础设施和公用事业项目范围规定》关于必须招标工程范围和规模标准的规定有利于保障建设工程质量与安全、预防腐败、维护建筑业市场秩序和公平竞争秩序,涉及公序良俗。发包人违反《必须招标的工程项目规定》和《必须招标的基础设施和公用事业项目范围规定》,未经招标将必须招标的工程项目发包给他人,并签订建设工程施工合同,该合同违背公序良俗,根据《民法典》第一百五十三条第二款的规定,应当确认无效。

案例22 广元市金轮建筑有限责任公司（以下简称金轮公司）与成都万领房地产开发有限公司建设工程施工合同纠纷案①

四川省高级人民法院二审认为：关于案涉《建设施工合同》及相关补充协议的效力问题。《招标投标法》第三条规定："在中华人民共和国境内进行下列工程建设项目包括项目的勘察、设计、施工、监理以及与工程建设有关的重要设备、材料等的采购，必须进行招标：（一）大型基础设施、公用事业等关系社会公共利益、公众安全的项目……前款所列项目的具体范围和规模标准，由国务院发展计划部门会同国务院有关部门制订，报国务院批准。法律或者国务院对必须进行招标的其他项目的范围有规定的，依照其规定。"上述关系社会公共利益、公众安全的基础设施的项目范围，根据2000年4月4日国务院批准、2000年5月1日原国家发展计划委员会发布的《工程建设项目招标范围和规模标准规定》第七条的规定，包括施工单项合同估算价在200万元人民币以上的工程建设项目，总投资额在3000万元人民币以上的工程建设项目。而本案中，2015年4月17日《建设施工合同》约定价款暂定为17,600万元。故根据上述规定，涉案工程属于必须招投标的大型工程建设项目。《工程建设项目招标范围和规模标准规定》虽已于2018年废止，2018年6月1日生效实施的《必须招标的工程项目规定》也大幅限缩了大型基础设施、公用事业等关系社会公共利益、公众安全项目的范围。但涉案《建设施工合同》及补充协议均签订于2015年，金轮公司依据上述合同所实施的施工行为在2016年也已经停止，涉案工程施工期限早于《必须招标的工程项目规定》颁布实施日，一审法院依据行为时的相关法律规定认定涉案工程属于必须进行招标的项目并无不当。据此，双方订立案涉合同的行为明显违反《招标投标法》的强制性规定，根据《最高人民法院关于审理建设工程施工合同纠纷案件适用法律问题的解释》第一条（现为《建设工程司法解释（一）》第一条）的规定："建设工程施工合同具有下列情形之一的，应当根据合同法第五十二条第（五）项的规定，认定无效：……（三）建设工程必须进行招标而未招标或者中标无效的"，一审法院认定《建设施工合同》以及《补充协议》无效具有法律依据，对金轮公司关于案涉合同有效的上诉理由，本院不予采纳。因合同无效，对于金轮公司根据合同有效提出的关于预期利润的主张及要求按约定用查封的"金荷花园"住宅房以每平方米3000元的价格抵付工程款的主张，不予支持。

① 四川省高级人民法院（2020）川民终419号民事判决书。

三、中标无效

在招标投标程序中，中标是发包人与承包人签订建设工程施工合同的前提。因违反法律规定中标无效的，建设工程施工合同当然无效。仅在中标有效的前提下，中标后签订的建设工程施工合同才可能是有效的。根据《建设工程司法解释（一）》第一条第一款第（三）项的规定，中标无效的，建设工程施工合同应当认定无效。根据《招标投标法》及其实施条例的相关规定，中标无效主要存在于以下情形中：

（一）投标主体违反法律规定

1. 与招标人存在利害关系可能影响招标公正性的法人、其他组织或者个人，不得参加投标。单位负责人为同一人或者存在控股、管理关系的不同单位，不得参加同一标段投标或者未划分标段的同一招标项目投标。违反前述规定的，相关投标均无效。如该投标人中标，中标当然无效。

2. 招标人应当在资格预审公告、招标公告或者投标邀请书中载明是否接受联合体投标。招标人接受联合体投标并进行资格预审的，联合体应当在提交资格预审申请文件前组成。资格预审后联合体增减、更换成员的，其投标无效。联合体各方在同一招标项目中以自己名义单独投标或者参加其他联合体投标的，相关投标均无效。相应的投标人中标的，中标无效。

3. 投标人发生合并、分立、破产等重大变化的，应当及时书面告知招标人。投标人不再具备资格预审文件、招标文件规定的资格条件或者其投标影响招标公正性的，其投标无效。该投标人中标的，中标无效。

（二）招标人透露招标投标情况或泄露标底

依法必须进行招标的项目的招标人向他人透露已获取招标文件的潜在投标人的名称、数量或者可能影响公平竞争的有关招标投标的其他情况，或者泄露标底，影响中标结果的，中标无效。

（三）串通投标或以行贿手段中标

投标人相互串通投标或者与招标人串通投标的，投标人以向招标人或者评标委员会成员行贿的手段谋取中标的，中标无效。

1. 投标人相互串通投标的情形。《招标投标法实施条例》第三十九条第二款规定:“有下列情形之一的,属于投标人相互串通投标:(一)投标人之间协商投标报价等投标文件的实质性内容;(二)投标人之间约定中标人;(三)投标人之间约定部分投标人放弃投标或者中标;(四)属于同一集团、协会、商会等组织成员的投标人按照该组织要求协同投标;(五)投标人之间为谋取中标或者排斥特定投标人而采取的其他联合行动。”第四十条规定:“有下列情形之一的,视为投标人相互串通投标:(一)不同投标人的投标文件由同一单位或者个人编制;(二)不同投标人委托同一单位或者个人办理投标事宜;(三)不同投标人的投标文件载明的项目管理成员为同一人;(四)不同投标人的投标文件异常一致或者投标报价呈规律性差异;(五)不同投标人的投标文件相互混装;(六)不同投标人的投标保证金从同一单位或者个人的账户转出。”

2. 投标人与招标人串通投标的情形。《招标投标法实施条例》第四十一条规定:“有下列情形之一的,属于招标人与投标人串通投标:(一)招标人在开标前开启投标文件并将有关信息泄露给其他投标人;(二)招标人直接或者间接向投标人泄露标底、评标委员会成员等信息;(三)招标人明示或者暗示投标人压低或者抬高投标报价;(四)招标人授意投标人撤换、修改投标文件;(五)招标人明示或者暗示投标人为特定投标人中标提供方便;(六)招标人与投标人为谋求特定投标人中标而采取的其他串通行为。”

(四)弄虚作假骗取中标

投标人以他人名义投标或者以其他方式弄虚作假,骗取中标的,中标无效。《招标投标法实施条例》第四十二条规定:“使用通过受让或者租借等方式获取的资格、资质证书投标的,属于招标投标法第三十三条规定的以他人名义投标。投标人有下列情形之一的,属于招标投标法第三十三条规定的以其他方式弄虚作假的行为:(一)使用伪造、变造的许可证件;(二)提供虚假的财务状况或者业绩;(三)提供虚假的项目负责人或者主要技术人员简历、劳动关系证明;(四)提供虚假的信用状况;(五)其他弄虚作假的行为。”

案例 23 江苏南通六建建设集团有限公司(以下简称南通六建)与山西嘉和泰开发有限公司(以下简称嘉和泰公司)建设工程施工合同纠纷案①

2004 年 11 月 10 日,南通六建与嘉和泰公司签订了一份《建设工程施工合同》,合同约定嘉和泰公司将其百桐园二期住宅小区的 8、9、10、11 号楼的土建、安装工程发包给南通六建进行施工建设,合同价暂定 8000 万元,合同履行期限是 385 天。该工程于 2005 年 3 月开工。2005 年 4 月 15 日,南通六建与嘉和泰公司又对该工程签订了补充协议,该补充协议签订后,嘉和泰公司向南通六建先后支付 1000 万元的工程款,南通六建开始施工。后由于相关手续问题,嘉和泰公司先后于 2005 年 7 月 9 日和 16 日两次以书面形式要求南通六建暂停施工,截至 2005 年 8 月 26 日后再次恢复施工。由于双方在签订上述合同时未履行招标程序,2005 年 9 月 22 日,通过招投标程序,南通六建中标。2005 年 10 月 15 日,南通六建与嘉和泰公司再次签订了《百桐园小区二期工程建设工程施工合同》。

最高人民法院二审认为,双方在签订合同时未履行招标程序。2005 年 9 月 22 日,通过补办招投标程序,南通六建中标。2005 年 10 月 15 日,双方再次签订了《百桐园小区二期工程建设工程施工合同》。涉案工程没有经过招投标,事后双方当事人补办的招投标手续,并未向社会公开进行招投标,属于明招暗定行为,违反了《招标投标法》的相关规定,应当认定涉案合同无效。

(五)违反法律规定就实质性内容进行谈判

《招标投标法》第四十三条规定:“在确定中标人前,招标人不得与投标人就投标价格、投标方案等实质性内容进行谈判。”依法必须招标的项目,招标人违反该条规定,与投标人就投标价格、投标方案等实质性内容进行谈判,影响中标结果的,中标无效。

(六)招标人违法确定中标人

招标人在评标委员会依法推荐的中标候选人以外确定中标人的,依法必须进行招标的项目在所有投标被评标委员会否决后自行确定中标人的,中标无效。

① 最高人民法院(2014)民一终字第 72 号。

（七）招标代理机构的违法行为

《招标投标法实施条例》第十三条第二款规定："招标代理机构代理招标业务，应当遵守招标投标法和本条例关于招标人的规定。招标代理机构不得在所代理的招标项目中投标或者代理投标，也不得为所代理的招标项目的投标人提供咨询。"根据《招标投标法》第五十条的规定，招标代理机构违反本法规定，泄露应当保密的与招标投标活动有关的情况和资料的，或者与招标人、投标人串通损害国家利益、社会公共利益或者他人合法权益，影响中标结果的，中标无效。《招标投标法实施条例》第六十五条规定："招标代理机构在所代理的招标项目中投标、代理投标或者向该项目投标人提供咨询的，接受委托编制标底的中介机构参加受托编制标底项目的投标或者为该项目的投标人编制投标文件、提供咨询的，依照招标投标法第五十条的规定追究法律责任。"

四、低于成本价中标

《招标投标法》第三十三条前段规定，投标人不得以低于成本的报价竞标。《招标投标法》第四十一条规定："中标人的投标应当符合下列条件之一：（一）能够最大限度地满足招标文件中规定的各项综合评价标准；（二）能够满足招标文件的实质性要求，并且经评审的投标价格最低；但是投标价格低于成本的除外。"《招标投标法实施条例》第五十一条第（五）项规定："有下列情形之一的，评标委员会应当否决其投标：（五）投标报价低于成本或者高于招标文件设定的最高投标限价。"然而，《招标投标法》及其实施条例均未明确规定投标人以低于成本的报价中标的效力问题。司法实践中，对低于成本价中标所订立的建设工程施工合同是否有效，成本价如何确定，存在较多争议。

（一）低于成本价中标的合同效力问题

关于低于成本价中标，发包人与承包人签订的建设工程施工合同是否有效，实践中存在不同观点。

观点一认为，《招标投标法》第三十三条禁止投标人以低于成本的报价竞标，其目的在于保证招投标竞争秩序和确保工程质量，目的在于维护经济秩序和社会公共利益。《招标投标法》第四十一条第（二）项规定，中标人的投标应当符合能够满足招标文件的实质性要求，并且经评审的投标价格最低。但是投标价格低于成本的除外。《招标投标法实施条例》第五十一条第(五)项规定,投标报价低于成本或者高于招标文件设定的最高投标限价的,评标委员会应当否决其投标。因此,低于成本价中标的建设工程施工合同应当认定为无效。①

观点二认为,《招标投标法》对中标无效的情形作了明确规定,但该法未规定低于成本价中标无效。《招标投标法》第三十三条关于投标人不得以低于成本的报价竞标的规定属于管理性规定,不能以违反该条规定为由否定中标行为及建设工程施工合同的效力。

笔者同意第一种观点。法律规定分为强制性规定和任意性规定。任意性规定的目的是引导、规范民事主体的行为,并不具有强制性效力,民事法律行为与任意性规定不一致的,不影响民事法律行为的效力。强制性规定体现的是法律基于对国家利益、社会公共利益等的考量,对私人意思自治领域所施加的一种限制,民事主体在实施民事法律行为时,必须服从这种对行为自由的限制,否则会因对国家利益、社会公共利益等的侵害而被判定无效。② 例外情况是,法律、行政法规的非效力性强制性规定并不导致民事法律行为无效,而是由违反法律、行政法规的当事人承担相应后果。《民法典》第一百五十三条将影响合同效力的强制性规定限缩为效力性强制性规定。因此,确定违反法律、行政法规规定的民事法律行为是否有效,重点在于判断民事法律行为违反的是否是法律、行政法规的效力性强制性规定。《最高人民法院关于当前形势下审理民商事合同纠纷案件若干问题的指导意见》第十六条规定:"人民法院应当综合法律法规的意旨,权衡相互冲突的权益,诸如权益的种类、交易安全以及其所规制的对象等,综合认定强制性规定的类型。如果强制性规范规制的是合同行为本身即只要该合同行为发生即绝对地损害国家利益或者社会公共利益的,人民法院应当认定合同无效。如果强制性规定规制的是当事人的"市场准入"资格而非某种类型的合同行为,或者规制的是某种合同的履行行为而非某类合同行为,人民法院对于此类合同效力的认定,应当慎重把握,必要时应当征求相关立法部门的意见或者请示上级人民法院。"

综合上述分析,区分效力性强制性规定和非效力性强制性规定的方法如下:首先,看法律、行政法规是否明确规定违反某条款的民事法律行为无效,如有明确规定,则该条款属于效力性强制性规定。其次,如法律、行政法规没有明确规定,看条

① 参见江苏省高级人民法院民一庭:《建设工程招投标纠纷案件审判疑难问题研究》,载《法律适用》2017 年第 7 期。

② 参见黄薇主编:《中华人民共和国民法典释义》(上),法律出版社 2020 年版,第 304 ~ 305 页。

款的立法意旨，如该条款的立法意旨在于保护国家利益、社会公共利益，对该条款的违反将导致国家利益、社会公共利益受损的，则该条款为效力性强制性规定；如条款的立法意旨在于维护政府行政管理或保护某一具体行为中的当事人的利益，而不涉及国家利益、社会公共利益的，则该条款为非效力性强制性规定；如法律、行政法规对交易主体附加资格要求或对某一行为附加程序条件的规定，即为非效力性强制性规定。最后，要看条款指向。如条款指向的是合同的履行行为或存续，而非指向合同本身或合同的前提，则该条款为非效力性强制性规定，反之，则可能涉及效力性强制性规定。

笔者认为，《招标投标法》第三十三条关于投标人不得以低于成本的报价竞标的规定应为效力性强制性规定，民事法律行为违反该规定，将导致民事法律行为无效。理由如下：

1.《招标投标法》第三十三条使用“不得”的措辞，从文义和语气看，该条款属于强制性规定。

2.《招标投标法释义》对该条文的释义：本条规定禁止投标人以低于其自身完成投标项目所需的成本的报价进行投标竞争。其立法意旨有二：一是为了避免出现投标人在以低于成本的报价中标后，再以粗制滥造、偷工减料等违法手段不正当地降低成本，挽回其低价中标的损失，给工程质量造成危害。二是为了维护正常的投标竞争秩序，防止产生投标人以低于其成本的报价进行不正当竞争，损害其他以合理报价进行竞争的投标人的利益。投标人以低于成本的报价竞标，其中标后，势必会偷工减料、粗制滥造以减少成本，获取不正当利益，将严重影响建设工程的质量和安全，给人民群众的正常生产生活埋下安全隐患。而且，以低于成本价投标，将扰乱正常的投标竞争秩序。因此，《招标投标法》第三十三条的立法意旨在于保护社会公共利益和公共秩序，违反该条款将可能导致社会公共利益受损和公共秩序被扰乱的法律后果。因此，投标人以低于成本的报价中标无效，签订的建设工程施工合同也因此无效。

3.《招标投标法》第三十三条指向的是投标人的投标行为，是发包人与投标人签订建设工程施工合同的前提，而非指向建设工程施工合同存续和履行的内容。

4. 根据《招标投标法实施条例》第五十一条第（五）项的规定，投标报价低于成本的，评标委员会应当否决其投标。如评标委员会未否决投标，投标人因此中标，中标应确认无效，中标后签订的建设工程施工合同也无效。

2011 年《全国民事审判工作会议纪要》第二十四条规定：“对按照‘最低价中

标'等违规招标形式,以低于工程建设成本的工程项目标底订立的施工合同,应当依据招标投标法第四十一条第(二)项的规定认定无效。"江苏省高级人民法院《关于审理建设工程施工合同纠纷案件若干问题的意见》(2008 年)第七条前段规定:"经过招标投标订立的建设工程施工合同,工程虽经验收合格,但因合同约定的工程价款低于成本价而导致合同无效。"

案例 24 安徽宏源水利水电建设有限公司(以下简称宏源公司)与巢湖城市建设投资有限公司(以下简称巢湖城投公司)建设工程施工合同纠纷案①

安徽省合肥市中级人民法院二审认为:巢湖城投公司、宏源公司虽经过招投标就案涉工程订立建设工程施工合同,然而在招投标过程中,宏源公司在投标时商务标与技术标载明的工程量不一致,技术标中明确载明案涉工程缺土约 26 万立方米,缺土外运,而在商务标中载明投标的工程量仅为 15.5 万立方米,在张某某就案涉工程起诉本案宏源公司、巢湖城投公司的案件中,具有专业知识的鉴定机构认为宏源公司投标工程量明显低于成本价中标,应为废标。根据招标文件的规定,低于成本价投标应为废标,不得进行评标,而巢湖城投公司对宏源公司的投标未进行严格审查,致使投标工程量远远低于招标工程量的宏源公司中标,且根据法律规定,投标人不得低于成本价竞标,故宏源公司的投标违反法律规定,原审法院未将宏源公司、巢湖城投公司间签订的合同作为案涉工程款计价依据并无不当,予以维持。

(二)《招标投标法》第三十三条中"低于成本"的认定

司法实践中,对于如何认定投标人的投标报价低于成本价,存在较大争议。

观点一认为,《招标投标法》第三十三条中"低于成本"指的是投标人为完成投标项目需要付出的个别成本,而不是社会平均成本。

观点二认为,应依社会平均成本来判断投标人的报价是否低于成本,这是因为投标人的个别成本难以判断,在实践中难以得到执行。实践中,可按当地公布的定额乘以一定的比例确定社会平均成本。

笔者倾向于第一种观点。这是因为:每个建筑企业的经济实力、技术水平、管理成本、采购和租赁成本等存在差异,为完成某一工程所需要付出的成本也是千差万别。因而,各建筑企业对同一建设工程项目的报价可能存在较大差异,这是市场经

① 安徽省合肥市中级人民法院(2018)皖 01 民终 6746 号民事判决书。

济的正常现象。经济实力强、技术水平高、采购和租赁成本低的企业建设成本远低于社会平均成本，其完全可能以低于社会平均成本但高于企业个别成本的报价投标，而且，这种投标不会导致牺牲建设工程质量的结果，也不会导致破坏公平竞争秩序的后果。如仅以建筑企业的投标报价低于社会平均成本，就否定中标的效力，进而否定建设工程施工合同的效力，是不合理的。常设中国建设工程法律论坛《建设工程施工合同纠纷证据指引》(2017 年)第 2.4.5 条文规定，当事人以中标价格低于成本价为由，主张建设工程施工合同无效的，可举证证明中标价格低于中标企业的个别成本，即招标人与中标人签订的建设工程施工合同，以及中标人完成涉案工程需要的企业个别成本。

第三节 “黑白合同”的效力问题

在建设工程领域，长期以来存在大量的“黑白合同”，即发包人和承包人出于种种原因签订两份或两份以上的建设工程施工合同。“白合同”是指承包人中标后，发包人与承包人根据招标文件、投标文件和中标通知书签订的建设工程施工合同；“黑合同”是指发包人与承包人另行签订的与中标合同存在实质性内容不一致的合同。《招标投标法》第四十六条第一款规定：“招标人和中标人应当自中标通知书发出之日起三十日内，按照招标文件和中标人的投标文件订立书面合同。招标人和中标人不得再行订立背离合同实质性内容的其他协议。”当事人签订“黑白合同”，违反《招标投标法》等法律法规的规定，破坏公开、公平、公正的招标投标秩序，使招标投标程序流于形式失去实质意义，而且还会损害建筑业市场秩序和影响建设工程质量，应当予以禁止。如何判断当事人签订的是否为“黑白合同”以及如何认定“黑白合同”的效力，是建设工程司法实践中的难题。

一、“黑白合同”的判断

判断当事人签订的是否为“黑白合同”，可以从以下几方面入手。

(一)当事人针对同一建设工程项目签订有两份或两份以上的合同

成立“黑白合同”必须以两份或两份以上的合同成立为前提条件，数份合同均针对同一建设工程项目，其中一份为经过招投标程序的中标合同。如果承包人中标后,发包人与承包人未签订中标合同,则招标文件、投标文件和中标通知书应作为中标合同看待,已如上述。

(二)中标合同合法有效

“黑白合同”的成立应当以中标及中标合同有效为前提。如中标因串通投标、骗取中标等原因无效,中标合同也相应无效。中标合同本身不成立“白合同”,就不存在“黑白合同”的问题。如中标合同因低于成本价中标而被确认无效,也不存在“黑白合同”的问题。

案例25 中十冶集团有限公司(以下简称中十冶公司)与宝鸡金山电子设备厂(以下简称金山厂)建设工程施工合同纠纷案①

陕西省高级人民法院二审认为:关于鉴定应以中标备案合同还是以中标之前签订的合同为依据的问题。在司法实践中,中标备案的合同可称之为“白合同”,而另行订立的与备案合同实质性内容不一致的合同称之为“黑合同”。《最高人民法院关于审理建设工程施工合同纠纷案件适用法律问题的解释》第二十一条(现为《建设工程司法解释(一)》第二条)规定:“当事人就同一建设工程另行订立的建设工程施工合同与经过备案的中标合同实质性内容不一致的,应当以备案的中标合同作为结算工程价款的根据。”《最高人民法院关于审理建设工程施工合同纠纷案件适用法律问题的解释(二)》第一条(现为《建设工程司法解释(一)》第二条)规定:“招标人和中标人另行签订的建设工程施工合同约定的工程范围、建设工期、工程质量、工程价款等实质性内容,与中标合同不一致,一方当事人请求按照中标合同确定权利义务的,人民法院应予支持。”上述司法解释的规定是为了维护建筑市场公平竞争秩序,防止当事人通过签订“黑白合同”作为不正当竞争的手段,损害国家、社会公共利益和个人利益。但在理解适用上述司法解释时,应特别注意中标合同有效是认定“黑合同”无效的前提,如果中标合同无效,就不能简单地以中标合同作为计算工程价款的依据,而必须根据当事人的真实意思及实际履行情况等因素判断适用哪一份合同。本案中,经一审法院查明,中十冶公司于2012年8月10日经金山厂厂内开标程序中标涉案1号住宅楼工程,金山厂于同日向中十冶公司发出中标通知书。2012年9月底中十冶公司进入工地开始施工。2012年10月20日,

① 陕西省高级人民法院(2019)陕民终517号民事判决书。

中十冶公司与金山厂签订《宝鸡金山电子设备厂1#住宅楼建设工程施工承包协议书》。2012年12月,金山厂对涉案工程又对外进行招投标,中十冶公司再次于2013年1月16日中标金山厂1号住宅楼工程,双方签订《建设工程施工合同》。该中标合同因原、被告的行为违反了《招标投标法》的强制性规定,中标合同应为无效。故在中标合同无效前提下,综合考虑双方真实意思表示及实际履行情况,一审法院以双方2012年10月20日签订的施工合同作为本案结算的参考依据符合法律规定。

(三)当事人另行签订的合同背离中标合同的实质性内容

根据《招标投标法》《建设工程司法解释(一)》的相关规定,"黑合同"是指与中标合同实质性内容不一致的合同。如何理解实质性内容,是判断构成"黑白合同"的关键。笔者认为,合同的实质性内容,应当是指对当事人权利义务影响重大的内容和影响招投标结果的内容。理解合同的实质性内容,应重点把握以下几点:

1. 建设工程施工合同的实质性内容并不等同于《民法典》规定的建设工程施工合同的主要内容。《民法典》第七百九十五条规定:"施工合同的内容一般包括工程范围、建设工期、中间交工工程的开工和竣工时间、工程质量、工程造价、技术资料交付时间、材料和设备供应责任、拨款和结算、竣工验收、质量保修范围和质量保证期、相互协作等条款。"该条规定中的技术资料交付时间、材料和设备供应责任、拨款和结算、相互协作等内容不构成各个投标人提出的投标文件之间的根本性区别,对合同当事人的权利义务影响不大,招标人与投标人另行签订的合同与中标合同的此类内容不一致,不会对其他投标人的投标产生重大影响,也不会导致招标投标程序和结果的不公正,这些内容不属于合同的实质性内容。

2. 实质性内容的范围。《建设工程司法解释(一)》第二条第一款明确建设工程施工合同实质性内容的范围,包括工程范围、建设工期、工程质量、工程价款等实质性内容。(1)工程范围。工程范围不仅仅指建筑物或者构筑物的结构与面积等,更主要是指是否包括土建、设备安装、装饰装修等。不同的工程范围,对施工人的技术水平和管理水平要求不同,而且施工人投入的设备、人力等也不相同。工程范围直接决定施工人获得利润的多寡,增加或者减少工程范围直接影响施工人的利益。①(2)建设工期。建设工期是指承包人完成工程施工任务的期限,指自工程开工之日到工程竣工验收之日的这段时间。建设工期是建设工程施工合同的必备条款,其

---

① 参见汪治平:《维护中标合同效力,消弥"黑白合同"现象》,载《民事审判指导与参考》2019年第1期(总第77辑)。

对施工成本、建筑质量和违约责任等存在重大影响。发包人通常希望在保证建设工程质量的情况下,尽量缩短工期,尽早将工程投入使用以提高经济效益,避免自己对外承担逾期责任。因此,在中标合同外,发包人另行与承包人签订合同以改变建设工期的情况在实践中较为多见,这对合同当事人的权利义务存在较大影响,对招标投标程序的公平、公开、公正性也会造成不利影响。(3)工程价款。工程价款是指发包人依合同约定应当向承包人支付的工程施工的对价。工程价款的支付和收取是建设工程施工合同中发包人的主要义务和承包人的主要权利,对合同当事人的重要性不言而喻。实践中,一些承包人为了中标,在投标时向发包人承诺以中标价下浮较大比例计算工程价款,并在中标合同外另行签订合同对工程价款的下浮进行约定。一些承包人以低价中标,在履行建设工程施工合同的过程中以各种理由要求增加工程价款或变更工程计价方式。这些都会对合同双方的权利义务产生实质性影响。另外,根据《建设工程司法解释(一)》第二条第二款的规定,招标人和中标人在中标合同之外就明显高于市场价格购买承建房产、无偿建设住房配套设施、让利、向建设单位捐赠财物等另行签订合同,变相降低工程价款,一方当事人以该合同背离中标合同实质性内容为由请求确认无效的,人民法院应予支持。变相降低工程价款的合同也属于“黑合同”。(4)工程质量。建设工程质量关系到人民群众生命财产安全,必须严格保障。近年来,工程垮塌事故时有发生,一些住宅项目质量存在缺陷,严重影响正常居住使用,已成为群众投诉的热点,一些建设工程存在重大安全隐患。建设工程质量,不仅对合同当事人的权利义务存在较大影响,还涉及国家财产和人民群众生命财产安全。一些发包人在招标时故意提高工程质量标准,待意向的投标人中标后,另行签订合同再降低工程质量标准,构成对中标合同实质性内容的背离。(5)其他实质性内容。除将工程范围、建设工期、工程质量、工程价款列为合同实质性内容外,《建设工程司法解释(一)》第二条第一款以“等实质性内容”的表述作为兜底。在特定情形下,可能存在除工程范围、建设工期、工程质量、工程价款以外的合同内容,对合同当事人的权利义务和招标投标程序的公正性产生较大影响,也应作为合同的实质性内容,具体情形应在个案中予以甄别。

3. 实质性内容变化的程度。对合同实质性内容不一致的判断,不仅要判断变更的内容,而且还要从量化的角度把握变更的程度。《第八次全国法院民事商事审判工作会议(民事部分)纪要》第三十一条规定:“招标人和中标人另行签订改变工期、工程价款、工程项目性质等影响中标结果实质性内容的协议,导致合同双方当事人就实质性内容享有的权利义务发生较大变化的，应认定为变更中标合同实质性内容。”关于变更程度的量化标准，实践中并未形成统一的标准。以工程价款、工程期限为例，有观点认为实质性内容变更的背离幅度应达到30%以上才构成“黑白合同”，有观点认为实质性内容变更的背离幅度达到20%以上可以认定为“黑白合同”，也有观点认为只要非因客观原因变更中标合同的实质性内容，即使幅度再小，也会构成“黑白合同”。笔者认为，由于各个建设工程项目在工程设计、工程量、工期、质量要求等方面千差万别，20%工程价款的增减就某个建设工程项目来说对当事人的权利义务影响不大，但对另一个建设工程项目的当事人就可能产生重大影响。因此，个案情形不同，处理也不一样，无法确定一个统一的标准。对中标合同实质性内容变更程度的把握和判断，应由人民法院在个案中进行，审判人员应有适度的自由裁量权。判决的标准是实质性内容变更的程度是否使合同当事人的权利义务发生较大变化，进而影响招标投标程序的公正性。

案例26 华北建设集团有限公司（以下简称华北公司）与成都天府新区三怡新农村投资有限公司建设工程施工合同纠纷案①

四川省成都市中级人民法院二审认为：根据最高人民法院《第八次全国法院民事商事审判工作会议（民事部分）纪要》第三十一条“招标人和中标人另行签订改变工期、工程价款、工程项目性质等影响中标结果实质性内容的协议，导致合同双方当事人就实质性内容享有的权利义务发生较大变化的，应认定为变更中标合同实质性内容”的规定，判断是否构成实质性内容改变应从“是否影响其他投标人中标”和“是否对招标人与中标人的权利义务产生较大影响”两方面来进行判断。于本案中，华北公司并未举证证明《补充协议（一）》《补充协议（二）》《补充协议（三）》先调低进度款支付后又调增为《建设工程施工合同》约定比例属于影响其他中标人中标的情形，且进度款支付比例改变并未改变工程价款的计算方式、支付时间，不宜认定进度款支付比例改变对招标人和中标人的权利义务产生较大影响。同时，《补充协议（三）》第二条是假定在2015年3月31日完成竣工验收或不能完成竣工验收的情况下，对相应资金利息成本负担问题进行明确，而非改变案涉工程竣工时间或工期，且《补充协议（三）》第二条属于双方约定的资金利息成本负担方式，而非工程款结算条款，故不存在变更工期、变更工程价款的情况。因此，进度款支付比例改

① 四川省成都市中级人民法院（2019）川01民终18217号民事判决书。

变并不构成对《建设工程施工合同》实质性内容变更，也不存在变更工期、变更工程价款的情形。

4. 对招标文件、投标文件和中标通知书实质性内容的背离也构成“黑白合同”。投标人中标后，招标人发出中标通知书，此时，招标文件、投标文件和中标通知书已成为约束招标人和中标人的书面合同文件。双方应当根据招标文件、投标文件和中标通知书签订中标合同，中标合同应当与上述文件一致，而且招标文件、投标文件和中标通知书为中标合同的组成部分。因此，发包人与承包人另行订立的合同与招标文件、投标文件和中标通知书不一致，也构成“黑白合同”。《建设工程司法解释（一）》第二十二条规定：“当事人签订的建设工程施工合同与招标文件、投标文件、中标通知书载明的工程范围、建设工期、工程质量、工程价款不一致，一方当事人请求将招标文件、投标文件、中标通知书作为结算工程价款的依据的，人民法院应予支持。”

5. 工程非必须招标不影响“黑白合同”的成立。实践中，为保证建设工程项目的廉洁，杜绝腐败，或应建设行政主管部门的要求，一些发包人将非必须招标的工程也进行招标。非必须招标的工程经过招标投标程序后，发包人与中标的承包人另行订立背离中标合同实质性内容的合同，是否构成“黑白合同”，存在不同观点。观点一认为，发包人将非必须招标的项目进行招标，承包人中标后，双方另行签订实质性内容与中标合同不一致的合同，并未违反法律、行政法规的强制性规定，不构成“黑白合同”。观点二认为，发包人将非必须招标的项目进行招标，招标人、投标人等招投标程序中的当事人仍应当遵守招标投标相关法律法规的规定。发包人和中标的承包人在中标合同外，订立与中标合同实质性内容不一致的合同，仍构成“黑白合同”。笔者认为，虽然非必须招标工程项目在招标投标程序中灵活性相对较大，招标人在招标程序中对一些非核心、非关键步骤有一定的自主权，但无论是必须招标的工程还是非必须招标的工程，只要进行招标投标程序的，就应当适用《招标投标法》等法律法规的规定。《招标投标法》第四十六条关于招标人和中标人不得再行订立背离合同实质性内容的其他协议的规定，并未区分必须招标的工程和非必须招标的工程。因此，非必须招标的工程经过招标投标程序，投标人中标后，发包人与承包人另行订立背离中标合同实质性内容的合同，构成“黑白合同”。《建设工程司法解释（一）》第二十三条规定：“发包人将依法不属于必须招标的建设工程进行招标后，与承包人另行订立的建设工程施工合同背离中标合同的实质性内容，当事人请求以中标合同作为结算建设工程价款依据的，人民法院应予支持，但发包人与承包人因客观情况发生了在招标投标时难以预见的变化而另行订立建设工程施工合同的除外。”该条规定的即为非必须招标的工程经招标投标程序的情形下“黑白合同”问题的处理。北京市高级人民法院《关于审理建设工程施工合同纠纷案件若干疑难问题的解答》(2012 年)第十五条规定:“‘黑白合同’中如何结算工程价款? 法律、行政法规规定必须进行招标的建设工程,或者未规定必须进行招标的建设工程,但依法经过招标投标程序并进行了备案,当事人实际履行的施工合同与备案的中标合同实质性内容不一致的,应当以备案的中标合同作为结算工程价款的依据。法律、行政法规规定不是必须进行招标的建设工程,实际也未依法进行招投标,当事人将签订的建设工程施工合同在当地建设行政管理部门进行了备案,备案的合同与实际履行的合同实质性内容不一致的,应当以当事人实际履行的合同作为结算工程价款的依据。备案的中标合同与当事人实际履行的施工合同均因违反法律、行政法规的强制性规定被认定为无效的,可以参照当事人实际履行的合同结算工程价款。”

6. 中标合同是否备案不影响“黑白合同”的成立。2001 年 6 月 1 日施行的《房屋建筑和市政基础设施工程施工招标投标管理办法》规定了建设工程中标合同备案制度,该办法第四十七条第一款后段规定:“订立书面合同后 7 日内,中标人应当将合同送县级以上工程所在地的建设行政主管部门备案。”随着市场经济的发展,建设工程备案制度已无存在的必要。《国务院办公厅关于开展工程建设项目审批制度改革试点的通知》(国办发〔2018〕33 号)第三条精简审批环节第(八)项精简审批事项和条件明确规定,取消施工合同备案、建筑节能设计审查备案等事项。2018 年 9 月 28 日公布的住房城乡建设部《关于修改〈房屋建筑和市政基础设施工程施工招标投标管理办法〉的决定》删去第四十七条第一款中的“订立书面合同后 7 日内,中标人应当将合同送工程所在地的县级以上地方人民政府建设行政主管部门备案”。住房城乡建设部《关于修改有关文件的通知》(建法规〔2019〕3 号)第二条规定:“修改《住房城乡建设部关于进一步加强建筑市场监管工作的意见》(建市〔2011〕86 号),删除‘(八)推行合同备案制度。合同双方要按照有关规定,将合同报项目所在地建设主管部门备案。工程项目的规模标准、使用功能、结构形式、基础处理等方面发生重大变更的,合同双方要及时签订变更协议并报送原备案机关备案。在解决合同争议时,应当以备案合同为依据’。”建设工程合同备案制度已废除。招投标程序中,投标人中标后,招标人和投标人应当根据招标文件、投标文件和中标通知书签订中标合同,无须将中标合同备案,中标合同即为“白合同”,是否备案不影响“白合同”的成立。

二、“黑白合同”与合同的合法变更

合同的变更,是指合同成立后,当事人在原合同的基础上对合同的内容进行修改或者补充。合同成立后,当事人应当严格按照合同的约定履行自己的义务。但是,双方在订立合同时,不可能预见合同履行的所有情况,也不可能对所有问题都作出约定。因此,因客观情况发生变化或其他原因,双方当事人可以在协商一致的情况下变更合同。《民法典》第五百四十三条规定:“当事人协商一致,可以变更合同。”第五百四十四条规定:“当事人对合同变更的内容约定不明确的,推定为未变更。”根据上述规定,变更合同原则上应当经得双方当事人协商一致,而且,合同变更的内容必须明确。合同变更包括以下类型:(1)合同标的物的变更,包括标的物种类的更换、数量的增减、品质的改变、规格的更改等;(2)合同履行条件的变更,包括履行期限、履行地点、履行方式以及结算方式的改变等;(3)合同价金的变更,即合同价款或酬金的增减,以及利息的变化等;(4)合同所附条件或期限的变更,如所附条件的除去或增加,所附期限的延长或提前等;(5)合同担保的变更,如合同担保的消灭或新设等;(6)其他内容的变更,如违约金变更、争议解决条款的变更等。①

建设工程施工合同的履行周期长、工序复杂,在履行过程中更可能出现当事人权利义务的失衡而需要变更合同。《招标投标法》第四十六条第一款规定,投标人中标后,招标人与投标人不得再行订立背离合同实质性内容的其他协议。该条款是对中标合同变更的特别规定,经招投标程序签订的合同应当适用该条款的规定。因此,中标建设工程施工合同的变更,不仅要符合《民法典》规定的合同变更的条件,还需不违反《招标投标法》关于不得再行订立背离合同实质性内容的其他协议的禁止性规定。中标建设工程施工合同的以下变更是合法的,不构成“黑白合同”。

(一)法律、国家标准规定或中标合同约定可以变更的情形

以工程价款为例,《建设工程工程量清单计价规范》(GB 50500—2013)9.1.1规定,以下事项(但不限于)发生,发承包双方应当按照合同约定调整合同价款:(1)法律法规变化;(2)工程变更;(3)项目特征描述不符;(4)工程量清单缺项;(5)工程量偏差;(6)物价变化;(7)暂估价;(8)计日工;(9)现场签证;(10)不可抗

① 参见崔建远主编:《合同法》,法律出版社2007年版,第198页。

力;(11)提前竣工(赶工补偿);(12)误期赔偿;(13)索赔;(14)暂列金额;(15)发承包双方约定的其他调整事项。建设工程实行工程量清单计价的,发生以上情形,双方可按合同约定的程序和标准对工程价款进行变更。

关于合同约定可以变更的情形。2017 年版示范文本通用条款约定,除专用合同条款另有约定外,合同履行过程中发生以下情形的,应按照本条约定进行变更:(1)增加或减少合同中任何工作,或追加额外的工作;(2)取消合同中任何工作,但转由他人实施的工作除外;(3)改变合同中任何工作的质量标准或其他特性;(4)改变工程的基线、标高、位置和尺寸;(5)改变工程的时间安排或实施顺序。发包人和监理人均可以提出变更。变更指示均通过监理人发出,监理人发出变更指示前应征得发包人同意。承包人收到经发包人签认的变更指示后,方可实施变更。未经许可,承包人不得擅自对工程的任何部分进行变更。

案例 27 唐山凤辉房地产开发有限公司(以下简称凤辉公司)与赤峰建设建筑(集团)有限责任公司(以下简称赤峰建设公司)建设工程施工合同纠纷案①

最高人民法院二审认为,关于结算方式如何认定的问题。凤辉公司主张应按照 2007 年 12 月 18 日的《建设工程施工合同》约定的可调价方式进行结算;赤峰建设公司主张应按照 2010 年 7 月 10 日的《补充协议书》约定的固定单价方式进行结算。上述两份协议均为双方当事人真实意思表示,内容不违反法律、法规的强制性规定,应为合法有效,双方应依约履行。因《补充协议书》签订在后,且对《建设工程施工合同》的约定进行了变更,双方应按照《补充协议书》约定的固定单价方式进行结算。凤辉公司虽称《补充协议书》是迫于政府部门、施工进度、工期、返迁等各种压力签订,但并没有否认此协议书的真实性,也没有主张撤销,所以《补充协议书》对其仍有拘束力。《最高人民法院关于审理建设工程施工合同纠纷案件适用法律问题的解释》第二十一条(现为《建设工程司法解释(一)》第二条第一款)关于"当事人就同一建设工程另行订立的建设工程施工合同与经过备案的中标合同实质性内容不一致的,应当以备案的中标合同作为结算工程价款的根据"之规定针对的是当事人在中标合同之外另行签订建设工程施工合同,以架空中标合同、规避中标行为和行政部门监管的情形,而《补充协议书》是在双方履行《建设工程施工合同》过

① 最高人民法院(2015)民一终字第 309 号民事判决书。

程中，为了解决因工程多次停工给赤峰建设公司造成的损失而签订，只是变更了结算方式，《建设工程施工合同》其他条款仍然有效，并且双方在2012年11月22日的《会议纪要》上对此结算方式再次确认，当地住建局工作人员也在《会议纪要》上签字认可。因此，《补充协议书》属于双方当事人在合同履行过程中经协商一致的合同变更，不属于《最高人民法院关于审理建设工程施工合同纠纷案件适用法律问题的解释》第二十一条规定的情形。2013年2月1日《补充协议》约定双方核算工程量及完成产值，但此后双方未能按约进行核算，故凤辉公司认为该《补充协议》已将结算方式由“固定单价”再次变更为“可调价方式”，从而主张按可调价方式进行结算的上诉理由不成立。

（二）不涉及实质性内容的变更

实质性内容的甄别已如上所述。中标合同中除工程范围、工程价款、建设工期、工程质量等实质性内容以外的诸如技术资料交付时间、竣工验收、质量保证金、保险、相互协作、争议解决等内容不属于实质性内容，发包人与承包人在中标合同外另行订立的合同，与上述内容不一致的，不构成“黑白合同”。

案例28 华丰建设股份有限公司（以下简称华丰公司）与上海百协中闻置地发展有限公司（以下简称百协中闻公司）建设工程施工合同纠纷案①

最高人民法院再审审查认为，关于备案合同的适用问题，经查，该工程百协中闻公司原确定由中达建设集团股份有限公司（以下简称中达公司）施工，双方签订了建设工程施工合同、补充合同，同时还形成了会议纪要。后中达公司、百协中闻公司与华丰公司签订权利义务转让协议，约定由华丰公司承继中达公司的权利义务进行施工；同时，百协中闻公司还通过邀标形式将华丰公司转为正式的中标方，双方于2008年10月6日另行订立建设工程施工合同并将该合同向有关部门予以备案，但约定中达公司原与百协中闻公司签订的建设施工合同及补充协议继续有效，备案合同不作为双方结算之用。实际履行中，双方实际上在工程预付款、工程进度款拨付等方面并未按备案合同予以履行，华丰公司亦未提出异议或进行正常的请款程序，可以视为双方在实际履行中对备案合同的变更，该种变更并不违背双方当事人的合意。需要注意的是，根据《最高人民法院关于审理建设工程施工合同纠纷

① 最高人民法院（2014）民申字第504号民事裁定书。

案件适用法律问题的解释》第二十一条(现为《建设工程司法解释(一)》第二条第一款)之规定:“当事人就同一建设工程另行订立的建设工程施工合同与经过备案的中标合同实质性内容不一致的,应当以备案的中标合同作为结算工程价款的根据”,原审认定备案合同有效并不意味着不能在未实质性改变备案合同的情况下对合同履行予以变更;本案有关工程预付款及工程进度款之约定,不属对备案合同的实质性变更,原审依法适用双方达成的有关约定认定相关事实,依法有据。

(三)对中标合同实质性内容的轻微变更

当事人在中标合同以外另行订立合同,对中标合同的工程范围、工程价款、建设工期、工程质量等内容进行轻微变更,未对当事人的权利义务造成较大影响,也未影响招标投标程序的公正性,也属于合法变更,不构成“黑白合同”。如中标合同约定建设工程工期为365天,双方另行签订合同将工期缩短15天;又如中标合同约定建设工程施工合同价款为1000万元,双方在履行过程中另订合同约定工程价款减少50万元。这些变更对当事人权利义务影响不大,不构成“黑白合同”。

案例29　四川尚高建设有限公司(以下简称尚高公司)与北川羌族自治县城乡规划建设和住房保障局(以下简称北川建设局)建设工程施工合同纠纷案①

最高人民法院再审审查认为:关于《建设工程施工合同》是否构成对《比选文件》的实质性变更,案涉工程是否应当以北川县审计局的审计报告作为工程价款结算依据的问题。本院认为,对实质性变更的判断,一方面需要把握变更的内容,另一方面也需要把握变更的量化程度。《建设工程施工合同》约定合同价款采用固定综合单价方式确定,确实属于变更《比选文件》确定的固定总价方式的情形,但本案事实表明,按照两种方式得出的案涉工程款差额仅为11万余元,没有达到法律所禁止的“实质性变更”的严重程度,也不会导致合同当事人之间权利义务关系的显失平衡,故不应认定《建设工程施工合同》构成对《比选文件》的实质性变更。而结合尚高公司与北川建设局的实际履约行为及北川县人民政府的相关文件规定,应当确定以北川县审计局出具的审计报告作为工程价款结算依据。首先,四川瑞峰工程造价咨询有限公司系接受北川县审计局委托而对工程进行造价审核,其工作成果

① 最高人民法院(2014)民申字第842号民事裁定书。

亦是为了北川县审计局审计之用。尚高公司与北川建设局共同确认《建设工程造价编审确认表》,即是以实际行为对工程造价以北川县审计局的审计报告为准的认可。其次,根据《北川羌族自治县地震灾后恢复重建项目审计监督办法》的规定,《建设工程造价编审确认表》是北川县审计局对工程进行审计过程中必备的资料,并不具有终局性。最后,尚高公司在再审申请书中认可其向一审法院提交的2010年12月28日由审计单位出具的“审计证据汇总记录”原件及“情况说明”,确系审计使用的中间文件,该自认亦可佐证双方当事人对按照审计结论结算工程价款已经达成一致。据此,二审判决采用审计结论作为工程价款结算的依据,并无不当。基于以上所述,尚高公司再审主张按照四川瑞峰工程造价咨询有限公司造价审核结论或对涉案工程结算造价进行司法鉴定确定工程欠款数额,没有事实及法律依据。

(四)合同履行过程中因设计变更、建设工程规划指标调整等客观原因进行的变更

2011年《全国民事审判工作会议纪要》第二十三条第二款规定:“建设工程开工后,发包方与承包方因设计变更、建设工程规划指标调整等原因,通过补充协议、会谈纪要、往来函件、签证等形式变更工期、工程价款、工程项目性质的,不应认定为变更中标合同的实质性内容。”浙江省高级人民法院民事审判第一庭《关于审理建设工程施工合同纠纷案件若干疑难问题的解答》(2012年)第十五条规定,如何认定“黑白合同”?认定“黑白合同”时所涉的“实质性内容”,主要包括合同中的工程价款、工程质量、工程期限三部分。对施工过程中,因设计变更、建设工程规划指标调整等客观原因,承、发包双方以补充协议、会谈纪要、往来函件、签证等洽商纪录形式,变更工期、工程价款、工程项目性质的书面文件,不应认定为《招标投标法》第四十六条规定的“招标人和中标人再行订立背离合同实质性内容的其他协议”。

设计变更、建设工程规划指标调整以外的客观原因,主要包括中标合同签订后建设工程原材料、工程设备的价格以及人工单价的变化超出正常市场价格的涨跌幅度等情形。

三、“黑白合同”的效力认定

《建设工程司法解释(一)》第二条第一款仅规定“黑白合同”的情形,应以“白合同”即中标合同作为确定当事人权利义务和结算工程价款的依据,但该司法解释

未规定“黑白合同”的效力。笔者认为,《招标投标法》第四十六条第一款后段关于招标人和中标人不得再行订立背离合同实质性内容的其他协议的规定,关系到众多投标人的利益和公平、公开、公正的招标投标秩序的维护,涉及公共利益,是为法律的效力性强制性规定,违反该规定再行签订背离合同实质性内容的其他合同,应当认定无效。笔者的这一观点可从《建设工程司法解释(一)》第二条第二款的规定中得到印证,该款规定:“招标人和中标人在中标合同之外就明显高于市场价格购买承建房产、无偿建设住房配套设施、让利、向建设单位捐赠财物等另行签订合同,变相降低工程价款,一方当事人以该合同背离中标合同实质性内容为由请求确认无效的,人民法院应予支持。”变相降低工程价款的合同,本质上就是背离中标合同实质性内容的合同,此类合同无效,其他背离中标合同实质性内容的合同也应当确认无效。而且,该司法解释认为变相降低工程价款的合同无效的理由只有一个,即该合同背离中标合同实质性内容,由此可以推知,另行订立的合同背离中标合同实质性内容的,也没有理由认定其有效。值得注意的是,上述法律和司法解释关于“黑白合同”的规定,未区分必须招标的工程和非必须招标的工程。因此,非必须招标工程经过招投标程序,当事人再行订立背离中标合同实质性内容的合同,也应当认定无效。对同一工程项目签订两份或以上合同的效力,可分为以下不同情形进行判断。

(一)必须招标的工程

1. 招投标之前发包人与承包人已订立建设工程施工合同,中标后双方又签订中标合同的情形。招投标之前双方订立的建设工程施工合同,因违反《招标投标法》及其实施条例关于必须招标工程的强制性规定,应确认无效。经招标投标程序后,由该承包人中标,违反《招标投标法》第五十五条的规定,即依法必须进行招标的项目,招标人违反本法规定,与投标人就投标价格、投标方案等实质性内容进行谈判的,影响中标结果,中标无效。中标无效,双方签订的中标合同当然无效。因此,在此情形下,发包人与承包人在招投标程序前签订的建设工程施工合同和在中标后签订的中标合同,均因违反法律的强制性规定而无效。当然,在招投标程序之前,发包人与承包人签订合同,但未涉及投标价格、投标方案等实质性内容,也未对上述实质性内容进行谈判,不影响中标和中标合同的效力。

2. 有效中标后,发包人与承包人依法签订中标合同,双方再行订立与中标合同实质性内容背离的合同的情形。在此情形下,发包人通过合法的招投标程序确定承包人中标，双方据此签订的中标合同合法有效。发包人与承包人再行签订背离中标合同实质性条款的建设工程施工合同，这是"黑白合同"的典型形式，前面已分析，"黑合同"应确认无效。

3. 中标无效，发包人与承包人再行订立与中标合同实质性内容背离的合同的情形。承包人中标因违反《招标投标法》的相关规定无效，根据《建设工程司法解释（一）》第一条第一款第（三）项的规定，发包人与承包人签订的中标合同无效。双方在招投标程序之后，再行签订的与中标合同实质性内容背离的合同也无效。

（二）非必须招标的工程

1. 未确定项目要经招投标程序之前，发包人与承包人已订立建设工程施工合同，中标后双方又签订中标合同的情形。此情形中，发包人与承包人订立建设工程施工合同时，并未确定工程项目要经招投标程序，而该工程项目并非必须招标的工程项目，因此，双方在招投标之前签订的建设工程施工合同，如不存在合同无效的情形，应为合法有效。由于《招标投标法》第五十五条规定的招标人与投标人就投标价格、投标方案等实质性内容进行谈判影响中标结果导致中标无效是针对必须招标的项目，依反面推论，非必须招标的项目中标并非无效。因此，判断发包人和承包人在中标后签订的中标合同是否有效，是否应适用中标合同确定双方的权利义务，关键在于中标合同是不是双方当事人真实意思表示。如是，则中标合同是对双方之前签订建设工程施工合同的变更，中标合同得到实际履行的，应当根据中标合同确定双方的权利义务。如否，根据《民法典》第一百四十六条第一款的规定，中标合同无效，应当根据双方之前签订的建设工程施工合同确定权利义务。

2. 有效中标后，发包人与承包人依法签订中标合同，双方再行订立与中标合同实质性内容背离的合同的情形，以及中标无效，发包人与承包人再行订立与中标合同实质性内容背离的合同的情形。这两种情形的处理与必须招标工程的处理相同。

江苏省高级人民法院《关于审理建设工程施工合同纠纷案件若干问题的解答》（2018 年）第七条规定，《建设工程司法解释》第二十一条（现为《建设工程司法解释（一）》第二条第一款）"黑白合同"的规则，审判实践中如何适用？强制招投标的建设工程，经过招投标的，当事人在招投标之后另行签订的建设工程施工合同与经过备案的中标合同实质性内容不一致的，备案的中标合同有效，另行签订的合同无效，应当以备案的中标合同作为结算工程价款的依据。强制招投标的建设工程，当事人在招投标之前进行了实质性协商签订了建设工程施工合同,后经过招投标另行签订了一份实质性内容不一致的建设工程施工合同并进行备案的,前后合同均无效,参照双方当事人实际履行的合同结算工程价款。非强制招投标的建设工程,经过招投标或备案的,当事人在招投标或备案之外另行签订的建设工程施工合同与经过备案的合同实质性内容不一致的,以双方当事人实际履行的合同作为结算工程价款的依据。合同履行完毕后当事人达成的结算协议具有独立性,施工合同是否有效不影响结算协议的效力。

案例30 威海市增威建筑工程有限公司与威海市嘉利建筑工程服务有限公司建设工程施工合同纠纷案[①]

山东省威海市中级人民法院二审认为:本案争议焦点为案涉工程是否应当按照固定总价确定施工价款。根据《最高人民法院关于审理建设工程施工合同纠纷案件适用法律问题的解释(二)》第九条(现为《建设工程司法解释(一)》第二十三条)规定:"发包人将依法不属于必须招标的建设工程进行招标后,与承包人另行订立的建设工程施工合同背离中标合同的实质性内容,当事人请求以中标合同作为结算建设工程价款依据的,人民法院应予支持,但发包人与承包人因客观情况发生了在招标投标时难以预见的变化而另行订立建设工程施工合同的除外。"该司法解释第十条规定,"当事人签订的建设工程施工合同与招标文件、投标文件、中标通知书载明的工程范围、建设工期、工程质量、工程价款不一致,一方当事人请求将招标文件、投标文件、中标通知书作为结算工程价款的依据的,人民法院应予支持"。根据上述规定,涉案工程虽不属于必须招投标工程,但双方当事人自愿履行招投标手续,并签订中标备案合同,应受有关招投标法律、法规的约束。关于施工价款,直接发包通知书中明确载明案涉工程造价为188万元;备案合同亦明确约定为188万元,但合同专用条款在施工价款部分又约定:本合同采用(1)、(2)、(3)(本条按实际确定)方式确定。从合同内容看,前部明确约定造价为188万元,与招投标价格一致,后部在专用条款中虽约定按实际确定,但该处的实际并未具体指向就是按照定额规则计算。即便该合同条款应理解为按照定额进行测算,而根据上述司法解释规定,在案涉工程招投标后双方未对施工范围等进行重大变更情况下,仍应当以招投标时确定的中标价款作为结算依据。因此,涉案工程造价应当确定为188万元。

---

① 山东省威海市中级人民法院(2020)鲁10民终573号民事判决书。

第四节　未取得建设工程相关审批手续签订合同的效力

根据法律法规的规定，进行工程建设之前，应当取得“四证”，即建设用地使用权证、建设用地规划许可证、建设工程规划许可证和建设工程施工许可证。发包人在与承包人签订建设工程施工合同之前，应办理相关的审批手续并取得“四证”。在实践中，一些发包人在“四证”未办理完毕的情况下，就与承包人签订建设工程施工合同。“四证”未完备的情形下，建设工程施工合同效力认定规则如下。

一、建设用地使用权证

《民法典》第三百四十四条规定：“建设用地使用权人依法对国家所有的土地享有占有、使用和收益的权利，有权利用该土地建造建筑物、构筑物及其附属设施。”第三百四十九条规定：“设立建设用地使用权的，应当向登记机构申请建设用地使用权登记。建设用地使用权自登记时设立。登记机构应当向建设用地使用权人发放权属证书。”《土地管理法》第五十三条规定：“经批准的建设项目需要使用国有建设用地的，建设单位应当持法律、行政法规规定的有关文件，向有批准权的县级以上人民政府自然资源主管部门提出建设用地申请，经自然资源主管部门审查，报本级人民政府批准。”《城乡规划法》第四十条第二款前段规定：“申请办理建设工程规划许可证，应当提交使用土地的有关证明文件、建设工程设计方案等材料。”《建筑法》第八条第（一）项规定：“申请领取施工许可证，应当具备下列条件：（一）已经办理该建筑工程用地批准手续。”办理建设用地使用权手续并取得使用土地的有关证明文件是申请办理建设工程规划许可证和申请领取施工许可证的前提，也是发包人与承包人签订建设工程施工合同并进行工程建设的前提。因此，未办理建设用地使用权手续就无法办理建设工程规划许可证和申请领取施工许可证，进行工程建设就不具备合法性。发包人与承包人在未办理建设用地使用权手续的情况下签订建设工程施工合同，应当确认无效。由于办理建设用地使用权手续和取得建设用地使用权证存在一定的时间差，因此，完成建设用地使用权手续的办理并取得使用土地的有关证明文件但暂未取得建设用地使用权证，不影响建设工程施工合同的效力。

二、建设用地规划许可证

《城乡规划法》第三十七条规定:“在城市、镇规划区内以划拨方式提供国有土地使用权的建设项目,经有关部门批准、核准、备案后,建设单位应当向城市、县人民政府城乡规划主管部门提出建设用地规划许可申请,由城市、县人民政府城乡规划主管部门依据控制性详细规划核定建设用地的位置、面积、允许建设的范围,核发建设用地规划许可证。建设单位在取得建设用地规划许可证后,方可向县级以上地方人民政府土地主管部门申请用地,经县级以上人民政府审批后,由土地主管部门划拨土地。”第三十八条第二款规定:“以出让方式取得国有土地使用权的建设项目,建设单位在取得建设项目的批准、核准、备案文件和签订国有土地使用权出让合同后,向城市、县人民政府城乡规划主管部门领取建设用地规划许可证。”根据上述规定,建设用地规划许可证是经规划许可的建设用地的位置、面积和允许建设范围的凭证,是建设单位合法进行建设的前提。未取得建设用地规划许可证进行建设,违反规划,触犯法律的强制性规定,因此订立的建设工程施工合同无效。

三、建设工程规划许可证

《城乡规划法》第四十条第一款规定:“在城市、镇规划区内进行建筑物、构筑物、道路、管线和其他工程建设的,建设单位或者个人应当向城市、县人民政府城乡规划主管部门或者省、自治区、直辖市人民政府确定的镇人民政府申请办理建设工程规划许可证。”第四十一条第一款、第四款规定:“在乡、村庄规划区内进行乡镇企业、乡村公共设施和公益事业建设的,建设单位或者个人应当向乡、镇人民政府提出申请,由乡、镇人民政府报城市、县人民政府城乡规划主管部门核发乡村建设规划许可证。建设单位或者个人在取得乡村建设规划许可证后,方可办理用地审批手续。”建设用地规划与建设工程规划直接关系到土地合理使用、科学利用及城乡整体布局,与不特定的大多数人的切身利益紧密相关,所以,有关土地使用(流转)、规划及建设工程规划都属于国民基本利益所在,属于社会公共利益范畴。[①] 因此,未取得建设工程规划许可证进行建设的行为违反法律强制性规定,相应的建设工程施工合同也应认定无效。《建设工程司法解释(一)》第三条第一款前段规定:“当事人以发包人未取得建设工程规划许可证等规划审批手续为由,请求确认建设工

---

① 参见最高人民法院民事审判第一庭编著:《最高人民法院建设工程施工合同司法解释(二)理解与适用》,人民法院出版社 2019 年版,第 66 页。

程施工合同无效的,人民法院应予支持。”

四、建设工程施工许可证

《建筑法》第七条规定:“建筑工程开工前,建设单位应当按照国家有关规定向工程所在地县级以上人民政府建设行政主管部门申请领取施工许可证;但是,国务院建设行政主管部门确定的限额以下的小型工程除外。按照国务院规定的权限和程序批准开工报告的建筑工程,不再领取施工许可证。”《建筑工程施工许可管理办法》第二条规定:“在中华人民共和国境内从事各类房屋建筑及其附属设施的建造、装修装饰和与其配套的线路、管道、设备的安装,以及城镇市政基础设施工程的施工,建设单位在开工前应当依照本办法的规定,向工程所在地的县级以上地方人民政府住房城乡建设主管部门(以下简称发证机关)申请领取施工许可证。工程投资额在 30 万元以下或者建筑面积在 300 平方米以下的建筑工程,可以不申请办理施工许可证。省、自治区、直辖市人民政府住房城乡建设主管部门可以根据当地的实际情况,对限额进行调整,并报国务院住房城乡建设主管部门备案。按照国务院规定的权限和程序批准开工报告的建筑工程,不再领取施工许可证。”《建筑工程施工许可管理办法》第三条第一款规定:“本办法规定应当申请领取施工许可证的建筑工程未取得施工许可证的,一律不得开工。”法律关于工程开工前应当申请领取施工许可证的规定,系建设行政主管部门行政管理的需要,不涉及国家利益和社会公共利益,非效力性强制性规定。是否取得施工许可证并不影响发包人与承包人签订建设工程施工合同的效力。

《建设工程司法解释(一)》第三条第一款规定,未取得建设工程规划许可证等规划审批手续情形下合同效力的补正,发包人在起诉前取得建设工程规划许可证等规划审批手续的,合同效力可以得到补正,即从无效合同转化为有效合同。

案例 31　中韬建设集团有限公司(以下简称中韬公司)与荆州市藻林房地产开发有限公司(以下简称藻林公司)建设工程施工合同纠纷案①

最高人民法院再审审查认为:《最高人民法院关于审理建设工程施工合同纠纷案件适用法律问题的解释(二)》第二条(现为《建设工程司法解释(一)》第三条)规定:“当事人以发包人未取得建设工程规划许可证等规划审批手续为由,请求确认

① 最高人民法院(2020)最高法民申 311 号民事裁定书。

建设工程施工合同无效的，人民法院应予支持，但发包人在起诉前取得建设工程规划许可证等规划审批手续的除外。发包人能够办理审批手续而未办理，并以未办理审批手续为由请求确认建设工程施工合同无效的，人民法院不予支持”。原审法院查明，荆州市城乡规划局于2017年8月10日向藻林公司颁发沙市区南湖路尚上名筑项目的《建设工程规划许可证》，荆州市建筑工程管理局于2017年10月20日向藻林公司颁发《建筑工程施工许可证》。一审法院于2018年9月27日立案审理本案。故藻林公司以中韬公司与藻林公司签订案涉施工合同时，尚上名筑项目未取得建设工程规划许可证，主张双方签订的案涉施工合同应为无效，缺乏事实及法律依据，不能成立。综上，二审法院认定案涉施工合同有效，并无不当。

发包人取得建设工程规划许可证等规划审批手续后与承包人签订建设工程施工合同，之后规划审批又被撤销的，合同效力如何认定？笔者认为，应分为两种情形作不同处理：发包人自始不具备取得规划审批手续的条件，或者发包人通过欺骗、贿赂等不正当手续办理规划审批，建设工程施工合同应认定为无效；因行政机关或其工作人员的违法行为而非发包人原因导致建设工程规划审批被撤销的，或者因合同履行行为导致建设工程规划审批被撤销的，不影响撤销前签订的建设工程施工合同的效力。

《建设工程司法解释(一)》第三条第二款规定：“发包人能够办理审批手续而未办理，并以未办理审批手续为由请求确认建设工程施工合同无效的，人民法院不予支持。”发包人能够办理审批手续而不办理，故意违反法律规定，在诉讼中又以未办理审批手续为由恶意主张建设工程施工合同无效，以期获得不当利益，违反诚信原则和合同严守原则，亦属于不正当地阻止合同有效条件成就。因此，该司法解释规定此情形下对发包人主张合同无效不予支持。承包人对发包人具备办理审批手续条件的事实负举证责任。

多个地方的高级人民法院对未取得“四证”的建设工程施工合同的效力作了规定。北京市高级人民法院《关于审理建设工程施工合同纠纷案件若干疑难问题的解答》(2012年)第一条规定：“未取得建设审批手续的施工合同的效力如何认定？发包人就尚未取得建设用地规划许可证、建设工程规划许可证等行政审批手续的工程，与承包人签订的建设工程施工合同无效。但在一审法庭辩论终结前发包人取得相应审批手续或者经主管部门批准建设的，应当认定合同有效。发包人未取得建筑工程施工许可证的，不影响施工合同的效力。”河北省高级人民法院《建设工程施工合同案件审理指南》(2018年)第一条规定：“发包人未取得建设用地规划许可证或建设工程规划许可证，与承包人签订的建设工程施工合同，应认定为无效。但在一审法庭辩论终结前取得两证或者经主管部门批准建设的，可以认定有效。发包人已经办理建设用地使用权手续，但尚未取得建设用地使用权证，不影响合同效力。发包人未取得建设工程施工许可证的，不影响合同效力。”浙江省高级人民法院民事审判第一庭《关于审理建设工程施工合同纠纷案件若干疑难问题的解答》(2012 年)第二条规定：“如何认定未取得‘四证’而签订的建设工程施工合同的效力？发包人未取得建设用地规划许可证或建设工程规划许可证，与承包人签订建设工程施工合同的，应认定合同无效；但在一审庭审辩论终结前取得建设用地规划许可证和建设工程规划许可证或者经主管部门予以竣工核实的，可认定有效。发包人未取得建设用地使用权证或建筑工程施工许可证的，不影响建设工程施工合同的效力。”

第五节 建设工程施工合同无效后的处理

《民法典》第一百五十七条规定：“民事法律行为无效、被撤销或者确定不发生效力后，行为人因该行为取得的财产，应当予以返还；不能返还或者没有必要返还的，应当折价补偿。有过错的一方应当赔偿对方由此所受到的损失；各方都有过错的，应当各自承担相应的责任。法律另有规定的，依照其规定。”根据该条规定，民事法律行为的效力被否定后，行为人应承担返还财产或折价补偿并根据过错赔偿损失的责任。建设工程施工合同无效，当事人的权利义务如何处理，是建设工程司法实践中的重点问题。

一、建设工程施工合同无效与折价补偿

建设工程施工合同的特殊之处在于，建设工程的施工过程就是承包人将劳务及建筑材料物化到建筑工程的过程。基于这一特殊性，合同无效，发包人取得的财产形式上是承包人建设的工程，实际上是承包人对工程建设投入的劳务及建筑材料(一般是工程款)，故而无法适用合同无效时恢复原状的返还原则，只能折价补偿。[1]《民法典》第七百九十三条规定：“建设工程施工合同无效，但是建设工程经验

① 最高人民法院民事审判第一庭编著：《最高人民法院建设工程施工合同司法解释的理解与适用》，人民法院出版社 2015 年版，第 30 页。

收合格的,可以参照合同关于工程价款的约定折价补偿承包人。建设工程施工合同无效,且建设工程经验收不合格的,按照以下情形处理:(一)修复后的建设工程经验收合格的,发包人可以请求承包人承担修复费用;(二)修复后的建设工程经验收不合格的,承包人无权请求参照合同关于工程价款的约定折价补偿。发包人对因建设工程不合格造成的损失有过错的,应当承担相应的责任。"根据上述规定,建设工程施工合同无效,承包人向发包人主张折价补偿的处理规则如下:

(一)同一工程项目存在数份合同,其中一份合同有效,其余合同无效的情形

同一工程项目存在数份合同,其中一份合同有效,其余合同无效,这种情形多存在于经招标投标的建设工程项目中,承包人中标后,发包人与承包人另行订立与中标合同、招标文件、投标文件和中标通知书实质性内容不一致的合同。前面已经详细分析,中标有效,招标文件、投标文件和中标通知书即对当事人产生拘束力,根据上述文件订立的中标合同也产生法律效力,而发包人与承包人另行订立实质性内容背离的合同无效。根据《建设工程司法解释(一)》第二条、第二十二条、第二十三条的规定,应当按照招标文件、投标文件、中标通知书和中标合同作为确定当事人的权利义务和工程价款结算的依据。

(二)合同无效但工程经验收合格的情形

对照已失效的《最高人民法院关于审理建设工程施工合同纠纷案件适用法律问题的解释》第二条和《民法典》第七百九十三条第一款可知,《民法典》将司法解释中"建设工程经竣工验收合格"修改为"建设工程经验收合格",删去"竣工"二字;在参照合同方面,删去"承包人请求",直接规定"可以参照合同",将"支付工程价款"修改为"折价补偿承包人"。这说明,建设工程在未完工的情况下,只要工程经验收合格,或者说只要工程质量合格,就可以参照合同约定的工程价款进行折价补偿,并非一定要求工程竣工验收合格,发包人如主张工程质量不合格的,应当承担举证责任;《最高人民法院关于审理建设工程施工合同纠纷案件适用法律问题的解释》第二条仅规定承包人有权参照合同约定支付工程价款,发包人是否可以要求参照合同约定结算工程价款则存在争议,《民法典》删去"承包人请求",说明发包人和承包人均有权请求参照合同约定确定承包人应当获得的折价补偿款,在发包人和承包人均未请求的情况下,人民法院也可以直接参照合同约定确定折价补偿款;合同无效的情况下,承包人有权主张的不是合同约定的工程价款,而是合同无效后的

折价补偿款，《民法典》将“支付工程价款”修改为“折价补偿承包人”，表述更加规范。应当注意的是，建设工程折价补偿包含承包人施工的利润，如发包人以合同无效为由要求扣除承包人利润的，不应支持。

《民法典》第七百九十三条第一款规定“可以”参照合同关于工程价款的约定折价补偿承包人，而未表述为“应当”或“必须”，是否意味着也可以不参照合同约定的工程价款计算折价补偿？有观点认为，《民法典》的这一表述意味着承包人取得工程折价补偿的计算标准具备多种可能性，当事人可以请求参照合同约定工程价款的计算标准确定折价补偿款，也可以请求按其他标准计算折价补偿款。笔者不同意该观点，这是因为：(1)法律规定“可以”参照合同关于工程价款的约定折价补偿，是一种授权性规范，只能说明当事人有权请求参照合同约定确定折价补偿数额，人民法院也有权参照合同对折价补偿数额进行计算，但这并不意味着人民法院或当事人可以依合同约定外的其他标准计算折价补偿款。(2)如允许当事人选择不参照合同约定的工程价款而是以其他方法计算折价补偿，会造成合同无效折价补偿款计算的混乱。发包人和承包人通常会选择更有利于自己的计算方法，双方争执不下时，人民法院必然会指定一种计算方法，由于法律规定的计算标准不明确，而工程价款的计算标准较多，计算方法复杂多样，人民法院享有过大的自由裁量权，必然导致类案裁判标准的不统一。(3)《民法典》之所以要规定参照合同约定计算折价补偿款，一个重要的考量因素是防止采取其他计算方法可能导致发包人或承包人从违法行为中取得比合同合法有效时更多的利益。如允许人民法院和当事人随意采取其他计算方法，发包人和承包人之一将因此获得不正当利益，这样的处理无疑将间接鼓励当事人从事违法行为，签订无效合同，显然与立法原意不符。因此，笔者认为，合同无效但工程经验收合格，原则上应当参照合同约定的工程价款进行折价补偿，仅在参照合同约定工程价款计算折价补偿数额将导致双方当事人权利义务严重失衡时，人民法院才可采用其他计算方法确定折价补偿款。河北省高级人民法院《建设工程施工合同案件审理指南》(2018 年)第六条规定：“建设工程施工合同无效，发包人与承包人均有权请求参照合同约定支付工程价款；承包人要求另行按照定额结算或者据实结算的，人民法院不予支持。”

承包人以低于成本价中标导致建设工程施工合同无效，是否参照合同约定的工程价款进行折价补偿，实践中存在两种观点。观点一认为，低于成本价中标导致合同无效，仍应适用《民法典》第七百九十三条的规定，参照合同约定的工程价款计算折价补偿数额。观点二认为，低于成本价中标导致合同无效，如仍参照合同约定的工程价款计算折价补偿数额,将会导致承包人获得的折价补偿低于其施工成本,对承包人来说并不公平。因此,不应参照合同约定计算折价补偿数额,而应选择一种合理的计算方法,如以成本加利润、定额或市场价格确定折价补偿的数额。笔者倾向于第一种观点,这是因为:(1)《民法典》第七百九十三条关于合同无效但工程经验收合格参照合同约定进行折价补偿的规定,并未将低于成本价中标导致合同无效的情形排除在外。将低于成本价中标导致合同无效的情形单列并适用其他的计算标准和方法,缺乏法律依据。(2)前已述及,防止当事人从违法行为中获得比合法行为更多的利益,是《民法典》规定参照合同约定进行折价补偿的重要价值取向。如不参照合同约定的工程价款计算方法,而是按成本加利润、市场价格等方法计算,将使承包人获得比合同合法有效时更多的利益,正好满足承包人作出以低于成本价中标这一违法行为的目的,甚至还可能超出承包人的预期,这与法律的价值取向明显相悖。因此,低于成本价中标导致建设工程施工合同无效,仍应参照合同约定的工程价款进行折价补偿。江苏省高级人民法院《关于审理建设工程施工合同纠纷案件若干问题的意见》(2008 年)第七条规定:“经过招标投标订立的建设工程施工合同,工程虽经验收合格,但因合同约定的工程价款低于成本价而导致合同无效,发包人要求参照合同约定的价款结算的,人民法院应予支持。”

案例 32 莫某某、深圳市东深工程有限公司(以下简称东深公司)与东莞市长富广场房地产开发有限公司(以下简称长富广场公司)建设工程施工合同纠纷案①

最高人民法院再审认为:(1)关于原判决对于合同无效后责任的认定是否适当的问题。双方当事人对于合同无效均不存在争议,但莫某某认为原判决对于合同无效的责任认定有失公正。莫某某认为,长富广场公司对于其挂靠东深公司的行为应当知情,但未提供相应证据证明其主张。从莫某某与东深公司签订的保密协议的内容看,保密协议以外的第三人很难知晓他们之间的挂靠关系。涉案合同的签订主体为长富广场公司与东深公司,长富广场公司提交的收款收据表明涉案工程进度款是向东深公司支付的,且莫某某参加有关协调会议中亦是以东深公司的工作人员身份参加的,莫某某所提交的借条及借据也均是以东深公司大朗长富商贸广场工程项目经理部的名义借款的。以上证据及事实表明,在合同的签订和履

① 最高人民法院(2011)民提字第 235 号民事判决书,载《最高人民法院公报》2013 年第 11 期。

行过程中与长富广场公司发生法律关系的是东深公司，而非莫某某。因此，莫某某与东深公司对于合同无效应当承担全部责任，原判决对于合同无效后责任的认定并无不当。即便长富广场公司对此知情，应承担一定的过错责任，也不影响本案的实体处理。过错责任的划分，仅在计算损失赔偿时有意义，对于涉案工程款数额的认定并无影响。依据《合同法》第五十八条（现为《民法典》第一百五十七条）的规定："合同无效或者被撤销后，因该合同取得的财产，应当予以返还；不能返还或者没有必要返还的，应当折价补偿。有过错的一方应当赔偿对方因此所受到的损失，双方都有过错的，应当各自承担相应的责任。"而本案中双方仅对工程款的计算数额存在争议，双方当事人均未提起损害赔偿之诉，因此，过错责任的认定并不影响对于涉案工程款数额的计算。(2)关于涉案工程款应如何结算的问题。关于涉案工程款是应按照合同约定结算还是据实结算。鉴于建筑工程的特殊性，虽然合同无效，但莫某某与东深公司的劳动和建筑材料已经物化在涉案工程中，依据《最高人民法院关于审理建设工程施工合同纠纷案件适用法律的解释》第二条（现为《民法典》第七百九十三条）的规定，建设工程无效合同参照有效合同处理，应当参照合同约定来计算涉案工程款。莫某某与东深公司主张应据实结算工程款，其主张缺乏依据。莫某某与东深公司不应获得比合同有效时更多的利益。涉案工程款应当依据合同约定结算。

（三）合同无效且工程经验收不合格，修复后的工程经验收合格的情形

建设工程施工合同无效，而且建设工程经验收不合格，承包人应当对建设工程进行修复。如修复后的建设工程经验收合格的，承包人仍有权获得建设工程折价补偿款，折价补偿的数额参照合同约定的工程价款计算。《民法典》七百九十三条第二款第（一）项规定："建设工程施工合同无效，且建设工程经验收不合格的，按照以下情形处理：（一）修复后的建设工程经验收合格的，发包人可以请求承包人承担修复费用。"根据上述规定，工程经验收不合格，经修复后验收合格的，工程修复的费用由承包人承担，如发包人对工程验收不合格有过错的，也应根据其过错程度承担一定比例的修复费用，发包人可以用应支付承包人的折价补偿款与承包人应承担的修复费用进行抵销。

（四）合同无效且工程经验收不合格，修复后的工程经验收仍不合格的情形

《民法典》第七百九十三条第二款第（二）项规定："建设工程施工合同无效，且

建设工程经验收不合格的，按照以下情形处理：(二)修复后的建设工程经验收不合格的，承包人无权请求参照合同关于工程价款的约定折价补偿。”有观点认为，根据《民法典》的规定，承包人只是无权参照合同约定的工程价款获得折价补偿，而非无权获得折价补偿，承包人可以根据具体情况请求适当的折价补偿。笔者不同意该观点。建设工程经验收合格不仅是合同无效情形下承包人主张折价补偿的前提条件，也是合同有效情形下承包人主张工程价款的前提条件。建设工程验收不合格，经修复后仍验收不合格，无论发包人与承包人签订的建设工程施工合同是否有效，承包人均不得要求工程价款或折价补偿。建设工程验收不合格的，不能交付使用，发包人出资建设的目的尚不能实现；如经返修仍不合格，则表明该建设工程没有使用价值，当然也没有交换价值，无论发包人是出于自用的目的，还是出于出售的目的，其订立合同的目的必将彻底落空。[①] 在这种情况下，如发包人仍要支付工程价款或折价补偿，意味着发包人要承担完全或主要的损失，这样的处理对发包人来说是明显不公平的。因此，合同无效，工程经验收不合格，修复后仍不合格的，承包人无权参照合同约定的工程价款要求发包人折价补偿，也无权要求发包人以其他标准支付折价补偿。但是，在发包人对工程不合格存在过错的情况下，承包人就其实际投入的人工费、机械费、材料费等实际损失，可根据发包人的过错程度，要求发包人进行赔偿。

(五)未取得建设工程规划审批手续导致合同无效的情形

《城乡规划法》第六十四条规定：“未取得建设工程规划许可证或者未按照建设工程规划许可证的规定进行建设的，由县级以上地方人民政府城乡规划主管部门责令停止建设；尚可采取改正措施消除对规划实施的影响的，限期改正，处建设工程造价百分之五以上百分之十以下的罚款；无法采取改正措施消除影响的，限期拆除，不能拆除的，没收实物或者违法收入，可以并处建设工程造价百分之十以下的罚款。”《城乡规划法》第六十五条规定：“在乡、村庄规划区内未依法取得乡村建设规划许可证或者未按照乡村建设规划许可证的规定进行建设的，由乡、镇人民政府责令停止建设、限期改正；逾期不改正的，可以拆除。”由于违法建筑的认定和限期拆除指令的发出均为行政机关的职责范围，因此，在未取得建设工程规划审批手续情形下承包人能否获得折价补偿，关键要看行政机关对建筑物的认定和处理。如

---

① 参见金可为：《建设工程施工合同效力与工程质量对工程款结算的影响》，载《人民司法(案例)》2008年第3期。

行政机关认定建筑物为违法建筑，并作出责令拆除的指令，或实际已拆除的，承包人无权要求发包人参照合同约定支付折价补偿，但可主张发包人按过错承担承包人实际投入的人工费、机械费、材料费等实际损失。由于未取得建设工程审批手续的主要原因在于发包人，发包人应当对承包人的实际损失承担主要赔偿责任。[①] 如行政机关未对建筑物的性质作出认定或处理，人民法院可征求行政机关的意见，如尚可采取改正措施消除对规划实施的影响的，承包人仍可参照合同约定的工程价款要求发包人折价补偿。

（六）就同一建设工程签订的多份建设工程施工合同均被认定无效的情形

当事人就同一工程项目签订多份建设工程施工合同，而且多份建设工程施工合同均无效的，应当参照双方当事人实际履行的合同约定确定工程折价补偿，实际履行的合同难以确定的，应当参照当事人最后签订的合同确定工程折价补偿。这是因为，法律和司法解释确定参照建设工程施工合同的约定计算折价补偿，考虑的主要因素是，合同约定的工程价款数额是双方当事人的真实合意，与缔约时的市场行情相符，按照这一标准计算工程折价补偿，符合当事人的预期，有利于当事人接受裁判结果；同时，可减少委托鉴定的数量，减少当事人的诉讼成本，减轻当事人的诉累，符合诉讼经济原则。[②] 在存在多份无效合同的情况下，建设工程折价补偿款的计算，应当参照反映当事人真实合意的合同，而确定反映当事人真实合意的合同，主要在于判断当事人实际履行的是哪份合同。当事人实际履行的合同，可以综合施工过程中双方当事人及监理人的往来函件、会议纪要、工程款支付证据，以及承包人的施工日志、监理人的监理日志等证据进行判断和确定。如果通过全案的证据和案情仍无法确定当事人实际履行的合同，则应当依双方当事人最新的意思表示即最后签订的建设工程施工合同计算折价补偿。《建设工程司法解释（一）》第二十四条规定："当事人就同一建设工程订立的数份建设工程施工合同均无效，但建设工程质量合格，一方当事人请求参照实际履行的合同关于工程价款的约定折价补偿承包人的，人民法院应予支持。实际履行的合同难以确定，当事人请求参照最后签订的合同关于工程价款的约定折价补偿承包人的，人民法院应予支持。"河

① 参见李玉生主编：《建设工程施工合同案件审理指南》，人民法院出版社2019年版，第108页。

② 参见关丽：《就同一建设工程分别签订的多份施工合同均被认定无效后，应当参照双方当事人达成合意并实际履行的合同结算工程价款——汕头市建安（集团）有限公司与北京秦浪屿工艺品有限公司建设工程施工合同纠纷上诉案》，载《民事审判指导与参考》2013年第3辑（总第55辑）。

北省高级人民法院《建设工程施工合同案件审理指南》(2018年)第七条规定:"当事人就同一建设工程订立的数份施工合同均被认定为无效的,在结算工程价款时,应当参照当事人真实意思表示并实际履行的合同约定结算工程价款。当事人已经基于其中一份合同达成结算单的,如不存在欺诈、胁迫等撤销事由,应认定该结算单应有效。无法确定当事人真实意思并实际履行的合同的,可以结合缔约过错、已完工程质量、利益平衡等因素合理分配当事人之间数份合同的差价确定工程价款。"四川省高级人民法院《关于审理建设工程施工合同纠纷案件若干疑难问题的解答》(2015年)第二十条规定:"当事人就同一建设工程订立的数份施工合同均被认定无效的,如何结算工程价款?当事人就同一建设工程订立的数份施工合同均被认定无效,但工程经竣工验收合格,当事人请求按照合同约定结算工程款,应当参照当事人实际履行的合同结算工程价款。不能确定实际履行合同的,可以参照签订建设工程施工合同时当地建设行政主管部门发布的计价方法或者计价标准结算工程价款。"

案例33　江苏省第一建筑安装集团股份有限公司(以下简称江苏一建)与唐山市昌隆房地产开发有限公司(以下简称昌隆公司)建设工程施工合同纠纷案①

最高人民法院二审认为:第一,《招标投标法》《建设工程项目招标范围和规模标准规定》明确规定应当进行招标的范围,案涉工程建设属于必须进行招标的项目,当事人双方于2009年12月8日签订的《备案合同》虽系经过招投标程序签订,并在建设行政主管部门进行备案,但在履行招投标程序确定江苏一建为施工单位之前,一方面昌隆公司将属于建筑工程单位工程的分项工程基坑支护委托江苏一建施工,另一方面江苏一建、昌隆公司、设计单位及监理单位对案涉工程结构和电气施工图纸进行了四方会审,且江苏一建已完成部分楼栋的定位测量、基础放线、基础垫层等施工内容,一审法院认定案涉工程招标存在未招先定等违反《招标投标法》禁止性规定的行为,《备案合同》无效并无不当。

第二,当事人双方2009年12月28日签订的《补充协议》系未通过招投标程序签订,且对备案合同中约定的工程价款等实质性内容进行变更,一审法院根据《最高人民法院关于审理建设工程施工合同纠纷案件适用法律问题的解释》第二十一

① 最高人民法院(2017)最高法民终175号民事判决,载《最高人民法院公报》2018年第6期。

条规定,认为《补充协议》属于另行订立的与经过备案中标合同实质性内容不一致的无效合同并无不当。

第三,《最高人民法院关于审理建设工程施工合同纠纷案件适用法律问题的解释》第二条(现为《民法典》第七百九十三条)规定,建设工程施工合同无效,但建设工程经竣工验收合格,承包人请求参照合同约定支付工程价款的,应予支持。《建设工程施工合同司法解释》第二十一条(现为《建设工程司法解释(一)》第二条第一款)规定,当事人就同一建设工程另行订立的建设工程施工合同与经过备案的中标合同实质性内容不一致的,应当以备案的中标合同作为结算工程价款的根据。就本案而言,虽经过招标投标程序并在建设行政主管部门备案的《备案合同》因违反法律、行政法规的强制性规定而无效,并不存在适用《建设工程施工合同司法解释》第二十一条规定的前提,也并不存在较因规避招投标制度、违反备案中标合同实质性内容的《补充协议》具有优先适用效力。

《合同法》第五十八条(现为《民法典》第一百五十七条)规定,合同无效或者被撤销后,因该合同取得的财产,应当予以返还;不能返还或者没有必要的,应当折价补偿。有过错的一方应当赔偿对方因此所受到的损失,双方都有过错的,应当各自承担相应的责任。建设工程施工合同的特殊之处在于,合同的履行过程,是承包人将劳动及建筑材料物化到建设工程的过程,在合同被确认无效后,只能按照折价补偿的方式予以返还。本案当事人主张根据《建设工程施工合同司法解释》第二条规定参照合同约定支付工程价款,案涉《备案合同》与《补充协议》分别约定不同结算方式,应首先确定当事人真实合意并实际履行的合同。

结合本案《备案合同》与《补充协议》,从签订时间来看,《备案合同》落款时间为2009年12月1日,2009年12月30日在唐山市建设局进行备案;《补充协议》落款时间为2009年12月28日,签署时间仅仅相隔28天。从约定施工范围来看,《备案合同》约定施工范围包括施工图纸标识的全部土建、水暖、电气、电梯、消防、通风等工程的施工安装,《补充协议》约定施工范围包括金色和园项目除土方开挖、通风消防、塑钢窗、景观、绿化、车库管理系统、安防、电梯、换热站设备、配电室设备、煤气设施以外所有建筑安装工程,以及雨污水、小区主环路等市政工程。实际施工范围与两份合同约定并非完全一致。从约定结算价款来看,《备案合同》约定固定价,《补充协议》约定执行河北省2008年定额及相关文件,建筑安装工程费结算总造价降3%,《补充协议》并约定价格调整、工程材料由甲方认质认价。综上分析,当事人提交的证据难以证明其主张所依据的事实,一审判决认为当事人对于实际履行合同并无明确约定，两份合同内容如甲方分包、材料认质认价在合同履行过程中均有所体现，无法判断实际履行合同并无不当。

在无法确定双方当事人真实合意并实际履行的合同时，应当结合缔约过错、已完工程质量、利益平衡等因素，根据《合同法》第五十八条（现为《民法典》第一百五十七条）规定由各方当事人按过错程度分担因合同无效造成的损失。一审法院认定，将本案中无法确定真实合意履行的两份合同之间的差价作为损失，基于昌隆公司作为依法组织进行招投标的发包方，江苏一建作为对于招投标法等法律相关规定也应熟知的具有特级资质的专业施工单位的过错，结合本案工程竣工验收合格的事实，由昌隆公司与江苏一建按6:4比例分担损失并无不当。江苏一建上诉主张应依《补充协议》结算工程价款，事实依据和法律依据不足，不予支持。

二、无效合同赔偿损失的处理

根据《民法典》第一百五十七条的规定，民事法律行为无效，行为人应当承担返还财产或折价补偿并赔偿损失的责任。建设工程施工合同纠纷中，承包人可以参照合同约定的工程价款要求发包人折价补偿，当事人因合同无效导致损失的，还可以向对方当事人要求赔偿损失。《建设工程司法解释（一）》第六条规定："建设工程施工合同无效，一方当事人请求对方赔偿损失的，应当就对方过错、损失大小、过错与损失之间的因果关系承担举证责任。损失大小无法确定，一方当事人请求参照合同约定的质量标准、建设工期、工程价款支付时间等内容确定损失大小的，人民法院可以结合双方过错程度、过错与损失之间的因果关系等因素作出裁判。"

案例34 福建融港侨装饰设计工程有限公司（以下简称融港侨公司）与新疆天山实业发展有限公司（以下简称天山实业公司）建筑装饰工程施工合同纠纷案①

最高人民法院二审认为：关于融港侨公司主张的违约金、补偿金等款项应否支持的问题。首先，由于案涉《施工合同》依法被认定为无效，故双方在合同中关于拖欠工程款的违约金等的约定也应当属于无效条款，因此融港侨公司基于双方所签《施工合同》主张按照工程总价款20%计算违约金的请求，本院不予支持。其次，如何看待双方在后续2008年3月和2008年8月签订的两份《协议书》约定的补偿款、

① 最高人民法院（2013）民一终字第12号民事判决书。

2009年3月《承诺书》中关于400万元违约金约定等问题。本院认为，本案系施工合同纠纷，由于天山实业公司原因造成工期拖长，故双方后续又签订了一系列的《协议书》和《承诺书》，其中约定了补偿款、违约金等内容。但无论是垫资款利息损失，还是违约金，这些事后单独签订的协议均因工程款未能及时给付产生，核心内容都是源于融港侨公司与天山实业公司之间的施工合同关系，并非在当事人之间缔结了与施工合同并行的新的债权债务关系，其效力如何终究取决于最初的合同关系。既然《施工合同》已经被认定无效，意味着在合同有效前提下的违约责任、工程利润等约定均无法得到支持，亦即融港侨公司只能就已经施工完成的工程主张相应工程款，而无权基于合同本身以及后续《协议书》等关于违约金的约定主张权利。另外，关于工程款的利息计算问题，一审法院也已经依法作出处理和认定，支持了融港侨公司的部分请求。鉴于此，一审法院未单独支持融港侨公司关于违约金、补偿金等相关诉讼请求，于法有据，予以维持。

（一）赔偿损失的范围

合同无效时，一方当事人因对方当事人的过错导致损失，可以要求对方当事人赔偿损失，该损失赔偿责任属于缔约过失责任。我国法律并未对缔约过失责任的赔偿范围作出规定，根据通说，赔偿范围主要是信赖利益的损失。信赖利益损失是指当事人因信赖合同有效造成的损失，包括：为签订合同合理支出的成本和费用、为准备和实际履行合同支出的费用、因丧失与第三人另行订立合同的机会所产生的损失等。信赖利益损失不包括可得利益损失，即合同有效时当事人可能得到的利益，也不能超过当事人在订立合同时所能预见合同无效时可能造成的损失。

1. 发包人损失的赔偿范围。

（1）发包人实际支出的损失。包括发包人为订立合同进行招标投标支出的费用、签订合同所支出的费用、为合同备案支出的费用、为准备履行合同支出的勘察设计费等费用以及实际履行合同的支出等实际支出的费用。

（2）工期延误费用。承包人的原因导致工期延误，发包人将因此产生多项损失，包括工程成本的增加、因不能及时向购房人交付房产和办理产权证产生的违约责任、不能及时向承租方交付房产而产生的违约责任、发包人不能按时使用房产造成的生产经营利润损失等。虽然合同无效，合同约定的违约责任也无效，但发包人因工期延误产生的实际损失，可以要求承包人按过错程度赔偿。承包人赔偿的范围以发包人因工期延误产生的实际损失为限，可得利益或利润不在赔偿范围内。

如发包人不能及时向购房人交付房产和办理产权证产生的违约责任、不能及时向承租方交付房产造成的违约责任等损失尚未实际发生，则发包人应在损失实际发生后向承包人主张。河北省高级人民法院《建设工程施工合同案件审理指南》（2018 年）第十五条规定，建设工程施工合同被确认无效后，发包人主张因承包方工期延误应赔偿其与第三人签订的房屋买卖合同因逾期交房发生的违约损失，承包人对工期延误存在过错，损失已经实际发生，且损失发生与承包人逾期交工行为有因果关系，可以纳入无效合同过错责任赔偿范围。根据承包方订立、履行合同中的过错责任大小及诚实信用原则，依据《合同法》第五十八条（现为《民法典》第一百五十七条）规定判令其承担相应的责任。

（3）工程质量缺陷损失。发包人因工程质量缺陷造成的损失包括两个部分：一是因工程质量问题造成的直接损失，即用于修复的费用；二是间接损失，如给使用人或第三人造成的财产或非财产损失等。工程质量存在缺陷系承包人过错导致或者含有承包人过错的因素，发包人有权要求承包人按其过错程度承担上述两项损失。

2. 承包人损失的赔偿范围。

（1）承包人实际支出的损失。包括承包人参加招标投标程序支出的费用、签订合同支出的费用、组建项目部支出的费用、建设临时设施支出的费用、工程保险费用、前期材料和设备采购支出的费用、前期租赁费用等准备履行合同支出的费用。上述费用在合同无效且工程未开工的情况下，可以作为承包人实际支出的损失范围。① 承包人因工程施工实际投入的费用，在工程经验收合格的情况下，属于建设工程折价补偿的范围，不属于赔偿损失的范围，但是工程经验收不合格，经修复后仍不合格，发包人对工程不合格存在过错的，承包人为施工投入的人工费用、材料费用和机械费用属于实际损失，可要求发包人按过错承担赔偿责任。

（2）停窝工损失。因发包人未及时检查隐蔽工程、未按约定时间和要求提供原材料、设备、场地及相关资料等原因，导致承包人停工、窝工，承包人的施工成本包括人工费用、机械设备租赁费用将增加，增加的费用属于承包人的实际损失，承包人可以要求发包人赔偿。

发包人迟延支付工程款或折价补偿产生的逾期利息，是否属于承包人的实际损失，实践中有两种观点。观点一认为，迟延支付工程款或折价补偿的利息属于损失，依法定或约定时间支付工程价款或折价补偿是发包人的义务，发包人迟延支付

① 参见檀中文：《建设工程施工合同无效工程未开工情况下承包人损失赔偿问题探讨》，载《北京仲裁》2015 年第 3 期。

工程款或工程折价补偿,应当依合同约定支付利息,或者自应付款之日按银行间同业拆借中心公布的贷款市场报价率计算的利息,属于承担违约责任或赔偿损失的方式。观点二认为,迟延支付工程款或折价补偿的利息属于法定孳息,是基于当事人应付工程款或折价补偿的法律关系而产生的收益。笔者倾向于观点二,迟延支付工程款或折价补偿的利息,属于法定孳息,不属于《建设工程司法解释(一)》第六条规定的损失范畴。这是因为:其一,建设工程施工合同纠纷案件所涉利息与其对应的本金之间具有附从性。无论是迟延支付工程款的利息,还是迟延支付工程折价补偿的利息,都紧紧依附于其所对应的本金,利息的计算以欠付工程款和折价补偿为基数,以应付工程款和折价补偿的时间为起算时间,以实际支付工程款和折价补偿的时间为计算终点。其二,将建设工程施工合同纠纷案件所涉利息界定为法定孳息有利于保护承包人利息,平衡承发包双方利益。当前建筑业市场处于买方市场的形势下,承包人经常要面临发包人迟延支付工程款和折价补偿的情况,如将利息界定为发包人违约造成的损失,势必会受到合同效力的影响,不利于保护承包人的合法权益,尤其是当前审判实践中建设工程施工合同大量无效的情况下,更容易导致承发包双方利益失衡。[①] 而且,将迟延利息界定为法定孳息而非损失,不适用按过错分担责任的规则,对保护承包人的权利更加有利。最高人民法院民事审判第一庭编著的《最高人民法院建设工程施工合同司法解释的理解与适用》和《最高人民法院建设工程施工合同司法解释(二)理解与适用》均将迟延支付工程款和折价补偿的利息界定为法定孳息,不作为承包人的实际损失,可见司法政策的倾向也是如此。

(二)损失大小的确定

建设工程施工合同无效,合同约定的违约条款也不发生法律效力,在法律、司法解释没有明确规定的情况下,当事人不得主张参照合同约定的违约条款确定损失的数额。因此,如何确定合同无效造成当事人损失的数额,是司法实践中争议较大的问题。

1. 主张赔偿损失的一方当事人应当对损失大小承担举证责任。

根据《建设工程司法解释(一)》第六条第一款的规定,一方当事人要求对方赔偿损失的,要先对其损失大小承担举证责任。如主张实际支出损失的当事人,应当

---

① 参见汪军、魏佳钦:《建设工程施工合同纠纷案件涉利息裁判规则研究》,载《民事审判指导与参考》2019 年第 2 辑(总第 78 辑)。

举证证明其因招标投标程序支出的费用、签订合同支出的费用、准备履行合同支出的费用等损失；主张停窝工损失的承包人，应当举证证明其在停工、窝工期间支出的人工费用、机械设备租赁费用等损失；发包人主张工程延误损失的，应当举证证明因此增加的工程成本、因不能及时向购房人交付房产和办理产权证实际承担的违约责任、不能及时向承租方交付房产实际承担的违约责任等损失。

2. 损失大小无法确定，可参照合同相关内容确定损失大小。

由于建设工程施工合同纠纷具有特殊性、复杂性，在合同无效的情况下，当事人常难以举证证明其实际损失的大小。一些人民法院以违约条款无效、当事人对实际损失数额未尽到举证责任为由驳回当事人要求赔偿损失的诉求，这种情况在司法实践中非常多见，对当事人权利的实现和救济是非常不利的。鉴于此，《建设工程司法解释（一）》第六条第二款设置参照合同相关内容确定损失大小的规则，根据该条款的规定，在当事人无法举证、实际损失大小难以确定的情况下，当事人可以请求参照合同约定的质量标准、建设工期、工程价款支付时间等内容确定损失大小。需要注意的是，参照的合同内容不是合同的违约条款，而是合同中关于质量标准、建设工期、工程价款支付时间等非违约条款，并可根据此非违约条款计算损失大小的内容。因此，当事人请求参照合同约定的违约责任确定对方当事人的赔偿损失责任，是对司法解释的误读，不应予以支持。江苏省高级人民法院《关于审理建设工程施工合同纠纷案件若干问题的解答》（2018 年）第五条规定："建设工程施工合同无效，建设工程经竣工验收合格的，合同约定的哪些条款可以参照适用？建设工程施工合同无效，建设工程经竣工验收合格的，当事人主张工程价款或确定合同无效的损失时请求将合同约定的工程价款、付款时间、工程款支付进度、下浮率、工程质量、工期等事项作为考量因素的，应予支持。"

案例 35 河北工程建设有限责任公司（以下简称河北工建）与河北盈驰房地产开发有限公司（以下简称河北盈驰）、石家庄柏林集团有限公司建设工程施工合同纠纷案①

最高人民法院再审认为：河北工建是否应向河北盈驰赔偿合同无效的工期损

① 肖峰：《施工合同无效，能否直接参照合同约定工期计算相关损失——河北工程建设有限责任公司与河北盈驰房地产开发有限公司、石家庄柏林集团有限公司建设工程施工合同纠纷案》，载《民事审判指导与参考》2018 年第 4 辑（总第 76 辑）。

失问题。原判决认为,虽然施工协议无效,但工期确有延误。故参照施工协议违约金条款约定,判令河北工建向河北盈驰赔偿165万元工期延误损失。对此,本院不予支持。施工协议如无效,则其中关于工期约定的条款亦无效。案涉1号、2号住宅楼约定的竣工日期为2011年8月15日。但由于该工期约定条款因施工协议无效而无效,故不能直接适用该工期作为判断是否存在延误的依据。在约定工期不可适用的情形下,可通过鉴定确定案涉工程的合理工期。对于承包人的实际工期已超过鉴定合理工期情形,发包人可以主张工期延误损失,但应由其提供因工期导致的实际损失的证据,而不能简单参照无效合同约定的违约金条款计算。具体到本案中,在施工协议无效情形下,原判决仍参照该协议中违约金条款约定计算损失,缺乏依据。

CHAPTER 3

第三章

建设工期

建设工期是指合同协议书约定的承包人完成工程所需的期限，包括按照合同约定所作的期限变更。工期作为建设工程施工合同中的必备内容和实质性内容，对发包人和承包人违约责任的承担、工程价款及利息的支付、保修期限的起算等问题存在重要影响。因工期引起的工期延误损失和停窝工损失的索赔，已成为建设工程施工合同纠纷的一个重点问题。

第一节　开工日期和竣工日期的认定

开工日期是承包人进场施工的日期，竣工日期是承包人完成施工的日期。从开工日期起至竣工日期止的这一段时间，即为建设工程的工期。因此，建设工期的认定，关键在于开工日期和竣工日期的认定。

一、开工日期

2017年版示范文本通用合同条款第1.1.4.1目规定："开工日期：包括计划开工日期和实际开工日期。计划开工日期是指合同协议书约定的开工日期；实际开工日期是指监理人按照第7.3.2项[开工通知]约定发出的符合法律规定的开工通知中载明的开工日期。"这里说的开工日期的认定指的是实际开工日期的认定。

2017年版示范文本通用合同条款第7.3.2项[开工通知]规定："发包人应按照法律规定获得工程施工所需的许可。经发包人同意后，监理人发出的开工通知应符合法律规定。监理人应在计划开工日期7天前向承包人发出开工通知，工期自开工通知中载明的开工日期起算。除专用合同条款另有约定外，因发包人原因造成监理人未能在计划开工日期之日起90天内发出开工通知的，承包人有权提出价格调整要求，或者解除合同。发包人应当承担由此增加的费用和（或）延误的工期，并向承包人支付合理利润。"根据该条规定，监理人发出开工通知中载明的开工日期是工程实际开工日期，工期从开工通知载明的开工日期起算。但是，在实践中，实际开工日期与开工通知上载明的开工日期并不一致，存在开工通知载明的开工日期到来时开工条件仍不具备、承包人实际进场开工时间早于开工日期等情形，而且，有些工程建设并不规范，发包人或监理人并未发出开工通知。因此，开工日期的认定存在复杂性。鉴于此，《建设工程司法解释（一）》第八条规定："当事人对建设工程开工日期有争议的，人民法院应当分别按照以下情形予以认定：（一）开工日期为发包人或者监理人发出的开工通知载明的开工日期；开工通知发出后，尚不具备开工条件的，以开工条件具备的时间为开工日期；因承包人原因导致开工时间推迟的，以开工通知载明的时间为开工日期。（二）承包人经发包人同意已经实际进场施工的，以实际进场施工时间为开工日期。（三）发包人或者监理人未发出开工通知，亦无相关证据证明实际开工日期的，应当综合考虑开工报告、合同、施工许可证、竣工验收报告或者竣工验收备案表等载明的时间，并结合是否具备开工条件的事实，认定开工日期。"

根据《建设工程司法解释（一）》和2017年版示范文本通用合同条款的相关规定，在开工日期的认定上应重点把握以下几点：

1. 原则上以发包人或监理人发出的开工通知载明的开工日期确定实际开工日期。

开工通知是发包人或监理人发出的记录开工事实的通知文件，是证明开工日期最有力的证据。在通常情况下，开工通知载明的开工日期就是承包人实际进场施工的时间，或者与实际开工日期非常接近。因此，2017年版示范文本直接将开工日期确定为开工通知上载明的开工日期，《建设工程司法解释（一）》第八条也将开工通知上载明的开工日期认定为通常情况下的实际开工日期。在没有其他证据证明实际开工日期与开工通知载明的开工日期有出入的情况下，原则上应当将开工通知载明的开工日期认定为实际开工日期。

2. 承包人原因导致开工时间延迟，仍以开工通知载明的日期确定开工日期。

开工前，发包人和承包人均有义务做好开工准备，使工程符合开工条件。根据2017年版示范文本通用合同条款，承包人开工准备的义务主要有：（1）承包人应对施工现场和施工条件进行查勘，并充分了解工程所在地的气象条件、交通条件、风俗习惯以及与完成合同工作有关的其他资料；（2）除专用合同条款另有约定外，承包人应在合同签订后14天内，但至迟不得晚于第7.3.2项［开工通知］载明的开工日期前7天，向监理人提交详细的施工组织设计，并由监理人报送发包人；（3）施工进度计划不符合合同要求或与工程的实际进度不一致的，承包人应向监理人提交修订的施工进度计划，并附具有关措施和相关资料，由监理人报送发包人。承包人未履行开工准备义务或因承包人的其他原因，导致工程未能在开工通知载明的时间开工的，应当由承包人承担相应的不利后果，开工日期仍以开工通知载明的日期为准。

3. 非承包人原因导致开工条件不具备的，以开工条件具备的时间为开工日期。

《民法典》第八百零三条规定："发包人未按照约定的时间和要求提供原材料、设备、场地、资金、技术资料的，承包人可以顺延工程日期，并有权请求赔偿停工、窝工等损失。"根据2017年版示范文本通用合同条款，发包人在开工前应履行以下义务：(1)办理相关许可。发包人应遵守法律，并办理法律规定由其办理的许可、批准或备案，包括但不限于建设用地规划许可证、建设工程规划许可证、建设工程施工许可证、施工所需临时用水、临时用电、中断道路交通、临时占用土地等许可和批准。发包人应协助承包人办理法律规定的有关施工证件和批件。(2)移交施工现场。除专用合同条款另有约定外，发包人应最迟于开工日期7天前向承包人移交施工现场。(3)提供施工条件，包括：①将施工用水、电力、通信线路等施工所必需的条件接至施工现场内；②保证向承包人提供正常施工所需要的进入施工现场的交通条件；③协调处理施工现场周围地下管线和邻近建筑物、构筑物、古树名木的保护工作，并承担相关费用；④按照专用合同条款约定应提供的其他设施和条件。(4)提供基础资料。发包人应当在移交施工现场前向承包人提供施工现场及工程施工所必需的毗邻区域内供水、排水、供电、供气、供热、通信、广播电视等地下管线资料，气象和水文观测资料，地质勘察资料，相邻建筑物、构筑物和地下工程等有关基础资料，并对所提供资料的真实性、准确性和完整性负责。(5)提供测量基础资料。除专用合同条款另有约定外，发包人应在至迟不得晚于开工通知载明的开工日期前7天通过监理人向承包人提供测量基准点、基准线和水准点及其书面资料。发包人应对其提供的测量基准点、基准线和水准点及其书面资料的真实性、准确性和完整性负责。因发包人未履行上述义务，或者提供图纸不符合合同约定，提供的测量基准点、基准线和水准点及其书面资料存在错误或疏漏，导致开工通知发出后不具备开工条件的，应当由发包人承担不利后果，开工条件具备的时间为开工日期。

非因承包人和发包人的原因，如自然灾害、恶劣气候、政府政策变化等客观原因导致开工通知发出后，开工条件不具备的，也应当以开工条件具备的时间为开工日期。

4. 经发包人同意，承包人提前进场施工的，以实际进场施工日期为开工日期。

实践中，承包人提前进场施工的情形并不少见。建设工程施工合同约定的计划开工日期尚未到来，发包人和监理人也未发出开工通知，但开工条件已经具备，承包人经得发包人同意后，提前进场施工。根据《建设工程司法解释（一）》第八条第（二）项的规定，应当以实际进场施工时间为开工时间。需要注意的是，如承包人进场时开工条件尚不具备，承包人进场只是做一些准备性或辅助性的工作，则不能以承包人进场时间为开工日期。只有在符合开工条件，且承包人进场正式施工的情况下，才能以实际进场施工的时间为开工日期。

5. 发包人或监理人未发出开工通知，也没有相关证据证明实际开工日期的，应综合其他证据载明的时间认定开工日期。

开工时间除在开工通知中载明外，其他工程文件如开工报告、建设工程施工合同、施工许可证、竣工验收报告和竣工验收备案表也会记载开工日期。在没有开工通知，也没有其他证据证明实际开工日期的情况下，可以综合开工报告、建设工程施工合同、施工许可证、竣工验收报告和竣工验收备案表等证据记载的时间确定开工日期。笔者认为，开工报告、竣工验收报告和竣工验收备案表的记载更可能真实地反映实际开工日期；建设工程施工合同记载的开工时间仅是计划开工日期，与实际开工日期存在差距的可能性比较大；施工许可证是建设行政主管部门允许工程施工的批准文件，施工许可证上记载的开工日期并不能真实地反映实际开工日期。实践中，实际开工日期往往与施工许可证上记载的时间存在出入。因此，在综合考虑开工报告、建设工程施工合同、施工许可证、竣工验收报告和竣工验收备案表等证据以确定实际开工日期时，应重点考虑开工报告、竣工验收报告和竣工验收备案表记载的时间，对于建设工程施工合同和施工许可证记载的时间，只能作为考量的次要因素，而不应予以重点考虑。

案例 36　浙江双强房地产开发有限公司与被上诉人华强建设集团有限公司（以下简称华强公司）、王德水建设工程施工合同纠纷①

浙江省高级人民法院二审认为：根据查明的事实，上诉人通过招标方式与华强公司签订一份建设工程施工合同，并于 2012 年 12 月 31 日在桐庐县建筑业管理处备案。该合同系双方自愿签订，且内容不违反法律规定，应认定合法、有效。两被上诉人答辩称该合同无效，但其并未对此提起上诉，仅提出抗辩，且抗辩主张缺乏事实和法律依据，不予采纳。备案建设工程施工合同对双方均有约束力。上诉人主张以 2013 年 1 月 8 日签订的建设工程施工合同作为案涉工程的结算依据。经查，该份合同系另行签订，与备案合同内容不一致，被上诉人华强公司也不认可其效力，故不能作为工程结算依据，有关工期的约定应按照备案合同履行。根据备案合同约定：工程开工日期为 2013 年 1 月 28 日（以开工报告为准）；竣工日期为 2015 年 12

① 浙江省高级人民法院（2019）浙民终 42 号民事判决书。

月28日，故双方约定的计划工期应为1065天。上诉人主张按照备案合同所载的计划总工期700天或另行签订的建设工程施工合同所载的计划总工期800天认定，原审未予采纳，并无不当。备案合同还约定工程开工日期以开工报告为准，而开工报告经合同双方共同提交，于城建档案馆备案，记载开工日期为2013年9月1日，应予采纳。上诉人主张以竣工验收备案表载明的开工日期2013年1月28日为实际开工日，不符备案合同的约定，且与另案生效民事判决确认的事实不符，不予采纳。备案合同双方对竣工验收备案表载明的工程竣工验收日期2016年11月30日无异议，据此核算工程实际总工期为1187天，与计划总工期1065天相比，迟延122天。

6. 施工许可证对开工日期认定的影响。

《建筑法》第七条规定："建筑工程开工前，建设单位应当按照国家有关规定向工程所在地县级以上人民政府建设行政主管部门申请领取施工许可证；但是，国务院建设行政主管部门确定的限额以下的小型工程除外。按照国务院规定的权限和程序批准开工报告的建筑工程，不再领取施工许可证。"《建筑工程施工许可管理办法》第二条规定："在中华人民共和国境内从事各类房屋建筑及其附属设施的建造、装修装饰和与其配套的线路、管道、设备的安装，以及城镇市政基础设施工程的施工，建设单位在开工前应当依照本办法的规定，向工程所在地的县级以上地方人民政府住房城乡建设主管部门（以下简称发证机关）申请领取施工许可证。工程投资额在30万元以下或者建筑面积在300平方米以下的建筑工程，可以不申请办理施工许可证。省、自治区、直辖市人民政府住房城乡建设主管部门可以根据当地的实际情况，对限额进行调整，并报国务院住房城乡建设主管部门备案。按照国务院规定的权限和程序批准开工报告的建筑工程，不再领取施工许可证。"第三条规定："本办法规定应当申请领取施工许可证的建筑工程未取得施工许可证的，一律不得开工。任何单位和个人不得将应当申请领取施工许可证的工程项目分解为若干限额以下的工程项目，规避申请领取施工许可证。"

法律法规还规定对未取得施工许可证擅自施工的，给予行政处罚。《建筑法》第六十四条规定："违反本法规定，未取得施工许可证或者开工报告未经批准擅自施工的，责令改正，对不符合开工条件的责令停止施工，可以处以罚款。"《建筑工程施工许可管理办法》第十二条规定："对于未取得施工许可证或者为规避办理施工许可证将工程项目分解后擅自施工的，由有管辖权的发证机关责令停止施工，限期改正，对建设单位处工程合同价款1%以上2%以下罚款；对施工单位处3万元以下罚款。"

根据上述规定，除按照国务院规定的权限和程序批准开工报告的建筑工程和法律法规规定的小型工程外，发包人在建设工程开工前应当取得施工许可证。未取得施工许可证的，不得开工，否则，将被处以责令停止施工、限期改正和罚款的行政处罚。发包人或监理人发出开工通知时，发包人尚未取得施工许可证，不符合开工条件的，承包人可以拒绝按开工通知载明的开工日期进场施工，此时，开工日期应以开工条件具备即发包人取得施工许可证的日期为准。虽然法律法规明令禁止在未取得施工许可证的情况下开工，但在实践中，仍存在承包人进场施工在前，发包人取得施工许可证在后的情况，如何认定开工日期，存在一定争议。

观点一认为，施工许可证是工程开工的必要条件，在发包人未取得施工许可证的情况下擅自开工，不符合开工条件，应当以开工条件具备即取得施工许可证的日期为开工日期。

观点二认为，开工日期指的是实际开工日期，开工日期应当以承包人实际进场开工的时间为准，而不应以施工许可证取得的时间为准。

笔者倾向于第二种观点。这是因为：

1. 实际开工日期的认定属于事实认定，应当以开工的事实实际发生为准，而不应以施工许可证取得时间或记载的开工时间为准。

2.《建筑法》和《建筑工程施工许可管理办法》规定开工前应当取得施工许可证，并规定未取得施工许可证擅自开工的行政处罚，是出于行政管理的需要，行政许可和行政处罚措施并不影响工程已实际开工的事实。

承包人如举证证明工程实际开工后，因未取得施工许可证而被行政主管部门责令停工或自行停工，停工的时间可以作为工期顺延的时间。

河北省高级人民法院《建设工程施工合同案件审理指南》(2018 年)第四十六条规定：“发包人未取得施工许可证，但承包人已实际开工的，应以实际开工之日为开工日期，合同另有约定的除外。因未取得施工许可证而被行政主管部门责令停止施工的，可作为工期顺延的事由。”

案例 37 浙江如歌印业有限公司与征鸿环境建设有限公司(以下简称征鸿公司)建设工程施工合同纠纷案①

浙江省衢州市中级人民法院二审认为：本案二审主要的争议焦点是开工时间的起算问题。《建筑法》第六十四条规定，违反该法规定，未取得施工许可证或者开

① 浙江省衢州市中级人民法院(2017)浙 08 民终 122 号民事判决书。

工报告未经批准擅自施工的,责令改正,对不符合条件的责令停止施工,可以处以罚款。从条文内容看,是否取得施工许可证与是否实际开工之间并无直接联系。如果建设单位未取得施工许可证被职能部门责令停止施工的,施工单位可以向建设单位主张顺延工期;如果建设单位未取得施工许可证并未被职能部门责令停止施工的,则以实际进场施工时间认定为开工日期,并无不妥。上诉人征鸿公司认为,应当以施工许可证来认定本案工程的开工日期,缺乏依据。

二、竣工日期

竣工日期包括计划竣工日期和实际竣工日期。2017 年版示范文本通用合同条款第 1.1.4.2 目规定,计划竣工日期是指合同协议书约定的竣工日期;实际竣工日期按照第 13.2.3 项[竣工日期]的约定确定。这里说的竣工日期的认定,指的是实际竣工日期的认定。

2017 年版示范文本通用合同条款第 13.2.3 项规定实际竣工日期的确定规则:工程经竣工验收合格的,以承包人提交竣工验收申请报告之日为实际竣工日期,并在工程接收证书中载明;因发包人原因,未在监理人收到承包人提交的竣工验收申请报告 42 天内完成竣工验收,或完成竣工验收不予签发工程接收证书的,以提交竣工验收申请报告的日期为实际竣工日期;工程未经竣工验收,发包人擅自使用的,以转移占有工程之日为实际竣工日期。《建设工程司法解释(一)》第九条规定,“当事人对建设工程实际竣工日期有争议的,人民法院应当分别按照以下情形予以认定:(一)建设工程经竣工验收合格的,以竣工验收合格之日为竣工日期;(二)承包人已经提交竣工验收报告,发包人拖延验收的,以承包人提交验收报告之日为竣工日期;(三)建设工程未经竣工验收,发包人擅自使用的,以转移占有建设工程之日为竣工日期”。对实际竣工日期的认定,应重点把握以下几点。

(一)竣工验收

竣工验收是指建设单位在收到建设工程竣工报告后,组织勘察、设计、施工、监理单位对建设工程项目的总体进行检查和认证的活动。工程通过竣工验收,意味着承包人完成保修义务外的主要合同义务,发包人依合同约定开始负有支付工程结算款的义务,缺陷责任期和保修期也从工程通过竣工验收之日起计算。

1. 竣工验收的条件。

根据《建设工程质量管理条例》第十六条第二款的规定,“建设工程竣工验收应当具备下列条件:(一)完成建设工程设计和合同约定的各项内容;(二)有完整的技术档案和施工管理资料;(三)有工程使用的主要建筑材料、建筑构配件和设备的进场试验报告;(四)有勘察、设计、施工、工程监理等单位分别签署的质量合格文件;(五)有施工单位签署的工程保修书"。

《房屋建筑和市政基础设施工程竣工验收规定》对工程竣工验收的条件规定得更为细致,该规定第五条规定,"工程符合下列要求方可进行竣工验收:(一)完成工程设计和合同约定的各项内容。(二)施工单位在工程完工后对工程质量进行了检查,确认工程质量符合有关法律、法规和工程建设强制性标准,符合设计文件及合同要求,并提出工程竣工报告。工程竣工报告应经项目经理和施工单位有关负责人审核签字。(三)对于委托监理的工程项目,监理单位对工程进行了质量评估,具有完整的监理资料,并提出工程质量评估报告。工程质量评估报告应经总监理工程师和监理单位有关负责人审核签字。(四)勘察、设计单位对勘察、设计文件及施工过程中由设计单位签署的设计变更通知书进行了检查,并提出质量检查报告。质量检查报告应经该项目勘察、设计负责人和勘察、设计单位有关负责人审核签字。(五)有完整的技术档案和施工管理资料。(六)有工程使用的主要建筑材料、建筑构配件和设备的进场试验报告,以及工程质量检测和功能性试验资料。(七)建设单位已按合同约定支付工程款。(八)有施工单位签署的工程质量保修书。(九)对于住宅工程,进行分户验收并验收合格,建设单位按户出具《住宅工程质量分户验收表》。(十)建设主管部门及工程质量监督机构责令整改的问题全部整改完毕。(十一)法律、法规规定的其他条件"。

2017 年版示范文本通用合同条款第 13.2.1 项规定了竣工验收条件:(1)除发包人同意的甩项工作和缺陷修补工作外,合同范围内的全部工程以及有关工作,包括合同要求的试验、试运行以及检验均已完成,并符合合同要求;(2)已按合同约定编制了甩项工作和缺陷修补工作清单以及相应的施工计划;(3)已按合同约定的内容和份数备齐竣工资料。

2. 竣工验收的程序。

根据《房屋建筑和市政基础设施工程竣工验收规定》第六条的规定:"工程竣工验收应当按以下程序进行:(一)工程完工后,施工单位向建设单位提交工程竣工报告,申请工程竣工验收。实行监理的工程,工程竣工报告须经总监理工程师签署意见。(二)建设单位收到工程竣工报告后,对符合竣工验收要求的工程,组织勘察、设计、施工、监理等单位组成验收组,制定验收方案。对于重大工程和技术复杂工程，根据需要可邀请有关专家参加验收组。（三）建设单位应当在工程竣工验收7个工作日前将验收的时间、地点及验收组名单书面通知负责监督该工程的工程质量监督机构。（四）建设单位组织工程竣工验收。1. 建设、勘察、设计、施工、监理单位分别汇报工程合同履约情况和在工程建设各个环节执行法律、法规和工程建设强制性标准的情况；2. 审阅建设、勘察、设计、施工、监理单位的工程档案资料；3. 实地查验工程质量；4. 对工程勘察、设计、施工、设备安装质量和各管理环节等方面作出全面评价，形成经验收组人员签署的工程竣工验收意见。参与工程竣工验收的建设、勘察、设计、施工、监理等各方不能形成一致意见时，应当协商提出解决的方法，待意见一致后，重新组织工程竣工验收。"

2017年版示范文本通用合同条款第13.2.2项竣工验收程序："除专用合同条款另有约定外，承包人申请竣工验收的，应当按照以下程序进行：（1）承包人向监理人报送竣工验收申请报告，监理人应在收到竣工验收申请报告后14天内完成审查并报送发包人。监理人审查后认为尚不具备验收条件的，应通知承包人在竣工验收前承包人还需完成的工作内容，承包人应在完成监理人通知的全部工作内容后，再次提交竣工验收申请报告。（2）监理人审查后认为已具备竣工验收条件的，应将竣工验收申请报告提交发包人，发包人应在收到经监理人审核的竣工验收申请报告后28天内审批完毕并组织监理人、承包人、设计人等相关单位完成竣工验收。（3）竣工验收合格的，发包人应在验收合格后14天内向承包人签发工程接收证书。发包人无正当理由逾期不颁发工程接收证书的，自验收合格后第15天起视为已颁发工程接收证书。（4）竣工验收不合格的，监理人应按照验收意见发出指示，要求承包人对不合格工程返工、修复或采取其他补救措施，由此增加的费用和（或）延误的工期由承包人承担。承包人在完成不合格工程的返工、修复或采取其他补救措施后，应重新提交竣工验收申请报告，并按本项约定的程序重新进行验收。（5）工程未经验收或验收不合格，发包人擅自使用的，应在转移占有工程后7天内向承包人颁发工程接收证书；发包人无正当理由逾期不颁发工程接收证书的，自转移占有后第15天起视为已颁发工程接收证书。除专用合同条款另有约定外，发包人不按照本项约定组织竣工验收、颁发工程接收证书的，每逾期一天，应以签约合同价为基数，按照中国人民银行发布的同期同类贷款基准利率支付违约金。"

案例38 威海市鲸园建筑有限公司(以下简称鲸园公司)与威海市福利企业服务公司(以下简称福利公司)、威海市盛发贸易有限公司拖欠建筑工程款纠纷案①

最高人民法院再审认为,《合同法》第二百六十九条第一款(现为《民法典》第七百八十八条第一款)规定:“建设工程是承包人进行工程建设,发包人支付价款的合同。”第二百七十九条(现为《民法典》第七百九十九条)规定:“建设工程竣工后,发包人应当根据施工图纸及说明书、国家颁发的施工验收规范和质量验收标准及时进行验收。验收合格的,发包人应当按照约定支付价款,并接收该建设工程。”《建设工程质量管理条例》第十六条第一款规定:“建设单位收到建设工程竣工报告后,应当组织设计、施工、工程监理等有关单位进行竣工验收。”上述法律、法规规定表明,竣工验收既是发包人的权利,也是发包人的义务。发包人对建设工程组织验收,是建设工程通过竣工验收的必经程序。本案查明事实表明,旅游基地因不具有相关的开发建设资格,故将涉案工程的建设单位登记为鲸园公司。鲸园公司应本着诚实信用原则,维护旅游基地作为发包人权利义务的行使。双方签订的《建设工程施工合同》约定了鲸园公司提供竣工资料和验收报告的时间,表明旅游基地并未将其对工程组织验收的权利委托鲸园公司。鲸园公司在未经旅游基地同意情形下,单方向质监站办理竣工验收手续,申报质量评定等级,侵害了福利公司作为工程发包人的权利,导致质监站对该工程验收出具的工程竣工验收报告及工程优良评定证书,不符合法定程序,不能产生相应的法律效力。鲸园公司依照质监站出具的工程竣工验收报告及工程优良评定证书主张工程已经竣工验收,且质量优良,福利公司应当支付工程优良奖的理由不成立,不予支持。

(二)发包人在承包人提交竣工验收报告后合理时间内组织竣工验收且验收合格,以竣工验收合格之日为竣工日期

建设工程经竣工验收合格实际竣工日期的认定问题,《建设工程司法解释(一)》与2017年版示范文本存在差异。《建设工程司法解释(一)》第九条规定以竣工验收合格之日为竣工日期,而2017年版示范文本通用合同条款第13.2.3项规定以承包人提交竣工验收申请报告之日为实际竣工日期。笔者认为,应当依《建设工程司法解释(一)》的规定确定竣工日期。《民法典》第七百九十九条规定:“建设

① 最高人民法院(2010)民提字第210号民事判决书,载《最高人民法院公报》2013年第8期。

工程竣工后，发包人应当根据施工图纸及说明书、国家颁发的施工验收规范和质量检验标准及时进行验收。验收合格的，发包人应当按照约定支付价款，并接收该建设工程。建设工程竣工经验收合格后，方可交付使用；未经验收或者验收不合格的，不得交付使用。”建设工程竣工验收，是整个建设工程的最后阶段，也是全面检验工程建设是否符合设计要求和施工质量的重要环节。① 建设工程经竣工验收合格是工程交付使用的基本前提，也是工程结算并由发包人支付工程结算款的基本前提。因此，在建设工程经竣工验收合格的情况下，以建设工程竣工验收合格的时间为实际竣工日期，更具合理性。目前，司法实践对该问题的处理基本达成一致。

竣工验收合格日期不同于竣工备案日期。根据《建设工程质量管理条例》第四十九条第一款的规定，“建设单位应当自建设工程竣工验收合格之日起 15 日内，将建设工程竣工验收报告和规划、公安消防、环保等部门出具的认可文件或者准许使用文件报建设行政主管部门或者其他有关部门备案”。第五十六条第（八）项规定：“违反本条例规定，建设单位有下列行为之一的，责令改正，处 20 万元以上 50 万元以下的罚款：（八）未按照国家规定将竣工验收报告、有关认可文件或者准许使用文件报送备案的。”《房屋建筑和市政基础设施工程竣工验收备案管理办法》对工程竣工验收备案作了细化规定。建设工程竣工验收备案只是建设单位应当办理的手续，不能作为认定建设工程是否已竣工验收的依据。工程实际竣工日期应当以发包人组织的竣工验收合格之日为准，而不是以发包人向建设行政主管部门或者其他有关部门办理竣工验收备案的时间为准。

（三）承包人提交竣工验收报告后，发包人拖延验收，以承包人提交竣工验收报告的时间为竣工日期

《民法典》第一百五十九条规定：“附条件的民事法律行为，当事人为自己的利益不正当地阻止条件成就的，视为条件已经成就；不正当地促成条件成就的，视为条件不成就。”《建设工程质量管理条例》彻底改变了过去建设工程质监机构代表政府对工程进行竣工验收的做法，而是由发包人组织勘察、设计、施工、监理单位进行竣工验收。发包人作为竣工验收的牵头组织者，掌握着竣工验收的主动权。在实践中，一些发包人为推迟工程结算款的支付或自己的其他利益，在承包人提交竣工验收报告以后，迟迟不组织竣工验收，恶意阻止工程竣工、工程结算款支付等条件的

① 参见最高人民法院民事审判第一庭编著：《最高人民法院建设工程施工合同司法解释的理解与适用》，人民法院出版社 2015 年版，第 112 页。

成就，根据《民法典》第一百五十九条的规定，应当视为条件已成就。为督促发包人在承包人提交竣工验收报告后及时组织竣工验收，制裁发包人恶意拖延验收的行为，《建设工程司法解释（一）》规定，承包人提交竣工验收报告后，发包人拖延验收的，应当以承包人提交竣工验收报告的时间为竣工日期，而不是按工程竣工验收合格的时间确定竣工日期。

2017年版示范文本通用合同条款第13.2.2项规定，承包人向监理人报送竣工验收申请报告，监理人应在收到竣工验收申请报告后14天内完成审查并报送发包人；监理人审查后认为已具备竣工验收条件的，应将竣工验收申请报告提交发包人，发包人应在收到经监理人审核的竣工验收申请报告后28天内审批完毕并组织监理人、承包人、设计人等相关单位完成竣工验收；竣工验收合格的，发包人应在验收合格后14天内向承包人签发工程接收证书。根据上述规定，承包人向监理人提交竣工验收报告后，监理人或发包人没有通知承包人在竣工验收前承包人还需完成的工作内容的，发包人应当在监理人收到竣工验收报告后42日内完成竣工验收。专有条款没有另外约定，发包人无正当理由未在监理人收到竣工验收报告后42日内完成竣工验收的，以承包人提交竣工验收报告的时间为实际竣工日期。

安徽省高级人民法院《关于审理建设工程施工合同纠纷案件适用法律问题的指导意见》（2013年）第五条规定："承包人已经按照合同约定或者《建筑法》第六十一条规定，向发包人提交竣工验收报告、其承包部分完整的工程技术经济资料和经签署的工程保修书，发包人拖延验收的，以上述资料提交齐全之日为竣工日期。但工程质量不合格的除外。"

（四）建设工程尚未竣工验收，发包人擅自使用的，以建设工程转移占有之日为竣工日期

《建筑法》《建设工程质量管理条例》《房屋建筑和市政基础设施工程竣工验收规定》等法律、法规均规定，建设工程经竣工验收合格的，方可交付使用。此外，行政法规还规定对未经竣工验收合格擅自交付使用工程的行为处以责令改正和罚款的行政处罚措施。《建设工程质量管理条例》第五十八条规定，"违反本条例规定，建设单位有下列行为之一的，责令改正，处工程合同价款2%以上4%以下的罚款；造成损失的，依法承担赔偿责任：（一）未组织竣工验收，擅自交付使用的；（二）验收不合格，擅自交付使用的；（三）对不合格的建设工程按照合格工程验收的"。实践中，仍存在一些发包人为尽早利用建设工程取得经济效益，在未经竣工验收合格的

情况下就擅自使用工程,应当视为发包人认可建设工程符合法定和约定的质量标准,或者发包人自愿对建设工程存在的瑕疵和风险承担责任。发包人擅自使用工程后,又以工程未竣工验收合格为由对抗承包人的诉求,显然有违诚信原则。而且,发包人违反法律法规的规定擅自使用工程,存在明显过错,应当由其承担擅自使用工程带来的不利后果。因此,《建设工程司法解释(一)》规定在此情形下,应当以建设工程转移占有之日为竣工日期。

当一个工程由许多单项工程组成,单项工程和整体工程未竣工验收,发包人擅自使用其中部分单项工程,能否将发包人使用单项工程的时间视为整个工程的竣工时间。笔者认为,这种情况下,只能将发包人擅自使用的单项工程时间认定为使用部分单项工程的竣工日期,而不能认定为整个工程的竣工日期。

案例39 宁夏众鑫诚房地产开发有限公司(以下简称众鑫诚公司)与宁夏功达建筑工程有限责任公司(以下简称功达公司)建设工程施工合同纠纷案①

最高人民法院再审审查认为:关于二审判决就讼争工程开、竣工日期的认定是否正确的问题。

1. 关于开工日期。二审庭审中众鑫诚公司的代理人明确认可讼争工程取得施工许可证时间为2009年6月1日,准备施工放线时间为2009年6月10日,监理同意施工的日期为2009年6月14日,图纸会审通过时间为2009年6月15日,故二审判决据此将双方合同约定的开工时间顺延至2009年6月16日并无不妥。众鑫诚公司虽向本院提交了一份贺兰县建设工程质量监督站发给众鑫诚公司的《通知》,但该通知载明的内容与其代理人在二审时的陈述相矛盾,且没有其他证据加以佐证,本院不予采信。

2. 关于竣工日期。首先,众鑫诚公司虽向本院提交了2010年7月13日《房屋顶账协议》、2010年8月1日《佳和鑫居1#、4#楼工程进度专题会议纪要》等证据,用于证明2010年4月30日讼争工程并未竣工,但是依据最高人民法院《关于审理建设工程施工合同纠纷案件适用法律问题的解释》第十四条(已失效,现为《建设工程司法解释(一)》第九条)之规定,在双方就实际竣工日期发生争议时,应以竣工验收合格之日为准。而从功达公司在一审、二审中提交的竣工验收报告、工程竣工验收备案表等证据看,众鑫诚公司在2010年4月30日前已组织勘察单位、设计单位、施

① 最高人民法院(2012)民申字第1480号民事裁定书。

工单位以及监理单位对讼争工程进行了竣工验收，上述四家单位以及众鑫诚公司均在验收意见一栏中签署合格的意见并加盖公章，故二审判决将讼争工程的竣工时间认定为2010年4月30日并无不妥。其次，众鑫诚公司虽主张功达公司向贺兰县城乡建设局提供的竣工验收备案表的各栏内容均是事先填好盖章，日期由功达公司根据需要填写，但并没有相应的证据予以证明，故对该主张不予支持。最后，众鑫诚公司还主张工程竣工验收应以取得竣工验收备案表为准，该主张亦不能成立。因为双方合同中没有约定竣工应以取得竣工验收备案表为准，而根据国务院2000年1月30日颁布施行的《建设工程质量管理条例》的规定，建设单位在收到建设工程竣工报告后，组织设计、施工、工程监理等有关单位进行竣工验收，验收合格后再由建设单位将竣工验收报告等文件提交给建设行政主管部门备案。也就是说，竣工验收备案只是竣工验收后建设单位所应办理的手续，故是否取得竣工验收备案表并不能作为认定工程是否已竣工验收的依据。

三、任意压缩合理工期的认定

《建设工程质量管理条例》第十条第一款规定："建设工程发包单位不得迫使承包方以低于成本的价格竞标，不得任意压缩合理工期。"第五十六条第(二)项规定："违反本条例规定，建设单位有下列行为之一的，责令改正，处20万元以上50万元以下的罚款：(二)任意压缩合理工期的。"在建设工程施工合同履行过程中，发包人和承包人均应当遵循建设工程施工的客观规律，在合理的工期内保质保量地完成建设和施工。在实践中，一些发包人为了尽早使用建筑物，任意压缩合理工期，承包人因此漠视建设工程质量和安全，赶抢工期，导致建设工程存在质量缺陷和安全隐患。

如何认定合理工期。笔者认为，双方当事人经招投标程序签订建设工程施工合同的，双方不得再行订立合同背离招投标文件、中标通知书和中标合同载明的工期内容。如双方另行订立合同压缩工期，对当事人的权利义务造成较大影响的，压缩工期的合同条款应当确认无效。招投标文件中关于工期的内容是否属于任意压缩工期，可以参照当地建设行政主管部门制定的定额工期标准认定。山东省部分地方的建设行政主管部门发布相关文件对合理工期作了界定。例如，青岛市住房和城乡建设局《关于加强建筑安装工程工期管理的通知》(青建管字〔2011〕8号)规定，招标工期不得小于定额工期的70%(不含)。招标工期小于定额工期的70%(不含)，视为发包人任意压缩合理工期；投标时，投标人承诺的投标工期不得小于定额工期的70%（不含）；投标工期小于定额工期的70%（不含），视为投标人任意压缩合理工期。淄博市住房和城乡建设局《关于加强建筑安装工程工期管理的通知》（淄建发〔2013〕125 号）规定："压缩的工期天数在定额工期的 35%（含）以内，为合理工期；超过者，为任意压缩合理工期。"以上规定可以作为任意压缩合理工期的参考。双方当事人未经招投标程序订立建设工程施工合同，双方在建设工程施工合同或其他合同中关于工期的约定是否属于任意压缩合理工期，也可以参照当地建设行政主管部门制定的定额工期标准认定。当然，也可以通过鉴定的方式确定合理工期。

发包人和承包人中建设工程施工合同任意压缩工期，该条款是否有效。有观点认为，《建设工程质量管理条例》的规定不属于效力性强制性规定，定额工期也属于倡导性规定，现实中，不能排除当事人通过改善管理水平、提升工艺、使用新设备等缩短工期，故不宜直接认定短于合理工期的合同条款无效。① 笔者认为，由于《建设工程质量管理条例》关于不得任意压缩合理工期的规定，影响建设工程质量和安全，涉及社会公共利益，应为效力性强制性规定。建设工程施工合同中约定的工期显著低于合理工期，工期条款应当确认无效，可参考当地建设行政主管部门制定的定额工期标准确定工程期限。但是，合同约定的工期略低于合理工期，或者承包人通过管理、工艺水平的提升可使工期低于合理工期，不会对工程质量和安全造成影响的，则合同工期条款的效力不应被否定。

第二节　工 期 顺 延

工期顺延是指在建设工程施工合同履行过程中，因出现法定和约定的事由导致承包人无须承担责任的工期往后延期。工期是否顺延以及顺延的时间直接影响工期延误和延误时间的认定，往往是建设工程施工合同纠纷中工期违约责任的争议焦点。工期顺延问题涉及工程专业知识，对工程顺延的认定也是司法实践中的一个难题。

一、工期顺延的情形

依照《民法典》《建设工程司法解释（一）》及 2017 年版示范文本通用合同条款

---

① 参见李玉生主编：《建设工程施工合同案件审理指南》，人民法院出版社 2019 年版，第 154 页。

的规定，符合以下情形之一，工期顺延：

1. 因发包人或监理人原因导致工期延误。2017 年版示范文本通用合同条款第 7.5.1 项中规定因发包人原因导致工期延误："在合同履行过程中，因下列情况导致工期延误和(或)费用增加的，由发包人承担由此延误的工期和(或)增加的费用，且发包人应支付承包人合理的利润：(1)发包人未能按合同约定提供图纸或所提供图纸不符合合同约定的；(2)发包人未能按合同约定提供施工现场、施工条件、基础资料、许可、批准等开工条件的；(3)发包人提供的测量基准点、基准线和水准点及其书面资料存在错误或疏漏的；(4)发包人未能在计划开工日期之日起 7 天内同意下达开工通知的；(5)发包人未能按合同约定日期支付工程预付款、进度款或竣工结算款的；(6)监理人未按合同约定发出指示、批准等文件的；(7)专用合同条款中约定的其他情形。"此外，因发包人或鉴定人原因导致工期延误的情形还包括：

(1)发包人和监理人未及时检查隐蔽工程，或者对隐蔽工程重新检查合格。《民法典》第七百九十八条规定："隐蔽工程在隐蔽以前，承包人应当通知发包人检查。发包人没有及时检查的，承包人可以顺延工程日期，并有权请求赔偿停工、窝工等损失。"根据 2017 年版示范文本通用合同条款第 5.3.2 项的规定，除专用合同条款另有约定外，工程隐蔽部位经承包人自检确认具备覆盖条件的，承包人应在共同检查前 48 小时书面通知监理人检查，通知中应载明隐蔽检查的内容、时间和地点，并应附有自检记录和必要的检查资料。除专用合同条款另有约定外，监理人不能按时进行检查的，应在检查前 24 小时向承包人提交书面延期要求，但延期不能超过 48 小时，由此导致工期延误的，工期应予以顺延。监理人未按时进行检查，也未提出延期要求的，视为隐蔽工程检查合格，承包人可自行完成覆盖工作，并作相应记录报送监理人，监理人应签字确认。第 5.3.3 项规定："承包人覆盖工程隐蔽部位后，发包人或监理人对质量有疑问的，可要求承包人对已覆盖的部位进行钻孔探测或揭开重新检查，承包人应遵照执行，并在检查后重新覆盖恢复原状。经检查证明工程质量符合合同要求的，由发包人承担由此增加的费用和(或)延误的工期，并支付承包人合理的利润……"经检查证明工程质量不符合合同要求的，由此增加的费用和(或)延误的工期由承包人承担。

(2)发包人未依约定时间提供材料、设备、场地、资金、技术资料。《民法典》第八百零三条规定："发包人未按照约定的时间和要求提供原材料、设备、场地、资金、技术资料的，承包人可以顺延工程日期，并有权请求赔偿停工、窝工等损失。"2017 年版示范文本通用合同条款第 8.3.1 项规定："发包人应按《发包人供应材料设备一览表》约定的内容提供材料和工程设备,并向承包人提供产品合格证明及出厂证明,对其质量负责。发包人应提前24小时以书面形式通知承包人、监理人材料和工程设备到货时间,承包人负责材料和工程设备的清点、检验和接收。发包人提供的材料和工程设备的规格、数量或质量不符合合同约定的,或因发包人原因导致交货日期延误或交货地点变更等情况的,按照第16.1款[发包人违约]约定办理。”第2.4.4项规定:“因发包人原因未能按合同约定及时向承包人提供施工现场、施工条件、基础资料的,由发包人承担由此增加的费用和(或)延误的工期。”

(3)因设计变更导致工期延后。2017年版示范文本通用合同条款第10.6项规定变更引起的工期调整:“因变更引起工期变化的,合同当事人均可要求调整合同工期,由合同当事人按照第4.4款〔商定或确定〕并参考工程所在地的工期定额标准确定增减工期天数。”

(4)发包人拒绝签收承包人信函。2017年版示范文本通用合同条款第1.7.3项规定,发包人和承包人应当及时签收另一方送达至送达地点和指定接收人的来往信函。拒不签收的,由此增加的费用和(或)延误的工期由拒绝接收一方承担。

(5)因发包人原因导致工程质量不合格的。2017年版示范文本通用合同条款第5.1.2项规定,因发包人原因造成工程质量未达到合同约定标准的,由发包人承担由此增加的费用和(或)延误的工期,并支付承包人合理的利润。第5.4.2项规定,因发包人原因造成工程不合格的,由此增加的费用和(或)延误的工期由发包人承担,并支付承包人合理的利润。

(6)监理人的检查和检验影响施工正常进行。2017年版示范文本通用合同条款第5.2.3项中规定,监理人的检查和检验不应影响施工正常进行。监理人的检查和检验影响施工正常进行的,且经检查检验不合格的,影响正常施工的费用由承包人承担,工期不予顺延;经检查检验合格的,由此增加的费用和(或)延误的工期由发包人承担。

(7)发包人原因引起的暂停施工。2017年版示范文本通用合同条款第7.8.1项规定:“因发包人原因引起暂停施工的,监理人经发包人同意后,应及时下达暂停施工指示。情况紧急且监理人未及时下达暂停施工指示的,按照第7.8.4项[紧急情况下的暂停施工]执行。因发包人原因引起的暂停施工,发包人应承担由此增加的费用和(或)延误的工期,并支付承包人合理的利润。”

(8)监理人要求承包人重新试验和检验且结果合格的。2017年版示范文本通用合同条款第9.3.3项规定,监理人对承包人的试验和检验结果有异议的,或为查清承包人试验和检验成果的可靠性要求承包人重新试验和检验的,可由监理人与承包人共同进行。重新试验和检验的结果证明该项材料、工程设备或工程的质量不符合合同要求的,由此增加的费用和(或)延误的工期由承包人承担;重新试验和检验结果证明该项材料、工程设备和工程符合合同要求的,由此增加的费用和(或)延误的工期由发包人承担。

(9)因发包人原因导致暂估价合同订立和履行迟延的。2017 年版示范文本通用合同条款第 10.7.3 项中规定,因发包人原因导致暂估价合同订立和履行迟延的,由此增加的费用和(或)延误的工期由发包人承担,并支付承包人合理的利润。

(10)监理人未能按时参加试车。2017 年版示范文本通用合同条款第 13.3.1 项规定,监理人不能按时参加试车,应在试车前 24 小时以书面形式向承包人提出延期要求,但延期不能超过 48 小时,由此导致工期延误的,工期应予以顺延。监理人未能在前述期限内提出延期要求,又不参加试车的,视为认可试车记录。

(11)非因承包人原因导致试车达不到验收要求。2017 年版示范文本通用合同条款第 13.3.2 项规定,“因设计原因导致试车达不到验收要求,发包人应要求设计人修改设计,承包人按修改后的设计重新安装。发包人承担修改设计、拆除及重新安装的全部费用,工期相应顺延。……因工程设备制造原因导致试车达不到验收要求的,由采购该工程设备的合同当事人负责重新购置或修理,承包人负责拆除和重新安装,由此增加的修理、重新购置、拆除及重新安装的费用及延误的工期由采购该工程设备的合同当事人承担”。

(12)发包人要求提前交付单位工程。2017 年版示范文本通用合同条款第 13.4.2项规定,发包人要求在工程竣工前交付单位工程,由此导致承包人费用增加和(或)工期延误的,由发包人承担由此增加的费用和(或)延误的工期,并支付承包人合理的利润。

(13)当事人对工程质量发生争议,经鉴定质量合格的。《建设工程司法解释(一)》第十一条规定:“建设工程竣工前,当事人对工程质量发生争议,工程质量经鉴定合格的,鉴定期间为顺延工期期间。”

2. 客观原因导致工期顺延。因不可抗力等原因导致工期延误的,承包人无须承担工期延误的责任,工期相应顺延。根据法律、法规和 2017 年版示范文本相关规定,以下客观原因可导致工期顺延:

(1)不可抗力。不可抗力是不能预见、不能避免且不能克服的客观情况。《民法典》第一百八十条第一款规定:“因不可抗力不能履行民事义务的,不承担民事责任。法律另有规定的，依照其规定。”不可抗力是法定的免责事由，因不可抗力导致工期延误，承包人可主张免责。洪水、地震、台风、泥石流等自然灾害是不可抗力最常见的形态，此外，不可抗力还包括战争、武装冲突、罢工、骚乱等社会异常事件，以及国家（政府）行使立法、行政、司法等职能的行为导致合同义务不能履行。2017 年版示范文本通用合同条款第 17.1 款中规定，不可抗力发生后，发包人和承包人应收集证明不可抗力发生及不可抗力造成损失的证据，并及时认真统计所造成的损失。第 17.2 款规定，合同一方当事人遇到不可抗力事件，使其履行合同义务受到阻碍时，应立即通知合同另一方当事人和监理人，书面说明不可抗力和受阻碍的详细情况，并提供必要的证明。不可抗力持续发生的，合同一方当事人应及时向合同另一方当事人和监理人提交中间报告，说明不可抗力和履行合同受阻的情况，并于不可抗力事件结束后 28 天内提交最终报告及有关资料。第 17.3.2 项规定，因不可抗力影响承包人履行合同约定的义务，已经引起或将引起工期延误的，应当顺延工期，由此导致承包人停工的费用损失由发包人和承包人合理分担，停工期间必须支付的工人工资由发包人承担。不可抗力发生后，合同当事人均应采取措施尽量避免和减少损失的扩大，任何一方当事人没有采取有效措施导致损失扩大的，应对扩大的损失承担责任。因合同一方迟延履行合同义务，在迟延履行期间遭遇不可抗力的，不免除其违约责任。

（2）不利物质条件。2017 年版示范文本通用合同条款第 7.6 款规定：“不利物质条件是指有经验的承包人在施工现场遇到的不可预见的自然物质条件、非自然的物质障碍和污染物，包括地表以下物质条件和水文条件以及专用合同条款约定的其他情形，但不包括气候条件。承包人遇到不利物质条件时，应采取克服不利物质条件的合理措施继续施工，并及时通知发包人和监理人。通知应载明不利物质条件的内容以及承包人认为不可预见的理由。监理人经发包人同意后应当及时发出指示，指示构成变更的，按第 10 条［变更］约定执行。承包人因采取合理措施而增加的费用和（或）延误的工期由发包人承担。”

（3）异常恶劣的气候条件。2017 年版示范文本通用合同条款第 7.7 款规定：“异常恶劣的气候条件是指在施工过程中遇到的，有经验的承包人在签订合同时不可预见的，对合同履行造成实质性影响的，但尚未构成不可抗力事件的恶劣气候条件。合同当事人可以在专用合同条款中约定异常恶劣的气候条件的具体情形。承包人应采取克服异常恶劣的气候条件的合理措施继续施工，并及时通知发包人和监理人。监理人经发包人同意后应当及时发出指示，指示构成变更的，按第 10 条

[变更]约定办理。承包人因采取合理措施而增加的费用和(或)延误的工期由发包人承担。”

(4)法律变化引起的调整。2017年版示范文本通用合同条款第11.2款中规定,基准日期后,因法律变化造成工期延误时,工期应予以顺延。因承包人原因造成工期延误,在工期延误期间出现法律变化的,由此增加的费用和(或)延误的工期由承包人承担。

二、停窝工损失

《民法典》共三个条文规定承包人向发包人要求赔偿停工、窝工等损失的情形,分别是:(1)发包人未按照约定的时间和要求提供原材料、设备、场地、资金、技术资料;(2)发包人没有及时检查隐蔽工程;(3)因发包人的原因致使工程中途停建、缓建。此外,2017年版示范文本多处规定由发包人承担延误工期的责任,如前所述。

(一)承包人索赔程序

2017年版示范文本通用合同条款第19.1款规定,承包人认为有权得到追加付款和(或)延长工期的,应按以下程序向发包人提出索赔:(1)承包人应在知道或应当知道索赔事件发生后28天内,向监理人递交索赔意向通知书,并说明发生索赔事件的事由;承包人未在前述28天内发出索赔意向通知书的,丧失要求追加付款和(或)延长工期的权利;(2)承包人应在发出索赔意向通知书后28天内,向监理人正式递交索赔报告;索赔报告应详细说明索赔理由以及要求追加的付款金额和(或)延长的工期,并附必要的记录和证明材料;(3)索赔事件具有持续影响的,承包人应按合理时间间隔继续递交延续索赔通知,说明持续影响的实际情况和记录,列出累计的追加付款金额和(或)工期延长天数;(4)在索赔事件影响结束后28天内,承包人应向监理人递交最终索赔报告,说明最终要求索赔的追加付款金额和(或)延长的工期,并附必要的记录和证明材料。

(二)承包人索赔的处理程序

2017年版示范文本通用合同条款第19.2款规定,对承包人索赔的处理如下:(1)监理人应在收到索赔报告后14天内完成审查并报送发包人。监理人对索赔报告存在异议的,有权要求承包人提交全部原始记录副本。(2)发包人应在监理人收到索赔报告或有关索赔的进一步证明材料后的28天内,由监理人向承包人出具经发包人签认的索赔处理结果。发包人逾期答复的，则视为认可承包人的索赔要求。(3)承包人接受索赔处理结果的，索赔款项在当期进度款中进行支付；承包人不接受索赔处理结果的，按照第20条[争议解决]约定处理。

(三)合理的停工时间

承包人向发包人主张停工、窝工损失，停窝工时间应当合理。《民法典》第五百九十一条规定："当事人一方违约后，对方应当采取适当措施防止损失的扩大；没有采取适当措施致使损失扩大的，不得就扩大的损失请求赔偿。当事人因防止损失扩大而支出的合理费用，由违约方负担。"根据该条规定，一方当事人违反合同的，另一方当事人不能听之任之，任由损失扩大，而应当积极采取适当措施，防止损失扩大。如果当事人没有采取适用措施，导致损失扩大的，应当自己承担扩大的损失，就扩大的损失不能向违约方主张赔偿。建设工程施工合同纠纷中，因发包人原因导致工程长时间地停工，承包人也应当积极采取适当措施防止损失扩大，而不能无动于衷，任由停工时间无限期延长，放任自己损失扩大。承包人应当采取的适当措施包括及时通知发包人或监理人停工的事实及理由，组织人员退场、撤离机械设备等以防止损失扩大。如承包人未采取适当措施导致损失扩大，人民法院将仅支持合理停工时间内承包人的损失，对不合理停工时间产生的损失作为扩大的损失由承包人自行负担。

关于合理停工时间的认定。2017年版示范文本通用合同条款第7.8.6项规定，暂停施工持续84天以上不复工的，且不属于承包人原因引起的暂停施工及不可抗力的情形，影响到整个工程以及合同目的的实现的，承包人有权提出价格调整要求，或者解除合同。该项规定的84天似可作为认定合理停工时间的参考。但是，个案情形千差万别，工程规模、工期以及承包人投入的人员、机械设备等存在很大差别，不可能以同一标准确定所有工程的合理停工时间，因此，合理的停工时间有赖于审判人员在个案中综合案情进行确定，如难以确定，可通过鉴定确定合理的停工时间。

(四)停工、窝工损失的计算

1. 双方当事人可约定承包人停工、窝工的违约金或损失赔偿额的计算方法。

《民法典》第五百八十五条第一款规定："当事人可以约定一方违约时应当根据违约情况向对方支付一定数额的违约金，也可以约定因违约产生的损失赔偿额的计算方法。”建设工程施工合同中，双方当事人可以约定因发包人违约导致承包人停工、窝工的违约金，或者承包人停工、窝工损失赔偿额计算方法。约定违约金或损失赔偿额计算方法的好处在于，承包人举证证明其停工、窝工损失的责任大为减轻，而在没有约定的情况下，承包人应当举证证明停工期间的人工费用、机械设备的租赁费用、照管和清理工程的费用等，对于很多承包人而言，要举证证明其完全的停窝工损失，是非常困难的。

违约金作为赔偿损失额的预定，虽不要求其数额与损失额完全一致，但不宜使两者相差悬殊。[①] 因此，在违约金数额过高或过低的情况下，有必要对违约金数额进行调整。《民法典》第五百八十五条第二款规定：“约定的违约金低于造成的损失的，人民法院或者仲裁机构可以根据当事人的请求予以增加；约定的违约金过分高于造成的损失的，人民法院或者仲裁机构可以根据当事人的请求予以适当减少。”建设工程施工合同中，双方约定的停窝工违约金或者按照约定的计算方法得出的损失赔偿额低于造成的损失的，承包人可以请求人民法院或仲裁机构予以增加，承包人应当就其主张的违约金低于实际损失承担举证责任。双方约定的停窝工违约金或者按照约定的计算方法得出的损失赔偿额过分高于造成的损失的，发包人可以请求人民法院或仲裁机构予以减少，此时，发包人就其主张的违约金过分高于实际损失承担举证责任。司法实践中，当事人约定的违约金超过造成损失的百分之三十的，一般可以认定为“过分高于造成的损失”。

2. 合同未约定时，承包人可主张停工、窝工实际损失。

承包人的停工、窝工实际损失包括：(1)人工费用损失。包括停工期间的工人工资、提前遣散人员支出的遣散费用等。(2)机械设备的租赁费用。包括停工期间脚手架、塔吊、起重机、施工电梯、铲车、挖掘机等机械设备的租赁费用。(3)材料费用损失。包括停工期间材料价格上涨造成的损失、材料损耗、材料构件积压等损失。(4)承包人所有的机械设备搁置损失。停工期间承包人的机械设备搁置在施工现场造成的损失，可按机械设备市场租赁费用计算。(5)机械设备进退场损失。包括承包人所有或租赁的机械设备因停工提前退场支出的费用，以及复工后机械设备重新进场支出的费用。(6)承包人因停工向第三人支付的违约金或损失赔偿。因工程停工，承包人可能需要向材料供应商、机械设备租赁商、分包商等第三人支付违约金或赔偿损失，这些损失应当由发包人承担。(7)照管、清理和修复工程支出

---

① 参见韩世远：《合同法总论》，法律出版社 2008 年版，第 592 页。

的费用。停工期间,承包人需照管工程以及施工现场的原材料、机械设备、临时设施等,还需要对工程进行清理,必要时还要对工程进行修复,产生的费用应由发包人承担。(8)承包人的利润。因发包人违约,导致承包人原本可得的利润因停工而丧失,发包人应当赔偿承包人合理的利润损失。(9)其他费用。包括停工期间产生的水电费等费用。守约方因违约方的违约行为获有利益,应当从损失赔偿额中扣除该部分利益。如承包人因停工将材料退回材料供应商,获得材料供应商退还的材料款,该部分利益应从损失赔偿额中予以扣除。

案例40 **河南省偃师市鑫龙建安工程有限公司(以下简称鑫龙公司)与洛阳理工学院、河南省第六建筑工程公司(以下简称六建公司)索赔及工程欠款纠纷案①**

本案的争议焦点为洛阳理工学院、六建公司应当如何承担鑫龙公司诉请的停工损失。具体又包含两个方面的问题:一是停工时间为多长,二是停工损失的分担比例。

关于停工时间。本案中,在发现成教楼楼板出现裂缝后,1999年4月16日,华诚事务所向洛大项目部下发停工整改通知书;1999年4月20日,六建公司工程管理部向洛大项目部下发了停工通知书,决定"洛大成教楼从即日起停工"。至此,成教楼工程全部停工。为了查明成教楼出现裂缝的原因,在工程停工后,洛阳理工学院和六建公司均多次委托不同的第三方机构对成教楼工程进行鉴定,由于结论存在差异,故自停工之日起至2001年3月19日本案一审立案时的近两年时间里,各方一直未能就成教楼出现裂缝的原因达成一致意见。在此期间,1999年5月25日,六建公司召开洛大成教楼工程质量会议,根据该会议记录显示,六建公司经理吴某某要求鑫龙公司退场,鑫龙公司经理杨某某表示同意。六建公司并于当日形成了书面的停工撤场通知,要求鑫龙公司"全部人员停工,撤场",该通知于5月27日由六建公司派驻洛大项目部的人员曹某某签收。但该通知也未能得到实际执行。1999年8月2日,六建公司召开了洛大成教楼、住宅楼复工会议,根据会议纪要显示,六建公司要求"分承包方"即鑫龙公司于8月中旬复工,工期100天,六建公司副经理蔡某某要求"必须保证工期……如果杨某某再出现什么事,公司将采取强硬态度"。杨某某则表示"一定按公司的要求保质、保量完成,尽快安排人员进

① 最高人民法院(2011)民提字第292号民事判决书,载《最高人民法院公报》2013年第1期。

场”。但从1999年10月26日、2000年3月4日鑫龙公司给洛阳理工学院、六建公司的信函以及各方当事人在一审、二审以及再审审理中的陈述来看,工程并未于1999年8月中旬复工,各方当事人仍因成教楼裂缝问题而就停工、复工未达成一致。直至2001年1月20日、21日,鑫龙公司与六建公司签订了两份协议书,约定“(六建)公司于2000年元月22日支付给偃师鑫龙建安工程有限公司工程款50万元”“2月7日前就款项问题理工学院、省建六公司履约的同时,向省建六公司腾出成教楼施工现场”。但双方仍均未履行该协议,六建公司遂诉至河南省洛阳市西工区人民法院,在西工区人民法院主持下达成调解,西工区人民法院2001年3月20日作出了(2001)西经初字第175号民事调解书,明确“被告(鑫龙公司)撤出现场”。

从以上事实可以看出,在1999年4月20日成教楼工程停工后,鑫龙公司与六建公司就停工撤场还是复工问题一直存在争议。对此,各方当事人应当本着诚实信用的原则加以协商处理,暂时难以达成一致的,发包方对于停工、撤场应当有明确的意见,并应承担合理的停工损失;承包方、分包方也不应盲目等待而放任停工损失的扩大,而应当采取适当措施如及时将有关停工事宜告知有关各方、自行做好人员和机械的撤离等,以减少自身的损失。而本案中,成教楼工程停工后,洛阳理工学院作为工程的发包方没有就停工、撤场以及是否复工作出明确的指令,六建公司对工程是否还由鑫龙公司继续施工等问题的解决组织协调不力,并且没有采取有效措施避免鑫龙公司的停工损失,洛阳理工学院和六建公司对此应承担一定责任。与此同时,鑫龙公司也未积极采取适当措施要求洛阳理工学院和六建公司明确停工时间以及是否需要撤出全部人员和机械,而是盲目等待近两年时间,从而放任了停工损失的扩大。因此,本院认为,虽然成教楼工程实际处于停工状态近两年,但对于计算停工损失的停工时间则应当综合案件事实加以合理确定,二审判决及再审判决综合本案各方当事人的责任大小,参照河南省原建设厅豫建标定〔1999〕21号《关于记取暂停工程有关损失费用规定的通知》的规定,将鑫龙公司的停工时间计算为从1999年4月20日起的6个月,较为合理。鑫龙公司认为参照该通知将停工时间认定为6个月属于适用法律错误的理由不能成立。二审判决及再审判决据此认定对此后的停、窝工,鑫龙公司应当采取措施加以改变,不应计入赔偿损失范围并无不当。鑫龙公司对其未采取适当措施致使的损失应当自行承担责任,鑫龙公司主张不存在怠于采取措施致使损失扩大的理由亦不能成立。

关于停工损失的数额。根据上述鑫龙公司停工损失的计算期间的认定结果,本院认定鑫龙公司6个月停工损失为534,162.6元(停滞机械设备台班费、建筑周转材料损失费、人工窝工损失费2,050,597.33元÷691天=每天的损失为2967.57元×6个月);租用六吨塔式起重机支付的赔偿金135,000元,以每天100元,共计6个月,合计18,000元。以上两部分合计552,162.6元。

关于停工损失的分担比例。对于洛阳理工学院成教楼出现裂缝导致工程停工的责任问题,一审、二审及再审判决依据查明的案件事实认定洛阳理工学院提供地质报告有误,从而导致成教楼裂缝,造成鑫龙公司停工,对此应承担主要责任;六建公司处理不力致使损失扩大,鑫龙公司工程质量存在一定问题,均应承担一定责任。对此事实及认定,鑫龙公司没有异议,洛阳理工学院、六建公司对二审及再审判决亦没有提出申诉,本院予以确认。一审判决并据此认定洛阳理工学院承担损失的80%,六建公司和鑫龙公司各自承担损失的10%,属于在正常的自由裁量权范围内进行的责任分担比例划分,并无明显不当。二审及再审判决在认为一审认定责任正确的情况下,将洛阳理工学院所负主要责任的比例由80%调整为50%既与其相关认定结论不符,也没有充分证据,应当予以纠正。此外,鑫龙公司在我院提审庭审中主张,对于停工损失,理工学院应承担70%,六建公司承担20%,其自负10%。鑫龙公司该主张有事实及法律依据,应予支持。故理工学院应承担的损失比例为70%,六建公司仍按照二审及再审判决确定的20%承担损失责任,鑫龙公司自负10%。

(五)承包人未在约定期限提出工期顺延申请的处理

2017年版示范文本通用合同条款第19.1款第(1)项规定:"承包人应在知道或应当知道索赔事件发生后28天内,向监理人递交索赔意向通知书,并说明发生索赔事件的事由;承包人未在前述28天内发出索赔意向通知书的,丧失要求追加付款和(或)延长工期的权利。"根据该条规定,发包人原因、客观原因等非承包人过错导致工期延长的,承包人应当在事件发生后28日内及时向发包人或监理人提出工期顺延和索赔意向通知,说明工期顺延的事由并要求发包人赔偿停窝工损失。如果承包人未依上述时间通知发包人或监理人的,即丧失工期顺延和索赔的权利。该条关于逾期主张即丧失权利的规定是否应当适用,在实践中存在诸多争议。

观点一认为,双方当事人将示范文本通用条款订入建设工程施工合同中,意味着双方均同意接受示范文本通用条款的约束,示范文本通用条款的内容成为双方当事人的真实意思表示。示范文本通用条款关于逾期主张工期顺延即丧失权利的内容,系双方真实意思表示,且不违反法律、行政法规的强制性规定,合法有效。双方当事人如在专用条款中特别约定逾期主张工期顺延即丧失权利的内容,更是双方真实意思表示。而且,该条款符合"法律不保护躺在权利上睡觉的人"的原则,具备合理性,与发包人逾期答复即视为认可的条款相对应,符合权利义务对等的原则。适用该条有利于督促承包人及时主张权利,有利于案件成讼后人民法院查明相关事实。因此,示范文本或专用条款中关于逾期主张工期顺延即丧失权利的条款应当适用,承包人逾期提出工程顺延和索赔意向的,将丧失相应的实体权利。浙江省高级人民法院民事审判第一庭《关于审理建设工程施工合同纠纷案件若干疑难问题的解答》(2012 年)第六条规定:"如何认定工期顺延?发包人仅以承包人未在规定时间内提出工期顺延申请而主张工期不能顺延的,该主张不能成立。但合同明确约定不在规定时间内提出工期顺延申请视为工期不顺延的,应遵从合同的约定。"

观点二认为,承包人逾期主张工期顺延和索赔,并不因此丧失工期顺延和索赔的权利。在建设工程领域中,出于多种原因,多数承包人无法在导致工期顺延的事件发生后 28 日内向发包人或监理人提出工期顺延或索赔意向,如仅因逾期提出就认定承包人丧失工期顺延和索赔的权利,将极大地损害承包人的合法权利。安徽省高级人民法院《关于审理建设工程施工合同纠纷案件适用法律问题的指导意见(二)》(2013 年)第四条规定:"承包人未能提供顺延工期的签证等书面文件,但能够证明工程存在延期开工、不具备施工条件、设计变更、工程量增加、发包人指定的分包工程迟延完工、不可抗力等不可归责于承包人的原因,影响施工进度的,可以允许承包人相应顺延工期。"

笔者同意第二种观点,理由是:

1. 工期顺延是一种客观事实,而不仅是承包人的权利。因发包人原因和客观原因导致工期顺延,是一种客观事实,承包人有权向发包人申请工期顺延或索赔,但不能因承包人有权申请工期顺延就认为工期顺延是承包人的一项权利而不是一种客观事实。承包人是否在 28 日内提出工期顺延和索赔意向,并不能影响工期顺延这一客观事实的发生。

2. 示范文本关于逾期主张工期顺延即失权的规定与我国建筑行业的现状脱节。现阶段,我国建筑行业市场并不规范,施工人风险意识和规则意识差、风险防范能力差,而且在建筑行业市场中,发包人仍占明显的优势地位,承包人在实际履行合同过程中,许多工作需要发包人和监理人配合,如承包人在履行合同过程中就向发包人索赔,将给后面的施工造成许多障碍。因此,承包人往往不能在导致工期顺延的事件发生后 28 日内向发包人提出工期顺延和索赔意向。如严格适用逾期主张即失权的约定,因发包人或客观原因导致的工期延误,承包人不但不能申请顺延工期或索赔以保护自身的合法权利,还要向发包人承担非因自身过错甚至是发包人原因导致的工期延误的赔偿责任,这对承包人来说是非常不公平的。

3. 示范文本规定的失权期限明显过短。权利逾期不主张即丧失的权利失效制度,是指权利者在相当期间内不行使权利,依特别情事足以使义务人正当信任债权人不欲使其履行义务时,则基于诚信原则不得再为主张。① 权利失效的期间应是相当长的一段时间,在这段时间内,权利人不行使权利,导致义务人确信权利人不欲行使权利,才有权利失效制度的适用。承包人在事件发生后 28 日内不行使工期顺延和索赔的权利,不会使发包人产生承包人不欲行使权利的确信,在如此短的时间内不主张权利即失权,不符合诚信原则和公平原则,也与一般理性人的心理预期不符。《民法典》规定诉讼时效为 3 年,权利人超过诉讼时效不主张权利也只是丧失胜诉权,而非全部丧失实体权利。示范文本规定 28 日的权利失效期间,明显过短,不利于承包人合法权利的保护。

《建设工程司法解释(一)》第十条规定:"当事人约定顺延工期应当经发包人或者监理人签证等方式确认,承包人虽未取得工期顺延的确认,但能够证明在合同约定的期限内向发包人或者监理人申请过工期顺延且顺延事由符合合同约定,承包人以此为由主张工期顺延的,人民法院应予支持。当事人约定承包人未在约定期限内提出工期顺延申请视为工期不顺延的,按照约定处理,但发包人在约定期限后同意工期顺延或者承包人提出合理抗辩的除外。"根据该条规定,承包人提出合理抗辩,即使承包人未在合同约定的时间内提出工期顺延和索赔意向,承包人并不因此丧失相应的权利,仍可向发包人主张工期顺延,并主张停工、窝工等损失的赔偿。

另外,2017 年版示范文本通用合同条款第 19.5 款第(1)项规定:"承包人按第 14.2 款〔竣工结算审核〕约定接收竣工付款证书后,应被视为已无权再提出在工程接收证书颁发前所发生的任何索赔。"笔者认为,根据类似情况作类似处理的法律原则,可以参照《建设工程司法解释(一)》第十条的规定,即在承包人提出合理抗辩的情况下,承包人仍可在接收竣工付款证书后向发包人主张停工、窝工损失的索赔,承包人在接收竣工付款证书时明确作出放弃索赔意思表示的除外。

---

① 参见王泽鉴:《民法总则》,中国政法大学出版社 2001 年版,第 560 页。

第三节　承包人原因导致的工期延误

承包人原因导致的工期延误,将给发包人造成不能及时使用建筑物、不能按约向第三人交付建筑物等损失,发包人可以要求承包人予以赔偿。

一、承包人原因导致工期延误的情形

根据2017年版示范文本通用合同条款的规定,承包人原因导致工期延误的情形主要有以下几种:

1. 承包人拒不签收发包人的信函。根据2017年版示范文本通用合同条款第1.7.3项的规定,承包人应当及时签收发包人送达至送达地点和指定接收人的来往信函。拒不签收的,由此增加的费用和(或)延误的工期由拒绝接收一方承担。

2. 承包人未合理预见进出施工现场的方式、手段、路径等。2017年版示范文本通用合同条款第1.10.1项规定,承包人应在订立合同前查勘施工现场,并根据工程规模及技术参数合理预见工程施工所需的进出施工现场的方式、手段、路径等。因承包人未合理预见所增加的费用和(或)延误的工期由承包人承担。

3. 承包人未提交与项目经理的劳动合同和项目经理缴纳社会保险的有效证明。2017年版示范文本通用合同条款第3.2.1项中规定,项目经理应为合同当事人所确认的人选,并在专用合同条款中明确项目经理的姓名、职称、注册执业证书编号、联系方式及授权范围等事项,项目经理经承包人授权后代表承包人负责履行合同。项目经理应是承包人正式聘用的员工,承包人应向发包人提交项目经理与承包人之间的劳动合同,以及承包人为项目经理缴纳社会保险的有效证明。承包人不提交上述文件的,项目经理无权履行职责,发包人有权要求更换项目经理,由此增加的费用和(或)延误的工期由承包人承担。

4. 承包人未充分勘查施工现场和条件。2017年版示范文本通用合同条款第3.4款中规定,承包人应对施工现场和施工条件进行查勘,并充分了解工程所在地的气象条件、交通条件、风俗习惯以及其他与完成合同工作有关的其他资料。因承包人未能充分查勘、了解前述情况或未能充分估计前述情况所可能产生后果的,承包人承担由此增加的费用和(或)延误的工期。

5. 承包人照管期间因承包人原因造成工程、材料和设备损坏。2017年版示范

文本通用合同条款第 3.6 款第(2)项规定:“在承包人负责照管期间,因承包人原因造成工程、材料、工程设备损坏的,由承包人负责修复或更换,并承担由此增加的费用和(或)延误的工期。”

6. 承包人原因造成成品或半成品损坏。2017 年版示范文本通用合同条款第 3.6 款第(3)项规定:“对合同内分期完成的成品和半成品,在工程接收证书颁发前,由承包人承担保护责任。因承包人原因造成成品或半成品损坏的,由承包人负责修复或更换,并承担由此增加的费用和(或)延误的工期。”

7. 承包人原因导致工程质量不合格。2017 年版示范文本通用合同条款第 5.1.3项规定:“因承包人原因造成工程质量未达到合同约定标准的,发包人有权要求承包人返工直至工程质量达到合同约定的标准为止,并由承包人承担由此增加的费用和(或)延误的工期。”

8. 隐蔽工程检查或重新检查不合格。2017 年版示范文本通用合同条款第 5.3.2项和第 5.3.3 项规定,监理人应按时到场并对隐蔽工程及其施工工艺、材料和工程设备进行检查。经监理人检查确认质量符合隐蔽要求,并在验收记录上签字后,承包人才能进行覆盖。经监理人检查质量不合格的,承包人应在监理人指示的时间内完成修复,并由监理人重新检查,由此增加的费用和(或)延误的工期由承包人承担。承包人覆盖工程隐蔽部位后,发包人或监理人对质量有疑问的,可要求承包人对已覆盖的部位进行钻孔探测或揭开重新检查,承包人应遵照执行,并在检查后重新覆盖恢复原状。经检查证明工程质量不符合合同要求的,由此增加的费用和(或)延误的工期由承包人承担。

9. 承包人私自覆盖隐蔽工程。2017 年版示范文本通用合同条款第 5.3.4 项规定:“承包人未通知监理人到场检查,私自将工程隐蔽部位覆盖的,监理人有权指示承包人钻孔探测或揭开检查,无论工程隐蔽部位质量是否合格,由此增加的费用和(或)延误的工期均由承包人承担。”

10. 当事人对工程质量发生争议,经鉴定质量不合格的。2017 年版示范文本通用合同条款第 5.5 款规定,合同当事人对工程质量有争议的,由双方协商确定的工程质量检测机构鉴定,由此产生的费用及因此造成的损失,由责任方承担。合同当事人均有责任的,由双方根据其责任分别承担。合同当事人无法达成一致的,按照第 4.4 款[商定或确定]执行。

11. 承包人未对安全文明施工费专款专用,且发包人指令改正后逾期未改正。2017 年版示范文本通用合同条款第6.1.6项中规定,承包人对安全文明施工费应专款专用，承包人应在财务账目中单独列项备查，不得挪作他用，否则发包人有权责令其限期改正；逾期未改正的，可以责令其暂停施工，由此增加的费用和（或）延误的工期由承包人承担。

12. 发生危及工程安全事件的抢救。2017 年版示范文本通用合同条款第6.1.7项规定："在工程实施期间或缺陷责任期内发生危及工程安全的事件，监理人通知承包人进行抢救，承包人声明无能力或不愿立即执行的，发包人有权雇佣其他人员进行抢救。此类抢救按合同约定属于承包人义务的，由此增加的费用和（或）延误的工期由承包人承担。"

13. 承包人原因引起环境污染纠纷。2017 年版示范文本通用合同条款第6.3 项规定："承包人应在施工组织设计中列明环境保护的具体措施。在合同履行期间，承包人应采取合理措施保护施工现场环境。对施工作业过程中可能引起的大气、水、噪音以及固体废物污染采取具体可行的防范措施。承包人应当承担因其原因引起的环境污染侵权损害赔偿责任，因上述环境污染引起纠纷而导致暂停施工的，由此增加的费用和（或）延误的工期由承包人承担。"

14. 承包人原因引起的暂停施工。2017 年版示范文本通用合同条款第 7.8.2 项规定："因承包人原因引起的暂停施工，承包人应承担由此增加的费用和（或）延误的工期，且承包人在收到监理人复工指示后 84 天内仍未复工的，视为第 16.2.1 项〔承包人违约的情形〕第（7）目约定的承包人无法继续履行合同的情形。"

15. 工程暂停后符合复工条件，承包人无故拖延和拒绝复工。2017 年版示范文本通用合同条款第 7.8.5 项规定，暂停施工后，发包人和承包人应采取有效措施积极消除暂停施工的影响。在工程复工前，监理人会同发包人和承包人确定因暂停施工造成的损失，并确定工程复工条件。当工程具备复工条件时，监理人应经发包人批准后向承包人发出复工通知，承包人应按照复工通知要求复工。承包人无故拖延和拒绝复工的，承包人承担由此增加的费用和（或）延误的工期。

16. 承包人采购的材料和工程设备不符合设计或有关标准要求。2017 年版示范文本通用合同条款第 8.3.2 项规定："承包人采购的材料和工程设备，应保证产品质量合格，承包人应在材料和工程设备到货前 24 小时通知监理人检验。承包人进行永久设备、材料的制造和生产的，应符合相关质量标准，并向监理人提交材料的样本以及有关资料，并应在使用该材料或工程设备之前获得监理人同意。承包人采购的材料和工程设备不符合设计或有关标准要求时，承包人应在监理人要求的合理期限内将不符合设计或有关标准要求的材料、工程设备运出施工现场，并重新采购符合要求的材料、工程设备，由此增加的费用和（或）延误的工期，由承包人承担。”第8.4.2项第2目规定：“发包人或监理人发现承包人使用不符合设计或有关标准要求的材料和工程设备时，有权要求承包人进行修复、拆除或重新采购，由此增加的费用和（或）延误的工期，由承包人承担。”第8.5.1项规定：“监理人有权拒绝承包人提供的不合格材料或工程设备，并要求承包人立即进行更换。监理人应在更换后再次进行检查和检验，由此增加的费用和（或）延误的工期由承包人承担。”

17. 承包人使用的施工设备不能满足进度计划或质量要求。2017年版示范文本通用合同条款第8.8.3项规定：“承包人使用的施工设备不能满足合同进度计划和（或）质量要求时，监理人有权要求承包人增加或更换施工设备，承包人应及时增加或更换，由此增加的费用和（或）延误的工期由承包人承担。”

18. 对材料、设备和工程的重新试验和检验不合格。2017年版示范文本通用合同条款第9.3.3项规定：“监理人对承包人的试验和检验结果有异议的，或为查清承包人试验和检验成果的可靠性要求承包人重新试验和检验的，可由监理人与承包人共同进行。重新试验和检验的结果证明该项材料、工程设备或工程的质量不符合合同要求的，由此增加的费用和（或）延误的工期由承包人承担；重新试验和检验结果证明该项材料、工程设备和工程符合合同要求的，由此增加的费用和（或）延误的工期由发包人承担。”

19. 承包人原因导致的暂估价合同迟延。2017年版示范文本通用合同条款第10.7.3项规定，因承包人原因导致暂估价合同订立和履行迟延的，由此增加的费用和（或）延误的工期由承包人承担。

20. 竣工验收不合格。2017年版示范文本通用合同条款第13.2.2项第（4）目规定：“竣工验收不合格的，监理人应按照验收意见发出指示，要求承包人对不合格工程返工、修复或采取其他补救措施，由此增加的费用和（或）延误的工期由承包人承担。承包人在完成不合格工程的返工、修复或采取其他补救措施后，应重新提交竣工验收申请报告，并按本项约定的程序重新进行验收。”第13.2.4项规定：“对于竣工验收不合格的工程，承包人完成整改后，应当重新进行竣工验收，经重新组织验收仍不合格的且无法采取措施补救的，则发包人可以拒绝接收不合格工程，因不合格工程导致其他工程不能正常使用的，承包人应采取措施确保相关工程的正常使用，由此增加的费用和（或）延误的工期由承包人承担。”

21. 承包人原因导致工程试车达不到验收要求。根据2017年版示范文本通用合同条款第13.3.2项的规定，因承包人原因导致试车达不到验收要求，承包人按监理人要求重新安装和试车，并承担重新安装和试车的费用，工期不予顺延。因承包人采购的工程设备制造原因导致试车达不到验收要求的，由承包人负责重新购置或修理，并负责拆除和重新安装，由此增加的修理、重新购置、拆除及重新安装的费用及延误的工期由承包人承担。

二、发包人工期延误的损失

（一）发包人索赔和处理程序

2017年版示范文本通用合同条款第19.3款、第19.4款规定，发包人索赔和处理程序如下：（1）根据合同约定，发包人认为有权得到赔付金额和（或）延长缺陷责任期的，监理人应向承包人发出通知并附有详细的证明。发包人应在知道或应当知道索赔事件发生后28天内通过监理人向承包人提出索赔意向通知书，发包人未在前述28天内发出索赔意向通知书的，丧失要求赔付金额和（或）延长缺陷责任期的权利。发包人应在发出索赔意向通知书后28天内，通过监理人向承包人正式递交索赔报告。（2）承包人收到发包人提交的索赔报告后，应及时审查索赔报告的内容、查验发包人证明材料。（3）承包人应在收到索赔报告或有关索赔的进一步证明材料后28天内，将索赔处理结果答复发包人。如果承包人未在上述期限内作出答复的，则视为对发包人索赔要求的认可。（4）承包人接受索赔处理结果的，发包人可从应支付给承包人的合同价款中扣除赔付的金额或延长缺陷责任期；发包人不接受索赔处理结果的，按第20条[争议解决]约定处理。

（二）工期延误的举证责任

发包人主张工期延误的索赔，一般仅需证明竣工日期晚于合同约定的竣工日期即可。而承包人要反驳发包人的主张，则需要提供证据证明实际开工日期晚于合同约定的开工日期、因发包人或客观原因导致工期顺延等承包人免责的证据，以及承包人向发包人或监理人报告工期顺延的证据。

（三）工期延误损失的认定

双方当事人可以在建设工程施工合同专用条款中约定因承包人原因导致工期延误违约金的数额和计算方法，如此一来，可以减轻发包人对因工期延误造成损失及损失数额等事实的举证责任。合同约定的违约金过高或过低，双方当事人可以请求人民法院或仲裁机构予以调整，主张违约金过高或过低的一方当事人，应当就其主张承担举证责任。《建设工程工程量清单计价规范》(GB 50500—2013)第9.12.2项规定："发承包双方应在合同中约定误期赔偿费，明确每日历天应赔额度。除合同另有约定外，误期赔偿费的最高限额为合同价款的5%。误期赔偿费列入竣工结算文件中，在结算款中扣除。"但该规定可通过合同的特别约定予以排除。

双方当事人未在合同中约定工期延误违约金的，发包人应当对因工期延误造成的损失承担举证责任。发包人因工期延误造成的损失包括：(1)建筑物不能如期使用的损失。如建筑物为发包人自用，因工期延误，发包人不能按期使用房屋，因此造成的损失数额可参照周边同类建筑物的市场租金计算。(2)不能使用建筑物的可得利益损失。如发包人将建筑物用于生产经营，因工期延误发包人不能按期投产经营的，承包人应当赔偿发包人可得利润的损失。(3)发包人不能按约定时间交付房屋和办理产权登记向购房者支付的违约金。如建筑物用于出售，因工期延误，发包人不能按房屋买卖合同约定的时间向购房者交付房屋和办理产权登记手续，将产生逾期交房和办证违约金。发包人向购房者支付的逾期交房和办证违约金，应作为延误工期造成的损失，由承包人赔偿。(4)发包人不能按约定时间向承租人交付房屋而向承租人赔偿的损失。建筑物系发包人用于出租，因工程延期，发包人不能按约定时间将建筑物交付承租人使用，将产生租金损失以及发包人向承租人支付违约金或赔偿等损失，承包人应当向发包人进行赔偿。(5)因工期延误造成的其他损失。

(四)发包人未在约定时间向承包人主张工期延误赔偿的处理

2017年版示范文本通用合同条款第19.3款规定，发包人通过监理人向承包人发出索赔意向书的时间为索赔事件发生后28天，与承包人提出索赔意向的时间一致，同时，该款还规定发包人未在前述28天内发出索赔意向通知书的，丧失要求赔付金额的权利。笔者认为，发包人向承包人提出索赔意向的期限28天明显过短，在合同履行期间就强制性地要求发包人向承包人索赔，不仅脱离实际，而且会使双方关系恶化，对后面合同的正常履行造成不利影响。如仅以索赔事件发生后28天未提出索赔意向为由，就否定发包人向承包人主张工期延误的赔偿责任，对发包人来说同样是不公平的。司法实践中，极少有司法案例以28天未提出索赔意向就否定发包人要求承包人承担工期延误赔偿责任的权利。因此，笔者认为，对发包人未在约定时间向承包人主张工期延误赔偿的处理原则，与承包人逾期提出工期顺延和索赔意向的处理应当一致,发包人未在索赔事件发生后28天内自行或通过监理人向承包人发出索赔意向,但承包人同意延误工期赔偿或发包人举证证明确因承包人原因导致工期延误的,发包人仍可向承包人主张工期延误赔偿。

(五)合同无效下工期延误赔偿的处理

建设工程施工合同被确认无效后,工期等条款因此无效,这种情况下,当事人能否主张工期延误的损失,在实务中存在很大争议。

观点一认为,建设工程施工合同无效,仅合同中的工程价款内容可以参照。当事人对工期的约定无效,对当事人不产生拘束力,也不能参照适用。建设工程施工合同无效,工期相当于没有约定,在工期不确定的情况下,工期延误的索赔也就无从谈起。因此,当事人要求延误工期的赔偿,不应得到支持。

观点二认为,合同无效,有过错的当事人承担的责任是缔约过失责任,赔偿的范围只是当事人在订立合同过程中的直接成本损失,而不应包括当事人在实际履行合同过程中或履行合同结束后的损失。建设工程施工合同中,当事人主张工期延误损失的赔偿,属于合同履行中和履行结束后的损失,不属于缔约过失责任的赔偿范围。

观点三认为,建设工程施工合同无效,合同中关于工程价款、违约金的条款均可参照。因此,在工期发生延误的情况下,当事人可参照合同违约金的约定要求对方承担工期延误造成的损失。

观点四认为,建设工程施工合同无效,因工期延误造成的实际损失应由造成工期延误的当事人承担赔偿责任。赔偿责任的范围应当以实际损失为限,如实际损失难以确定,可以参照合同关于工期的约定确定实际损失的大小,但合同的违约金条款不能参照适用。

笔者倾向于第四种观点,理由有如下四点:

1. 法律规定建设工程施工合同无效,可参照合同约定的工程价款等条款,并不意味着使无效合同有效化。在法律、司法解释没有明确规定的情况下,建设工程施工合同约定的内容不应参照适用。法律、司法解释并没有规定合同无效时可以参照合同约定的违约责任条款确定损失赔偿额,因此,认为可以参照违约条款确定当事人赔偿责任的观点,没有法律依据。

2. 合同无效时产生的缔约过失责任,其范围并不局限于订立合同过程中的直接成本损失。从鼓励交易,维护诚实信用原则出发,对于缔约过失责任的赔偿范围不应限于缔约发生的费用。缔约过失赔偿的范围，应以对方的缔约过失造成的实际损失为准，包括缔约合同的支出，由于违反前契约义务而造成的损失，以及由于对方的过失而造成的订约机会丧失而受有的损失。在合同无效的情况下，发包人难以向承包方主张合同违约责任，在合同被确认无效且承包方在履行合同过程中的确存在过错情况之下，不将实际损失纳入合同无效过错赔偿范围，无疑与“有损失有救济”的原则相悖。[①] 因此，缔约过失责任的范围应当是当事人因合同无效导致的实际损失，以当事人订立合同时可预见的损失为限，且不得超过合同有效时的履行利益损失。

3. 因承包人原因导致的工期延误，发包人因此造成损失，即使合同无效，发包人也有权向承包人主张赔偿。因承包人未按施工进度计划施工，或提供的材料、设备不符合要求，或工程质量不合格等原因，导致工期延误，承包人对此存在过错，发包人因此产生未按期使用建筑物的损失或向第三人承担违约责任的损失等，这些损失如实际发生，发包人有权要求有过错的承包人承担赔偿责任。承包人的赔偿责任限于发包人因工期延误造成的实际损失，可得利益损失（如发包人不能按期将建筑物用于生产经营造成的利润损失）不在合同无效的赔偿范围之内。发包人因工期延误造成的实际损失，超出承包人可预见的范围，承包人无须赔偿。如发包人告知承包人建筑物是其自用，但后来发包人在未告知承包人的情况下将未完成的建筑物预售给他人，因工期延误发包人向购房人承担违约责任，承包人只能预见因工期延误发包人不能按期使用建筑物的损失，而不能预见发包人向购房人承担的违约责任损失，承包人的赔偿责任仅限于因工期延误发包人不能按期使用建筑物的损失，对于超出这一损失范围的对第三人承担违约责任损失则不在承包人的赔偿范围之内。

4. 发包人向承包人主张工期延误的损失赔偿，应当举证证明因工期延误造成的实际损失。如实际损失无法确定，可参照合同约定的工期条款确定损失大小，并结合双方过错程度、过错与损失之间的因果关系等因素确定承包人的赔偿责任。《建设工程司法解释（一）》第六条规定：“建设工程施工合同无效，一方当事人请求对方赔偿损失的，应当就对方过错、损失大小、过错与损失之间的因果关系承担举证责任。损失大小无法确定，一方当事人请求参照合同约定的质量标准、建设工期、工程价款支付时间等内容确定损失大小的，人民法院可以结合双方过错程度、过错与损

---

① 参见李琪：《〈建设工程施工合同〉被确认无效后的过错赔偿责任》，载《民事审判指导与参考》2013 年第 1 辑（总第 53 辑）。

失之间的因果关系等因素作出裁判。”根据该条规定，确定因承包人原因导致工期延误的赔偿责任，首先要确定发包人实际损失的大小，在实际损失无法确定的情况下，可参照合同约定的工期内容进行确定，但合同约定的违约条款不能参照适用。

案例41 山西昊晖房地产开发有限公司(以下简称山西昊晖公司)与南通市常青建筑安装工程有限公司(以下简称南通常青公司)建设工程施工合同纠纷案①

最高人民法院再审审查认为：关于二审法院不予支持山西昊晖公司主张的违约金477万元，判令南通常青公司支付山西昊晖公司损失1,412,886元是否有误的问题。因案涉合同无效，合同中约定的违约条款亦无效，当事人不能依违约条款主张违约金，故二审法院对山西昊晖公司主张的违约金477万元不予支持并无不当。对于山西昊晖公司主张的工期延误损失问题。原审中，山西昊晖公司提供了417份与购房者签定的商品房买卖合同，欲证明由于南通常青公司施工进度的严重迟延，导致山西昊晖公司向购房者支付预期交房违约金共计2,379,722元。因其提供的逾期违约金收据和东方世纪城免收物业管理费的证明等证据，只能证明实际发生的预期交房违约损失为1,412,886元，故二审法院判令南通常青公司支付山西昊晖公司损失1,412,886元，并无不当。

对于在合同无效下，承包人停工窝工损失的赔偿，笔者认为与发包人因工期延误造成损失的赔偿处理一致，对于因发包人过错造成承包人停工、窝工损失的，承包人可以要求发包人赔偿。发包人的赔偿责任也应以承包人停工、窝工造成的实际损失为限，不包括承包人停工期间的可得利益损失。对于由非发包人原因造成的承包人停工、窝工，可综合双方在造成合同无效中的过错、实际损失大小和因果关系确定发包人的责任。

---

① 最高人民法院(2019)最高法民申5009号民事裁定书。

CHAPTER 4

第四章

建设工程价款

建设工程价款,是指承包人按照建设工程施工合同约定履行施工义务,发包人依约应当支付承包人的金额。依约支付工程价款是发包人最主要的合同义务,根据完成的施工任务取得相应的工程价款是承包人最主要的合同权利。建设工程价款的结算和支付是建设工程施工合同双方当事人产生纠纷并成讼的最重要的因素,也是大部分建设工程施工合同纠纷案件的争议焦点。

第一节　建设工程施工合同的计价方法与价格形式

建设工程施工合同双方当事人可以在合同中约定计价方法和价格形式。计价方法是指就承包人完成的工程量根据一定的计算规则计算工程价款的方法,建设工程的价格形式是指由于建设工程价格确定的不同方式而形成的价格类型。建设工程施工合同对价格形式和计价方法有约定的,应当尊重双方当事人的真实意思,按合同约定结算工程价款。《建设工程司法解释(一)》第十九条第一款规定:“当事人对建设工程的计价标准或者计价方法有约定的,按照约定结算工程价款。”

一、建设工程施工合同的计价方法

现阶段,建设工程施工合同的计价方法主要有两种:一是工程定额计价,二是工程量清单计价。

(一)工程定额计价

根据《建设工程定额管理办法》所作的定义,定额是指在正常施工条件下完成规定计量单位的合格建筑安装工程所消耗的人工、材料、施工机具台班、工期天数及相关费率等的数量基准。定额是国有资金投资工程编制投资估算、设计概算和最高投标限价的依据,对其他工程仅供参考。

《建设工程定额管理办法》第七条规定:“各主管部门应编制和完善相应的定额体系表,并适时调整。国务院住房城乡建设行政主管部门负责制定定额体系编制的统一要求。各行业主管部门、省级住房城乡建设行政主管部门按统一要求编制完善本行业和地区的定额体系表,并报国务院住房城乡建设行政主管部门。国务院住房城乡建设行政主管部门根据各行业主管部门、省级住房城乡建设行政主管部门报送的定额体系表编制发布全国定额体系表。"由此可见,建设工程定额由各行业主管部门和省级住房城乡建设行政主管部门按统一要求,根据各行业和各地的实际情况统一编制,国务院住房城乡建设行政主管部门综合编制发布全国定额体系表。建设工程定额更多地体现了政府对建设工程计价进行的指导,属于政府指导价范畴,不具有强制性,当事人可以在建设工程施工合同中选择定额标准计价,也可以选择其他计价方法。

定额计价的方法和程序,按预算定额规定的分部分项子目,逐步计算工程量,套用定额单价(或单位估价表)直接确定直接工程费,然后按规定的取费标准确定措施费、间接费、利润和税金,加上材料调差系数和适当的不可预见费,汇总即为工程造价或标底。(1)基本构造要素(假定建筑 = 人工费 + 材料费 + 施工机械使用费)的直接工程费单价公式。人工费 = ∑(人工日数量 × 人工日工资标准);材料费 = ∑(材料用量 × 材料预算价格);机械使用费 = ∑(机械台班用量 × 台班单价)。(2)单位工程概预算造价 = ∑(假定建筑产品工程量直接工程费单价) + 措施费。(3)单位工程概预算造价 = 单位工程直接费 + 间接费 + 利润 + 税金。(4)单位工程概算造价 = ∑单位工程概预算造价 + 设备、器具购置费用。(5)建设项目全部工程概算造价 = ∑单位工程概算造价 + 预备费 + 有关的其他费用。①

(二)工程量清单计价

为顺应市场经济的发展,发挥市场在资源配置中的基础性作用,原建设部于2003年2月17日发布《建设工程工程量清单计价规范标准》(GB 50500—2003),推广施行工程量清单计价方法。住房和城乡建设部于2008年7月9日发布《建设工程工程量清单计价规范》(GB 50500—2008),后又于2012年12月25日发布《建设工程工程量清单计价规范》(GB 50500—2013),该规范现行有效。

工程量清单是指建设工程的分部分项工程项目、措施项目、其他项目、规费项目和税金项目的名称和相应数量等的明细清单。根据《建设工程工程量清单计价规范》(GB 50500—2013)规定,采用工程量清单计价,建设工程发承包及实施阶段

① 参见姚捷:《工程合同造价法律实务》,法律出版社2011年版,第29页。

的工程造价由分部分项工程费、措施项目费、其他项目费、规费和税金组成。分部分项工程和措施项目清单应采用综合单价计价，综合单价是完成一个规定计量单位的分项工程和措施清单项目所需的人工费、材料和工程设备费、施工机具使用费和企业管理费、利润以及一定范围内的风险费用。招标工程量清单标明的工程量是投标人投标报价的共同基础，竣工结算的工程量按发、承包双方在合同中约定应予计量且实际完成的工程量确定。措施项目清单中的安全文明施工费应按照国家或省级、行业建设主管部门的规定计价；规费和税金应按国家或省级、行业建设主管部门的规定计算。(1)分部分项工程费 = ∑分部分项工程量 × 相应分部分项工程单价，其中分部分项工程单价由人工费、材料费、机械费、管理费和利润等组成，并考虑风险费。(2)措施项目费 = ∑各措施项目费。措施项目分为通用项目、建筑工程措施项目、安装工程措施项目、装饰装修工程措施项目和市政工程措施项目，每期措施项目费均为合计价，其构成与分部分项工程单位构成类似。(3)其他项目费 = 招标人部分金额 + 投标人部分金额。(4)单位工程报价 = 分部分项工程费 + 措施项目费 + 其他项目费 + 规费 + 税金。(5)单项工程报价 = ∑单位工程报价。(6)建设项目总报价 = ∑单项工程报价。①

（三）定额计价与工程量清单计价的区别

定额计价与工程量清单计价这两种计价方法的主要区别在于：

1. 计价依据不同。定额计价是按政府指导价计算工程价款，而工程量清单计价则属于市场定价。在定额计价模式下，行业主管部门和建设行政主管部门编制定额体系表，计算工程价款时，先计算工程量，再套定额体系表计算出直接费，加上其他费用、利润、税金得出工程价款的数额。而在工程量清单计价模式下，双方当事人根据工程计价相关规定和市场价格信息自主确定工程价款。

2. 工程价款组成不同。定额计价中的单价包括直接工程费、间接费、利润和税金；而工程量清单计价中的单价则包括工程量清单费用、措施项目清单费用、其他项目清单费用、规费和税金。

3. 工程价款编制单位不同。定额计价由招标单位和投标单位分别按图纸计算编制，人材机消耗量依据建设行政主管部门颁发的消耗量定额，人材机单价则依据工程造价管理部门发布的价格信息进行计算。工程量清单计价则由招标单位统一

---

① 参见姚捷：《工程合同造价法律实务》，法律出版社2011年版，第42页。

编制或者委托有相应资质的工程造价咨询人或招标代理人编制，依据工程计价有关规定和市场价格信息等编制。①

4. 合同价格调整方式不同。定额计价合同价格的调整主要有：变更签证、定额解释和政策调整。工程量清单计价法合同价调整方式主要是索赔。工程量清单的综合单价一旦确定，工程价款按承包人实际完成的工程量乘以清单中相应的单价计算，综合单价相对固定，不能随意调整。

二、建设工程施工合同的价格形式

《建设工程施工合同（示范文本）》（GF－1999－0201）（以下简称1999年版示范文本）规定的三种合同价款方式为固定价格合同、可调价格合同、成本加酬金合同，有关表述在实际运用过程中带来以下问题：（1）带有“固定”字眼的价格，容易造成价格绝对固定、永远固定的理解；（2）“固定价格合同”不能区分最终是固定单价合同还是固定总价合同；（3）可调价格合同原本不是一类单独的合同价格形式，一般施工合同的价格并非永远不可调整，因此没有绝对的固定价格，当然不宜将可调合同价格作为相对应的一类合同价格形式单列；（4）成本加酬金的价格形式在工程实践中非常少见，因此单列一类意义不大；（5）采用定额计价形式的施工合同还是比较常见的，因此在分类上将成本加酬金与定额计价等合同类型列入其他价格形式合同比较好。② 基于此，《建设工程施工合同（示范文本）》（GF－2013－0201）（以下简称2013年版示范文本，已失效）将合同价格形式修改为三类，即单价合同、总价合同和其他价格形式合同。2017年版示范文本继续沿用2013年版示范文本规定的合同价格形式，其中第12.1款合同价格形式规定，发包人和承包人应在合同协议书中选择下列一种合同价格形式：

（一）单价合同

单价合同是指合同当事人约定以工程量清单及其综合单价进行合同价格计算、调整和确认的建设工程施工合同，在约定的范围内合同单价不作调整。合同当事人应在专用合同条款中约定综合单价包含的风险范围和风险费用的计算方法，并约定风险范围以外的合同价格的调整方法，其中因市场价格波动引起的调整按

① 参见李玉生主编：《建设工程施工合同案件审理指南》，法律出版社2019年版，第116页。

② 参见本书编委会编著：《建设工程施工合同（示范文本）GH－2017－0201使用指南》，中国建筑工业出版社2018年版，第196页。

第11.1款[市场价格波动引起的调整]约定执行。

（二）总价合同

总价合同是指合同当事人约定以施工图、已标价工程量清单或预算书及有关条件进行合同价格计算、调整和确认的建设工程施工合同，在约定的范围内合同总价不作调整。合同当事人应在专用合同条款中约定总价包含的风险范围和风险费用的计算方法，并约定风险范围以外的合同价格的调整方法，其中因市场价格波动引起的调整按2017年版示范文本第11.1款[市场价格波动引起的调整]、因法律变化引起的调整按第11.2款[法律变化引起的调整]约定执行。

（三）其他价格形式

合同当事人可在专用合同条款中约定其他合同价格形式。

采用其他价格形式合同的，当事人应当在专用合同条款中约定具体的合同价格计算和确定方法。例如，成本加酬金的价格形式，合同价款包括成本和酬金两部分，双方在专用条款内约定成本构成和酬金的计算方法。

当事人可根据工程的不同情况选择合同价格形式。《建设工程工程量清单计价规范》（GB 50500—2013）第7.1.3项规定："实行工程量清单计价的工程，应当采用单价合同。建设规模较小，技术难度较低，工程较短，且施工图设计已审查完备的建设工程可以采用总价合同；紧急抢险、救灾以及施工技术特别复杂的建设工程可以采用成本加酬金合同。"《建筑工程施工发包与承包计价管理办法》第十三条规定："发承包双方在确定合同价款时，应当考虑市场环境和生产要素价格变化对合同价款的影响。实行工程量清单计价的建筑工程，鼓励发承包双方采用单价方式确定合同价款。建设规模较小、技术难度较低、工期较短的建筑工程，发承包双方可以采用总价方式确定合同价款。紧急抢险、救灾以及施工技术特别复杂的建筑工程，发承包双方可以采用成本加酬金方式确定合同价款。"

三、建设工程施工合同对工程价款没有约定或约定不明情形下工程价款的确定

现实中，一些规模较小的建设工程项目，发包人与承包人没有签订建设工程施工合同或订立的合同中未约定工程价款，一些工程项目，发包人与承包人签订多份建设工程施工合同，无法确定实际履行的合同以及签订时间的先后。这些情形中，

工程价款的计价方法如何确定,实践中存在不同观点。

观点一认为,应当按照当地建设行政主管部门或行业主管部门编制的工程定额计算工程价款,如此更符合当地或行业建设工程造价平均成本和惯例。

观点二认为,应当按照建设工程的市场价确定工程造价,定额造价并不能真实地反映建设工程的实际和造价水平。

笔者认为,在合同对工程价款没有约定或者约定不明确的情况下,应当以建设工程所在地的市场价计算工程价款。理由有如下三点:

1. 以市场价计算工程价款更符合法律规定。《民法典》第五百一十条规定:"合同生效后,当事人就质量、价款或者报酬、履行地点等内容没有约定或者约定不明确的,可以协议补充;不能达成补充协议的,按照合同相关条款或者交易习惯确定。"第五百一十一条规定:"当事人就有关合同内容约定不明确,依据前条规定仍不能确定的,适用下列规定:……(二)价款或者报酬不明确的,按照订立合同时履行地的市场价格履行;依法应当执行政府定价或者政府指导价的,依照规定履行。"根据上述规定,双方当事人在合同中对工程价款没有约定或约定不明,可以协议补充,不能达成补充协议的,按合同有关条款或交易习惯确定。但在通常情况下工程价款难以通过合同其他条款或双方的交易习惯确定,需要适用《民法典》第五百一十一条第(二)项规定,即价款不明确的,除依法必须执行政府定价、政府指导价的以外,按照同类产品、同类服务订立合同时履行地的市场价格履行。

2. 建设工程定额属于政府指导价,不具有强制实施的效力。双方当事人可以在合同中约定按定额计价,也可以约定其他的计价方法。因此,建设工程施工合同不属于依法应当执行政府定价或者政府指导价的合同。在工程价款没有约定或约定不明的情况下,以定额即政府指导价计算工程价款,不符合法律规定。因此,当事人没有作出以定额计算工程价款的约定时,原则上不应以定额计算工程价款。

3. 以定额为基础确定工程价款没有考虑企业的技术专长、劳动生产力水平、材料采购渠道和管理能力,不能反映企业的施工、管理和技术水平。而且,定额标准往往赶不上市场价格的变化,建设行政主管部门发布的市场价格信息,更贴近市场价格,更接近建筑工程的实际造价成本。因此,以当地市场价确定工程价款,对双方当事人更加公平。

案例 42 齐河环盾钢结构有限公司(以下简称环盾公司)与济南永君物资有限责任公司(以下简称永君公司)建设工程施工合同纠纷案①

最高人民法院再审认为:关于涉案工程价款的确定依据的问题。第一,本案应当通过鉴定方式确定工程价款。尽管当事人签订的三份建设工程施工合同无效,但在工程已竣工并交付使用的情况下,根据无效合同的处理原则和建筑施工行为的特殊性,对于环盾公司实际支出的施工费用应当采取折价补偿的方式予以处理。本案所涉建设工程已经竣工验收且质量合格,在工程款的确定问题上,按照《最高人民法院关于审理建设工程施工合同纠纷案件适用法律问题的解释》第二条(已失效,现为《民法典》第七百九十三条)的规定,可以参照合同约定支付工程款。但是,由于本案双方当事人提供了由相同的委托代理人签订的、签署时间均为同一天、工程价款各不相同的三份合同,在三份合同价款分配没有规律且无法辨别真伪的情况下,不能确认当事人对合同价款约定的真实意思表示。因此,该三份合同均不能作为工程价款结算的依据。一审法院为解决双方当事人的讼争,通过委托鉴定的方式,依据鉴定机构出具的鉴定结论对双方当事人争议的工程价款作出司法认定,并无不当。

第二,本案不应以定额价作为工程价款结算依据。一审法院委托实信造价公司进行鉴定时,先后要求实信造价公司通过定额价和市场价两种方式鉴定。2007年1月19日,实信造价公司出具的鲁实信基鉴字〔2006〕第006号鉴定报告载明,采用定额价结算方式认定无异议部分工程造价为15,772,204.01元,其中直接工程费和措施费合计12,097,423.01元,有异议部分工程造价为39,922.82元。一审、二审判决以直接工程费和措施费合计12,097,423.01元作为确定工程造价的依据;山东省高级法院再审判决则以无异议部分15,772,204.01元作为工程造价。首先,建设工程定额标准是各地建设行政主管部门根据本地建筑市场建筑成本的平均值确定的,是完成一定计量单位产品的人工、材料、机械和资金消费的规定额度,是政府指导价范畴,属于任意性规范而非强制性规范。在当事人之间没有作出以定额价作为工程价款的约定时,一般不宜以定额价确定工程价款。其次,以定额为基础确定工程造价没有考虑企业的技术专长、劳动生产力水平、材料采购渠道和管理能力,这种计价模式不能反映企业的施工、技术和管理水平。本案中,环盾公司假冒中国第九冶金建设公司第五工程公司的企业名称和施工资质承包涉案工程,如果采

① 最高人民法院(2011)民提字第104号民事判决,载《最高人民法院公报》2012年第9期。

用定额取价,亦不符合公平原则。再次,定额标准往往跟不上市场价格的变化,而建设行政主管部门发布的市场价格信息,更贴近市场价格,更接近建筑工程的实际造价成本。此外,本案所涉钢结构工程与传统建筑工程相比,属于较新型建设工程,工程定额与传统建筑工程定额相比还不够完备,按照钢结构工程造价鉴定的惯例,以市场价鉴定的结论更接近造价成本,更有利于保护当事人的利益。最后,根据《合同法》第六十二条第(二)项[已失效,现为《民法典》第五百一十一条第(二)项]规定,当事人就合同价款或者报酬约定不明确,依照《合同法》第六十一条的规定仍不能确定的,按照订立合同时履行地的市场价格履行;依法应当执行政府定价或者政府指导价的,按照规定履行。本案所涉工程不属于政府定价,因此,以市场价作为合同履行的依据不但更符合法律规定,而且对双方当事人更公平。

第三,以市场价进行鉴定的结论应当作为定案依据。实信造价公司根据一审法院的委托又以市场价进行了鉴定,并于2007年9月26日出具的《造价鉴定补充说明(二)》指出,涉案工程综合单价每平方米388.35元,工程总造价11,355,354元。一审法院认为,实信造价公司按市场价结算方式出具的鉴定结论主要是以山东鲍德永君翼板有限公司委托山东正诺工程造价咨询有限公司所作的鲁正基审字(2004)第0180号《关于山东鲍德永君翼板有限公司钢结构厂房工程结算的审核报告》为鉴定依据,而该报告委托主体不是合同双方当事人,该报告所涉452万元的施工合同是无效合同,且该鉴定结论缺乏较充分的工程同期材料、人工、机械工程造价主要构成要素的市场价格资料作依据。但是,实信造价公司于2007年8月10日出具的《补充说明(一)》已经明确载明,鲁正基审字(2004)第0180号造价咨询报告中的综合单价388.35元,比较符合当时的市场情况。对于这一鉴定结论,双方当事人均未提供充分证据予以反驳。《关于山东鲍德永君翼板有限公司钢结构厂房工程结算的审核报告》委托主体是否为本案合同双方当事人,以及该报告所涉452万元施工合同是否有效,均不影响对综合单价每平方米388.35元的认定。一审、二审和原再审判决对以市场价出具的鉴定结论不予采信的做法不当,应予纠正。本案所涉工程总面积为29,240平方米,故工程总造价按市场价应为11,355,354元。鉴于永君公司已经支付工程款11,952,835.52元,永君公司在一审判决后没有上诉;二审维持一审判决后,永君公司亦没有提出申请再审,因此,本案工程总造价可按一审确定的12,097,423.01元,作为永君公司应当支付的工程款项。

第二节 工程价款的调整与变更

由于建设工程施工合同履行周期长,受自然条件、物价水平等客观因素的影响大,内外部环境较为复杂,当事人在订立合同时难以预见合同履行的全部风险,工程价款的确定也存在相当的复杂性。当事人最终确定的工程结算价与合同约定的工程价款往往存在差异。《建设工程工程量清单计价规范》(GB50500—2013)第9.1.1条规定:“以下事项(但不限于)发生,发承包双方应当按照合同约定调整合同价款:1.法律法规变化;2.工程变更;3.项目特征描述不符;4.工程量清单缺项;5.工程量偏差;6.物价变化;7.暂估价;8.计日工;9.现场签证;10.不可抗力;11.提前竣工(赶工补偿);12.误期赔偿;13.施工索赔;14.暂列金额;15.发承包双方约定的其他调整事项。”工程量变更和价格调整是工程价款调整和变更的两大主要因素。

一、工程量变更

多数建设工程施工合同在履行过程中不会完全依照合同约定的工程量进行施工,由于客观条件、设计和发包人等因素,工程量在施工过程中往往会发生变更。

(一)工程变更导致的工程量变更

建设工程因设计、施工条件等变更,导致工程量发生相应变更。

2017年版示范文本通用合同条款第10条规定工程变更。第10.1款变更范围规定:“除专用合同条款另有约定外,合同履行过程中发生以下情形的,应按照本条约定进行变更:(1)增加或减少合同中任何工作,或追加额外的工作;(2)取消合同中任何工作,但转由他人实施的工作除外;(3)改变合同中任何工作的质量标准或其他特性;(4)改变工程的基线、标高、位置和尺寸;(5)改变工程的时间安排或实施顺序。”第10.2款变更权规定:“发包人和监理人均可以提出变更。变更指示均通过监理人发出,监理人发出变更指示前应征得发包人同意。承包人收到经发包人签认的变更指示后,方可实施变更。未经许可,承包人不得擅自对工程的任何部分进行变更。涉及设计变更的,应由设计人提供变更后的图纸和说明。如变更超过原设计标准或批准的建设规模时,发包人应及时办理规划、设计变更等审批手续。”第10.3款变更程序规定:(1)发包人提出变更。发包人提出变更的,应通过监理人向承包人发出变更指示,变更指示应说明计划变更的工程范围和变更的内容。(2)监理人提出变更建议。监理人提出变更建议的,需要向发包人以书面形式提出变更计划,说明计划变更工程范围和变更的内容、理由,以及实施该变更对合同价格和工期的影响。发包人同意变更的,由监理人向承包人发出变更指示。发包人不同意变更的,监理人无权擅自发出变更指示。(3)变更执行。承包人收到监理人下达的变更指示后,认为不能执行,应立即提出不能执行该变更指示的理由。承包人认为可以变更执行的,应当书面说明实施该变更指示对合同价格和工期的影响,且合同当事人应当按照第 10.4 款[变更估价]约定确定变更估价。承包人也可以通过监理人提出工程变更的合理化建议,说明建议的内容和理由,以及实施该建议对合同价格和工期的影响。合理化建议经监理人审查后报发包人,发包人批准后由监理人发出变更指示。

根据 2017 年版示范文本通用合同条款第 10.4.1 项的规定,除专用条款另有约定,变更估价的处理原则如下:(1)已标价工程量清单或预算书有相同项目的,按照相同项目单价认定;(2)已标价工程量清单或预算书中无相同项目,但有类似项目的,参照类似项目的单价认定;(3)变更导致实际完成的变更工程量与已标价工程量清单或预算书中列明的该项目工程量的变化幅度超过 15% 的,或已标价工程量清单或预算书中无相同项目及类似项目单价的,按照合理的成本与利润构成的原则,由合同当事人按照第 4.4 款[商定或确定]确定变更工作的单价。

《建设工程工程量清单计价规范》(GB50500—2013)第 9.3.1 条规定,因工程变更引起工程量发生变化,应按以下规定调整:(1)已标价工程量清单中有适用于变更工程项目的,采用该项目的单价;但当工程变更导致该清单项目的工程数量发生变化,且工程量偏差超过 15%,此时,该项目单价的调整应按照本规范第 9.6.2 条的规定调整。亦即工程量偏差超过 15%,调整的原则为:当工程量增加 15% 以上时,其增加部分的工程量的综合单价应予调低;当工程量减少 15% 以上时,减少后剩余部分的工程量的综合单价应予调高。(2)已标价工程量清单中没有适用但有类似于变更工程项目的,可在合理范围内参照类似项目的单价。(3)已标价工程量清单中没有适用也没有类似于变更工程项目的,应由承包人根据变更工程资料、计量规则和计价办法、工程造价管理机构发布的信息价格和承包人报价浮动率提出变更工程项目的单价,报发包人确认后调整。(4)已标价工程量清单中没有适用也没有类似于变更工程项目,且工程造价管理机构发布的信息价格缺价的,由承包人根据变更工程资料、计量规则、计价办法和通过市场调查等取得有合法依据的市场价格提出变更工程项目的单价，报发包人确认后调整。第9.3.2条规定，工程变更引起施工方案改变，并使措施项目发生变化的，承包人提出调整措施项目费的，应事先将拟实施的方案提交发包人确认，并详细说明与原方案措施项目相比的变化情况。拟实施的方案经发承包双方确认后执行。在该情况下，应按照下列规定调整措施项目费：(1)安全文明施工费应按照实际发生变化的措施项目调整。(2)采用单价计算的措施项目费应按照实际发生变化的措施项目，按本规范第9.3.1条的规定确定单价。(3)按总价(或系数)计算的措施项目费，按照实际发生变化的措施项目调整，但应考虑承包人报价浮动因素，即调整金额按照实际调整金额乘以本规范第9.3.1条规定的承包人报价浮动率计算。如果承包人未事先将拟实施的方案提交给发包人确认，则视为工程变更不引起措施项目费的调整或承包人放弃调整措施项目费的权利。第9.3.4条规定，如果发包人提出的工程变更，因为非承包人原因删减了合同中的某项原定工作或工程，致使承包人发生的费用或(和)得到的收益不能被包括在其他已支付或应支付的项目中，也未被包含在任何替代的工作或工程中，则承包人有权提出并得到合理的利润补偿。

因设计变化导致工程量或质量标准变化，而双方在建设工程施工合同中未约定在此情形下工程价款的调整方法，工程也未采用工程量清单方法计价时，根据《建设工程司法解释(一)》第十九条第二款的规定，因设计变更导致建设工程的工程量或者质量标准发生变化，当事人对该部分工程价款不能协商一致的，可以参照签订建设工程施工合同时当地建设行政主管部门发布的计价方法或者计价标准结算工程价款。

(二)工程量清单错误修正导致工程量变更

建设工程的工程量还会因工程量清单错误的修正而变更。2017年示范文本通用合同条款第1.13款规定，除专用合同条款另有约定外，发包人提供的工程量清单，应被认为是准确的和完整的。出现下列情形之一时，发包人应予以修正，并相应调整合同价格：(1)工程量清单存在缺项、漏项的；(2)工程量清单偏差超出专用合同条款约定的工程量偏差范围的；(3)未按照国家现行计量规范强制性规定计量的。

《建设工程工程量清单计价规范》(GB50500—2013)规定的工程量清单错误包括项目特征描述不符、工程量清单缺项和工程量偏差。(1)项目特征描述不符。该规范第9.4.2条规定，合同履行期间，出现实际施工设计图纸(含设计变更)与招标工程量清单任一项目的特征描述不符，且该变化引起该项目的工程造价增减变化的，应按照实际施工的项目特征重新确定相应工程量清单项目的综合单价，计算调整的合同价款。(2)工程量清单缺项。根据该规范第9.5条工程量清单缺项的规定，在合同履行期间，出现招标工程量清单项目缺项的，发承包双方应调整合同价款。招标工程量清单中出现缺项，造成新增工程量清单项目的，应按照该规范第9.3.1条规定确定单价，调整分部分项工程费。由于招标工程量清单中分部分项工程出现缺项，引起措施项目发生变化的，应按照该规范第9.3.2条的规定，在承包人提交的实施方案被发包人批准后，计算调整的措施费用。(3)工程量偏差。根据该规范第9.6条工程量偏差的规定，工程量偏差超过15%，调整的原则为：当工程量增加15%以上时，其增加部分的工程量的综合单价应予调低；当工程量减少15%以上时，减少后剩余部分的工程量的综合单价应予调高。如果工程量出现该规范第9.6.2条的变化，且该变化引起相关措施项目相应发生变化，如按系数或单一总价方式计价的，工程量增加的措施项目费调增，工程量减少的措施项目费适当调减。

(三)工程量变更的举证

承包人主张工程量变更、工程量清单错误修正引起工程价款增加，可以先从签证文件、发包人变更通知方面举证，如无这方面的证据，可从工作联络单、工程各种往来函件、通知、答复、会议纪要、工程量清单、施工现场记录、施工蓝图、竣工图等多方面举证，以证明工程实际发生的工程量和工程价款。[①] 发包人主张工程量变更、工程量清单错误修正引起工程价款减少，也可以从以上方面进行举证。

关于谁有权利在涉及工程量和工程价款的工程文件上确认、签证的问题。北京市高级人民法院《关于审理建设工程施工合同纠纷案件若干疑难问题的解答》(2012年)第九条规定："当事人工作人员签证确认的效力如何认定？当事人在施工合同中就有权对工程量和价款洽商变更等材料进行签证确认的具体人员有明确约定的，依照其约定，除法定代表人外，其他人员所作的签证确认对当事人不具有约束力，但相对方有理由相信该签证人员有代理权的除外；没有约定或约定不明，当事人工作人员所作的签证确认是其职务行为的，对该当事人具有约束力，但该当事人有证据证明相对方知道或应当知道该签证人员没有代理权的除外。"四川省高级人民法院《关于审理建设工程施工合同纠纷案件若干疑难问题的解答》(2015年)

① 参见常设中国建设工程法律论坛第五工作组：《建设工程施工合同纠纷证据指引理解与适用》，法律出版社2018年版，第130页。

第二十六条规定："如何认定当事人的工作人员签证确认行为的效力？当事人的法定代表人以及经合同约定或当事人授权的工作人员对工程量和价款等的签证确认行为对当事人具有约束力。虽没有合同约定或当事人授权，当事人工作人员的签证确认属于履行职务行为，或者当事人事后追认，或者当事人虽不予追认，相对方有理由相信该签证确认人员有代理权的签证确认行为，对当事人具有约束力。"浙江省高级人民法院民事审判第一庭《关于审理建设工程施工合同纠纷案件若干疑难问题的解答》(2012 年)第十一条规定："施工过程中谁有权利对涉及工程量和价款等相关材料进行签证、确认？要严格把握工程施工过程中相关材料的签证和确认。除法定代表人和约定明确授权的人员外，其他人员对工程量和价款等所作的签证、确认，不具有法律效力。没有约定明确授权的，法定代表人、项目经理、现场负责人的签证、确认具有法律效力；其他人员的签证、确认，对发包人不具有法律效力，除非承包人举证证明该人员确有相应权限。"笔者认为，根据《民法典》第一百七十条关于职务代理的规定，除单位的法定代表人、明确授权的人员以外，在涉及工程量、价款的文件上签证、确认属于当事人单位某个工作人员的职权范围，该工作人员的签证、确认应当发生法律效力。

二、价格调整

当事人依法律法规、合同约定和国家规范对建设工程施工合同中的部分材料、设备、人工等价格进行调整，将导致工程价款的变更。《建设工程工程量清单计价规范》(GB50500—2013)第 3.4.2 条规定，下列影响合同价款的因素出现，应由发包人承担：(1)国家法律、法规、规章和政策变化；(2)省级或行业建设主管部门发布的人工费调整但承包人对人工费或人工单价的报价高于发布的除外；(3)由政府定价或指导价管理的原材料等价格进行了调整。

(一)市场价格波动引起的工程价款调整

2017 年版示范文本通用合同条款规定，除专用合同条款另有约定外，市场价格波动超过当事人约定的范围，当事人可以在专用合同条款中选择以下一种方式对合同价格进行调整：(1)采用价格指数进行价格调整；(2)采用造价信息进行价格调整；(3)专用合同条款约定的其他方式。

《建设工程工程量清单计价规范》(GB50500—2013)第 3.4.3 条规定，由于市场物价波动影响合同价款，应由发承包双方合理分摊并在合同中约定。合同中没有约定，发、承包双方发生争议时，按下列规定实施：(1)材料、工程设备的涨幅超过招标时基准价格5%以上由发包人承担。(2)施工机械使用费涨幅超过招标时的基准价格10%以上由发包人承担。根据该规范第9.7条的规定，合同履行期间，出现工程造价管理机构发布的人工单价或价格与合同工程基准日期相应单价或价格比较发生涨落的，应按照合同工程发生的人工数量和合同履行期与基准日期人工单价对比的价差的乘积计算或按照人工费调整系数计算调整的人工费。承包人采购材料和工程设备的，应在合同中约定可调材料、工程设备价格变化的范围或幅度，如没有约定，则工程造价管理机构发布材料、工程设备和施工机械台班单价或价格与合同工程基准日期相应单价或价格比较出现涨落，且材料、工程设备单价变化超过5%，施工机械台班单价变化超过10%，超过部分的价格应予调整。在该情况下，应按照价格系数调整法或价格差额调整法计算调整的材料设备费和施工机械费。发生合同工程工期延误的，应按照下列规定确定合同履行期用于调整的价格或单价：因发包人原因导致工期延误的，则计划进度日期后续工程的价格或单价，采用计划进度日期与实际进度日期两者中的较高者；因承包人原因导致工期延误的，则计划进度日期后续工程的价格或单价，采用计划进度日期与实际进度日期两者中的较低者。

(二)国家法律、法规、规章和政策变化引起的工程价款调整

2017年版示范文本通用合同条款第11.2款规定："基准日期后，法律变化导致承包人在合同履行过程中所需要的费用发生除第11.1款〔市场价格波动引起的调整〕约定以外的增加时，由发包人承担由此增加的费用；减少时，应从合同价格中予以扣减。基准日期后，因法律变化造成工期延误时，工期应予以顺延。因法律变化引起的合同价格和工期调整，合同当事人无法达成一致的，由总监理工程师按第4.4款〔商定或确定〕的约定处理。因承包人原因造成工期延误，在工期延误期间出现法律变化的，由此增加的费用和(或)延误的工期由承包人承担。"这里的基准日期指的是招标发包的工程投标截止日前28天的日期和直接发包的工程合同签订日前28天的日期。

《建设工程工程量清单计价规范》(GB50500—2013)第9.2.1条规定："招标工程以投标截止日前28天、非招标工程以合同签订前28天为基准日，其后国家的法律、法规、规章和政策发生变化引起工程造价增减变化的，发承包双方应当按照省级或行业建设主管部门或其授权的工程造价管理机构据此发布的规定调整合同价款。"第9.2.2条规定，因承包人原因导致工期延误，且第9.2.1条规定的调整时间

在合同工程原定竣工时间之后，不予调整合同价款。

实践中，一些建设工程施工合同将政府文件作为工程价款的结算依据，但在合同履行过程中，政府文件被撤销、修改或失效，工程价款是否应作调整？笔者认为，政府文件作为在某个地区普遍适用的文件，在因政策变化等原因被撤销、修改或失效之前，文件本身并不违法。当事人将政府文件作为建设工程施工合同的一部分，并作为工程价款结算依据，这种约定合法有效。政府文件在合同履行过程中被撤销、修改或失效，并不影响建设工程施工合同将该文件作为合同内容和结算依据的效力，双方当事人仍然应当严格依合同约定即按政府文件结算工程价款。如此一来，更加符合双方当事人对工程价款数额的预期，更能均衡地保护双方当事人的权利。因此，作为合同约定工程价款结算依据的政府文件被撤销、修改或失效，工程价款不予调整。

三、工程价款调整的处理程序

根据《建设工程工程量清单计价规范》（GB50500—2013）第 9.1.2 条至第9.1.5 条的规定，工程价款调整的程序如下：

1. 承包人提出价款调增报告。出现合同价款调增事项（不含工程量偏差、计日工、现场签证、施工索赔）后的 14 大内，承包人应向发包人提交合同价款调增报告并附上相关资料，若承包人在 14 天内未提交合同价款调增报告的，视为承包人对该事项不存在调整价款。

2. 发包人核实。发包人应在收到承包人合同价款调增报告及相关资料之日起 14 天内对其核实，予以确认的，应书面通知承包人。如有疑问，应向承包人提出协商意见。发包人在收到合同价款调增报告之日起 14 天内未确认也未提出协商意见的，视为承包人提交的合同价款调增报告已被发包人认可。发包人提出协商意见的，承包人应在收到协商意见后的 14 天内对其核实，予以确认的应书面通知发包人。如承包人在收到发包人的协商意见后 14 天内既不确认也未提出不同意见的，视为发包人提出的意见已被承包人认可。

3. 发包人提交价款调减报告。出现合同价款调减事项（不含工程量偏差、施工索赔）后的 14 天内，发包人应向承包人提交合同价款调减报告并附相关资料，若发包人在 14 天内未提交合同价款调减报告的，视为发包人对该事项不存在调整价款。

4. 调整工程价款的支付。经发承包双方确认调整的合同价款，作为追加（减）合同价款，与工程进度款或结算款同期支付。

四、情势变更与固定价格合同的调整

固定价格合同是指双方在专用条款内约定合同价款包含的风险范围和风险费用的计算方法，在约定的风险范围内合同价款不再调整的合同。风险范围以外的合同价款调整方法应当在专用条款内约定。固定价格合同分为固定总价合同和固定单价合同两类。固定总价合同是指双方当事人以施工图、已标价工程量清单或预算书为基础，工程任务和内容明确，一次包死，在约定的范围内合同总价不作调整的合同。固定单价合同是指双方在合同中约定综合单价包含的风险范围和风险费用的计算方法，在约定的风险范围内综合单价不再调整的合同。《建设工程价款结算暂行办法》第八条规定："发、承包人在签订合同时对于工程价款的约定，可选用下列一种约定方式：（一）固定总价。合同工期较短且工程合同总价较低的工程，可以采用固定总价合同方式。（二）固定单价。双方在合同中约定综合单价包含的风险范围和风险费用的计算方法，在约定的风险范围内综合单价不再调整。风险范围以外的综合单价调整方法，应当在合同中约定。（三）可调价格。可调价格包括可调综合单价和措施费等，双方应在合同中约定综合单价和措施费的调整方法……"

虽然2013年版示范文本通用合同条款和2017年版示范文本通用合同条款没有规定固定价格合同，但固定价格合同仍在建设工程领域广泛应用。例如，《房屋建筑和市政基础设施项目工程总承包管理办法》第十六条第一款规定："企业投资项目的工程总承包宜采用总价合同，政府投资项目的工程总承包应当合理确定合同价格形式。采用总价合同的，除合同约定可以调整的情形外，合同总价一般不予调整。"另外，建设规模较小、技术难度较低、工期较短的建筑工程，发承包双方较多地采用总价方式确定合同价款。固定价格合同的总价或单价并非绝对不变，在合同约定的风险范围之外，或符合情势变更的情形，合同价格仍应变更。

（一）情势变更的概念和法律、司法解释的规定

情势变更，也称情事变更，是指合同有效成立后，因当事人不可预见的情事的发生（或不可归责于双方当事人的原因发生情事变更），导致合同的基础动摇或丧失，若继续维持合同原有效力有悖于诚实信用原则（显失公平）时，则应允许变更合同内容或者解除合同。①

---

① 参见梁慧星：《中国民法经济法诸问题》，中国法制出版社1999年版，第170页。

最高人民法院《关于适用〈中华人民共和国合同法〉若干问题的解释(二)》(法释〔2009〕5号,已失效)首次设立情势变更原则,该解释第二十六条规定:"合同成立以后客观情况发生了当事人在订立合同时无法预见的、非不可抗力造成的不属于商业风险的重大变化,继续履行合同对于一方当事人明显不公平或者不能实现合同目的,当事人请求人民法院变更或者解除合同的,人民法院应当根据公平原则,并结合案件的实际情况确定是否变更或者解除。"为防止情势变更原则的过度使用,最高人民法院《关于正确适用〈中华人民共和国合同法〉若干问题的解释(二)服务党和国家的工作大局的通知》(法〔2009〕165号)规定:"严格适用《中华人民共和国合同法》若干问题的解释(二)第二十六条。为了因应经济形势的发展变化,使审判工作达到法律效果与社会效果的统一,根据民法通则、合同法规定的原则和精神,解释第二十六条规定:合同成立以后客观情况发生了当事人在订立合同时无法预见的、非不可抗力造成的不属于商业风险的重大变化,继续履行合同对于一方当事人明显不公平或者不能实现合同目的,当事人请求人民法院变更或者解除合同的,人民法院应当根据公平原则,并结合案件的实际情况确定是否变更或者解除。对于上述解释条文,各级人民法院务必正确理解、慎重适用。如果根据案件的特殊情况,确需在个案中适用的,应当由高级人民法院审核。必要时应报请最高人民法院审核。"

根据《最高人民法院关于当前形势下审理民商事合同纠纷案件若干问题的指导意见》(法发〔2009〕40号)的规定,人民法院应当依法把握情势变更原则的适用条件,严格审查当事人提出的"无法预见"的主张,对于涉及石油、焦炭、有色金属等市场属性活泼、长期以来价格波动较大的大宗商品标的物以及股票、期货等风险投资型金融产品标的物的合同,更要慎重适用情势变更原则。人民法院要合理区分情势变更与商业风险。商业风险属于从事商业活动的固有风险,诸如尚未达到异常变动程度的供求关系变化、价格涨跌等。情势变更是当事人在缔约时无法预见的非市场系统固有的风险。人民法院在判断某种重大客观变化是否属于情势变更时,应当注意衡量风险类型是否属于社会一般观念上的事先无法预见、风险程度是否远远超出正常人的合理预期、风险是否可以防范和控制、交易性质是否属于通常的"高风险高收益"范围等因素,并结合市场的具体情况,在个案中识别情势变更和商业风险。在调整尺度的价值取向把握上,人民法院仍应遵循侧重于保护守约方的原则。适用情势变更原则并非简单地豁免债务人的义务而使债权人承受不利后果,而是要充分注意利益均衡,公平合理地调整双方利益关系。在诉讼过程中,人民法院要积极引导当事人重新协商，改订合同；重新协商不成的，争取调解解决。为防止情势变更原则被滥用而影响市场正常的交易秩序，人民法院决定适用情势变更原则作出判决的，应当按照最高人民法院《关于正确适用〈中华人民共和国合同法〉若干问题的解释(二)服务党和国家工作大局的通知》的要求，严格履行适用情势变更的相关审核程序。

《民法典》则在立法层面首次确立情势变更原则，该法第五百三十三条规定："合同成立后，合同的基础条件发生了当事人在订立合同时无法预见的、不属于商业风险的重大变化，继续履行合同对于当事人一方明显不公平的，受不利影响的当事人可以与对方重新协商；在合理期限内协商不成的，当事人可以请求人民法院或者仲裁机构变更或者解除合同。人民法院或者仲裁机构应当结合案件的实际情况，根据公平原则变更或者解除合同。"与失效的司法解释相关规定不同的是，《民法典》的该条规定删除"非不可抗力"的限制条件，这是因为实践中情势变更与不可抗力存在重合的现象。在不可抗力导致合同基础条件发生重大变化，继续履行合同对一方当事人明显不公平的时候，当事人可以选择适用情势变更原则请求人民法院或仲裁机构变更或解除合同。当然，当事人也可以选择适用不可抗力的法律规则。此外，《民法典》还增加当事人重新协商的前置程序，双方当事人在合理期限内协商不成的情况下，受不利影响的当事人才可以请求人民法院或者仲裁机构变更或者解除合同。

(二)情势变更与商业风险的区分

适用情势变更原则的重点和难点在于区分情势变更与商业风险。《合同法》草案曾经规定有情势变更原则的内容，但最终没有通过，最根本的原因就在于情势变更与商业风险难以区分，可能因此导致情势变更原则的滥用。《民法典》第五百三十三条明确排除商业风险，严格区分情势变更与商业风险。因此，确立情势变更与商业风险的界限，对于正确理解和适用情势变更原则至关重要。在实践中，可从以下五个方面对情势变更和商业风险进行区分：

1. 是否属于合同基础条件发生的异常重大变化。商业风险是商业活动中固有的风险，在商业风险中，客观条件的变化往往是正常的变化，合同基础条件并未发生异常、重大的变化。而在情势变更下，客观条件发生异常、重大的变动，使合同订立之基础发生根本性的动摇。

2. 是否具有可预见性。可预见性是指当事人在订立合同时对未来客观条件发生变化的预见程度。商业风险是当事人在订立合同中可以预见的变化，而在情势变更下当事人对客观条件的变化无法预见。能否预见原则上应当以客观标准确定，而非以具体个案中当事人主观标准确定。在商业实践中，应当按照商人的标准进行判断，由于商人长期参与商业交易活动，对相关商业风险的判断能力较强，因而标准也较高。凡是能够为一般理性商人所预见的交易风险，均不能视为情事变更。在这个意义上，法官在进行判断时，主要应当考虑客观标准而非当事人的主观因素。当然，这种客观性也并非绝对的，在个别具体的案件中，也存在某些具体的因素必须纳入法官考量范围的情况。① 是否具有可预见性，是情势变更和商业风险的根本区别之所在。

3. 合同继续履行是否会造成明显不公平的后果。当事人在订立合同时已将正常的商业风险考虑在内，发生商业风险后，即使一方当事人有所损失，另一方当事人获益，不会造成明显不公平的后果。而情势变更是当事人不可预知的变化，当事人订立合同时不可能将此种变化考虑在内，发生此类变化后，如严格要求当事人继续履行原合同，一方当事人将因此受到重大损失，而另一方当事人则获超常利益，结果明显不公平，如此才有人民法院或仲裁机构介入变更或解除合同的必要。

4. 风险是否可以防范和控制。情势变更中，客观条件的异常重大变化是不可防范或控制的，当事人无法采取有效措施防止在情势变更下因继续履行原合同造成的重大损失。而正常的商业风险，因其具有可预见性，当事人可以有效地防范和控制商业风险可能造成的损失。从这个角度来说，受不利影响的当事人对商业风险造成的损失具有可归责性，对情势变更造成的损失不具有可归责性。

5. 获益水平的高低。通常来说，在商业活动中，商业风险和收益是成正比的，即收益越大风险越大。从这个意义上来看，如果某项合同给当事人带来的利益越大，则其应当预见并承担的商业风险也就越高。如果某项交易属于高风险、高收益的范围，则出现从事该交易可预见的某种风险通常不能被认为是情事变更，而应当属于商业风险。② 因此，当事人获益水平的高低也是区分情势变更和商业风险的一个重要标准。

---

① 参见王利明：《情事变更制度若干问题探讨——兼评〈民法典合同编（草案）〉（二审稿）第323条》，载《法商研究》2019年第3期。

② 参见王利明：《情事变更制度若干问题探讨——兼评〈民法典合同编（草案）〉（二审稿）第323条》，载《法商研究》2019年第3期。

案例43 重庆建工集团股份有限公司（以下简称重庆建工集团）与重庆市荣昌区荣新环保产业发展有限公司（以下简称荣新环保公司）建设工程施工合同纠纷案①

最高人民法院再审审查认为：关于《建设工程施工合同》专用条款第11.1条是否应当予以变更的问题。重庆建工集团认为，本案应根据情势变更原则和主管部门的相关规定，就价格涨幅超过5%的部分应据实调整为由荣新环保公司自行承担。本院认为，案涉《建设工程施工合同》专用条款第11.1条约定，市场价格波动不调整合同价格，即市场价格上涨的风险由重庆建工集团承担。合同签订后，市场价格确实因政策或市场环境的变化存在上涨的情况，但重庆建工集团作为专业、理性的建筑工程施工企业是在仔细研究了招标文件的全部内容并综合考虑相应的商业风险和成本变动后才向荣新环保公司投标，其在明知案涉工程限定造价1.5亿元的前提下理应将建筑材料的市场环境以及价格变化纳为其是否投标以及如何投标应考虑的商业风险因素中。最高人民法院《关于适用〈中华人民共和国合同法〉若干问题的解释（二）》第二十六条（已失效，现为《民法典》第五百三十三条）系对合同法上情势变更原则所作的规定，该条强调的客观情况是当事人在订立合同时无法预见的、非不可抗力造成的非商业风险，继续履行将会对一方明显不公平或不能实现合同目的，本案中建筑材料价格上涨应属于重庆建工集团在投标和签订合同时应合理预见的商业风险，且上涨幅度并未超过市场价峰值，因此不应适用最高人民法院《关于适用〈中华人民共和国合同法〉若干问题的解释（二）》第二十六条的规定，原审法院适用法律并无不当，重庆建工集团的该项申请再审理由不能成立。

（三）情势变更原则的构成要件

适用情势变更原则应当符合以下五个条件：

1. 有情势变更的客观事实。"情势"是指合同生效时作为该合同赖以成立的环境或基础的重要客观情况，如对合同产生重要影响的政治、经济、法律上的种种客观情况。"变更"是指合同订立后至履行终止前，该合同赖以生效的环境或基础情势发生异常变动，如国家政策调整、物价飞涨、货币贬值等造成合同基础动摇或丧失，使合同目的不能实现，或者对价关系明显失衡。②

---

① 最高人民法院（2019）最高法民申5829号民事裁定书。

② 参见崔玉清：《建设工程合同履行中情势变更原则的适用》，载《政法论坛》2014年第1期。

2. 情势变更发生于合同订立后至合同终止或解除之前。如合同订立前客观条件已经发生变更，当事人在知道或应当知道客观条件变化的情况下订立合同，自不得以合同履行期间情势变更为由要求解除或变更合同。合同解除或终止后客观条件发生变化，不会对双方当事人的合同权利义务产生影响，无情势变更原则适用的余地。

3. 情势发生变更不可归责于双方当事人。如因一方当事人的过错导致合同基础条件发生重大变化，应由该当事人对因基础条件变化造成的损失承担责任，双方均不得以情势变更为由解除或变更合同。客观条件发生重大变化发生于一方当事人迟延履行合同债务期间，如建设工程施工合同约定工期为 180 天，因承包人原因工期延迟 60 天，在工期延迟期间工程材料价格发生重大变化。如果受不利影响的当事人是迟延履行合同的责任人，其不得主张情势变更以解除或变更合同。上例中工程材料价格在迟延履行期间大涨，承包人就无权适用情势变更原则。如果受不利影响的当事人不是迟延履行合同的责任人，其仍有权主张适用情势变更原则解除或变更合同。

4. 情势变更使履行原合同对一方当事人显失公平。在正常的商业风险下，当事人继续履行合同并不会造成对一方当事人显失公平的结果，因此，合同没有解除或变更的必要。而情势变更发生时，继续履行原合同将使一方当事人受严重损失，另一方当事人则从中获取非正常利益，造成显失公平的结果，在此情形下，受不利影响的当事人才有权要求变更或解除合同。

5. 当事人在请求人民法院或仲裁机构变更或解除合同前应当经过重新协商的程序。受不利影响的当事人在情势发生变更后，应当及时向对方当事人提出重新协商的请求，对方当事人也应当本着诚实信用原则，履行重新协商的义务，尽可能地消除合同履行的障碍。当事人未经重新协商程序，径直向人民法院或仲裁机构请求适用情势变更原则变更或解除合同，不应支持。

(四)情势变更与固定价格的调整

在建设工程施工合同履行过程中，工程材料、设备、人工价格发生波动，波动比率达到何种程度才能适用情势变更原则变更合同中的固定价格，存在不少争议。部分地区设定固定价格调整的标准，在适用情势变更原则时可予参考。

原云南省建设厅《关于进一步规范建设工程材料价格波动风险条款约定及工程合同价款调整等事宜的通知》(云建标〔2008〕201 号)规定："施工合同约定采用

固定价格但未计取相应包干风险费用的工程，在包干范围以内的主要材料（含设备）单价发生上涨或下降的情况，其幅度在±10%以内（含10%）的，其价差由承包人承担或受益；幅度在±10%以外的，其超过部分的价差由发包人承担或受益。”原江苏省建设厅《关于加强建筑材料价格风险控制的指导意见》（苏建价〔2008〕67号）规定，采用固定价格合同形式的：当工程施工期间非主要建筑材料价格上涨或下降的，其差价均由承包人承担或收益；当工程施工期间第一类主要建筑材料价格上涨或下降幅度在10%以内的，其差价由承包人承担或受益，超过10%的部分由发包人承担或受益；当工程施工期间第二类主要建筑材料价格上涨或下降幅度在5%以内的，其差价由承包人承担或受益，超过5%的部分由发包人承担或受益。主要建筑材料差价的取定：应以工程所在地造价管理部门发布的材料指导价格为基准（缺指导价的材料以双方确认的市场信息价为准），差价为施工期同类材料加权平均指导价格与合同工程基准期（招标工程为递交投标文件截止日期前28天）当月的材料指导价格的差额。原浙江省建设厅《关于加强建设工程人工、材料要素价格风险控制的指导意见》（建建发〔2008〕163号）规定：(1)人工费调整范围为：当结算期人工市场价或合同前80%工期月份的人工信息价平均值与投标报价文件编制期对应的市场价或信息价之比上涨或者下降幅度在15%以上时。投标报价文件编制期采用的人工单价与对应的市场价或对应的信息价相比较，取大值参与调整条件的判别计算。(2)材料费调整范围：①单种规格材料的合价占工程合同造价的比例在1%及以上，且该材料合同前80%工期月份的信息价平均值与投标报价文件编制期对应的信息价之比上涨或者下降幅度在10%以上时；②单种规格材料的合价占工程合同造价的比例在1%以下，但合同前80%工期月份的信息价平均值与投标报价文件编制期对应的信息价之比上涨或者下降幅度在20%以上时。

有观点认为，主要建筑材料价格涨跌幅度超过10%～20%的，不属于物价的异常重大变动，不应适用情势变更原则。其实不然。建筑行业属于微利行为，就整个建筑行业而言，近十年行业的平均利润率在3.5%左右。在建筑业不同性质的工程项目中，路桥、码头港口、高铁、高速公路、园林绿化、装修工程、智能化建筑、异形工程等，施工利润高于行业平均利润，民用房屋、城市基础设施的土建施工利润远低于3.5%的建筑业平均利润，甚至在1%以下。一般来说，施工材料费在工程造价中占比为60%～70%，施工机械费占比为4%～5%。[①] 根据国家统计局公布的数据，

① 参见冯小光：《建设工程施工合同纠纷案件法律适用的有关问题》，载《民事审判指导与参考》2018年第3辑（总第75辑）。

2019 年建筑业产值利润率为 3.37%，比上年降低了 0.02 个百分点。根据获益与风险比例原则，建筑行业的利润率与主要建筑材料价格涨跌幅度超过 10% 的风险是不成比例的。主要建筑材料价格涨跌幅度超过 10%，可能使继续履行原合同对一方当事人造成明显不公平，在这种情况下，可以适用情势变更原则对工程价款进行调整。情势变更原则下工程价款调整的原则是：在合同约定或正常风险范围内的材料（设备）、人工等价格上涨，由承包人负担；合同约定或正常风险范围之外的材料（设备）、人工等价格上涨，由发包人负担；合同约定或正常风险范围内的材料（设备）、人工等价格下跌，由承包人受益；合同约定或正常风险范围之外的材料（设备）、人工等价格下跌，由发包人受益。

（五）提前放弃调整工程价款权利条款的效力

在实践中，一些发包人利用其优势地位，在建设工程施工合同中约定建筑材料、设备、人工等价格波动的全部风险由承包人负担，承包人不得要求调整合同价款。此类条款是否有效，在情势变更发生时，承包人是否可以要求调整价款，在实践中存在不少争议。

观点一认为，当事人约定风险由一方当事人全部负担，并不违反法律、行政法规的强制性规定，应为合法有效。在发生情势变更时，受不利影响的当事人仍应严格遵守合同约定，不得适用情势变更原则要求对合同进行变更或解除。

观点二认为，当事人不能通过事前约定排除情势变更的适用。当事人在建设工程施工合同约定价格波动的风险由承包人全部负担，当价格波动属于正常的商业风险，确定工程价款时应当依合同约定，由承包人负担商业风险造成的损失。但价格异常变动构成情势变更时，受不利影响的当事人仍可主张适用情势变更原则。

笔者倾向于观点二。理由有如下三点：

1. 情势变更原则不得通过约定排除。情势变更原则是法定的合同变更和解除事由，具有强制适用的效力，双方当事人在合同中约定排除情势变更的适用属于无效条款，不能约束或排除受损害一方的当事人适用情势变更原则解除或变更合同。因此，当主要建筑材料（设备）、人工等价格发生异常变动，继续履行原合同将对承包人显失公平时，即使合同有价格波动风险全部由承包人承担的约定，承包人仍可主张适用情势变更原则。

2.《建设工程工程量清单计价规范》（GB50500—2013）第 3.4.1 条规定："建设工程发承包，必须在招标文件、合同中明确计价中的风险内容及其范围，不得采用无限风险、所有风险或类似语句规定计价中的风险内容及其范围。”该条款应为强制性规范,不得通过合同约定排除。例如,工程采用工程量清单计价的,约定无限风险、所有风险、全部风险之类的语句约定风险内容及范围,应为无效条款。

3. 建设工程施工合同中约定建筑材料、设备、人工等价格波动的全部风险由承包人负担,这里的全部风险应当限缩理解为正常的商业风险,情势变更引起的异常重大变动的风险不应包含在内。

第三节　工程价款结算争议问题

从司法实践看,建设工程施工合同纠纷案件中涉及工程价款结算问题,诉辩双方的争议主要集中在以下几个方面。

一、未完工程的结算

在实践中,因发包人资金链断裂、承包人无力继续施工、政府政策变化等原因,导致工程仅完成一部分,合同即无法继续履行,建设工程成了半拉子工程或烂尾工程。工程虽未全面完工,但已完成的工程质量合格,承包人仍有权要求发包人支付工程款(合同无效时为工程折价补偿),发包人不得以工程未完工为由拒绝支付工程款或折价补偿。未完工程的工程价款或折价补偿数额如何确定,是司法实践的一个难点问题。

(一)固定总价合同

双方签订的是固定总价合同,在工程未完工的情况下,确定未完工程的工程价款或折价补偿有以下几个几种方式:一是正向计算的方式,即依据定额标准对已完工工程据实结算,并按照一定比例予以下浮;二是反向计算的方式,即根据定额标准计算未完工工程的价款数额,再用固定总价减去未完工工程价款数额;三是比例折算的方式,即由鉴定机构在相应同一取费标准下分别计算出已完工工程部分的价款和整个合同约定工程的总价款,两者对比计算出相应系数,再用合同约定的固定价乘以该系数,确定发包人应付的工程款。[①]

① 参见秦旺:《建设工程造价结算前沿问题研究》,载《法律适用》2017 年第 5 期。

笔者倾向于第三种计算方式，即按比例折算的方式。前两种计算方法均以定额标准计算已完工程价款或未完工程价款，脱离了合同约定的工程价款计算方法，与《建设工程司法解释（一）》第十九条第一款“当事人对建设工程的计价标准或者计价方法有约定的，按照约定结算工程价款”的规定不符。第三种计算方法，以同一取费标准分别计算已完成工程价款和整体工程价款，计算出已完成工程价款在整体工程价款中的比例系数，再以固定总价乘以该系数，得出已完成工程价款，更为科学，符合建设工程施工合同约定的价格形式，也更符合双方当事人对工程价款的心理预期。因此，人民法院在计算固定总价模式下未完工程价款时，往往委托司法鉴定，由司法鉴定机构确定已完工程款在整体工程款中所占的比例，最后得出发包人应当支付承包人已完工程款的数额。

江苏省高级人民法院《关于审理建设工程施工合同纠纷案件若干问题的解答》（2018 年）第八条规定：“固定总价合同履行中，承包人未完成工程施工的，工程价款如何确定？建设工程施工合同约定工程价款实行固定总价结算，承包人未完成工程施工，其要求发包人支付工程款，发包人同意并主张参照合同约定支付的，可以采用‘按比例折算’的方式，即由鉴定机构在相应同一取费标准下计算出已完工程部分的价款占整个合同约定工程的总价款的比例，确定发包人应付的工程款。但建设工程仅完成一小部分，如果合同不能履行的原因归责于发包人，因不平衡报价导致按照当事人合同约定的固定价结算将对承包人利益明显失衡的，可以参照定额标准和市场报价情况据实结算。”

河北省高级人民法院《建设工程施工合同案件审理指南》（2018 年）第十二条规定：“建设工程施工合同约定工程款实行固定价，如建设工程尚未完工，当事人对已完工程造价产生争议的，可将争议部分的工程造价委托鉴定，但应以合同约定的固定价为基础，根据已完工工程占合同约定施工范围的比例计算工程款。即由鉴定机构在同一取费标准下分别计算出已完工程部分的价款和整个合同约定工程的总价款，两者对比计算出相应系数，再用合同约定的固定价乘以该系数，确定工程价款。当事人一方主张以定额标准作为造价鉴定依据的，人民法院不予支持。”

（二）其他价格形式合同

建设工程施工合同约定其他价格形式，在工程未完工的情况下，也应当按照合同约定的方法计算已完工程价款。如合同约定的是定额计价模式，则以约定的定额计算已完工程价款；如合同约定的是工程量清单计价模式，则以工程量清单计算出已完成工程的分部分项工程量,乘以相应的工程单价,得出已完工程的分部分项工程费,再加上措施项目费、其他项目费、规费和税金,得出已完成工程的单位工程报价,已完成工程的单位工程报价之和即为已完工程价款。

(三)临时设施费用

临时设施是用于施工和管理而建造的临时性和简易的设施,在施工完成后予以拆除。工程建设所需的临时建筑设施在工程开工时往往是一次性建成,因此,临时设施费用常是一次性投入。该费用在工程施工过程中随着工程量的逐步完成而分摊到各工程量中。合同履行完毕,临时设施费用摊销完毕。对于未完工程来说,承包人仅能获得已完成部分的工程价款,却建成完成合同约定整个工程量所需的临时设施,其一次性投入的临时设施费用只是部分摊销到已完成的工程量中,摊销到未完成部分的费用无法收回。临时设施拆除后,对发包人没有价值,但对后来的承建人而言,临时设施又有可用性。因此,应当将临时设施费用纳入未完成工程的结算,方法是:将已完工程价款与总工程价款相比计算出比例,按该比例对临时设施费用进行分摊,已完成工程量分摊的临时设施费用由承包人承担,未完成工程量分摊的临时设施费用由发包人承担,即作为承包人应得的工程款。①

二、工程竣工结算中的拟制结算

针对在建筑实践中经常发生的发包人收到承包人提交的工程结算资料后迟迟不予答复,以达到拖延结算和支付工程款目的,损害承包人利益的现象,2005 年 1 月 1 日施行的《最高人民法院关于审理建设工程施工合同纠纷案件适用法律问题的解释》第二十条规定,当事人约定,发包人收到竣工结算文件后,在约定期限内不予答复,视为认可竣工结算文件的,按照约定处理。承包人请求按照竣工结算文件结算工程价款的,应予支持。1999 年版示范文本通用合同条款第 33.2 款规定,发包人收到承包人递交的竣工结算报告后及结算资料后 28 天内进行核实,给予确认或者提出修改意见。发包人确认竣工结算报告通知经办银行向承包人支付工程竣工结算价款。承包人收到竣工结算价款后 14 天内将竣工工程交付发包人。第 33.3 款规定,发包人收到竣工结算报告及结算资料后 28 天内无正当理由不支付工程竣工结算价款,从第 29 天起按承包人同期向银行贷款利率支付拖欠工程价款的

① 参见陈中林:《从一案例析未完建设工程的结算》,载《人民司法(应用)》2008 年第 21 期。

利息,并承担违约责任。针对上述条款的适用问题,最高人民法院民事审判庭《关于发包人收到承包人竣工结算文件后,在约定期限内不予答复,是否视为认可竣工结算文件的复函》(〔2005〕民一他字第23号)答复称:“适用该司法解释第二十条的前提条件是当事人之间约定了发包人收到竣工结算文件后,在约定期限内不予答复,则视为认可竣工结算文件。承包人提交的竣工结算文件可以作为工程款结算的依据。建设部制定的建设工程施工合同格式文本中的通用条款第33条第3款的规定,不能简单地推论出,双方当事人具有发包人收到竣工结算文件一定期限内不予答复,则视为认可承包人提交的竣工结算文件的一致意思表示,承包人提交的竣工结算文件不能作为工程款结算的依据。”此后,各地法院出台有关建设工程施工合同纠纷案件的指导性意见或解答多沿用该答复的观点。浙江省高级人民法院民事审判第一庭《关于审理建设工程施工合同纠纷案件若干疑难问题的解答》(2012年)第十四条规定:“承包人能否直接请求按照竣工结算文件结算工程价款?建设工程施工合同明确约定发包人应在承包人提交竣工结算文件后一定期限内予以答复,且逾期未答复则视为认可竣工结算文件的,承包人可以请求按照竣工结算文件进行工程价款结算。建设工程施工合同虽约定发包人应在承包人提交竣工结算文件后一定期限内予以答复,但未约定逾期不答复则视为认可竣工结算文件的,承包人不能请求按照竣工结算文件确定工程价款。建设工程施工合同约定发包人在承包人提交竣工结算文件后未答复则视为认可竣工结算文件,但未约定答复期限,且经承包人催告后,发包人仍不予答复的,人民法院可根据实际情况确定合理的答复期限,但答复期限不应超过60天。建设工程施工合同中对此未明确约定,承包人不能仅以GF-1999-0201《建设工程施工合同(示范文本)》通用条款33.2条为依据,要求按照竣工结算文件结算工程价款。”

1999年版示范文本通用合同条款规定发包人收到承包人递交的竣工结算报告及结算资料后28天内进行核实,给予确认或者提出修改意见,28天内无正当理由不支付工程竣工结算价款应当支付工程款利息,但该示范文本并未规定发包人逾期不答复即视为认可承包人的竣工结算申请。2013年版示范文本在此处作了重大修改,将发包人逾期不答复视为认可承包人竣工结算申请的内容订入通用条款中,第14.2款第(1)项规定:“除专用合同条款另有约定外,监理人应在收到竣工结算申请单后14天内完成核查并报送发包人。发包人应在收到监理人提交的经审核的竣工结算申请单后14天内完成审批,并由监理人向承包人签发经发包人签认的竣工付款证书。监理人或发包人对竣工结算申请单有异议的,有权要求承包人进行修正和提供补充资料,承包人应提交修正后的竣工结算申请单。发包人在收到承包人提交竣工结算申请书后28天内未完成审批且未提出异议的,视为发包人认可承包人提交的竣工结算申请单,并自发包人收到承包人提交的竣工结算申请单后第29天起视为已签发竣工付款证书。"2017年版示范文本继续沿用这一条规定。《建设工程司法解释(一)》第二十一条继续沿用最高人民法院《关于审理建设工程施工合同纠纷案件适用法律问题的解释》(已失效)第二十条的规定,未作修改。当事人将2013年版示范文本通用合同条款或2017年版示范文本通用合同条款作为建设工程施工合同的一部分,如果发包人在收到承包人竣工结算申请书后28天内未完成审批且未提出异议,承包人是否可以主张按其提交的竣工结算申请单上的结算价计算工程价款,在实践中存在比较大的争议。

观点一认为,当事人将示范文本通用条款作为建设工程施工合同的一部分,意味着双方均愿意接受通用条款的约束。通用条款中明确约定发包人收到竣工结算申请后28天内未完成审批且未提出异议,即视为认可承包人提交的竣工结算申请单,该条款对双方当事人均具有约束力。而且,《建筑工程施工发包与承包计价管理办法》第十八条第一款第(二)项规定:"国有资金投资建筑工程的发包方,应当委托具有相应资质的工程造价咨询企业对竣工结算文件进行审核,并在收到竣工结算文件后的约定期限内向承包方提出由工程造价咨询企业出具的竣工结算文件审核意见;逾期未答复的,按照合同约定处理,合同没有约定的,竣工结算文件视为已被认可。非国有资金投资的建筑工程发包方,应当在收到竣工结算文件后的约定期限内予以答复,逾期未答复的,按照合同约定处理,合同没有约定的,竣工结算文件视为已被认可;发包方对竣工结算文件有异议的,应当在答复期内向承包方提出,并可以在提出异议之日起的约定期限内与承包方协商;发包方在协商期内未与承包方协商或者经协商未能与承包方达成协议的,应当委托工程造价咨询企业进行竣工结算审核,并在协商期满后的约定期限内向承包方提出由工程造价咨询企业出具的竣工结算文件审核意见。"根据该规定,在合同未约定的情况下,发包人逾期未答复的,竣工结算文件视为已被认可,更何况是在合同通用条款有明确约定的情况下。因此,当事人将2013年版示范文本通用合同条款或2017年版示范文本通用合同条款作为建设工程施工合同的一部分,而且在建设工程施工合同专用条款中未作出排除或相反的约定,发包人在承包人竣工结算申请书后28天内未完成审批且未提出异议的,应视为发包人已认可竣工结算申请单,承包人有权按照申请单上载明的结算价要求发包人支付工程价款。

观点二认为，当事人没有在建设工程施工合同专用条款中约定发包人逾期答复即视为认可竣工结算申请的内容，承包人仅以合同通用条款的内容主张发包人逾期答复即视为认可竣工结算申请单的，不应予以支持。这是因为示范文本通用条款的目的是提供示范文本供当事人选择适用，提高施工合同签订的规范性和效率，本身对当事人并不具有约束力。因此，专用条款的约定才能体现当事人的真实意思，并对当事人具有约束力。[①] 仅合同通用条款有约定，不符合《建设工程司法解释（一）》第二十一条规定的条件，不能适用发包人逾期答复即视为认可的规则。

笔者认为，只有在建设工程施工合同专用条款明确约定的情况下，发包人未在约定时间对承包人提交的竣工结算申请完成审核或提出异议，才可以视为发包人认可竣工结算申请。合同通用条款的约定不应作为逾期答复即视为认可竣工结算申请的依据。理由有如下四点：

1. 沉默只有在法律明确规定、有明确约定和符合交易习惯时，才能视为意思表示。发包人在承包人提交竣工结算申请后的约定时间内既没有完成审核，也没有提出异议，属于发包人的沉默。意思表示原则上都需要以明示或默示的方式作出。沉默是一种既无语言表示也无行为表示的纯粹的缄默，是一种完全的不作为，从法学理论上讲和境外的立法例来看，原则上纯粹的不作为不能视为当事人有意思表示。也就是说，与明示和默示原则上可以作为意思表示的方式不同，沉默原则上不得作为意思表示的方式。[②]《民法典》第一百四十条规定："行为人可以明示或者默示作出意思表示。沉默只有在有法律规定、当事人约定或者符合当事人之间的交易习惯时，才可以视为意思表示。"这里的法律指的是全国人民代表大会及其常务委员会制定的规范性文件，不包括行政法规、地方性法规、部门规章等。《建筑工程施工发包与承包计价管理办法》是住房城乡建设部制定并颁布的部门规章，不能作为发包人沉默（未在约定时间答复）即认可竣工结算申请的依据。发包人对承包人提交竣工结算申请逾期未答复即视为认可竣工结算申请，也难以在当事人之间形成交易习惯或在建筑行业形成惯例。

2. 2013 年版示范文本和 2017 年版示范文本通用合同条款中的拟制结算条款脱离实际。这两个版本的示范文本通用条款规定，承包人提交竣工结算申请单后，监理人的核查天数为 14 天，发包人的审批天数也为 14 天，总计 28 天。但在实践中，监理人没有资格和能力核查竣工结算资料，发包人的审查和批准的时间明显过

① 参见潘军锋：《建设工程价款结算审判疑难问题研究》，载《法律适用》2019 年第 5 期。
② 参见黄薇主编：《中华人民共和国民法典释义》（上），法律出版社 2020 年版，第 275 ~ 276 页。

短。对于竣工结算审核，一般的期限少则 1 个月，多则数月甚至长达数年，一般的审核期限也需要 3 个月左右，故该条款中监理人核查期限为 14 天、发包人审批期限为 14 天之期限约定，根本与实践不符，没有可履行性。[①] 在承包人提交竣工结算申请后 28 天如此短的时间内对竣工结算申请审批完毕或提出竣工结算资料中存在的问题，现实中绝大多数发包人根本无法做到。以不具备可履行性的审批期限作为逾期视为认可结算申请的期限，对发包人来说明显不公平。

3. 承包人提交的竣工结算文件系其单方制作，往往不能如实反映施工完成的真实工程量和工程价款。从司法实践看，承包人制作的竣工结算文件中记载的工程结算价款，往往有一定的水分，有些还远远高于实际工程价款。如仅因为发包人在收到竣工结算后 28 天内未予答复，就将承包人单方制作的竣工结算文件作为工程价款的唯一依据，将严重损害发包人的利益，承包人将因此获得超额利益，易造成发包、承包双方利益的失衡。笔者认为，当事人将示范文本通用条款作为建设工程施工合同的一部分，原则上双方均应受通用条款的约束，但是通用条款内容繁多，并不一定都能反映当事人的真实意思，通用条款中极少数不具备可履行性或适用该条款将导致当事人权利义务明显失衡的条款，不能作为确定当事人权利义务的依据。

4.《建设工程司法解释(一)》第二十一条规定的“当事人约定”，宜限缩理解为“当事人在合同专用条款中约定”。当事人在合同专用条款中约定发包人审批竣工结算申请的期限，并特别约定发包人在约定期限内没有完成审批也没有提出异议，视为发包人认可竣工结算申请，该条款系双方当事人真实意思表示，合法有效。如发包人逾期未对竣工结算申请完成审批或提出异议的，承包人有权主张适用该条款，以竣工结算申请作为发包人应付工程价款的依据。江苏省高级人民法院《关于审理建设工程施工合同纠纷案件若干问题的解答》(2018 年)第九条规定：“《建设工程司法解释》第 20 条规定的按照竣工结算文件结算工程价款，审判实践中如何适用？建设工程施工合同专用条款中明确约定发包人收到竣工结算文件后，在合同约定的期限内不予答复视为认可竣工结算文件，当事人要求按照竣工结算文件进行工程价款结算的，应予支持。建设工程施工合同专用条款中未明确约定，当事人要求按照竣工结算文件进行工程价款结算的，不予支持。建设工程施工合同专用条款有此明确约定，发包人有证据证明在合同约定的期限内提出异议的，承包人要

① 参见周吉高：《新版合同范本若干条款的不足》，载《建筑》2013 年第 17 期。

求按照竣工结算文件进行工程价款结算的,不予支持。建设工程施工合同无效的,不影响该条款约定的效力。"

在适用建设工程施工合同拟制结算条款时,还应注意以下五个问题:

1. 承包人逾期提交竣工结算申请是否会影响其主张拟制结算的权利。2017 年版示范文本通用合同条款第 14.1 款规定,除专用合同条款另有约定外,承包人应在工程竣工验收合格后 28 天内向发包人和监理人提交竣工结算申请单,并提交完整的结算资料,有关竣工结算申请单的资料清单和份数等要求由合同当事人在专用合同条款中约定。笔者认为,虽然发包人审批竣工结算申请以承包人提交竣工结算申请为前提,但如果双方在合同专用条款中约定发包人答复的期限为收到竣工结算申请后的一段时间,承包人逾期提交竣工结算申请不会影响发包人审批的进程,也不会导致发包人在约定的时间内无法完成审批的后果。因此,承包人未按合同约定的期限向发包人或监理人提交竣工结算申请,发包人仍然应当在合同约定的期限完成审批或提出异议,否则,发包人要承担逾期答复即视为认可竣工结算申请的法律后果。

2. 承包人提交的竣工结算资料不齐全是否会影响其主张拟制结算的权利。笔者认为,承包人提交完整的竣工结算资料是发包人审批竣工结算资料的前提条件。例如,承包人提交的竣工结算资料不齐全,或者不符合法律规定、合同约定,致使发包人无法完成审批,就不能适用逾期答复即视为认可竣工结算申请的条款。但要注意的是,发包人往往难以举证证明承包人提交的竣工结算资料不齐全,因此,发包人收到竣工结算资料时发现此问题,应当在约定的审批期限内及时提出异议,避免产生拟制结算的不利后果。

3. 建设工程施工合同无效,拟制结算条款是否可以参照适用。司法实践中对于该问题争议较大。观点一认为,拟制结算条款不属于《民法典》和《建设工程司法解释(一)》规定的建设工程施工合同关于工程价款的约定,不能参照适用;观点二认为,拟制结算条款属于工程价款结算条款,根据《民法典》和《建设工程司法解释(一)》规定,可以参照适用。笔者倾向于观点二,当事人在建设工程施工合同专用条款中约定发包人逾期答复即视为认可竣工结算申请的拟制结算条款,属于合同中的工程价款结算条款,根据《民法典》和《建设工程司法解释(一)》的规定,在确定承包人应得的工程折价补偿数额时可以参照适用。江苏省高级人民法院《关于审理建设工程施工合同纠纷案件若干问题的解答》(2018 年)即持这一观点,该解答第九条第三款规定,建设工程施工合同无效的,不影响该条款(拟制结算条款)约定的效力。

4. 发包人未在约定期限对竣工结算申请作答复，但此后双方又对工程总价款或部分价款进行审核确认的，是否可以适用拟制结算条款。在此情形中，虽然发包人未在约定期限对承包人提交的竣工结算申请完成审批或提出异议，但是此后双方进行实质性的审价并确认部分工程价款或工程总价款，不符合建设工程施工合同约定的发包人在约定期限内没有完成审批或提出异议即视为认可竣工结算申请的条件，也不符合《建设工程司法解释（一）》第二十一条规定的适用条件。[①] 因此，不能适用拟制结算条款确定工程价款。

5. 建议工程施工合同未约定发包人审批的期限，拟制结算条款是否可以适用。《建筑工程施工发包与承包计价管理办法》第十八条第二款规定，发承包双方在合同中对本条第一项（承包人完工后提交竣工结算文件——笔者注）、第二项（发包人收到竣工结算文件后完成审核——笔者注）的期限没有明确约定的，应当按照国家有关规定执行；国家没有规定的，可认为其约定期限均为 28 日。因此，建设工程施工合同没有约定发包人审批期限，但专用条款中约定发包人逾期审批即视为认可竣工结算申请的内容，发包人仍然应当在收到竣工结算申请后 28 天内完成审批或提出异议，否则存在被视为认可竣工结算申请的风险。

案例 44 北京市建筑装饰设计工程有限公司（以下简称北京装饰公司）与周口欣欣置业有限公司（以下简称周口欣欣公司）装饰装修合同纠纷案[②]

最高人民法院再审认为：关于北京装饰公司以工程竣工决算报告主张本案工程款是否有事实和法律依据的问题。本案所涉工程竣工后，未经验收，周口欣欣公司即提前使用（德银购物广场 1、2、3、7 层于 2005 年 12 月 29 日竣工，周口欣欣公司于 2005 年 12 月 30 日未经验收即投入使用；4、5、6 层分别于 2006 年 10 月 10 日、29 日，12 月 29 日竣工，周口欣欣公司亦未经验收即已使用）。根据双方所签合同专用条款第 47.5.3 条的规定，“未办理验收手续，发包商提前使用或擅自动用的部分视为已经验收的合格工程，若造成损失时应由发包商负责并承担损失”。最高人民法院《关于审理建设工程施工合同纠纷案件适用法律问题的解释》第十四条第三项

① 参见本书研究组：《发包人未在约定时间对承包人报送的竣工结算文件提出异议，但是双方对部分工程造价进行了确认，能否按照竣工结算文件结算工程价款》，载《民事审判指导与参考》2016 年第 3 辑（总第 67 辑）。

② 最高人民法院（2013）民提字第 128 号民事判决书。

(已失效,现为《建设工程司法解释(一)》第九条第三项)亦明确规定“建设工程未经竣工验收,发包人擅自使用的,以转移占有建设工程之日为竣工日期”。因此,应认定本案所涉工程属于竣工合格工程,且竣工日期应为周口欣欣公司开始使用之日。该建筑装修后,最后一层投入使用的时间是2006年12月29日,应为整个工程的竣工日期。

在每部分工程竣工后,北京装饰公司均向周口欣欣公司递交了竣工资料。2007年1月15日北京装饰公司向周口欣欣公司报送了竣工决算书,在合同约定的28天异议期内周口欣欣公司未提出任何异议。根据《施工合同》第二部分“通用条款”第33.3条约定,周口欣欣公司收到竣工结算报告及结算资料后28天内无正当理由不支付工程竣工结算价款,其应从第29天起按同期银行贷款利率向北京装饰公司支付拖欠工程价款的利息,并承担违约责任。同时,依据该合同第三部分“专用条款”第35.1条的约定,该合同“通用条款”第33.3条约定周口欣欣公司违约应承担的违约责任:未按约定时间办理竣工结算,逾期视为北京装饰公司的结算价款已得到周口欣欣公司的认可。最高人民法院《关于审理建设工程施工合同纠纷案件适用法律问题的解释》第二十条(已失效,现为《建设工程司法解释(一)》第二十一条)亦明确规定“当事人约定,发包人收到竣工结算文件后,在约定期限内不予答复,视为认可竣工结算文件的,按照约定处理。承包人请求按照竣工结算文件结算工程价款的,应予支持”。综上所述,北京装饰公司主张不认可鉴定结果,并认为其违背了当事人的真实意思、合同约定及法律规定,予以支持。原驻马店市中级人民法院一审判决依据竣工决算报告确定30,095,103元工程价款并无不当。因此,本案再审申请人北京装饰公司提出的应按照竣工决算报告确定的30,095,103元工程价款进行结算的请求,证据充分,法律依据明确,应予支持。

三、当事人主张以审计报告的结论作为工程价款结算依据的处理

根据《审计法实施条例》所作的定义,审计是指审计机关依法独立检查被审计单位的会计凭证、会计账簿、财务会计报告以及其他与财政收支、财务收支有关的资料和资产,监督财政收支、财务收支真实、合法和效益的行为。根据《审计法》第二十二条、第二十四条的规定,审计机关对政府投资和以政府投资为主的建设项目的预算执行情况和决算,以及国际组织和外国政府援助、贷款项目的财务收支,进行审计监督。《审计法实施条例》第二十条第一款规定:“审计法第二十二条所称政府投资和以政府投资为主的建设项目,包括:(一)全部使用预算内投资资金、专项

建设基金、政府举借债务筹措的资金等财政资金的；（二）未全部使用财政资金，财政资金占项目总投资的比例超过50%，或者占项目总投资的比例在50%以下，但政府拥有项目建设、运营实际控制权的。”第二十二条规定：“审计法第二十四条所称国际组织和外国政府援助、贷款项目，包括：（一）国际组织、外国政府及其机构向中国政府及其机构提供的贷款项目；（二）国际组织、外国政府及其机构向中国企业事业组织以及其他组织提供的由中国政府及其机构担保的贷款项目；（三）国际组织、外国政府及其机构向中国政府及其机构提供的援助和赠款项目；（四）国际组织、外国政府及其机构向受中国政府委托管理有关基金、资金的单位提供的援助和赠款项目；（五）国际组织、外国政府及其机构提供援助、贷款的其他项目。”属于上述《审计法》和《审计法实施条例》规定应当进行审计监督的建设工程项目，如当事人在建设工程施工合同中约定以审计报告的结论作为工程价款结算依据，自然应依约定处理，但当事人未约定以审计报告的结论作为工程价款结算依据，如何处理工程价款的结算，存在一定争议。

观点一认为，审计机关对政府投资和以政府投资为主的建设项目以及国际组织和外国政府援助、贷款项目进行审计监督，是提高财政资金使用效益、促进廉政建设、维护国家财政经济秩序的必要手段。《审计法》及其实施条例关于审计监督范围的规定，具有强制适用的效力，应当限制当事人对工程价款约定的自由。如任由当事人对属于审计监督范围的工程项目价款进行约定，那么，行政审计的作用将无从发挥，国家财政经济秩序和廉政建设将因此受损。因此，在没有约定的情况下，对属于审计监督范围的工程项目，当事人仍可主张按审计报告结论确定工程价款。

观点二认为，审计是国家对建设单位的行政监督，在合同没有约定的情况下，这种行政监督形成的结论不能直接介入或干预双方当事人签订的民事合同，更不能成为民事合同结算价款的依据。因此，在合同没有明确约定的情况下，无论工程项目是否属于《审计法》及其实施条例规定的审计监督范围，都不能以审计报告的结论作为确定工程结算价款的依据。

最高人民法院《关于建设工程承包合同案件中双方当事人已确认的工程决算价款与审计部门审计的工程决算价款不一致时如何适用法律问题的电话答复意见》（〔2001〕民一他字第2号）认为：“审计是国家对建设单位的一种行政监督，不影响建设单位与承建单位的合同效力。建设工程承包合同案件应以当事人的约定作为法院判决的依据。只有在合同明确约定以审计结论作为结算依据或者合同约定不明确、合同约定无效的情况下，才能将审计结论作为判决的依据。”2011年《全国民事审判工作会议纪要》第二十五条再次强调：“当事人以审计机关作出的审计报告、财政评审机构作出的评审结论，主张变更有效的建设工程施工合同约定的工程价款数额的，不予支持。”之所以如此规定，是因为审计机关的审计，系针对被审计单位财政收支、财务收支真实、合法、效益进行分析判断，发表意见，审计机关对审计中发现的违反国家规定的财政收支、财务收支行为，属于审计机关法定职权范围内的事项，应当依法作出处理、处罚的审计决定。审计机关的审计属于行政监督，这种审计监督职能不能延伸到民事领域，不能在当事人没有约定的情况下直接作为民事合同价款计算的依据，更不能改变民事合同的约定。建设工程施工合同是平等民事主体之间签订的民事合同，当事人在建设工程施工合同中约定的工程价款只要符合双方真实意思，不违反法律、行政法规的强制性规定，就应当作为工程价款结算的依据。当事人在合同约定工程价款的计价方法，是当事人对工程价款的合理预期，这种合理预期不能因行政审计报告而遭到破坏，否则就违反了平等自愿的原则。发包人或承包人在工程价款结算时提出改变合同约定而以行政审计结论作为结算依据，往往是为了自己获得合同约定以外的利益而损害对方利益，这种行为违反诚实信用原则。《建筑法》第十八条第一款规定：“建筑工程造价应当按照国家有关规定，由发包单位与承包单位在合同中约定。公开招标发包的，其造价的约定，须遵守招标投标法律的规定。”《建设工程司法解释（一）》第十九条第一款规定：“当事人对建设工程的计价标准或者计价方法有约定的，按照约定结算工程价款。”从上述规定可知，建设工程价款的结算，应当充分尊重当事人在签订建设工程施工合同和招投标时的真实意思。法律法规、司法解释均没有将审计部门的审计报告结论作为建设工程价款结算依据的规定。在当事人没有约定的情况下，将审计报告结论直接作为价款结算依据，将导致行政审计直接取代、变更民事合同的价款约定的结果，这不但违反《建筑法》《招标投标法》《建设工程司法解释（一）》的相关规定，而且与社会主义市场经济规律相左。

部分地区的高级人民法院对审计报告能否作为工程价款结算依据的问题作了规定。四川省高级人民法院《关于审理建设工程施工合同纠纷案件若干疑难问题的解答》（2015 年）第十七条规定：“政府审计部门审计结果能否作为合同结算依据？政府投资的建设工程施工合同结算纠纷，发包人主张以政府审计部门审计结果作为工程造价结算依据的原则上不予支持，但当事人在合同中有明确约定的除外。当事人在合同中明确约定工程价款以政府审计部门审计结果作为结算依据，并约定了审计时间，在合同约定的审计时间内非因承包人原因未作出审计结论，或虽未约定审计时间，经承包人催告，发包人未在合理期限内送交政府审计部门审计的，承包人主张按照双方签章确认的送审结算价结算工程价款的，可予支持。政府审计部门审计结论明确部分项目已经超出政府投资项目，但合同明确约定属于施工内容的，承包人主张支付工程价款的，应予支持。”

案例45 重庆建工集团股份有限公司（以下简称重庆建工集团）与中铁十九局集团有限公司（以下简称中铁十九局）建设工程合同纠纷案①

最高人民法院再审认为：关于重庆建工集团主张案涉工程属于法定审计范围，因此必须按照国家审计机关的审计结果进行结算的问题。法院认为，根据《审计法》的规定及其立法宗旨，法律规定审计机关对政府投资和以政府投资为主的建设项目的预算执行情况和决算进行审计监督，目的在于维护国家财政经济秩序，提高财政资金使用效益，防止建设项目中出现违规行为。重庆建工集团与中铁十九局之间关于案涉工程款的结算，属于平等民事主体之间的民事法律关系。因此，本案诉争工程款的结算，与法律规定的国家审计的主体、范围、效力等，属于不同性质的法律关系问题，即无论案涉工程是否依法须经国家审计机关审计，均不能认为，国家审计机关的审计结论，可以成为确定本案双方当事人之间结算的当然依据，故对重庆建工集团的上述主张，不予采信，对案涉工程的结算依据问题，应当按照双方当事人的约定与履行等情况确定。

关于分包合同是否约定了案涉工程应以国家审计机关的审计结论作为结算依据的问题。本院认为，分包合同中对合同最终结算价约定按照业主审计为准，系因该合同属于分包合同，其工程量与工程款的最终确定，需依赖合同之外的第三人即业主的最终确认。因此，对该约定的理解，应解释为工程最终结算价须通过专业的审查途径或方式，确定结算工程款的真实合理性，该结果须经业主认可，而不应解释为须在业主接受国家审计机关审计后，依据审计结果进行结算。根据《审计法》的规定，国家审计机关的审计系对工程建设单位的一种行政监督行为，审计人与被审计人之间因国家审计发生的法律关系与本案当事人之间的民事法律关系性质不同。因此，在民事合同中，当事人对接受行政审计作为确定民事法律关系依据的约定，应当具体明确，而不能通过解释推定的方式，认为合同签订时，当事人已经同意接受国家机关的审计行为对民事法律关系的介入。因此，重庆建工集团所持分包合同约定了以国家审计机关的审计结论作为结算依据的主张，缺乏事实和法律依

① 最高人民法院（2012）民提字第205号民事判决书，载《最高人民法院公报》2014年第4期。

据,法院不予采信。

另外,需要注意的是,当事人在建设工程施工合同中约定以审计机关的审计结论作为工程价款结算依据,但审计机关明确表示无法进行审计或者无正当理由长时间不出具审计报告,当事人可以申请司法鉴定,人民法院可以通过司法鉴定的方式确定工程价款。河北省高级人民法院《建设工程施工合同案件审理指南》(2018年)第二十一条规定:"审计机关严重超出合同约定的期限未作出审计结论,发包人以此为由拒付工程款的,发包人无法举证证明审计机关具有正当理由不能出具审计结论的,当事人申请对工程造价予以司法鉴定,人民法院应予支持。"

四、当事人在诉前达成结算协议的效力

承包人完成施工或中途因合同解除退场后,发包人与承包人对完成的工程量和工程价款进行结算,并达成结算协议。在司法实践中,一些发包人或承包人在达成结算协议后反悔,在诉讼中又要求按建设工程施工合同约定的计价方法重新计算工程价款或申请工程造价鉴定,意图推翻结算协议。基于此,《建设工程司法解释(一)》第二十九条规定:"当事人在诉讼前已经对建设工程价款结算达成协议,诉讼中一方当事人申请对工程造价进行鉴定的,人民法院不予准许。"该条规定是诚实信用原则在建设工程价款结算中的具体运用,确认双方在诉讼前达成工程价款结算协议的效力,当事人达成价款结算协议后,不得再就工程造价申请司法鉴定。在理解该条文时,应重点把握以下七个问题:

1. 达成结算协议的"当事人"并不限于发包人和承包人。发包人和与其有合同关系的分包人、承包人和转包人或分包人、转包人或违法分包人和实际施工人之间签订的工程价款结算协议,只要不存在协议无效、可撤销的情形,均应当作为协议双方确定工程价款的依据。存在争议的问题是,发包人和与其不存在合同关系的实际施工人之间签订工程价款结算协议,是否发生法律效力。笔者认为,发包人与实际施工人签订工程价款结算协议,如系双方真实意思表示,不违反法律、行政法规的强制性规定,应当对发包人和实际施工人产生效力,该结算协议理应成为发包人向实际施工人支付工程欠款的依据。这是因为:(1)为保护实际施工人和农民工的权利,《建设工程司法解释(一)》规定实际施工人有权向发包人主张工程折价补偿,发包人应当在欠付工程款范围内向实际施工人承担支付责任。确认发包人与实际施工人签订工程价款结算协议的效力,是上述司法解释关于实际施工人直接或通过行使代位权向发包人主张工程折价补偿权利的延展,符合司法解释保护实

际施工人和农民工权利的精神。(2)实际施工人已同发包人就工程价款进行结算,从减少诉讼、促进经济发展的角度,应认定当事人结算的意思表示真实,并予以保护。发包人和实际施工人通过结算签订结算协议,应视同实际施工人同发包人就工程价款折价补偿所达成的合意,在此情况下如果这种合意的意思表示真实,则在发包人不支付根据结算协议应支付的工程款的情况下,实际施工人向人民法院请求支付的,应视为实际施工人对于折价补偿权利的行使,人民法院应予保护,发包人主张对工程进行鉴定的,有违诚信原则。① (3)确认发包人与实际施工人签订结算协议的效力有利于节约诉讼成本。如此类结算协议的效力不被认可,则双方为达成结算协议所作的努力均付之东流,在实际施工人向发包人提起诉讼后,实际施工人施工的工程造价仍需通过鉴定来确定,这无疑将延长案件的审理周期,增加当事人的诉讼成本,不符合诉讼经济的原则。需要注意的是,如实际施工人的前手承包人、总承包人未参与结算协议的签订,也未在事后对结算协议的内容予以追认,则发包人与实际施工人签订的结算协议不对他们产生法律效力。如发包人和实际施工人恶意串通签订结算协议,以损害承包人等他人的合法权益,该结算协议应确认无效。

2.“对建设工程价款结算达成协议”不仅指向竣工结算协议,还包括承包人未完成施工时,建设工程施工合同因故解除,双方就承包人已完成部分的工程价款结算达成协议。

3.工程价款结算协议的生效不以建设工程施工合同有效为前提。建设工程价款结算协议与建设工程施工合同虽有联系,但结算协议并非建设工程施工合同的从合同,而是具有独立性的协议。建设工程施工合同无效,不能影响工程价款结算协议的效力。因此,当事人以建设工程施工合同无效为由要求确认结算协议无效的,不应支持。

4.工程价款结算协议的履行不以建设工程竣工验收合格为前提。承包人施工的工程未经竣工验收合格,发包人可以拒绝支付工程款,只有在修复后建设工程经竣工验收合格的,承包人才可主张工程款。但是,在建设工程未经竣工验收合格或质量可能不合格的情形下,一旦发包人同意与承包人签订工程价款结算协议,就可以推定发包人已经认可建设工程现状并愿意支付相应工程价款,以结束与承包人

① 参见钟伟珩:《建设工程经竣工验收合格后,实际施工人与发包人所签订的建设工程价款结算协议,人民法院可予保护——黑龙江东阳房地产开发有限公司与郑延利建设工程施工合同纠纷案》,载《民事审判指导与参考》2012年第1辑(总第49辑)。

之间的建设工程施工合同关系，这是发包人对自身权利的处分，应予尊重。故即使建设工程未竣工验收合格或可能存在质量不合格，只要发包人签订建设工程价款结算协议，就可以从诉讼诚信的角度，对当事人申请建设工程造价鉴定不予支持。①

5. 当事人签订建设工程价款结算协议后，一方又要求另一方承担违约责任、赔偿损失的处理。笔者认为，绝大多数的工程价款结算协议，是对包括工程价款、工期延误损失、停窝工损失、违约责任等在内的"一揽子"协议，结算协议中发包人应当支付承包人的工程价款，已考虑双方的违约责任、赔偿损失的因素。《建设工程价款结算暂行办法》第十四条第一款规定，工程完工后，双方应按照约定的合同价款及合同价款调整内容以及索赔事项，进行工程竣工结算。从该规定看，工程竣工结算包含合同价款及索赔事项。因此，结算协议签订后，一方当事人向另一方当事人索赔的，原则上不应支持。但是结算协议另有约定或当事人举证证明结算协议未处理索赔事项的除外。结算协议签订后产生的质量保修责任，不受结算协议的影响。北京市高级人民法院《关于审理建设工程施工合同纠纷案件若干疑难问题的解答》(2012 年)第二十四条规定："当事人就工程款结算达成一致后又主张索赔的，如何处理？结算协议生效后，承包人依据协议要求支付工程款，发包人以因承包人原因导致工程存在质量问题或逾期竣工为由，要求拒付、减付工程款或赔偿损失的，不予支持，但结算协议另有约定的除外。当事人签订结算协议不影响承包人依据约定或法律、行政法规规定承担质量保修责任。结算协议生效后，承包人以因发包人原因导致工程延期为由，要求赔偿停工、窝工等损失的，不予支持，但结算协议另有约定的除外。"

6. 当事人在诉讼中达成工程价款结算协议的，也可以类推适用《建设工程司法解释(一)》第二十九条的规定，对诉中结算协议的效力予以确认。达成诉中结算协议后，当事人申请对工程造价进行鉴定的，不予支持。

7. 当事人达成的工程价款结算协议因符合法律规定的情形被确认无效、撤销的，原则上不能适用《民法典》第七百九十三条的规定，参照无效的结算协议计算工程折价补偿。结算协议无效或被撤销，导致工程价款难以确定的，可以通过司法鉴定计算工程价款。

---

① 参见最高人民法院民事审判第一庭编著：《最高人民法院建设工程施工合同司法解释(二)理解与适用》，人民法院出版社 2019 年版，第 287～288 页。

案例46 薛某某、陈某与重庆交通建设（集团）有限责任公司（以下简称重庆交建）、绵阳市交通运输局、绵阳市重点公路建设指挥部办公室、绵阳市重点公路建设指挥部、绵阳市人民政府建设工程施工合同纠纷案①

最高人民法院认为，本案双方当事人争议的焦点为：(1)辰升公司与薛某某、陈某之间是否存在转包关系；(2)《退场清算协议》是否可以撤销。

1. 关于辰升公司与薛某某、陈某之间是否存在转包关系的问题。

依据一审查明的事实，涉案工程由指挥部发包给重庆交建，重庆交建与辰升公司签订了《劳务协作合同》，后辰升公司将涉案工程又转包给薛某某、陈某，薛某某、陈某为涉案建设工程合同的实际施工人。从本案的实际情况看，辰升公司对于薛某某、陈某履行了部分管理职责，双方还就工程款结算以及工程质量等问题签订了《退场清算协议》，且薛某某、陈某退场后，辰升公司仍然继续履行其与重庆交建签订的《劳务协作合同》。综合上述情况，辰升公司与薛某某、陈某之间存在转包合同关系。薛某某、陈某主张与辰升公司不存在实质的转包关系，与重庆交建存在事实上的转包关系，但《劳务协作合同》系重庆交建与辰升公司所签，薛某某、陈某并未举证证明其与重庆交建之间存在合同关系，因此，其主张缺乏依据，最高人民法院不予支持。

2. 关于《退场清算协议》是否可以撤销的问题。

薛某某、陈某主张该协议应予撤销的理由在于其受到胁迫以及协议中规定的内容显失公平。从本案的实际情况看，《退场清算协议》不仅有双方当事人参与，还有当地政府相关职能部门作为见证人。该协议系在政府相关部门主持下为彻底解决工程款问题与退场清算问题双方当事人协商的结果，薛某某、陈某仅举证证明在该协议签订前双方发生过分歧和冲突，但并未举证证明在该协议签订时其受到胁迫。薛某某、陈某主张涉案协议中约定的工程价款过低，显失公平，亦缺乏依据。其与辰升公司之间的工程款的约定不能以辰升公司与重庆交建之间工程款的约定为依据。另外，涉案协议除质保金部分，其余均已履行完毕。《退场清算协议书》是双方自愿协商的结果，是双方真实的意思表示，且不违反法律的禁止性规定，应为有效。因此，应以此为依据确定涉案工程款，本案已无须对于涉案工程款再进行鉴定，一审法院未组织鉴定并无不当。薛某某、陈某认为一审存在程序违法，缺乏依据，其主张最高人民法院不予支持。

---

① 最高人民法院(2014)民一终字第88号民事判决书。

五、实际施工人工程折价补偿的结算

（一）实际施工人与合同相对方的结算

实际施工人与其有合同关系的转包人或违法分包人进行工程结算时，也应适用《民法典》第七百九十三条的规定，参照无效建设工程施工合同约定的工程价款计算工程折价补偿。在建筑实践中，实际施工人与转包人或违法分包人签订的施工合同并不规范，甚至只有口头约定而无书面合同，有些施工合同约定工程折价补偿的数额以上一手合同约定的工程价款下降一定比例计算，有的则约定转包人或违法分包人支付工程折价补偿款以其实际取得上手支付的工程款为条件。以上情形中如何处理实际施工人工程折价补偿问题，是司法实践的难点。

1. 约定工程折价补偿以上手合同约定的工程价款为结算依据的处理。笔者认为，该约定系双方当事人的真实意思表示，虽然建设工程施工合同无效导致工程价款结算条款无效，但根据法律及司法解释的规定，实际施工人与其合同相对方的工程折价补偿款可以参照该约定进行确定。如转包人或违法分包人与上手恶意串通，结算时故意降低工程价款，损害实际施工人的利益，实际施工人可以请求确认结算协议无效，以实际施工人与转包人或违法分包人的合同以及转包人或违法分包人与其上手的合同约定的工程价款重新计算实际施工人应得的工程折价补偿。如转包人或违法分包人故意拖延结算，实际施工人可以请求人民法院通过司法鉴定等方式确定工程折价补偿款。

2. "背靠背"结算条款的处理。建设工程施工合同中的"背靠背"结算条款，是指转包人或违法分包人以实际取得上手支付的工程款作为向实际施工人支付工程折价补偿条件的条款。"背靠背"结算条款属于附生效条件的民事法律行为，根据《民法典》第一百五十八条、第一百五十九条的规定，民事法律行为可以附条件，但是根据其性质不得附条件的除外。附生效条件的民事法律行为，自条件成就时生效。附解除条件的民事法律行为，自条件成就时失效。附条件的民事法律行为，当事人为自己的利益不正当地阻止条件成就的，视为条件已经成就；不正当地促成条件成就的，视为条件不成就。由于实际施工人签订的建设工程施工合同无效，合同中"背靠背"结算条款也无效，能否适用"背靠背"条款确定转包人或违法分包人支付实际施工人工程折价补偿的条件，实践中存在争议。笔者认为，《民法典》第七百九十三条规定，建设工程施工合同无效时可以参照的是合同关于工程价款的约定，应当包括工程价款的计算方法、支付时间、支付条件等条款，因此，"背靠背"结算条款亦可参照适用。如转包人或违法分包人怠于或故意拖延向上手主张工程款支付,则视为支付工程折价补偿的条件已成就,实际施工人可以要求转包人或违法分包人支付工程折价补偿。

3. 合同未约定工程折价补偿的计算方法或约定不明的处理。前面已论及发包人与承包人未约定工程价款或约定不明的,应当以建设工程所在地的市场价计算工程价款。那么,如果实际施工人签订的建设工程施工合同未约定工程折价补偿的计算方法或约定不明,或者根本没有签订书面合同,无法确定折价补偿的,是否也应按市场价格计算折价补偿?笔者认为,原则上不应以市场价计算实际施工人的折价补偿。这是因为,转包人或违法分包人将工程转包或违法分包给实际施工人,主要目的在于赚取其能取得的工程价款与转包或分包合同约定工程价款之间的差价,按建筑行业惯例,转包人或违法分包人与实际施工人约定的工程价款普遍低于其与上手约定的工程价款。如以建设工程所在地的市场价计算实际施工人应得的折价补偿,常会高于转包人或违法分包人与上手约定的工程价款,可能导致转包人、违法分包人与实际施工人之间权利义务的失衡,不符合双方当事人对工程折价补偿数额的预期。因此,实际施工人与转包人或违法分包人签订的合同未约定工程折价补偿的计算方法或约定不明的,可以参照转包人或违法分包人与其上手签订的建设工程施工合同中关于工程价款的约定计算实际施工人应得的折价补偿,而不应以市场价计算。

案例 47 侯某、吕某某与丰宁天鸿房地产开发有限公司(以下简称丰宁天鸿公司)、承德华晨建工集团有限公司(以下简称华晨建工集团)建设工程施工合同纠纷[①]

最高人民法院再审审查认为:侯某、吕某某与华晨建工集团应参照何种标准结算工程价款。一审、二审查明事实表明,华晨建工集团将承揽工程全部转包侯某、吕某某,但双方并未签订施工合同。建筑市场中,承包人将其承包的工程全部转包,主要赚取的是承包合同中约定的工程价款与转包合同约定价款之间的差价。因此,该类转包中,转包合同中约定的价款普遍低于承包合同中的工程价款。依照上述承包合同与转包合同关系,在承包合同双方当事人结算后,转包合同缔约方多参照承包合同当事人结算的工程价款,依照双方约定的降低价款比例进行结算。本案

① 最高人民法院(2014)民申字第635号民事裁定书。

中，二审判决以华晨建工集团与丰宁天鸿公司签订的《结算协议》确定的工程结算款数额偏低，损害侯某、吕某某利益为由，认定其不能作为侯某、吕某某应得工程价款的依据，并以华晨建工集团与丰宁天鸿公司最后签订的《补充协议》作为确定侯某、吕某某工程价款的依据，符合建筑市场转包合同协商的惯例。侯某、吕某某并非华晨建工集团与丰宁天鸿公司所签订的《建设工程施工合同》的缔约人，无权就该两公司有关工程价款结算约定提出异议。侯某、吕某某主张应依照华晨建工集团与丰宁天鸿公司所签订的《建设工程施工合同》约定计算其工程价款，缺乏依据，理由不成立。

（二）发包人向实际施工人支付工程折价款能否从承包人应得的工程价款中抵扣的问题

笔者认为，发包人原则上应向其合同相对方即承包人支付工程款，而不应直接向实际施工人支付工程折价补偿，因此，一般来说，发包人向实际施工人支付工程折价补偿，不能从承包人的工程价款中抵扣。承包人仍可要求发包人支付全部工程欠款，发包人可以不当得利为由要求实际施工人返还已支付的款项。但是，发包人向实际施工人支付工程款具有合法利益的除外。《民法典》第五百二十四条规定："债务人不履行债务，第三人对履行该债务具有合法利益的，第三人有权向债权人代为履行；但是，根据债务性质、按照当事人约定或者依照法律规定只能由债务人履行的除外。债权人接受第三人履行后，其对债务人的债权转让给第三人，但是债务人和第三人另有约定的除外。"例如，承包人下落不明，发包人无法向承包人支付工程款的情形，实际施工人有权向发包人主张在欠付工程款范围内支付工程折价补偿的权利，发包人如不及时向实际施工人支付工程折价款，还要承担欠付款项利息的支付，在这情况下，应当认为发包人向实际施工人支付工程折价补偿具有合法利益，发包人支付工程折价补偿后，即取得实际施工人对承包人的债权，可以该债权与发包人欠付承包人工程款的债务进行抵销。笔者认为，符合以下情形，发包人向实际施工人支付的款项可从承包人的工程价款中抵扣：(1)承包人同意或指示发包人将工程款直接支付给实际施工人；(2)人民法院或仲裁机构的生效判决、裁决确定发包人向实际施工人支付工程折价补偿；(3)承包人下落不明导致发包人无法向承包人支付工程款，而且承包人已欠付实际施工人折价补偿款；(4)承包人对外负债累累，并且已经存在向实际施工人不及时支付、无力支付甚至故意逃避付款责任，致使影响工程进度，为使工程建设顺利推进，直接向实际施工人支付工程款，应认定为有合理理由,[①]此种情形亦符合《民法典》第五百二十四条规定的第三人对履行债务具有合法利益的情形;(5)发包人未及时支付工程进度款或结算款导致农民工工资拖欠的,发包人向实际施工人或向农民工支付拖欠的农民工工资,应当从承包人工程款中抵扣。《保障农民工工资支付条例》第二十九条第二款规定:"因建设单位未按照合同约定及时拨付工程款导致农民工工资拖欠的,建设单位应当以未结清的工程款为限先行垫付被拖欠的农民工工资。"《建设领域农民工工资支付管理暂行办法》第十条规定:"业主或工程总承包企业未按合同约定与建设工程承包企业结清工程款,致使建设工程承包企业拖欠农民工工资的,由业主或工程总承包企业先行垫付农民工被拖欠的工资,先行垫付的工资数额以未结清的工程款为限。"由是观之,发包人未及时支付工程进度款或结算款导致农民工工资拖欠的,发包人有义务以未结清的工程款为限先行垫付被拖欠的农民工工资,其垫付的农民工工资应从承包人的工程款中抵扣。

六、以房抵工程款

建筑领域中,经常有发包人与承包人签订以房抵工程款协议,约定以建成的部分房屋作价抵扣工程款。以房抵工程款协议属于以物抵债协议,实践中,在以房抵工程款协议的处理上,存在比较多的争议。

(一)以房抵工程款协议的效力问题

关于以房抵工程款协议的效力,有以下几种不同的观点。

观点一认为,以房抵工程款协议,属于流质协议,违反法律规定,应当确认无效。

观点二认为,以房抵工程款协议,属于实践性合同,在完成房屋产权变更登记之前,未发生法律效力。例如,江苏省高级人民法院《关于债权债务案件审理中以物抵债问题的纪要》(2014 年)规定:"债务清偿期届满后当事人达成以物抵债协议,在尚未办理物权转移手续前,债务人反悔不履行抵债协议,债权人要求继续履行抵债协议或要求确认所抵之物的所有权归自己的,人民法院应驳回其诉讼请求。但经释明,当事人要求继续履行原债权债务合同的,人民法院应当继续审理。"

观点三认为,以房抵工程款协议的效力问题的认定,应以尊重当事人的意思自治为基本原则。承发包双方约定以承建的房屋抵偿工程款的,在不存在虚假诉讼

---

① 参见潘军锋:《建设工程价款结算审判疑难问题研究》,载《法律适用》2019 年第 5 期。

的情况下，可以认定为有效，但最终实现时需要进行清算。理由是：第一，法律并未明确禁止以房抵偿工程款。第二，以房抵偿工程款不符合流质的情形，并非担保债务履行，而系工程款的支付方式。第三，流质契约的禁止是为了防止暴利行为，而以房抵工程款不存在暴利行为，除非双方有虚假诉讼情形。①

观点四认为，以房抵工程款协议的效力，应当区分不同情况进行认定。当事人在债务未到期之前达成的以房抵工程款协议，具有担保的性质，属于流质情形，当事人要求履行该协议的，不应支持；当事人在债务未届清偿期之前达成以房抵工程款的协议，同时明确约定在债务清偿期届满时应进行清算的，应当确认协议的效力；当事人在债务清偿期届至后达成以房抵工程款协议，但未完成房产过户登记，承包人不得要求继续履行，已完成房产过户的，协议有效。江苏省高级人民法院《关于债权债务案件审理中以物抵债问题的纪要》(2014 年)第二条规定："关于债务未届清偿期之前以物抵债行为的性质及效力认定。会议认为，对当事人在债务未届清偿期之前达成的以物抵债协议，应区分不同情形进行认定与处理：(一)当事人在债务未届清偿期之前达成的以物抵债协议，该协议具有担保债权实现的目的，如债权人以债务人违反以物抵债的约定而要求继续履行以物抵债协议或对所抵之物主张所有权的，人民法院应驳回其诉讼请求。但经人民法院释明，当事人变更诉请要求继续履行原债权债务合同的，人民法院应当继续审理。(二)当事人在债务未届清偿期之前达成以物抵债的协议，同时明确约定在债务清偿期届满时应进行清算，该以物抵债协议在当事人之间具有法律效力，但该约定不具有对抗其他债权人的效力。(三)当事人在债务未届清偿期之前约定以房屋或土地等不动产进行抵债，并明确在债务清偿后可以回赎，债务人或第三人根据约定已办理了物权转移手续的，该行为符合让与担保的特征，因违反物权法定原则，不产生物权转移效力。债权人如根据抵债协议及物权转移凭证要求原物权人迁让的，人民法院应不予支持。"第三条规定，关于债务清偿期届满之后以物抵债行为的性质及效力认定。会议认为，对当事人在债务清偿期届满后的以物抵债协议，应区分两种情况进行认定与处理：(1)债务清偿期届满后当事人达成以物抵债协议，在尚未办理物权转移手续前，债务人反悔不履行抵债协议，债权人要求继续履行抵债协议或要求确认所抵之物的所有权归自己的，人民法院应驳回其诉讼请求。但经释明，当事人要求继续履行原债权债务合同的，人民法院应当继续审理。(2)当事人在债务清偿期届满后

① 参见潘军锋：《建设工程价款结算审判疑难问题研究》，载《法律适用》2019 年第 5 期。

达成以物抵债协议并已经办理了物权转移手续后，一方反悔，要求认定以物抵债协议无效的，人民法院不予支持。但如当事人一方认为抵债行为具有《合同法》第五十四条（已失效，现为《民法典》第一百四十七条、第一百五十一条）规定的可撤销情形的，可以依法请求人民法院或仲裁机构撤销。债权人在债务清偿期届满后通过以物抵债协议取得了所抵之物的所有权，后要求债务人承担标的物瑕疵担保责任的，人民法院可参照买卖合同的相关规定进行处理。

观点五认为，债权人与债务人在债务履行期届满前就作出以物抵债的约定，直接认定该约定有效，可能会导致双方利益失衡。所以，在处理上，一般认为应参照法律关于禁止流押、流质的相关规定，不确认该种情形下签订的以物抵债协议的效力。债务履行期届满后，债权的数额就得以确定，在此基础上达成的以物抵债协议有效。①

笔者认为，以房抵工程款协议的效力可区分以下情形进行认定：

1. 当事人在工程价款支付期限未届满前签订以房抵工程款的协议，该协议整体上应认定有效，但当事人在实现以房抵工程款之前需要进行清算，清算后再以相应房产以折价等方式实现以房抵工程款。当事人在工程价款支付期限未届满前签订的以房抵工程款协议，实际上是以房产为发包人支付工程款作担保，该担保是一种非典型的担保。双方在协议中约定发包人不履行到期债务时，房产归承包人所有或者发包人须履行协助过户登记的义务，属于流质条款。流质或流押协议，是指在担保物权设立时至债务履行期届满前，双方约定在主债务履行期届满债权人未受清偿时，担保物提供人将担保物的所有权移转为债权人的协议。《民法典》之前，我国法律一直明令禁止流质、流押条款。《担保法》（已失效）第四十条规定："订立抵押合同时，抵押权人和抵押人在合同中不得约定在债务履行期届满抵押权人未受清偿时，抵押物的所有权转移为债权人所有。"《物权法》（已失效）第一百八十六条规定："抵押权人在债务履行期届满前，不得与抵押人约定债务人不履行到期债务时抵押财产归债权人所有。"第二百一十一条规定："质权人在债务履行期届满前，不得与出质人约定债务人不履行到期债务时质押财产归债权人所有。"《民法典》改变了对禁止流质、流押条款的表述，第四百零一条规定："抵押权人在债务履行期限届满前，与抵押人约定债务人不履行到期债务时抵押财产归债权人所有的，只能依法就抵押财产优先受偿。"第四百二十八条规定："质权人在债务履行期限届满前，

① 参见杨临萍：《当前商事审判工作中的若干具体问题》，载《人民司法（应用）》2016 年第 4 期。

与出质人约定债务人不履行到期债务时质押财产归债权人所有的，只能依法就质押财产优先受偿。”根据上述规定，当事人在债务履行期限届满前约定债务人不履行到期债务时担保财产归债权人所有的，虽然《民法典》仍不完全认可流质、流押条款的效力，即履行期限届至后担保物权人不能直接要求担保财产的所有权，但担保物权人仍可就担保物权优先受偿。因此，工程价款支付期限未届满前签订的以房抵债协议，整体上应认定有效，工程款支付期限届满后，承包人不能直接要求将房屋所有权归属于自己，但其可与发包人清算后以折价等方式实现以房抵工程款的约定。以房抵工程款协议符合《民法典》规定的无效、可撤销的情形，应按《民法典》的相应规定进行处理。

2. 当事人在工程价款支付期限届满后签订以房抵工程款的协议，原则上应当认定有效，承包人可依协议要求发包人履行过户登记手续。首先，以房抵工程款协议是一种诺成合同，而非要物合同。绝大多数合同在双方达成合意时就成立，是为诺成合同；少数合同除双方达成合意外，尚需交付标的物才能成立，是为要物合同。要物合同作为合同的特殊类型，需要有法律明确规定。我国现行法律并无以物抵债协议为要物合同之规定，故其原则上应认定为诺成性合同，即于当事人达成合意时成立。那种认为司法实践中将以物抵债作为诺成合同将可能一定程度上导致以物抵债被虚假诉讼所利用，从而倒推出应将所有以物抵债协议均视为要物合同的结论，则不具备法律基础，因而不能成立。[①] 因此，除当事人另有约定，工程价款支付期限届满后，当事人签订以房抵工程款协议，协议即生效，房产是否过户登记不影响协议的效力。其次，当事人在工程价款支付期限届满后签订以房抵工程款的协议，不属于流质协议，在不存在房产被查封、抵押等过户登记障碍的情况下，承包人可以要求发包人履行协议，协助办理房产过户登记手续。江苏省高级人民法院《关于审理建设工程施工合同纠纷案件若干问题的解答》（2018 年）第十二条规定：“发包人与承包人在工程款已届清偿期，约定以房屋折抵工程价款的，对该抵债协议的效力如何认定？发包人与承包人在工程款已届清偿期，约定以房屋折抵工程价款的，一方要求确认以房抵债协议无效或者变更、撤销，经审查抵债协议系当事人真实意思表示，且不存在《合同法》第 52 条、第 54 条规定情形的，对其主张不予支持。”

《第八次全国法院民事商事审判工作会议（民事部分）纪要》（2016 年）第十六

---

① 参见司伟：《债务清偿期届满后以物抵债协议的性质与履行》，载《人民司法（案例）》2018 年第 2 期。

条规定:“当事人达成以房抵债协议,并要求制作调解书的,人民法院应当严格审查协议是否在平等自愿基础上达成;对存在重大误解或显失公平的,应当予以释明;对利用协议损害其他债权人利益或者规避公共管理政策的,不能制作调解书;对当事人行为构成虚假诉讼的,严格按照民事诉讼法第一百一十二条和《最高人民法院关于适用〈中华人民共和国民事诉讼法〉的解释》第一百九十条、第一百九十一条的规定处理;涉嫌犯罪的,移送刑事侦查机关处理。”第十七条规定:“当事人在债务清偿期届满后达成以房抵债协议并已经办理了产权转移手续,一方要求确认以房抵债协议无效或者变更、撤销,经审查不属于合同法第五十二条、第五十四条规定情形的,对其主张不予支持。”《全国法院民商事审判工作会议纪要》(2019 年)第四十四条规定:“【履行期届满后达成的以物抵债协议】当事人在债务履行期限届满后达成以物抵债协议,抵债物尚未交付债权人,债权人请求债务人交付的,人民法院要着重审查以物抵债协议是否存在恶意损害第三人合法权益等情形,避免虚假诉讼的发生。经审查,不存在以上情况,且无其他无效事由的,人民法院依法予以支持。当事人在一审程序中因达成以物抵债协议申请撤回起诉的,人民法院可予准许。当事人在二审程序中申请撤回上诉的,人民法院应当告知其申请撤回起诉。当事人申请撤回起诉,经审查不损害国家利益、社会公共利益、他人合法权益的,人民法院可予准许。当事人不申请撤回起诉,请求人民法院出具调解书对以物抵债协议予以确认的,因债务人完全可以立即履行该协议,没有必要由人民法院出具调解书,故人民法院不应准许,同时应当继续对原债权债务关系进行审理。”第四十五条规定:“【履行期届满前达成的以物抵债协议】当事人在债务履行期届满前达成以物抵债协议,抵债物尚未交付债权人,债权人请求债务人交付的,因此种情况不同于本纪要第 71 条规定的让与担保,人民法院应当向其释明,其应当根据原债权债务关系提起诉讼。经释明后当事人仍拒绝变更诉讼请求的,应当驳回其诉讼请求,但不影响其根据原债权债务关系另行提起诉讼。”

(二)以房抵工程款的法律文书是否会产生房屋产权变动的效果

最高人民法院《关于适用〈中华人民共和国民法典〉物权编的解释(一)》(以下简称《民法典物权编司法解释(一)》)第七条规定:“人民法院、仲裁机构在分割共有不动产或者动产等案件中作出并依法生效的改变原有物权关系的判决书、裁决书、调解书,以及人民法院在执行程序中作出的拍卖成交裁定书、变卖成交裁定书、以物抵债裁定书,应当认定为民法典第二百二十九条所称导致物权设立、变更、转让或者消灭的人民法院、仲裁机构的法律文书。”根据该规定，人民法院在执行程序中作出的以物抵债裁定书可以导致物权变更，但是能够引起物权变更效果的法律文书仅限于形成性的法律文书，确认性的法律文书和给付性的法律文书均不能引起物权变动的效果。因此，人民法院或仲裁机构的判决书、裁决书、调解书等法律文书主文有发包人履行以房抵工程款协议、履行协助办理房产过户登记的内容，并不能直接引起房屋产权变更的效果。给付性文书和确认性文书不能引起物权变动，民事执行领域的自愿以物抵债不能导致物权变动也就变得顺理成章。因为即使允许法院裁定确认自愿以物抵债的效力或者裁定履行自愿以物抵债，该裁定终究难以脱离确认性文书与给付性文书的范畴。因此，只要以物抵债的民事诉讼不涉及形成之诉，那么相应的法律文书就不具有导致物权变动的效果。① 承包人仍需通过房产变更登记手续取得房屋产权。

（三）发包人拒绝履行以房抵工程款协议的处理

实践中，发包人与承包人签订以房抵工程款协议后，一些发包人拒绝履行以房抵工程款协议，承包人主张发包人继续履行建设工程施工合同，支付工程价款。承包人的主张能否成立，要看以房抵工程款协议是属于债的更改还是属于新债清偿。债的更改是指新债成立，同时消灭旧债；而新债清偿是指债务人为清偿旧债而负担新债，新债履行前新债与旧债并存，新债履行后，旧债消灭。

若当事人在以物抵债协议中约定债务人以某物所有权抵偿所欠债务，自该协议生效时旧债权债务关系归于消灭，则该以物抵债协议就属于债的更改；若当事人在以物抵债协议中约定债务人以某物所有权抵偿所欠债务，但在债务人就新债务履行完毕前，旧债务并不消灭，则该以物抵债协议就属于新债清偿。债务清偿期届满后，债权人与债务人所签订的以物抵债协议，如未约定消灭原有的金钱给付债务，一般应认定系双方当事人另行增加一种清偿债务的履行方式，而非原金钱给付债务的消灭。② 如以房抵工程款协议属于新债清偿协议，那么，在发包人全部履行以房抵工程款协议约定的债务之前，旧的债务即建设工程施工合同约定的工程款支付债务并不消灭，承包人可以选择要求发包人继续履行以房抵工程款协议，或者履行建设工程施工合同约定的工程款支付债务。河北省高级人民法院《建设工程

① 参见邬砚、张伟：《以物抵债的成立要件与效力判定》，载《人民司法（案例）》2017 年第 17 期。

② 参见司伟：《债务清偿期届满后以物抵债协议的性质与履行》，载《人民司法（案例）》2018 年第 2 期。

施工合同案件审理指南》(2018年)第十八条规定:“工程价款确定后,包括施工过程中对已完工程的造价确定后,发包人与承包人约定以土地或商品房抵顶工程款,如果已经办理土地或房屋的过户手续的,应认定为有效。如果尚未办理土地或房屋过户手续,一方当事人主张继续给付工程欠款及利息的,人民法院应予支持。”

案例48 通州建总集团有限公司(以下简称通州建总)与内蒙古兴华房地产有限责任公司(以下简称兴华公司)建设工程施工合同纠纷案①

最高人民法院二审认为:关于供水财富大厦A座9层抵顶工程款是否应计入已付工程款中的问题。首先,以物抵债,系债务清偿的方式之一,是当事人之间对于如何清偿债务作出的安排,故对以物抵债协议的效力、履行等问题的认定,应以尊重当事人的意思自治为基本原则。一般而言,除当事人明确约定外,当事人于债务清偿期届满后签订的以物抵债协议,并不以债权人现实地受领抵债物,或取得抵债物所有权、使用权等财产权利,为成立或生效要件。只要双方当事人的意思表示真实,合同内容不违反法律、行政法规的强制性规定,合同即为有效。本案中,兴华公司与通州建总呼和浩特分公司第二工程处2012年1月13日签订的《房屋抵顶工程款协议书》,是双方当事人的真实意思表示,不存在违反法律、行政法规规定的情形,故该协议书有效。

其次,当事人于债务清偿期届满后达成的以物抵债协议,可能构成债的更改,即成立新债务,同时消灭旧债务;亦可能属于新债清偿,即成立新债务,与旧债务并存。基于保护债权的理念,债的更改一般需有当事人明确消灭旧债的合意,否则,当事人于债务清偿期届满后达成的以物抵债协议,性质一般应为新债清偿。换言之,债务清偿期届满后,债权人与债务人所签订的以物抵债协议,如未约定消灭原有的金钱给付债务,应认定系双方当事人另行增加一种清偿债务的履行方式,而非原金钱给付债务的消灭。本案中,双方当事人签订了《房屋抵顶工程款协议书》,但并未约定因此而消灭相应金额的工程款债务,故该协议在性质上应属于新债清偿协议。

再次,所谓清偿,是指依照债之本旨实现债务内容的给付行为,其本意在于按约履行。若债务人未实际履行以物抵债协议,则债权人与债务人之间的旧债务并未消灭。也就是说,在新债清偿,旧债务于新债务履行之前不消灭,旧债务和新债务处于衔接并存的状态;在新债务合法有效并得以履行完毕后,因完成了债务清偿义

① 最高人民法院(2016)最高法民终484号民事判决书。

务,旧债务才归于消灭。据此,本案中,仅凭当事人签订《房屋抵顶工程款协议书》的事实,尚不足以认定该协议书约定的供水财富大厦A座9层房屋抵顶工程款应计入已付工程款,从而消灭相应金额的工程款债务,是否应计为已付工程款并在欠付工程款金额中予以相应扣除,还应根据该协议书的实际履行情况加以判定。对此,一方面,《物权法》第九条第一款(已失效,现为《民法典》第二百零九条第一款)规定:"不动产物权的设立、变更、转让和消灭,经依法登记,发生效力;未经登记,不发生效力,但法律另有规定的除外。"据此,除法律另有规定的以外,房屋所有权的转移,于依法办理房屋所有权转移登记之日发生效力。而在本案中,《房屋抵顶工程款协议书》签订后,供水财富大厦A座9层房屋的所有权并未登记在通州建总名下,故通州建总未取得供水财富大厦A座9层房屋的所有权。另一方面,兴华公司已经于2010年年底将涉案房屋投入使用,故通州建总在事实上已交付了包括供水财富大厦A座9层在内的房屋。兴华公司并无充分证据推翻这一事实,也没有证据证明供水财富大厦A座9层目前在通州建总的实际控制或使用中,故亦不能认定供水财富大厦A座9层房屋实际交付给了通州建总。可见,供水财富大厦A座9层房屋既未交付通州建总实际占有使用,亦未办理所有权转移登记于通州建总名下,兴华公司并未履行《房屋抵顶工程款协议书》约定的义务,故通州建总对于该协议书约定的拟以房抵顶的相应工程款债权并未消灭。

最后,当事人应当遵循诚实信用原则,按照约定全面履行自己的义务,这是合同履行所应遵循的基本原则,也是人民法院处理合同履行纠纷时所应秉承的基本理念。据此,债务人于债务已届清偿期时,应依约按时足额清偿债务。在债权人与债务人达成以物抵债协议、新债务与旧债务并存时,确定债权人应通过主张新债务抑或旧债务履行以实现债权,亦应以此作为出发点和立足点。若新债务届期不履行,致使以物抵债协议目的不能实现的,债权人有权请求债务人履行旧债务;而且,该请求权的行使,并不以以物抵债协议无效、被撤销或者被解除为前提。本案中,涉案工程于2010年年底已交付,兴华公司即应依约及时结算并支付工程款,但兴华公司却未能依约履行该义务。相反,就其所欠的部分工程款,兴华公司试图通过以部分房屋抵顶的方式加以履行,遂经与通州建总协商后签订了《房屋抵顶工程款协议书》。对此,兴华公司亦应按照该协议书的约定积极履行相应义务。但在《房屋抵顶工程款协议书》签订后,兴华公司就曾欲变更协议约定的抵债房屋的位置,在未得到通州建总同意的情况下,兴华公司既未及时主动向通州建总交付约定的抵债房屋,也未恢复对旧债务的履行即向通州建总支付相应的工程欠款。通州建总提起本案诉讼向兴华公司主张工程款债权后,双方仍就如何履行《房屋抵顶工程款协议书》以抵顶相应工程款进行过协商,但亦未达成一致。而从涉案《房屋抵顶工程款协议书》的约定看,通州建总签订该协议,意为接受兴华公司交付的供水财富大厦A座9层房屋,取得房屋所有权,或者占有使用该房屋,从而实现其相应的工程款债权。虽然该协议书未明确约定履行期限,但自协议签订之日至今已四年多,兴华公司的工程款债务早已届清偿期,兴华公司却仍未向通州建总交付该协议书所约定的房屋,亦无法为其办理房屋所有权登记。综上所述,兴华公司并未履行《房屋抵顶工程款协议书》约定的义务,其行为有违诚实信用原则,通州建总签订《房屋抵顶工程款协议书》的目的无法实现。在这种情况下,通州建总提起本案诉讼,请求兴华公司直接给付工程欠款,符合法律规定的精神以及本案实际,应予支持。

此外,虽然兴华公司在一审中提交了《房屋抵顶工程款协议书》,但其陈述的证明目的是兴华公司有履行给付工程款的意愿,而并未主张以此抵顶工程款,或者作为已付工程款,故一审判决基于此对《房屋抵顶工程款协议书》没有表述,并不构成违反法定程序。

综上所述,涉案《房屋抵顶工程款协议书》约定的供水财富大厦A座9层房屋抵顶工程款金额不应计入已付工程款金额,一审法院认定并判令兴华公司应向通州建总支付相应的工程欠款,并无不当,兴华公司的该项上诉理由不能成立。

七、工程款发票

(一)发包人提起诉讼要求承包人开具工程款发票的处理

对发包人能否提起诉讼要求承包人开具工程款发票的问题,实践中有观点认为,承包人不开具发票违反的是发票行政管理法规的行为,发包人要求承包人开具发票属于行政法律关系而不是民事法律关系,不能作为民事案件受理。笔者认为,开具工程款发票,不仅是承包人根据发票管理法规和税务法规应当承担的法定义务,也是建设工程施工合同中承包人的附随义务。发包人要求承包人履行建设工程施工合同中开具工程款发票的附随义务,属于民事案件的受理范围。住房城乡建设部办公厅《关于做好建筑业营改增建设工程计价依据调整准备工作的通知》(建办标〔2016〕4号)第二条规定:“按照前期研究和测试的成果,工程造价可按以下公式计算:工程造价=税前工程造价×(1+11%)。其中,11%为建筑业拟征增值税税率,税前工程造价为人工费、材料费、施工机具使用费、企业管理费、利润和规费之和,各费用项目均以不包含增值税可抵扣进项税额的价格计算,相应计价依据按上述方法调整。”由此可见，是否开具工程款发票，对发包人和承包人利益的影响非常大，发包人有权通过诉讼要求承包人开具工程款发票。《第八次全国法院民事商事审判工作会议（民事部分）纪要》（2016年）第三十四条规定，承包人不履行配合工程档案备案、开具发票等协作义务的，人民法院视违约情节，可以依据《合同法》第六十条、第一百零七条（已失效，现为《民法典》第五百零九条、第五百七十七条）规定，判令承包人限期履行、赔偿损失等。

（二）发包人以承包人未开具工程款发票为由拒付工程款的处理

发包人以承包人未开具工程款发票为由拒绝支付工程款，实际上是在行使合同履行抗辩权，该抗辩权是否成立，关键在于双方的义务是否对等。如双方的义务不具有对等性，当事人不享有合同履行抗辩权；双方义务对等，当事人才享有合同履行抗辩权。发包人支付工程款是建设工程施工合同中发包人的主要义务，而开具工程款发票是建设工程施工合同中承包人的附随义务和非主要义务，二者不具有对等关系。因此，发包人以承包人未开具发票为由拒绝支付工程款的抗辩理由不能成立。但是，如果双方在建设工程施工合同中明确约定承包人开具工程款发票为发包人支付工程款的前提，在承包人开具工程款发票前，发包人可引用该合同条款拒绝支付工程款。江苏省高级人民法院《关于审理建设工程施工合同纠纷案件若干问题的解答》（2018年）第十三条规定：“发包人能否以承包人未开具发票作为拒绝支付工程款的先履行抗辩的事由？发包人以承包人未开具发票为由拒绝支付工程款的，不予支持，当事人另有明确约定的除外。”

案例49 山西昊晖房地产开发有限公司（以下简称山西昊晖公司）与南通市常青建筑安装工程有限公司（以下简称南通常青公司）建设工程施工合同纠纷案①

最高人民法院再审审查认为：关于发票问题的认定是否有误的问题。原审法院认定山西昊晖公司支付南通常青公司多少工程价款，南通常青公司应按照工程价款数额向山西昊晖公司依法开具税票，如果南通常青公司没有全额开具税票，应当将剩余未出具的税票向山西昊晖公司提供。山西昊晖公司不能因南通常青公司未出具税票，以此为由拒绝履行支付工程款义务，该认定并无不当。

① 最高人民法院（2019）最高法民申5009号民事裁定书。

第四节　工程价款利息

前已论及,工程价款利息属于法定孳息,合同约定的工程价款支付期限届满或法律法规、司法解释规定的应付款之日,付款义务人未完全履行工程价款支付义务的,需要承担支付工程价款利息的责任。

一、工程价款利息的种类

工程价款利息包括工程预付款利息、工程进度款利息、工程结算款利息、垫资利息以及逾期返还质量保证金利息。

1. 工程预付款利息。根据 2017 年版示范文本第 12.2.1 项的规定,预付款的支付按照专用合同条款约定执行,但至迟应在开工通知载明的开工日期 7 天前支付。预付款应当用于材料、工程设备、施工设备的采购及修建临时工程、组织施工队伍进场等。发包人未依约定时间支付预付款的,应当承担支付逾期利息的责任。

2. 工程进度款利息。根据 2017 年版示范文本第 12.4.4 项的规定,除专用合同条款另有约定外,监理人应在收到承包人进度付款申请单以及相关资料后 7 天内完成审查并报送发包人,发包人应在收到后 7 天内完成审批并签发进度款支付证书。发包人逾期未完成审批且未提出异议的,视为已签发进度款支付证书。除专用合同条款另有约定外,发包人应在进度款支付证书或临时进度款支付证书签发后 14 天内完成支付,发包人逾期支付进度款的,应按照中国人民银行发布的同期同类贷款基准利率支付违约金。需要注意的是,为深化利率市场化改革,推动降低实体利率水平,自 2019 年 8 月 20 日起,中国人民银行已经授权全国银行间同业拆借中心于每月 20 日(遇节假日顺延)9 时 30 分公布贷款市场报价利率(LPR),中国人民银行贷款基准利率这一标准已经取消。因此,自此之后人民法院裁判贷款利息的基本标准应改为全国银行间同业拆借中心公布的贷款市场报价利率。

3. 工程结算款利息。根据 2017 年版示范文本第 14.2 款的规定,除专用合同条款另有约定外,发包人应在签发竣工付款证书后的 14 天内,完成对承包人的竣工付款。发包人逾期支付的,按照中国人民银行发布的同期同类贷款基准利率支付违约金;逾期支付超过 56 天的,按照中国人民银行发布的同期同类贷款基准利率的两倍支付违约金。自 2019 年 8 月 20 日起,贷款利息的基本标准改为全国银行间同业拆借中心公布的贷款市场报价利率。

4.垫资利息。《建设工程司法解释(一)》第二十五条规定:“当事人对垫资和垫资利息有约定,承包人请求按照约定返还垫资及其利息的,人民法院应予支持,但是约定的利息计算标准高于垫资时的同类贷款利率或者同期贷款市场报价利率的部分除外。当事人对垫资没有约定的,按照工程欠款处理。当事人对垫资利息没有约定,承包人请求支付利息的,人民法院不予支持。”

5.逾期返还质量保证金利息。根据2017年版示范文本第15.3.3项的规定,缺陷责任期内,承包人认真履行合同约定的责任,到期后,承包人可向发包人申请返还保证金。发包人在接到承包人返还保证金申请后,应于14天内会同承包人按照合同约定的内容进行核实。如无异议,发包人应当按照约定将保证金返还给承包人。对返还期限没有约定或者约定不明确的,发包人应当在核实后14天内将保证金返还承包人,逾期未返还的,依法承担违约责任。发包人在接到承包人返还保证金申请后14天内不予答复,经催告后14天内仍不予答复,视同认可承包人的返还保证金申请。如果发包人未在合同约定的时间返还质量保证金,就会产生逾期返还质量保证金的利息。

二、工程价款利息的计算标准

《建设工程司法解释(一)》对逾期支付工程款的利息计付标准做了规定,该解释第二十六条规定:“当事人对欠付工程价款利息计付标准有约定的,按照约定处理。没有约定的,按照同期同类贷款利率或者同期贷款市场报价利率计息。”自2019年8月20日起,贷款利息的基本标准改为全国银行间同业拆借中心公布的贷款市场报价利率。根据该条规定,工程价款利息的计付标准可分为以下三种情形:

1.当事人在合同专用条款中约定工程价款利息计付标准的,应当尊重当事人的真实意思表示,以专用条款约定的标准计算工程价款利息。如果合同专用条款约定的利息计付标准过高的,当事人可以请求人民法院进行调整。关于利息计付标准过高如何确定的问题,有观点认为,可以参照最高人民法院《关于审理民间借贷案件适用法律若干问题的规定》(以下简称《民间借贷司法解释》)第二十五条的规定,对当事人约定年利率超过合同成立时1年期贷款市场报价利率4倍的利息计付标准进行调整。江苏省高级人民法院《关于审理建设工程施工合同纠纷案件若干问题的解答》(2018年)第十一条第一款规定:“当事人对欠付工程价款利息计付标准有约定的,按照约定处理,但不得超过年利率24%。”笔者不同意该观点,建设工程中发包人逾期支付工程价款造成承包人的损失与民间借贷中出借人应得的利息是迥然不同的，不应直接套用《民间借贷司法解释》的规定确定逾期支付工程价款的利息计付标准，而是应当根据个案中承包人融资等行为实际产生的利息、违约金标准确定双方约定的工程价款利息计付标准是否过高。

2. 当事人在合同专用条款中没有约定工程价款利息计付标准，但是将示范文本通用合同条款订入建设工程施工合同的，可按照通用合同条款的标准计算工程价款利息。2017 年版示范文本通用合同条款中的工程结算款利息计付标准为：签发竣工付款证书后的第 15 天至第 70 天，按中国人民银行发布的同期同类贷款基准利率计付（自 2019 年 8 月 20 日起为全国银行间同业拆借中心公布的贷款市场报价利率）；签发竣工付款证书后第 71 天起，按照中国人民银行发布的同期同类贷款基准利率的 2 倍计付（自 2019 年 8 月 20 日起为全国银行间同业拆借中心公布的贷款市场报价利率）。

3. 当事人在合同专用条款中没有约定工程价款利息计付标准，也未将示范文本通用合同条款订入建设工程施工合同的，则按照中国人民银行发布的同期同类贷款利率计息（自 2019 年 8 月 20 日起为全国银行间同业拆借中心公布的贷款市场报价利率）。

需要注意的是，如发包人系机关、事业单位或大型企业，承包人系中小型企业，根据 2020 年 9 月 1 日实施的《保障中小企业款项支付条例》第十五条的规定，机关、事业单位和大型企业迟延支付中小企业款项的，应当支付逾期利息。双方对逾期利息的利率有约定的，约定利率不得低于合同订立时 1 年期贷款市场报价利率；未作约定的，按照每日利率万分之五支付逾期利息。此情形下利息计付标准应符合该条例的规定。

三、工程价款利息的起算时间

工程价款的利息起算时间为应付工程价款之日。关于应付工程价款之日的确定，可区分以下几种不同的情形进行处理：

1. 当事人在合同专用条款中约定应付工程价款日期的，应当充分尊重当事人的意思自治，以合同专用条款约定的应付工程价款之日作为工程价款利息的起算时间。

2. 当事人在合同专用条款中未约定应付工程价款日期，但合同通用条款中对应付工程价款日期有约定，可以合同通用条款中的应付工程价款之日作为工程价款利息起算时间。2017年版示范文本通用合同条款中工程款利息的起算时间为发包人签发竣工付款证书后14天内,因此,发包人签发或视为签发竣工付款证书之日起14天内,发包人未支付工程价款的,利息开始计算。

案例50 浙江花园建设集团有限公司(以下简称浙江花园公司)与陕西盛坤房地产开发有限责任公司(以下简称陕西盛坤公司)建设工程施工合同纠纷案①

最高人民法院再审认为:2011年11月2日,浙江花园公司向陕西盛坤公司送达永辉综合大厦结算报告(未审核),主张工程总造价为25,173,856元。2011年11月3日,经双方协商及监理单位见证,浙江花园公司将临时活动房、围护及施工电梯架子费用以28万元转让给陕西盛坤公司使用。经双方协商及监理单位见证,主体结构修补费用为2万元整,在施工结算中扣除。陕西盛坤公司组织人员进行修补。施工单位不再承担主体结构修补工作。双方当事人在一审询问中认可,浙江花园公司于2011年11月撤场。2011年12月12日陕西盛坤公司工作人员贺某某向浙江花园公司发送的结算报告的工程款为24,281,509.21元。上述事实表明,双方已经协商终止合同履行,并完成工程结算。作为商事行为,双方当事人应本着诚实信用原则履行合同终止后的结算及付款义务。一方不应无视己方不履行义务给对方造成的损失并放任损失的扩大。依照上述原则,陕西盛坤公司在确认工程结算造价后,应当在合理期限内支付工程价款。虽然双方未就合同终止履行后工程价款给付时间作出约定,但案涉合同中的通用条款,作为建筑行业的合同签订示范文本,体现了行业交易惯例,可以作为认定合理期限的依据。案涉合同通用条款33竣工结算33.2约定,发包人确认竣工结算报告后通知经办银行向承包人支付工程竣工结算价款。发包人收到竣工结算报告及结算资料后28天无正当理由不支付工程竣工结算价款,从第29天起按承包人同期向银行贷款利率支付拖欠工程价款的利息,并承担违约责任。依照上述交易惯例,陕西盛坤公司确认工程价款时间为2011年12月12日,应在28天的合理时间内支付价款。最高人民法院《关于审理建设工程施工合同纠纷案件适用法律问题的解释》第十八条(已失效,现为《建设工程司法解释(一)》第二十七条)规定:"利息从应付工程价款之日计付。"依照上述司法解释规定,陕西盛坤公司应自2012年1月11日起按照人民银行同期同类利率支付尚

① 最高人民法院(2015)民提字第30号民事判决书。

欠工程款利息。双方当事人并未就终止合同履行后，延期支付工程价款的违约责任作出约定，浙江花园公司主张陕西盛坤公司承担延期支付工程价款违约责任的请求不成立，不予支持。二审判决认定双方未对工程价款支付期限作出约定，并判令陕西盛坤公司自浙江花园公司提起诉讼时支付承担尚欠工程款利息，认定事实及适用法律错误，依法予以纠正。

3. 当事人在合同中未约定付款时间或约定不明的，根据《建设工程司法解释(一)》第二十七条的规定，以下时间视为应付款时间：(1)建设工程已实际交付的，为交付之日。此时，发包人对讼争建设工程已经实际控制，有条件对房屋行使占有、使用、收益的权利，发包人已经受益，仍然欠付承包人工程价款，双方权利义务明显不对等，从此时开始发包人应当向承包人支付欠付的工程款利息。(2)建设工程没有交付的，为提交竣工结算文件之日。建设工程没有交付，讼争建设工程仍由承包人掌管，但承包人已经在建设工程竣工验收合格后按照合同约定提交了竣工结算文件，发包人如在合同约定的期限内不予答复的，应当认定此时为应付款时间。(3)建设工程未交付，工程价款也未结算的，为当事人起诉之日。这种情况多为工程未完工或完工后未经竣工验收，由于合同约定的工程价款结算条件尚未成就，无法确定应付工程价款之日，考虑到起诉为权利人向人民法院正式主张权利的时间点，人民法院经审理最终认定发包人欠付承包人工程价款的事实，如诉讼期间不计息，实际扩大承包人的损失，降低发包人的成本，对承包人来讲不公平，因此，司法解释将当事人起诉之日视为应付款时间。① 由于《建设工程司法解释(一)》第二十七条第二项确定的应付款时间对发包人过于严格，实践中，北京、江苏等地的高级人民法院对发包人拖延或拒绝结算情形下工程价款利息的起算时间做了修正。北京市高级人民法院《关于审理建设工程施工合同纠纷案件若干疑难问题的解答》(2012 年)第三十五条规定："发包人在施工合同约定的审核结算期限内无正当理由拒绝结算或故意拖延结算，在审核期限届满后也未支付工程款，承包人要求发包人从合同约定的审核结算期限届满的次日起计算欠付工程款利息的，可予支持，但合同另有约定的除外。"江苏省高级人民法院《关于审理建设工程施工合同纠纷案件若干问题的意见》(2008 年)第十五条规定："发包人应及时审查承包人提交的工程竣工结算文件。发包人在合同约定的审核结算期限届满后，又以承包人提交的竣

---

① 参见最高人民法院民事审判第一庭编著：《最高人民法院建设工程施工合同司法解释的理解与适用》，人民法院出版社 2015 年版，第 135 页。

工结算文件不完整为由拒绝结算，承包人要求从合同约定的审核结算期限届满之日起计算工程价款利息的，人民法院应予支持。”

案例51 罗某与五矿二十三冶建设集团有限公司（以下简称二十三冶公司）、中铝国际工程股份有限公司（以下简称中铝国际公司）建设工程施工合同纠纷案①

最高人民法院二审认为，双方当事人的争议焦点为：(1)二十三冶公司给付罗某的工程款在扣除8%管理费后，是否应再扣除税金；(2)一审判决对罗某工程款的认定是否正确；(3)一审判决对欠付工程款利息的起算时间和标准认定是否正确。

1.关于二十三冶公司给付罗某的工程款在扣除8%管理费后，是否应再扣除税金的问题。

二十三冶公司支付给罗某的工程款应以双方当事人的合同约定为依据。双方当事人签订的《项目责任书》规定：“罗某投资、建设上述工程的工程款的收回：按甲方（广西华银铝总包单位）与二十三冶公司所签合同的标准结算上述工程定额直接费、材料价差、安全文明施工增加费、独立费、三项税金、综合费率（间接费）及变更、签证等所有土建部分取费构成罗某的工程款，扣除甲方供应的材料（钢材、水泥、砼）款后，余下工程款由项目部收取8%的管理费后支付给罗某……”从罗某与二十三冶公司签订的《项目责任书》约定的内容的文义看，不应再扣减税金。而且，从建筑行业微利的特点看，双方约定的管理费的比例为8%，亦不应再扣减税金。因此，二十三冶公司主张应在给付罗某的工程款扣除8%管理费后再扣除税金，缺乏事实与法律依据，最高人民法院不予支持。

2.关于一审判决对于工程款的认定是否正确的问题。

(1)关于一审判决认定罗某的工程款增加1,067,474.42元是否正确的问题。

中铝国际公司与二十三冶公司最终审定金额为144,947,629元，与原结算金额相差金额3,977,982.68元。因中铝国际公司不能就最终审定金额增加的部分提供明细，亦未举证证明增加的工程量不包括罗某施工的部分，一审判决根据公平原则，认定罗某施工部分的工程造价应按比例相应增加并无不当，即按罗某原总工程价款37,828,593.81元占原工程总价140,969,646.32元的比例，再乘以造价增加金额3,977,982.68元，罗某的工程款应增加1,067,474.42元。二十三冶公司认

① 最高人民法院(2014)民一终字第54号民事判决书。

为，应核减此部分缺乏依据，最高人民法院不予支持。

(2)关于土建钢结构是否应全部认定为罗某施工的问题。

从罗某与二十三冶公司合同约定的内容看，仅约定了罗某施工的范围为2#溶出酸洗、2号原料磨、3号高压溶出的土建工程，2007年9月19日的《备忘录》虽在土建工程之后有“(含钢结构)”的字样，但并未注明是否包含了全部钢结构。关于钢结构的工程量没有双方的签证，由于双方约定钢材属于甲供材，因此鉴定机构依据钢材用量来反推罗某土建钢结构的工程量并无不当。罗某虽主张其自行购买了部分钢材，但并未提供采购合同与相应票据，应承担举证不能的不利后果。从鉴定机构反算的结论看，罗某并未完成全部土建钢结构的施工。

(3)关于是否应调增2号原料磨因蓝图修改增加的工程量差额1,194,650.02元的问题。

罗某虽然主张应当调增2号原料磨因蓝图修改增加的工程量差额1,194,650.02元，但其提供的证据仅为一份预算封面值，并未提供明细，亦未提供其他证据予以佐证。在二十三冶公司不认可的情况下，一审判决依据鉴定结论对此部分未予认定并无不当。

(4)鉴定报告所列争议事项是否正确的问题。

鉴定报告所列争议事项是鉴定机构依据双方当事人所提出的事项予以确立的。鉴定机构资质合格，鉴定结论亦经过双方当事人的质证，且鉴定机构已对双方针对鉴定结论的异议予以解答。现罗某主张鉴定报告所列争议事项错误，缺乏依据，最高人民法院不予支持。

3. 关于一审判决对欠付工程款利息的起算时间和标准认定是否正确的问题。

双方当事人对于工程款的支付进度并未作出约定，罗某在起诉之前并未向二十三冶公司提交书面的竣工结算资料，二十三冶公司对于自己所应负担的工程款数额并不明确，其主张二十三冶公司承担延期付款的违约利息缺乏依据。关于涉案工程何时交付，双方亦未有明确的交接手续，双方当事人仅认可涉案工程已于2007年12月底投入使用，一审法院综合本案的实际情况，确定2008年1月1日起以同期人民银行贷款率计算涉案工程款利息并无不当。

4. 建设工程施工合同无效，合同约定的工程价款支付时间可以参照。《建设工程司法解释(一)》第六条规定：“建设工程施工合同无效，一方当事人请求对方赔偿损失的，应当就对方过错、损失大小、过错与损失之间的因果关系承担举证责任。损失大小无法确定，一方当事人请求参照合同约定的质量标准、建设工期、工程价款支付时间等内容确定损失大小的，人民法院可以结合双方过错程度、过错与损失之间的因果关系等因素作出裁判。”虽然该条规定的是合同无效损失赔偿大小无法确定的情况下可以参照工程价款支付时间等条款，而工程价款利息属于法定孳息，不属于赔偿损失的范围，但是该司法解释确立了工程价款支付时间可以参照无效合同约定的规则。在确定发包人应付工程价款时间时，可以参照无效建设工程施工合同关于工程价款支付的约定。关于利息计付标准能否参照合同约定的问题，笔者认为，利息计付标准不属于合同约定的工程价款内容，法律和司法解释均未规定建设工程施工合同无效时可以参照合同约定的利息计付标准计算工程价款利息，因此，建设工程施工合同无效，合同约定的利息计付标准不能参照。

需要注意的是，如发包人系机关、事业单位或大型企业，承包人系中小型企业，根据 2020 年 9 月 1 日实施的《保障中小企业款项支付条例》第八条第一款、第二款的规定，机关、事业单位从中小企业采购货物、工程、服务，应当自货物、工程、服务交付之日起 30 日内支付款项；合同另有约定的，付款期限最长不得超过 60 日。大型企业从中小企业采购货物、工程、服务，应当按照行业规范、交易习惯合理约定付款期限并及时支付款项。此情形下利息起算时间应符合该条例的规定。

四、工程价款利息与违约金

一些建设工程施工合同中，双方既约定发包人逾期支付工程价款的利息，又约定逾期支付工程价款的违约金。承包人是否有权同时主张逾期支付工程价款的利息和违约金，实践中存在较大争议。

观点一认为，承包人不得同时主张逾期支付工程价款的利息和违约金，这是因为逾期支付工程价款的利息和逾期支付工程价款的违约金指向的是同一违约行为，造成承包人的损失也是重合的。如允许承包人同时主张工程价款利息和违约金，将使承包人取得双重赔偿，对发包人来说是不公平的。浙江省高级人民法院民事审判第一庭《关于审理建设工程施工合同纠纷案件若干疑难问题的解答》（2012 年）第二十一规定：“承包人能否一并请求逾期支付工程款的违约金和利息？承包人不能按照建设工程施工合同的约定，既请求发包人承担逾期支付工程款的违约金，又同时请求支付相应利息。”

观点二认为，当事人在建设工程施工合同约定发包人逾期支付工程价款的利息和违约金，应尊重当事人的真实意思表示，允许承包人就工程价款利息和违约金一并主张，但两者之和不得过分高于承包人因发包人逾期支付工程价款造成的实际损失。北京市高级人民法院《关于审理建设工程施工合同纠纷案件若干疑难问题的解答》(2012年)第三十六条规定,承包人同时主张逾期支付工程款的违约金和利息的,如何处理?建设工程施工合同明确约定发包人逾期支付工程款,承包人可以同时主张逾期付款违约金和利息的,依照其约定,发包人主张合同约定的违约金和利息之和过分高于实际损失请求予以适当减少的,按照《最高人民法院关于适用〈中华人民共和国合同法〉若干问题的解释(二)》第二十九条(已失效,现为《民法典》第五百八十五条)的规定处理;没有约定或约定不明的,对承包人的主张,一般不应同时支持,但承包人有证据证明合同约定的违约金或利息单独不足以弥补其实际损失的除外。

笔者倾向于观点二。当事人在合同中约定违约金,是对一方当事人违约后赔偿损失数额的预先确定,其主要功能在于弥补守约方因违约方的违约行为造成损失,兼具惩罚性的功能。人民法院对于违约金过分高于或低于实际损失的,可以进行调整。由是观之,违约金指向的是守约方因违约方的违约行为造成的损失,而利息则不同,其是发包人占用工程款产生的法定孳息,不属于承包人实际损失的范围。违约金和利息的性质完全不同,指向也不同。因此,承包人同时取得合同约定的逾期支付工程价款的利息和违约金,并不属于取得双重赔偿,在当事人形成合意的情况下,没有必要禁止。但是,按建设工程施工合同计算的逾期付款利息和违约金之和不能过分高于承包人因发包人逾期支付工程价款造成的实际损失。

建设工程施工合同仅约定发包人逾期支付工程价款的利息,而未约定此情形的违约金,则一般仅支持承包人关于支付工程价款利息的主张,但承包人举证证明其实际损失高于工程价款利息的,可以要求发包人对其实际损失进行赔偿。建设工程施工合同仅约定发包人逾期支付工程价款的违约金,而未约定此情形的利息,则仅支持承包人关于逾期支付工程价款违约金的主张,对利息不予支持。

五、工程价款结算协议与利息

双方当事人在工程通过竣工验收后,达成工程价款结算协议,但结算协议未涉及发包人在工程建设过程中因逾期支付工程预付款、进度款应当支付的利息。在结算协议达成后,承包人是否有权向发包人主张利息,实践中存在争议。观点一认为,结算协议约定发包人应支付的款项,已包含发包人应当支付的利息,或者承包人放弃主张利息的权利,结算协议达成后,承包人无权再向发包人主张协议约定之外的利息。观点二认为,结算协议未提及利息,需要计算其中约定的款项是否包含利息,如未包含,承包人未明示放弃,承包人仍可向发包人主张利息。笔者认为,工程价款结算协议是建设工程施工合同双方当事人对包括工程价款、已发生利息、违约责任等在内的债权债务关系的“一揽子”解决方案,结算协议约定发包人应当支付的工程价款可能与建设工程施工合同约定工程价款、利息、违约责任的计算有所不同,但这并不影响结算协议的效力。结算协议未明确提及已发生利息,或者是在约定的应付款中已考虑已发生利息的因素,或者是承包人放弃已发生利息的主张。在达成结算协议后,承包人主张结算协议达成前发生的利息,有违诚实信用原则之嫌,不应支持。但是,发包人未依结算协议履行付款义务,承包人可依结算协议要求发包人支付相应的利息。

案例 52 哈尔滨市通信建设工程有限公司(以下简称哈尔滨通信公司)与中国联通网络通信有限公司兴安盟分公司(以下简称联通兴安盟公司)建设工程施工合同纠纷案①

最高人民法院再审审查认为:竣工结算文件是发包方与承包方就合同履行情况和工程结算价款所达成的合意,对双方均有拘束力。本案中,哈尔滨通信公司提供的结算凭证,系建设单位联通兴安盟公司和施工单位哈尔滨通信公司于 2002 年共同形成的竣工结算文件,系双方真实意思表示,且不违反法律、行政法制的强制性规定,该竣工结算文件有效,故双方应当按照该结算凭证的约定享受权利和履行义务。该结算凭证确认,扣除 266,784.75 元后,联通兴安盟公司尚欠哈尔滨通信公司工程款 4,534,687.66 元。嗣后,联通兴安盟公司按照该结算凭证支付了 4,440,000 元。哈尔滨通信公司称联通兴安盟公司在结算和付款时重复计算了 266,784.75 元工程款,但哈尔滨通信公司在竣工结算时对双方确认的应付工程款数额没有提出异议,此后又未在法定的期限内以重大误解为由行使撤销权,故二审判决未支持哈尔滨通信公司关于重复计价的主张并无不当。

关于哈尔滨通信公司要求联通兴安盟公司给付 2007 年 10 月 31 日前所欠工程款利息问题。虽然在 1995 年、1996 年签订的建筑施工合同中双方约定了逾期付款的利息,联通兴安盟公司也存在逾期付款之情形,但在竣工结算时哈尔滨通信公司只主张工程款的本金,没有要求逾期付款利息。竣工结算后,双方应当按照该结算凭证的约定享有权利,承担给付义务,而不应再按照原建筑施工合同的约定履行工

① 最高人民法院(2014)民申字第 652 号民事裁定书。

程款给付义务。此外,联通兴安盟公司在竣工结算文件形成后已按照约定给付哈尔滨通信公司4,440,000元,现仅欠哈尔滨通信公司94,687.44元。因此,在联通兴安盟公司履行了绝大部分工程款给付义务已达2年的情况下,哈尔滨通信公司又起诉要求联通兴安盟公司按照原合同约定的计息标准及银行同期贷款利率标准支付2007年10月31日前的逾期付款利息,既不符合结算凭证的约定,又有违诚实信用原则,故二审判决未支持其该项请求是正确的。

双方在工程价款结算协议中重新约定工程价款的支付时间,该支付时间往往比建设工程施工合同约定的时间要晚。在这种情况下,双方通过合意对工程价款支付时间作了更改,应当依结算协议确定发包人应付工程价款时间,并以此作为工程结算款利息的起算点。

六、垫资利息

建设工程施工合同或其他合同约定,发包人无须支付工程预付款或进度款,由承包人自带资金进行施工,待工程实施到一定程度或全部完工时,再由建设单位分批或一次性支付工程款,该行为即为垫资。由于垫资对承包人来说存在较大的风险,我国向来不提倡工程施工中的垫资行为。早在1996年,原建设部、原国家计委、财政部《关于严格禁止在工程建设中带资承包的通知》(建建〔1996〕第347号文,已失效)就明令禁止垫资承包工程。原建设部、国家发展和改革委员会、财政部、中国人民银行《关于严禁政府投资项目使用带资承包方式进行建设的通知》第一条第一款、第二款规定:“政府投资项目一律不得以建筑业企业带资承包的方式进行建设,不得将建筑业企业带资承包作为招投标条件;严禁将此类内容写入工程承包合同及补充条款,同时要对政府投资项目实行告知性合同备案制度。政府投资项目是指使用各类政府投资资金,包括预算内资金、各类专项建设基金、国际金融组织和外国政府贷款的国家主权外债资金建设的项目。党政机关(包括党的机关、人大机关、行政机关、政协机关、审判机关、检察机关,以及工会、共青团、妇联等人民团体)及财政拨款的事业单位自筹资金建设的项目,视同政府投资项目适用本通知,采用BOT、BOOT、BOO方式建设的政府投资项目可不适用本通知。”2019年7月1日实施的《政府投资条例》第二十二条规定:“政府投资项目所需资金应当按照国家有关规定确保落实到位。政府投资项目不得由施工单位垫资建设。”第三十四条规定:“项目单位有下列情形之一的,责令改正,根据具体情况,暂停、停止拨付资金或者收回已拨付的资金,暂停或者停止建设活动,对负有责任的领导人员和直接责任人员依法给予处分:……(五)要求施工单位对政府投资项目垫资建设……”2020 年 9 月 1 日实施的《保障中小企业款项支付条例》第七条第二款再次强调:“政府投资项目所需资金应当按照国家有关规定确保落实到位,不得由施工单位垫资建设。”从现行的法律法规看,使用各类政府投资资金投资的建设工程项目不得由施工单位垫资建设,而非政府投资的建设工程项目,则无禁止施工单位垫资建设的规定。

政府投资项目中,当事人在建设工程施工合同中约定承包人垫资施工,是否有效,实践中存在不少争议。笔者认为,《政府投资条例》第一条开宗明义地表明条例的立法目的为:“充分发挥政府投资作用,提高政府投资效益,规范政府投资行为,激发社会投资活力”。该条例规定政府投资项目不得由施工单位垫资建设并规定相应的行政处罚措施,更多的是出于管理性的目的,不能因此否定民事合同中垫资施工条款的效力。因此,无论是政府投资项目还是非政府投资项目,当事人在有效的建设工程施工合同中约定承包人垫资施工,并约定垫资的利息,原则上均产生法律效力。

《建设工程司法解释(一)》第二十五条确立了垫资原则上按有效处理的规则,根据该条规定,垫资利息处理如下:

1. 当事人对垫资和垫资利息有约定,承包人请求按照约定返还垫资及其利息的,应予支持,但是约定的利息计算标准高于中国人民银行发布的同期同类贷款利率的部分除外(自 2019 年 8 月 20 日起为全国银行间同业拆借中心公布的贷款市场报价利率)。在当事人对垫资利息有明确约定的情况下,司法解释充分尊重当事人的意思自治,规定依当事人的约定计算利息。同时,司法解释将垫资约定与借款合同作了区分,两者虽有一定的相似之处,但垫资的目的和用途均为工程施工,垫资约定实质上仍是一种建设工程施工合同,而非借款合同。因此,垫资的利息有别于借款合同的利息,垫资利息的计算标准不得高于中国人民银行发布的同期同类贷款利率(自 2019 年 8 月 20 日起为全国银行间同业拆借中心公布的贷款市场报价利率),否则,超过部分的利息将得不到人民法院的支持。

2. 当事人对垫资利息没有约定,承包人请求支付利息的,不予支持。垫资的款项本质上是一种工程价款,合同没有约定垫资的性质,应当将垫资款作为一般的工程欠款处理。合同对垫资本金有约定,但对垫资利息没有约定,则承包人无权主张垫资利息。

CHAPTER 5

第五章

建设工程质量与保修

建设工程是人民群众生产、经营、生活的主要场所。建设工程质量是工程建设的核心,不但关系生产经营活动的正常运行,而且关系人民群众生命财产安全。我国向来高度重视建设工程质量,《民法典》《建筑法》等法律对建设工程质量作了详细规定,《建筑法》专设一章共12个条文规定建筑工程质量管理。为加强建设工程质量管理、保证建设工程质量,国务院制定并颁布《建设工程质量管理条例》。此外,建设等行政主管部门还制定了大量的部门规章、规范性文件和标准,对建设工程质量进行规制和管理。

第一节　建设工程质量责任

建设工程项目,具有投资大、规模大、建设周期长、生产环节多、参与方多,影响质量形成的因素多等特点,无论是哪个主体出了问题,哪个环节出了问题,都会导致质量缺陷的产生。因此,如何认定建设工程质量存在缺陷,如何确定工程质量存在缺陷的责任主体,往往是建设工程施工合同诉讼中涉及工程质量问题的争议焦点。

一、工程质量缺陷的认定

《建筑法》第六十一条规定:"交付竣工验收的建筑工程,必须符合规定的建筑工程质量标准,有完整的工程技术经济资料和经签署的工程保修书,并具备国家规定的其他竣工条件。建筑工程竣工经验收合格后,方可交付使用;未经验收或者验收不合格的,不得交付使用。"除符合规定的标准外,建设工程还应符合当事人约定的质量标准。建设工程质量不符合法律法规、国家强制性标准或约定标准的,可认定工程质量存在缺陷。

(一)规定标准

建设工程必须符合《建筑法》《建设工程质量管理条例》《建设工程安全生产管理条例》等法律法规规定的建设工程质量标准。

《标准化法》第二条第二款、第三款规定："标准包括国家标准、行业标准、地方标准和团体标准、企业标准。国家标准分为强制性标准、推荐性标准，行业标准、地方标准是推荐性标准。强制性标准必须执行。国家鼓励采用推荐性标准。"与建设工程质量有关的国家强制性标准主要是《建筑工程施工质量验收统一标准》（GB 50300—2013）和《建筑装饰装修工程质量验收标准》（GB 50210—2018）。《建筑工程施工质量验收统一标准》（GB 50300—2013）第5.0.8条、第6.0.6条为强制性条文，必须严格执行；《建筑装饰装修工程质量验收标准》（GB 50210—2018）第3.1.4条、第6.1.11条、第6.1.12条、第7.1.12条、第11.1.12条为强制性条文，必须严格执行。

（二）约定标准

当事人可以在建设工程施工合同专用条款中约定对工程质量的特殊标准和要求。2017年版示范文本通用合同条款第5.1.1项规定："工程质量标准必须符合现行国家有关工程施工质量验收规范和标准的要求。有关工程质量的特殊标准或要求由合同当事人在专用合同条款中约定。"当事人约定的建设工程质量标准可以高于或等于，但不得低于法律、行政法规和国家强制性标准规定的质量标准，否则，相应的条款将被确认无效。2011年《全国民事审判工作会议纪要》（法办〔2011〕442号）第二十四条第二款规定："对建设工程施工合同中有关违反工程建设强制性标准，任意压缩合理工期、降低工程质量标准的约定内容，应认定为无效。该约定被认定为无效后，依据《关于审理建设工程施工合同纠纷案件适用法律问题的解释》相关规定处理。"北京市高级人民法院《关于审理建设工程施工合同纠纷案件若干疑难问题的解答》（2012年）第二十七条规定："施工合同约定的工程质量标准与国家强制性标准不一致的是否有效？建设工程施工合同中约定的建设工程质量标准低于国家规定的工程质量强制性安全标准的，该约定无效；合同约定的质量标准高于国家规定的强制性标准的，应当认定该约定有效。"

此外，当事人还可以在建设工程施工合同中约定更高标准质量要求的奖惩措施，如获得"鲁班奖"等奖项给予一定奖励，未达到的减少一定的工程价款。此类约定的质量标准，与工程质量是否合格或存在瑕疵并无关联性。

（三）工程质量缺陷的认定人

在工程施工阶段，承包人应对施工的工程质量进行自检，发包人对工程质量进行检查和检验,监理人按照法律规定和发包人授权对工程的所有部位及其施工工艺、材料和工程设备进行检查和检验。合同当事人对工程质量有争议的,由双方协商确定的工程质量检测机构鉴定。

工程竣工验收合格后,合同当事人对工程质量有争议的,可以约定由第三方工程质量检测机构鉴定,或由建设工程质监部门进行认定。因工程质量成讼后,由人民法院委托司法鉴定机构对工程质量问题进行司法鉴定。

二、承包人的工程质量责任和义务

承包人是建设工程的施工者,在实践中,建设工程存在质量问题更多的是因承包人的过错导致。发包人主张承包人对工程质量问题负责,一般只需举证证明承包人施工的建设工程质量不符合法定或约定的建设工程质量标准。承包人如主张建设工程质量存在缺陷是因发包人、勘察人、设计人等其他责任主体的原因所致,则需要提供发包人、勘察人、设计人存在过错以及工程质量缺陷与他们的过错存在因果关系的证据,否则,承包人难以免除或减轻自己的工程质量责任。工程存在明显的质量问题,承包人以建设工程竣工验收合格证明等主张工程质量合格的,不应支持。根据《建筑法》《建设工程质量管理条例》等法律法规的规定,承包人的工程质量责任和义务主要体现以下十个方面:

1. 承包人应当取得相应的施工资质,禁止挂靠、转包和违法分包。《建设工程质量管理条例》第二十五条规定:“施工单位应当依法取得相应等级的资质证书,并在其资质等级许可的范围内承揽工程。禁止施工单位超越本单位资质等级许可的业务范围或者以其他施工单位的名义承揽工程。禁止施工单位允许其他单位或者个人以本单位的名义承揽工程。施工单位不得转包或者违法分包工程。”如果承包人违反该规定,无资质或超越资质施工、允许他人挂靠、转包、违法分包,因此造成工程质量缺陷,承包人应当承担工程质量责任。

2. 承包人应建立工程质量责任制。施工单位应当建立质量责任制,确定工程项目的项目经理、技术负责人和施工管理负责人,制定质量目标计划,建立考核标准,并层层分解落实到具体的责任单位和责任人,赋予相应的质量责任和权力。

3. 总承包人对其承包的全部工程质量负责。建设工程实行总承包的,总承包单位应当对全部建设工程质量负责。总承包单位依法将建设工程分包给其他单位的,分包单位应当按照分包合同的约定对其分包工程的质量向总承包单位负责,总承包单位与分包单位对分包工程的质量承担连带责任。

案例 53 白山市舜发硅藻土科技有限公司(以下简称舜发公司)与吉林省新金山建筑工程有限公司(以下简称新金山公司)建设工程施工合同纠纷案[①]

最高人民法院再审审查认为:《建筑法》第五十八条第一款规定,建筑施工企业对工程的施工质量负责。建筑施工企业不得擅自修改设计。第六十条第一款规定,建筑物在合理使用寿命内,必须确保地基基础工程和主体结构的质量。《建设工程质量管理条例》第二十六条第一款规定,施工单位对建设工程的施工质量负责;第二十八条规定,施工单位必须按照工程设计图纸和施工技术标准施工,不得擅自修改工程设计,不得偷工减料。最高人民法院《关于审理建设工程施工合同纠纷案件适用法律问题的解释》第十三条(已失效,现为《建设工程司法解释(一)》第十四条)规定,建设工程未经竣工验收,发包人擅自使用后,又以使用部分质量不符合约定为由主张权利的,不予支持;但是承包人应当在建设工程的合理使用寿命内对地基基础工程和主体结构质量承担民事责任。上述法律、法规、司法解释以及国家颁布实施的其他相关规范性文件均规定,施工人对工程质量负总责,"建筑物在合理使用寿命内,必须确保地基基础工程和主体结构的质量",施工人为工程质量第一责任人。本案工程建设项目在竣工交付使用近4年时发生部分厂房坍塌的重大工程质量缺陷事故,承建讼争建设项目的建筑施工企业新金山公司如认为其应减轻或者免除工程质量缺陷责任的,应对此承担举证责任。原审委托鉴定的吉林省建筑工程质量检测中心作出的SFJD字2017第1009号《司法鉴定意见书》确认,案涉工程存在8处不符合设计要求和验收规范,初步证实存在施工不规范行为。刘某某、姚某某主张,1号、2号厂房坍塌系因雪大且未及时清理至屋顶荷载过重所致,但未提供相关证据予以证实。原判决认定,"舜发公司未能提供充分的证据证明1号、2号厂房坍塌与工程质量存在直接因果关系",系对证据分析判断不当。

4. 承包人应拒绝发包人降低工程质量的要求。对发包人违反法律、行政法规和建筑工程质量、安全标准所提出的降低工程质量的要求,承包人应当予以拒绝,以确保建筑工程的基本质量和安全。承包人如未拒绝发包人提出的降低工程质量的要求,降低工程质量标准施工,导致工程质量存在缺陷的,应当与发包人一起承担相应的责任。

5. 承包人应依设计图纸和施工技术标准施工,对设计的差错应及时提出意见和

① 最高人民法院(2019)最高法民申835号民事裁定书。

建议。《建筑法》第五十八条第二款规定："建筑施工企业必须按照工程设计图纸和施工技术标准施工，不得偷工减料。工程设计的修改由原设计单位负责，建筑施工企业不得擅自修改工程设计。"《建设工程质量管理条例》第二十八条规定："施工单位必须按照工程设计图纸和施工技术标准施工，不得擅自修改工程设计，不得偷工减料。施工单位在施工过程中发现设计文件和图纸有差错的，应当及时提出意见和建议。"按设计图纸施工，是承包人保证建设工程质量最基本的要求。由于建设工程涉及多个专业，情况比较复杂，设计图纸有时会出错，承包人发现差错后，有义务及时向发包人提出意见和建议，避免因设计图纸的差错导致工程质量问题。

6. 承包人对工程材料、设备等进行检验的责任。《建筑法》第五十九条规定："建筑施工企业必须按照工程设计要求、施工技术标准和合同的约定，对建筑材料、建筑构配件和设备进行检验，不合格的不得使用。"《建设工程质量管理条例》第二十九条规定："施工单位必须按照工程设计要求、施工技术标准和合同约定，对建筑材料、建筑构配件、设备和商品混凝土进行检验，检验应当有书面记录和专人签字；未经检验或者检验不合格的，不得使用。"工程材料、设备、构配件和商品混凝土的质量对建设工程整体质量存在重大影响，对工程材料、设备、构配件和商品混凝土进行检验是承包人保证建设工程质量的重要义务。承包人未尽上述义务，导致工程质量缺陷的，应当承担相应的责任。

案例54　浙江省嘉善开华实业有限公司（以下简称开华公司）与浙江霞厦建设工程有限公司（以下简称霞厦公司）、于某某建设工程施工合同纠纷案[①]

浙江省嘉兴市中级人民法院二审认为：《建筑法》第五十八条规定，建筑施工企业对工程的施工质量负责。建筑施工企业必须按照工程设计图纸和施工技术标准施工，不得偷工减料。第五十九条规定，建筑施工企业必须按照工程设计要求、施工技术标准和合同的约定，对建筑材料、建筑构配件和设备进行检验，不合格的不得使用。经鉴定，涉案工程铝合金门窗型材硬度不符合标准要求，铝合金门窗玻璃厚度不符合标准要求，铝合金门窗安装未按图集施工。由此可见，这些问题系由于材料本身质量不合格以及施工不当所致，产生于涉案工程开工后，竣工验收合格之前，作为对涉案工程"包工包料"的实际施工人，于某某未履行上述法律规定的义务。根据《合同法》第二百八十一条（已失效，现为《民法典》第八百零一条）的规

① 浙江省嘉兴市中级人民法院(2018)浙08民终2676号民事判决书。

定,因施工人的原因致使建设工程质量不符合约定的,发包人有权要求施工人在合理期限内无偿修理或者返工、改建。因此,于某某应当履行返工、修理等义务。尽管涉案工程整体已通过竣工验收,但据此不能否认涉案工程铝合金门窗确实存在质量问题的事实,也就不能全部免除于某某的相应责任。考虑到开华公司及其委托的监理单位未及时发现材料以及施工中存在的问题,未及时提出整改就进行验收并使用,亦应承担相应责任。因此,一审据此认定霞厦公司和于某某承担维修费用70%的责任,并无不当。

7. 承包人应建立、健全施工质量的检验制度。《建设工程质量管理条例》第三十条规定:"施工单位必须建立、健全施工质量的检验制度,严格工序管理,作好隐蔽工程的质量检查和记录。隐蔽工程在隐蔽前,施工单位应当通知建设单位和建设工程质量监督机构。"2017 年版示范文本通用合同条款规定,承包人应按照法律规定和发包人的要求,对材料、工程设备以及工程的所有部位及其施工工艺进行全过程的质量检查和检验,并作详细记录,编制工程质量报表,报送监理人审查。承包人应当对工程隐蔽部位进行自检,并经自检确认是否具备覆盖条件。除专用合同条款另有约定外,工程隐蔽部位经承包人自检确认具备覆盖条件的,承包人应在共同检查前48 小时书面通知监理人检查,通知中应载明隐蔽检查的内容、时间和地点,并应附有自检记录和必要的检查资料。

8. 承包人对涉及结构安全的试块、试件以及有关材料现场取样的责任。《建设工程质量管理条例》第三十一条规定:"施工人员对涉及结构安全的试块、试件以及有关材料,应当在建设单位或者工程监理单位监督下现场取样,并送具有相应资质等级的质量检测单位进行检测。"2017 年版示范文本通用合同条款规定,承包人还应按照法律规定和发包人的要求,进行施工现场取样试验、工程复核测量和设备性能检测,提供试验样品、提交试验报告和测量成果以及其他工作。

9. 工程竣工验收合格前承包人的返修义务。《民法典》第八百零一条规定:"因施工人的原因致使建设工程质量不符合约定的,发包人有权请求施工人在合理期限内无偿修理或者返工、改建。经过修理或者返工、改建后,造成逾期交付的,施工人应当承担违约责任。"《建设工程质量管理条例》第三十二条规定:"施工单位对施工中出现质量问题的建设工程或者竣工验收不合格的建设工程,应当负责返修。"无论是施工过程中出现质量问题的建设工程,还是竣工验收时发现质量问题的建设工程,施工单位都要负责返修。对于非施工单位造成质量问题或竣工验收不合格的工程,施工单位也应当负责返修,但是造成的损失及返修费用由责任方承担。

10. 承包人应建立健全教育培训制度。《建设工程质量管理条例》第三十三条规定："施工单位应当建立、健全教育培训制度，加强对职工的教育培训；未经教育培训或者考核不合格的人员，不得上岗作业。"2017年版示范文本通用合同条款也规定，承包人应对施工人员进行质量教育和技术培训，定期考核施工人员的劳动技能，严格执行施工规范和操作规程。承包人建立健全教育培训制度，是强化人员质量意识，提升全员素质的重要措施，唯有如此，才能从根本上保证建设工程质量。未经教育培训或者考核不合格不得上岗作业的人员，主要是与质量工作有关的人员，如总工程师、项目经理、质量体系内审员、质量检查员，施工人员、材料试验及检测人员，关键技术工种如焊工、钢筋工、砼工等。

承包人违反上述工程质量责任和义务，导致建设工程质量存在缺陷的，应当认定承包人对建设工程质量缺陷存在过错，承包人应当承担相应的过错责任。北京市高级人民法院《关于审理建设工程施工合同纠纷案件若干疑难问题的解答》（2012年）第二十九条规定："如何认定承包人对建设工程质量缺陷存在过错？承包人具有下列情形之一的，应当认定其对建设工程质量缺陷存在过错：（1）承包人明知发包人提供的设计图纸、指令存在问题或者在施工过程中发现问题，而没有及时提出意见和建议并继续施工的；（2）承包人对发包人提供或指定购买的建筑材料、建筑构配件、设备等没有进行必要的检验或经检验不合格仍然使用的；（3）对发包人提出的违反法律法规和建筑工程质量、安全标准，降低工程质量的要求，承包人不予拒绝而进行施工的。前述情形下，因工程质量存在缺陷造成第三人损失的，由发包人与承包人承担连带责任。"

三、发包人的工程质量责任和义务

承包人作为工程建设的直接实施者，对工程质量负有直接责任和主要责任。但是发包人作为工程建设的投资者，有权选择承包人，有权对建设过程检查、控制，对工程进行验收，支付工程款和费用，在工程建设各个环节负责综合管理工作，在整个建设活动中居于主导地位。因此，发包人也是建设工程质量的重要责任主体。根据《建筑法》《建设工程质量管理条例》等法律、法规的规定，发包人的工程质量责任和义务主要体现以下九个方面：

1. 发包人合法发包的义务。《建筑法》第二十二条规定："建筑工程实行招标发包的，发包单位应当将建筑工程发包给依法中标的承包单位。建筑工程实行直接发包的,发包单位应当将建筑工程发包给具有相应资质条件的承包单位。”《建设工程质量管理条例》第七条规定:“建设单位应当将工程发包给具有相应资质等级的单位。建设单位不得将建设工程肢解发包。”建设从业单位素质的高低直接影响建筑工程质量。因此,从事建筑活动的单位必须符合严格的资质条件。企业资质等级反映了企业从事某项工作的资格和能力,是国家对建设市场准入管理的重要手段。为保证建设工程质量,发包人应当将建设工程的勘察、设计工作发包给具有相应资质等级证书的勘察、设计单位,建设工程的施工必须发包给具有相应资质等级证书的施工企业。发包人肢解发包工程,势必导致整个工程建设在管理和技术上缺乏应有的统筹协调,往往造成施工现场秩序的混乱,责任不清,严重影响工程建设质量,因此,法律、行政法规禁止将工程肢解发包。

2. 发包人提供真实、完整的建设工程原始资料的义务。《建设工程质量管理条例》第九条规定:“建设单位必须向有关的勘察、设计、施工、工程监理等单位提供与建设工程有关的原始资料。原始资料必须真实、准确、齐全。”原始资料是勘察单位、设计单位、施工单位、工程监理单位赖以进行勘察作业、设计作业、施工作业、监理作业的基础性材料,真实、准确、齐全的原始材料是建设工程质量的重要保证。发包人有义务提供与建设工程有关的原始资料,并保证原始资料的真实、完备和齐全。因原始资料的问题导致建设工程质量存在缺陷,发包人应承担相应的责任。

3. 发包人不得作出不合理干预行为的义务。《建设工程质量管理条例》第十条规定:“建设工程发包单位不得迫使承包方以低于成本的价格竞标,不得任意压缩合理工期。建设单位不得明示或者暗示设计单位或者施工单位违反工程建设强制性标准,降低建设工程质量。”该规定中的承包方包括勘察、设计、施工和工程监理单位。发包人强迫承包方以低于成本价竞标,承包方中标后,为减少成本,往往采取偷工减料、以次充好、粗制滥造等手段,致使工程出现质量问题。发包人任意压缩合理工期,迫使承包方盲目赶工期,简化工序,不按规程操作,也会导致工程质量出现问题。强制性标准是保证建设工程质量的基本要求,违反了强制性标准,必然会给建设工程带来重大质量隐患。发包人不得要求设计、施工单位违反强制性标准、降低工程质量,这是发包人最基本的工程质量责任和义务。

4. 发包人将施工图设计文件交审查机构审查批准的义务。施工图设计文件的质量对建设工程质量有重大影响,但是在现实中,由于发包人的强势地位,一些设计单位受制于发包人,违心地服从发包人提出的不合理要求,违反强制性规定和标准进行设计，一些建设项目设计规划报批方案与施工图设计文件不符，边施工边设计，影响设计质量。因此，法律法规规定发包人在工程施工前有将施工图设计文件交审查机构审查批准的义务。《建设工程质量管理条例》第十一条规定："施工图设计文件审查的具体办法，由国务院建设行政主管部门、国务院其他有关部门制定。施工图设计文件未经审查批准的，不得使用。"《房屋建筑和市政基础设施工程施工图设计文件审查管理办法》第三条规定："国家实施施工图设计文件（含勘察文件，以下简称施工图）审查制度。本办法所称施工图审查，是指施工图审查机构（以下简称审查机构）按照有关法律、法规，对施工图涉及公共利益、公众安全和工程建设强制性标准的内容进行的审查。施工图审查应当坚持先勘察、后设计的原则。施工图未经审查合格的，不得使用。从事房屋建筑工程、市政基础设施工程施工、监理等活动，以及实施对房屋建筑和市政基础设施工程质量安全监督管理，应当以审查合格的施工图为依据。"第五条规定："省、自治区、直辖市人民政府住房城乡建设主管部门应当会同有关主管部门按照本办法规定的审查机构条件，结合本行政区域内的建设规模，确定相应数量的审查机构，逐步推行以政府购买服务方式开展施工图设计文件审查。具体办法由国务院住房城乡建设主管部门另行规定。审查机构是专门从事施工图审查业务，不以营利为目的的独立法人。省、自治区、直辖市人民政府住房城乡建设主管部门应当将审查机构名录报国务院住房城乡建设主管部门备案，并向社会公布。"第九条第一款前段规定，"建设单位应当将施工图送审查机构审查，但审查机构不得与所审查项目的建设单位、勘察设计企业有隶属关系或者其他利害关系"。第十一条规定，"审查机构应当对施工图审查下列内容：（一）是否符合工程建设强制性标准；（二）地基基础和主体结构的安全性；（三）消防安全性；（四）人防工程（不含人防指挥工程）防护安全性；（五）是否符合民用建筑节能强制性标准，对执行绿色建筑标准的项目，还应当审查是否符合绿色建筑标准；（六）勘察设计企业和注册执业人员以及相关人员是否按规定在施工图上加盖相应的图章和签字；（七）法律、法规、规章规定必须审查的其他内容。"发包人提供的设计存在缺陷，造成建设工程质量缺陷，应当承担过错责任。

5. 发包人依法委托监理的义务。《建设工程质量管理条例》第十二条规定："实行监理的建设工程，建设单位应当委托具有相应资质等级的工程监理单位进行监理，也可以委托具有工程监理相应资质等级并与被监理工程的施工承包单位没有隶属关系或者其他利害关系的该工程的设计单位进行监理。下列建设工程必须实行监理：（一）国家重点建设工程；（二）大中型公用事业工程；（三）成片开发建设的住宅小区工程;(四)利用外国政府或者国际组织贷款、援助资金的工程;(五)国家规定必须实行监理的其他工程。”对该条规定应当实行监理的工程,发包人有义务委托有相应资质的工程监理单位或设计单位进行监理,违反该义务并造成工程质量缺陷,发包人应当承担相应的责任。

6. 发包人应当保证其采购的建筑材料、建筑构配件和设备符合设计文件和合同要求。《建设工程质量管理条例》第十四条规定:“按照合同约定,由建设单位采购建筑材料、建筑构配件和设备的,建设单位应当保证建筑材料、建筑构配件和设备符合设计文件和合同要求。建设单位不得明示或者暗示施工单位使用不合格的建筑材料、建筑构配件和设备。”《建设工程司法解释(一)》第十三条第一款第(二)项规定:“发包人具有下列情形之一,造成建设工程质量缺陷,应当承担过错责任:(二)提供或者指定购买的建筑材料、建筑构配件、设备不符合强制性标准。”2017 年版示范文本通用合同条款对发包人供应材料、设备作了具体规定。发包人自行供应材料、工程设备的,应在签订合同时在专用合同条款的附件《发包人供应材料设备一览表》中明确材料、工程设备的品种、规格、型号、数量、单价、质量等级和送达地点;发包人应按《发包人供应材料设备一览表》约定的内容提供材料和工程设备,并向承包人提供产品合格证明及出厂证明,对其质量负责。发包人应提前 24 小时以书面形式通知承包人、监理人材料和工程设备到货时间,承包人负责材料和工程设备的清点、检验和接收;发包人提供的材料或工程设备不符合合同要求的,承包人有权拒绝,并可要求发包人更换,由此增加的费用和(或)延误的工期由发包人承担,并支付承包人合理的利润。

7. 涉及建筑主体和承重结构变动的装修工程,发包人应当在施工前委托设计单位提出设计方案。针对现阶段房屋建筑的装修活动规模不断扩大,出现了某些单位和个人随意拆改建筑主体结构和承重结构等,危及建筑工程安全和公民生命财产安全的问题,《建设工程质量管理条例》第十五条第一款规定:“涉及建筑主体和承重结构变动的装修工程,建设单位应当在施工前委托原设计单位或者具有相应资质等级的设计单位提出设计方案;没有设计方案的,不得施工。”

8. 发包人直接指定分包人分包专业工程导致工程质量存在缺陷,应当承担相应责任。《建设工程司法解释(一)》第十三条第一款第(三)项规定:“发包人具有下列情形之一,造成建设工程质量缺陷,应当承担过错责任:(三)直接指定分包人分包专业工程。”我国法律、法规对建设工程分包问题的规定是为了约束总承包人,限制总承包人利用分包损害发包人的利益。法律、法规对分包性限制的规定,主要是针对承包人,建设单位违反规定进行分包的,亦应承担相应的责任。[①] 分包单位的选择对承包人来说意义重大,一般来说,发包人不应直接指定分包人分包专业工程,然而,现实中承包人往往难以拒绝发包人指定分包人的指令。因此,发包人直接指定分包人分包专业工程,造成工程质量缺陷,应当承担相应的责任。

9. 发包人在工程未竣工验收合格之前不得擅自使用。《建筑法》第六十一条规定:"交付竣工验收的建筑工程,必须符合规定的建筑工程质量标准,有完整的工程技术经济资料和经签署的工程保修书,并具备国家规定的其他竣工条件。建筑工程竣工经验收合格后,方可交付使用;未经验收或者验收不合格的,不得交付使用。"《建设工程质量管理条例》第十六条规定:"建设单位收到建设工程竣工报告后,应当组织设计、施工、工程监理等有关单位进行竣工验收。建设工程竣工验收应当具备下列条件:(一)完成建设工程设计和合同约定的各项内容;(二)有完整的技术档案和施工管理资料;(三)有工程使用的主要建筑材料、建筑构配件和设备的进场试验报告;(四)有勘察、设计、施工、工程监理等单位分别签署的质量合格文件;(五)有施工单位签署的工程保修书。建设工程经验收合格的,方可交付使用。"在建设工程未经过竣工验收或验收未通过的情况下,发包人违反法律规定,擅自或强行使用,即可视为发包人对建筑工程质量的认可,或者虽然工程质量不合格但发包人自愿承担质量责任。因为发包人使用未经验收的工程,其应当预见工程质量可能会存在的质量问题,而且使用验收不合格的建筑工程更直接地说明发包人对不合格工程予以认可。随着发包人的提前使用,其工程质量责任风险也由承包人转移给发包人,工程交付的时间可认定为发包人提前使用的时间。但是,承包人仍需在工程合理使用期限对地基基础工程和主体结构质量承担责任。基于此,《建设工程司法解释(一)》第十四条规定:"建设工程未经竣工验收,发包人擅自使用后,又以使用部分质量不符合约定为由主张权利的,不予支持;但是承包人应当在建设工程的合理使用寿命内对地基基础工程和主体结构质量承担民事责任。"发包人未经竣工验收擅自使用工程,虽然不能就使用部分质量不符合约定为由主张权利,但不能因此免除承包人在保修期内的保修责任。

---

① 参见最高人民法院民事审判第一庭编著:《最高人民法院建设工程施工合同司法解释的理解与适用》,人民法院出版社 2015 年版,第 103 ~ 105 页。

案例55 中国建筑第八工程局有限公司(以下简称中建八局)与辽阳亚龙房地产开发有限公司(以下简称亚龙公司)建设工程施工合同纠纷案①

最高人民法院二审认为:关于亚龙公司所称工程存在重大质量问题以及应当从工程款中扣减5年期保修金1,638,958.38元的主张能否成立的问题。《合同法》第二百七十九条第二款(已失效,现为《民法典》第七百九十九条第二款)规定:"建设工程竣工经验收合格后,方可交付使用;未经验收或者验收不合格的,不得交付使用。"本案业已查明,涉案工程验收合格之前亚龙公司即已实际使用涉案工程。依据最高人民法院《关于审理建设工程施工合同纠纷案件适用法律问题的解释》第十三条(已失效,现为《建设工程司法解释(一)》第十四条)"建设工程未经竣工验收,发包人擅自使用后,又以使用部分质量不符合约定为由主张权利的,不予支持;但是承包人应当在建设工程的合理使用寿命内对地基基础工程和主体结构质量承担民事责任"的规定,亚龙公司应当对地基基础工程和主体结构质量以外的已使用部分出现的质量问题自行承担责任,故本院对于其以涉案工程质量不符合约定为由提出的主张不予支持。按照双方签订的《建设工程施工合同》第47条补充条款中有关"保修金为承包人结算值的5%。保修满1年之日起15日内返还承包人保修金的50%;保修满2年之日起15日内返还至承包人保修金的90%,保修满5年之日起15日内返还承包人剩余保修金"的约定,以及基于前述认定,尽管亚龙公司存在涉案工程未经验收即擅自使用的情形,但中建八局对地基基础工程和主体结构的质量仍应当承担民事责任。因此,在5年期保修金尚未期满前,中建八局无权向亚龙公司主张返还。经核实,该部分数额应当为1,638,958.38元,此款应当从亚龙公司未付工程款中扣除。原判决就此部分未予扣除不符合双方合同约定,依法予以纠正。

发包人违反上述责任和义务,导致建设工程质量存在缺陷的,应当在其过错范围内承担相应责任。

四、勘察、设计人的工程质量责任和义务

勘察人是指已通过建设行政主管部门的资质审查,从事工程测量、水文地质和岩土工程等工作的当事人。设计人是指经过建设行政主管部门的资质审查,从事

① 最高人民法院(2016)最高法民终135号民事判决书。

建设工程可行性研究、建设工程设计、工程咨询等工作的当事人。建设工程勘察、设计质量合格，是建设工程质量合格的基础性条件。《民法典》第八百条规定："勘察、设计的质量不符合要求或者未按照期限提交勘察、设计文件拖延工期，造成发包人损失的，勘察人、设计人应当继续完善勘察、设计，减收或者免收勘察、设计费并赔偿损失。"《建筑法》第五十六条规定："建筑工程的勘察、设计单位必须对其勘察、设计的质量负责。勘察、设计文件应当符合有关法律、行政法规的规定和建筑工程质量、安全标准、建筑工程勘察、设计技术规范以及合同的约定。设计文件选用的建筑材料、建筑构配件和设备，应当注明其规格、型号、性能等技术指标，其质量要求必须符合国家规定的标准。"勘察人、设计人的工程质量责任和义务主要体现在以下四个方面：

1. 勘察人提供勘察成果必须真实、准确。建设工程的勘察人，应当按照现行的标准、规范、规程和技术条例，开展工程测量、勘测工程地质和水文地质等工作，并按照合同约定的进度及时提交符合质量要求的勘察成果。[①] 工程勘察工作是建设工程的基础工作，工程勘察成果文件是设计和施工的基础资料和重要依据，真实准确的勘察成果对设计和施工的安全性和是否保守浪费有直接的影响，因此，工程勘察成果必须真实准确、安全可靠、经济合理。《建设工程质量管理条例》第二十条规定："勘察单位提供的地质、测量、水文等勘察成果必须真实、准确。"勘察人提供的勘察文件不符合法律法规规定或合同约定的要求，导致工程质量存在缺陷的，应当承担工程质量责任。

2. 设计人应按勘察成果文件进行工程设计，设计应符合国家规定和约定的要求。勘察成果文件是设计的基础资料，是设计的依据，比如，在不知道地基承载力的情况下无法进行地基基础设计，而一旦地基承载力情况发生变化，随之而来基础的尺寸、配筋等都要修改，甚至基础选型也要改变，这将给设计工作增添很多工作量，造成工作的反复，继而影响设计的质量。设计人应当根据设计技术经济协议文件、设计标准、技术规范、规程、定额等进行设计，并按照合同约定的进度及时提交符合质量要求的设计文件。[②]《建设工程质量管理条例》第二十一条规定："设计单位应当根据勘察成果文件进行建设工程设计。设计文件应当符合国家规定的设计深度要求，注明工程合理使用年限。"

3. 设计人在设计文件中选用的材料设备应注明技术指标，质量必须符合国家标

---

① 参见黄薇主编：《中华人民共和国民法典释义（中）》，法律出版社 2020 年版，第 1472 页。

② 参见黄薇主编：《中华人民共和国民法典释义（中）》，法律出版社 2020 年版，第 1472 页。

准。《建设工程质量管理条例》第二十二条规定:“设计单位在设计文件中选用的建筑材料、建筑构配件和设备,应当注明规格、型号、性能等技术指标,其质量要求必须符合国家规定的标准。除有特殊要求的建筑材料、专用设备、工艺生产线等外,设计单位不得指定生产厂、供应商。”《建筑法》也有类似规定。

4. 设计人负有向承包人详细说明施工图设计文件的义务。施工图设计文件经审查合格,并不意味着设计人的工作就此终结,设计人还负有技术交底的义务,即向承包人详细说明施工图设计文件的义务。《建设工程质量管理条例》第二十三条规定:“设计单位应当就审查合格的施工图设计文件向施工单位作出详细说明。”根据该条规定,设计单位应当将设计的意图、特殊的工艺要求、以及建筑、结构、设备等各专业在施工中的难点、疑点和容易发生的问题等向施工单位作一说明,并负责解释施工单位对设计图纸的疑问。

五、监理人的工程质量责任和义务

监理人是指经过建设行政主管部门的资质审查,受建设单位委托,依照国家法律规定和建设单位要求,在建设单位委托的范围内对建设工程进行监督管理的单位。监理人是建设工程质量责任主体之一,对建设工程质量负有监督管理的职责和义务。监理人对工程质量承担的责任和义务主要体现在以下四个方面:

1. 监理人应当在资质等级允许的范围内承接业务,不得出借资质或转让监理业务。《建设工程质量管理条例》第三十四条规定:“工程监理单位应当依法取得相应等级的资质证书,并在其资质等级许可的范围内承担工程监理业务。禁止工程监理单位超越本单位资质等级许可的范围或者以其他工程监理单位的名义承担工程监理业务。禁止工程监理单位允许其他单位或者个人以本单位的名义承担工程监理业务。工程监理单位不得转让工程监理业务。”监理人的资质等级反映了该监理单位从事某项监理业务的资格和能力,监理人只能在资质等级许可的范围承担监理业务,是保证监理工作质量的前提。监理人超越资质等级承担监理业务、出借资质或对监理业务进行转让,会对建设工程质量造成损害。

2. 监理人与承包人或材料设备供应商有隶属关系或利害关系,不得承担监理义务。《建设工程质量管理条例》第三十五条规定:“工程监理单位与被监理工程的施工承包单位以及建筑材料、建筑构配件和设备供应单位有隶属关系或者其他利害关系的,不得承担该项建设工程的监理业务。”由于监理人与被监理工程的承包人以及建筑材料、建筑构配件和设备供应商之间是一种监督与被监督的关系,为了保证工程监理单位能客观、公正地执行监理任务，工程监理单位不得与被监理工程的承包单位以及建筑材料、建筑构配件和设备供应单位有隶属关系或者其他利害关系。这里的隶属关系是指监理人与被监理工程的承包人以及建筑材料、建筑构配件和设备供应商有行政上下级关系等。其他利害关系，是指监理人与承包人或材料供应商之间存在的可能直接影响监理人工作公正性的非常明显的经济或其他利益关系。

3. 监理人依法定和约定标准对工程质量进行监督的义务。《建设工程质量管理条例》第三十六条规定："工程监理单位应当依照法律、法规以及有关技术标准、设计文件和建设工程承包合同，代表建设单位对施工质量实施监理，并对施工质量承担监理责任。监理单位故意弄虚作假，降低工程质量标准，造成质量事故的，应当承担相应的责任。"《建设工程质量管理条例》第六十七条规定："工程监理单位有下列行为之一的，责令改正，处50万元以上100万元以下的罚款，降低资质等级或者吊销资质证书；有违法所得的，予以没收；造成损失的，承担连带赔偿责任：（一）与建设单位或者施工单位串通，弄虚作假、降低工程质量的；（二）将不合格的建设工程、建筑材料、建筑构配件和设备按照合格签字的。"

4. 监理人选派监理工程师进场的义务。《建设工程质量管理条例》第三十七条、第三十八条规定："工程监理单位应当选派具备相应资格的总监理工程师和监理工程师进驻施工现场。未经监理工程师签字，建筑材料、建筑构配件和设备不得在工程上使用或者安装，施工单位不得进行下一道工序的施工。未经总监理工程师签字，建设单位不拨付工程款，不进行竣工验收。""监理工程师应当按照工程监理规范的要求，采取旁站、巡视和平行检验等形式，对建设工程实施监理。"工程监理实行总监理工程师负责制。总监理工程师享有合同赋予监理单位的全部权利，全面负责受委托的监理工作。

监理人违反上述责任和义务，造成建设工程质量缺陷，应当承担工程质量责任。需要注意的是，建设工程质量存在缺陷，经常不仅是参与建设的某一个主体的责任，而是牵涉多方主体的责任。因此，在认定建设工程质量缺陷责任时，应根据当事人的举证或通过鉴定确定责任主体，并根据法律规定和合同约定确定责任主体应当承担的责任。

第二节　建设工程质量保修制度

建设工程质量保修制度是指对建设工程在竣工验收后的一定期限内发现的工程质量缺陷，由承包人承担修复责任、返工或更换，由责任单位负责赔偿损失的制度。建设工程是一种长期使用的耐用品，在其合理的寿命内，各责任主体应保证建设工程的正常使用。在工程竣工验收之前或之时发现建设工程质量问题的，承包人必须经修复完好后，发包人才能组织竣工验收，在竣工验收合格后，方能交付使用；有些质量问题具有隐蔽性，在竣工验收时未被发现，而是在交付使用一段时间后才出现，在法律规定或合同约定的质量保修期内，承包人应当负责修复，以保障用户正常使用建设工程的权利。《建筑法》第六十二条第一款规定："建筑工程实行质量保修制度。"《建设工程质量管理条例》第三十九条规定："建设工程实行质量保修制度。建设工程承包单位在向建设单位提交工程竣工验收报告时，应当向建设单位出具质量保修书。质量保修书中应当明确建设工程的保修范围、保修期限和保修责任等。"《房屋建筑工程质量保修办法》第三条、第四条规定："本办法所称房屋建筑工程质量保修，是指对房屋建筑工程竣工验收后在保修期限内出现的质量缺陷，予以修复。本办法所称质量缺陷，是指房屋建筑工程的质量不符合工程建设强制性标准以及合同的约定。""房屋建筑工程在保修范围和保修期限内出现质量缺陷，施工单位应当履行保修义务。"2017 年版示范文本将《工程质量保修书》作为合同附件订入建设工程施工合同。

一、工程质量保修

（一）工程质量保修的范围

《建筑法》第六十二条第二款规定："建筑工程的保修范围应当包括地基基础工程、主体结构工程、屋面防水工程和其他土建工程，以及电气管线、上下水管线的安装工程，供热、供冷系统工程等项目；保修的期限应当按照保证建筑物合理寿命年限内正常使用，维护使用者合法权益的原则确定。具体的保修范围和最低保修期限由国务院规定。"

根据《中华人民共和国建筑法释义》一书对该条款所作的释义，对建筑工程实行质量保修的范围包括：(1)地基基础工程和主体结构工程。建筑物的地基基础工程和主体结构质量问题直接关系建筑物的安全,这两项工程是不允许存在质量隐患的,而一旦发现建筑物的地基基础工程和主体结构存在质量问题,也很难通过修复办法解决。法律规定对地基基础工程和主体结构工程实行保修制度,实际上是要求施工企业必须确保地基基础工程和主体结构的质量。对使用中发现的地基基础工程或主体结构工程的质量问题,如果能够通过加固等确保建筑物安全的技术措施予以修复的,施工企业应当负责修复;不能修复造成建筑物无法继续使用的,有关责任者应当依法承担赔偿责任。(2)屋面防水工程。鉴于目前房屋建筑工程中的屋面漏水问题突出,《建筑法》将屋面防水工程的保修问题单独列出。对屋顶、墙壁出现漏水现象的,施工企业应当负责保修。(3)其他土建工程。亦即除屋面防水工程以外的其他土建工程,包括地面与楼面工程、门窗工程等。例如,对正常使用中发现的室内地坪空鼓、开裂、起砂,墙皮、面砖、油漆等饰面脱落,厕所、厨房、盥洗室地面泛水、积水,阳台积水、漏水等土建工程中的质量问题,应属建筑工程的质量保修范围,由施工企业负责修复。(4)电气管线、上下水管线的安装工程,包括电气线路、开关、电表的安装,电气照明器具的安装,给水管道、排水管道的安装等。建筑物在正常使用过程中,如出现电器、电线漏电,照明灯具坠落或者上下水管道漏水、堵塞等属于电气管线、上下水管线等安装工程的质量问题的,施工企业应当承担保修责任。(5)供热、供冷系统工程,包括暖气设备、中央空调设备等的安装工程等,施工企业也应对其质量承担保修责任。(6)其他应当保修的项目范围。《建筑法》没有全部列举应由施工企业承担保修责任的项目范围,而是使用"等"字来概括,同时授权国务院对具体保修范围作出规定。因此,凡属国务院规定和合同约定应由施工企业承担保修责任的项目,施工企业都应当负责保修。

根据《房屋建筑工程质量保修办法》第十七条的规定,下列两种情形不属于房屋建筑工程质量保修范围:(1)因使用不当或者第三方造成的质量缺陷;(2)不可抗力造成的质量缺陷。

(二)工程质量保修的期限

《建设工程质量管理条例》第四十条规定:"在正常使用条件下,建设工程的最低保修期限为:(一)基础设施工程、房屋建筑的地基基础工程和主体结构工程,为设计文件规定的该工程的合理使用年限;(二)屋面防水工程、有防水要求的卫生间、房间和外墙面的防渗漏,为5年;(三)供热与供冷系统,为2个采暖期、供冷期;(四)电气管线、给排水管道、设备安装和装修工程,为2年。其他项目的保修期限由发包方与承包方约定。建设工程的保修期，自竣工验收合格之日起计算。"《房屋建筑工程质量保修办法》第七条关于房屋建筑工程的最低保修期限，与《建设工程质量管理条例》的规定基本一致。《城市道路管理条例》第十八条规定："城市道路实行工程质量保修制度。城市道路的保修期为1年，自交付使用之日起计算。保修期内出现工程质量问题，由有关责任单位负责保修。"

在建设工程正常竣工验收的情况下，建设工程质量保修期的起算从建设工程竣工验收合格之日起算。但是，承包人已经提交竣工验收报告，发包人拖延验收的，应当以承包人提交验收报告之日为建设工程保修期的起算点。建设工程未经竣工验收，发包人擅自使用的，以转移占有建设工程之日为建设工程保修期的起算点。《建设工程质量管理条例》第四十九条第二款规定："建设行政主管部门或者其他有关部门发现建设单位在竣工验收过程中有违反国家有关建设工程质量管理规定行为的，责令停止使用，重新组织竣工验收。"符合此情形的，应以建设工程重新竣工验收合格的日期为建设工程保修期的起算点。

《建设工程质量管理条例》等行政法规关于建设工程最低质量保修期的规定是效力性强制规定，不得通过约定排除。当事人未在建设工程施工合同中约定质量保修期的，可参照行政法规的规定确定质量保修期。当事人在建设工程施工合同中约定的质量保修期低于行政法规规定的最低保修期的，该约定无效，应当按行政法规的规定确定质量保修期。浙江省高级人民法院民事审判第一庭《关于审理建设工程施工合同纠纷案件若干疑难问题的解答》(2012年)第四条："如何认定当事人约定的保修期低于法律规定的最低保修期限的条款的效力？建设工程施工合同中约定的正常使用条件下工程的保修期限低于国家和省规定的最低期限的，该约定应认定无效。"江苏、四川等地的高级人民法院也有类似规定。

(三)保修责任及费用的承担

《建设工程质量管理条例》第四十一条规定："建设工程在保修范围和保修期限内发生质量问题的，施工单位应当履行保修义务，并对造成的损失承担赔偿责任。"《房屋建筑工程质量保修办法》第十三条至第十五条规定："保修费用由质量缺陷的责任方承担。""在保修期内，因房屋建筑工程质量缺陷造成房屋所有人、使用人或者第三方人身、财产损害的，房屋所有人、使用人或者第三方可以向建设单位提出赔偿要求。建设单位向造成房屋建筑工程质量缺陷的责任方追偿。""因保修不及时造成新的人身、财产损害，由造成拖延的责任方承担赔偿责任。"2017年版示范文本通用合同条款第15.4.2项规定，保修期内，修复的费用按照以下约定处理：(1)保修期内，因承包人原因造成工程的缺陷、损坏，承包人应负责修复，并承担修复的费用以及因工程的缺陷、损坏造成的人身伤害和财产损失；(2)保修期内，因发包人使用不当造成工程的缺陷、损坏，可以委托承包人修复，但发包人应承担修复的费用，并支付承包人合理利润；(3)因其他原因造成工程的缺陷、损坏，可以委托承包人修复，发包人应承担修复的费用，并支付承包人合理的利润，因工程的缺陷、损坏造成的人身伤害和财产损失由责任方承担。

根据上述规定，在建设工程质量保修期内，承担建设工程保修责任的主体是承包人即施工单位，但承包人并不一定是保修费用的承担主体，保修费用应当由造成建设工程质量缺陷的主体承担，如建设工程质量缺陷由数个主体造成，则应依法律规定或合同约定，按造成质量缺陷主体的过错程度、过错与质量缺陷之间的因果关系等，由各主体承担连带责任或按份责任。

案例56 齐齐哈尔市非凡建筑装饰工程有限责任公司(以下简称非凡公司)与泰来县聚洋购物中心有限公司(以下简称聚洋公司)、泰来县鑫宇房地产开发有限责任公司建设工程施工合同纠纷案[①]

最高人民法院再审认为：关于非凡公司是否应当承担工程质量不合格修复费用的问题。

非凡公司再审主张聚洋公司未经验收擅自使用案涉工程，依据双方合同约定及《建设工程司法解释》第十三条的规定，其不应当对工程质量不合格承担责任，因而不应当承担修复费用。本院认为，施工单位依法应对施工的建设工程质量负责。《建设工程质量管理条例》第三十二条规定：“施工单位对施工中出现质量问题的建设工程或者竣工验收不合格的建设工程，应当负责返修”，第四十条第三款规定：“建设工程的保修期，自竣工验收合格之日起计算”，第四十一条规定：“建设工程在保修范围和保修期限内发生质量问题的，施工单位应当履行保修义务，并对造成的损失承担赔偿责任。”上述规定表明，施工方对建设工程应承担的质量责任，包括对工程施工中出现的质量问题及经验收不合格工程应承担的质量返修责任，以及对经验收合格的工程在使用过程中出现的质量问题应承担的保修责任。前者系基于建设工程施工合同约定及相关法律、法规等规定对工程质量应承担的责任。后者

---

① 最高人民法院(2016)最高法民再23号民事判决书。

系基于双方签订的保修合同或建设工程施工合同中约定的保修条款及相关法律、法规等规定对工程质量应承担的责任。本案双方签订的《工程装修合同书》第六条约定,未经验收擅自使用案涉工程,视为聚洋公司对该工程已经验收合格。聚洋公司在案涉工程竣工后未经验收即开业使用,根据上述约定,自其实际使用之日起即应认定工程已经验收合格,非凡公司不再负有施工中或经验收不合格的质量返修责任,仅对案涉工程质量在保修期内及保修范围内负有保修义务,承担保修责任。聚洋公司于2013年9月24日就工程质量问题提起反诉,未超过《工程装修合同书》第八条约定的1年质保期。据此,二审判决认定作为发包方的聚洋公司未经验收擅自使用案涉工程,应承担工程经合法验收合格之后的法律后果,非凡公司对工程质量负有保修义务符合双方合同约定及法律规定。但是,聚洋公司在原审中是以非凡公司承包的部分装饰装修工程质量没有达到国家规定的质量标准,属于根本违约,应当给付因工程质量不合格而给聚洋公司造成的实际损失为由,反诉请求判令非凡公司承担因装饰装修工程质量不合格所需的返修费用。本院再审庭审中,聚洋公司称,其提起的反诉是针对施工质量不合格提出的,不是使用过程中的保修责任。因此,本案聚洋公司反诉要求非凡公司承担的是因其施工工程质量不合格而产生的质量责任,并非诉请非凡公司履行保修义务,承担保修责任。一审法院基于聚洋公司申请,委托鉴定机构进行鉴定也是针对施工的部分工程质量是否合格及返修需要的费用,并非针对案涉工程是否出现了属于保修范围的质量缺陷及需要的维修费用。据此,二审法院在认定非凡公司对案涉工程质量应承担的是保修责任的前提下,判决维持了一审判令非凡公司给付聚洋公司工程质量不合格修复费用的判决结果,实际上是判决非凡公司承担了工程施工中出现的或工程经验收不合格产生的质量责任,与非凡公司依据合同约定及法律、法规规定对案涉工程应承担的保修责任不一致,适用法律确有错误,予以纠正。

由于聚洋公司反诉提出质量异议时案涉工程尚在质保期内,双方对案涉工程的质量争议在本案一审、二审及再审诉讼期间一直持续。质量及修复费用的鉴定报告显示,在双方因质量问题发生纠纷期间,案涉工程出现了需要维修的质量问题,而且经鉴定亦存在不符合国家规定的合格质量标准的情形。非凡公司作为施工方,对质保期内出现的属于保修范围的工程质量缺陷依法应履行保修义务。但在双方发生纠纷期间,非凡公司并未对工程出现的质量问题是否属于保修范围进行核查并进行维修。鉴于双方当事人在原审中没有对工程出现的质量问题哪些属于保修范围及责任如何承担进行协商及诉辩主张,原审法院亦未对双方就案涉工程质量问题各自应承担的责任进行释明，也没有对经鉴定的工程质量问题是否属于保修范围进行审理认定，且聚洋公司主张其已在鉴定部门现场勘察并作出鉴定意见后自行委托他人对存在的质量问题进行了维修，据此，对于非凡公司应承担的保修义务范围内的工程质量责任，不应因诉讼期间的持续而免除，扣除本案诉讼期间，聚洋公司可在判决生效后3个月内另行主张权利。

（四）保修义务的履行

《房屋建筑工程质量保修办法》第九条规定："房屋建筑工程在保修期限内出现质量缺陷，建设单位或者房屋建筑所有人应当向施工单位发出保修通知。施工单位接到保修通知后，应当到现场核查情况，在保修书约定的时间内予以保修。发生涉及结构安全或者严重影响使用功能的紧急抢修事故，施工单位接到保修通知后，应当立即到达现场抢修。"第十条规定："发生涉及结构安全的质量缺陷，建设单位或者房屋建筑所有人应当立即向当地建设行政主管部门报告，采取安全防范措施；由原设计单位或者具有相应资质等级的设计单位提出保修方案，施工单位实施保修，原工程质量监督机构负责监督。"第十一条规定："保修完成后，由建设单位或者房屋建筑所有人组织验收。涉及结构安全的，应当报当地建设行政主管部门备案。"根据上述规定，保修义务的履行程序如下：

1. 发包人或建筑物所有权人发出保修通知。在保修期内发现建设工程质量缺陷后，发包人或建筑物所有权人应当及时向承包人发出保修通知。发生涉及结构安全或者严重影响使用功能的紧急抢修事故，发包人应当立即向承包人发出保修通知。2017年版示范文本通用合同条款第15.4.3项规定："在保修期内，发包人在使用过程中，发现已接收的工程存在缺陷或损坏的，应书面通知承包人予以修复，但情况紧急必须立即修复缺陷或损坏的，发包人可以口头通知承包人并在口头通知后48小时内书面确认，承包人应在专用合同条款约定的合理期限内到达工程现场并修复缺陷或损坏。"据此，发包人或建筑物所有权人发出的保修通知一般应采取书面形式，在情况紧急时，可以口头通知，但应当在口头通知后48小时内书面确认。

2. 承包人到现场核查情况。法律、行政法规并未规定承包人到现场核查情况的期限，示范文本通用条款对此也未作规定，双方当事人可以在建设工程施工合同或质量保修书中对承包人到现场核查情况的期限进行约定。一些地方的规范性文件对承包人到现场核查情况的期限作了规定。例如，《深圳市建设工程质量管理条例》第六十四条第一款第(三)项规定:"施工单位应当自接到保修通知之日起五日内到达现场核查情况,并予以保修。发生涉及结构安全或者严重影响使用功能的紧急事故的,应当立即抢修。"《哈尔滨市建筑工程质量保修管理办法》第十二条规定:"建设单位接到用户保修要求或者工程质量监督机构的保修通知后,应当在3日内派人到现场核查情况,属工程质量保修范围内的,与用户共同确定保修内容,达成保修协议,并在15日内组织施工单位予以保修。涉及建筑结构安全及严重影响使用功能质量缺陷的,建设单位应当立即派人进行现场核查,并予以抢修。工程保修过程中,用户应当配合。"

3. 承包人在行政法规规定和合同约定时间内予以保修。2017年版示范文本《工程质量保修书》约定,属于保修范围、内容的项目,承包人应当在接到保修通知之日起7天内派人保修。发生紧急事故需抢修的,承包人在接到事故通知后,应当立即到达事故现场抢修。对于涉及结构安全的质量问题,应当按照《建设工程质量管理条例》的规定,立即向当地建设行政主管部门和有关部门报告,采取安全防范措施,并由原设计人或者具有相应资质等级的设计人提出保修方案,承包人实施保修。双方当事人可以在建设工程施工合同专用条款另外约定紧急情况和涉及结构安全质量问题之外质量缺陷的保修时间。

4. 承包人完成保修后,由发包人或建筑物所有权人组织验收。承包人完成保修任务后,应及时通知发包人或建筑物所有权人,发包人或建筑物所有权人应当组织验收,以确定承包人完成保修后建设工程质量是否合格。对于一般的建设工程质量问题,发包人或建筑物所有权人可以会同承包人自行验收,或邀请专业机构进行验收。涉及结构安全的,应当报当地建设行政主管部门备案。

(五)承包人赔偿修复费用的情形

《房屋建筑工程质量保修办法》第十二条规定:"施工单位不按工程质量保修书约定保修的,建设单位可以另行委托其他单位保修,由原施工单位承担相应责任。"司法实践中,经常有发包人在保修期内委托他人对建设工程质量缺陷进行维修,之后起诉要求承包人承担修复费用的情况。对此,需要分不同情形进行处理:

1. 承包人不具备施工资质,也不具备修复工程资质。在这种情形下,发包人可以委托有相应资质的单位对工程质量缺陷进行修复,因委托他人修复产生的合理费用,发包人可以要求承包人承担。

2. 发包人通知承包人修复,但承包人拒绝修复,或者未在法定或约定期限内修复。在这种情形下,发包人也可以委托有相应资质的单位对工程质量缺陷进行修复,因委托他人修复产生的合理费用,发包人可以要求承包人承担。

3. 发包人未通知承包人,而是径直委托他人对工程进行修复。在这种情形下,发包人可以要求承包人支付修复产生的费用,修复的费用以承包人自行修复工程所需的合理费用为限。因委托他人修复工程增加的费用,发包人无权向承包人主张。

北京市高级人民法院《关于审理建设工程施工合同纠纷案件若干疑难问题的解答》(2012 年)第三十条规定:"发包人以工程质量不符合合同约定为由,要求承包人承担修复费用的,如何处理?因承包人原因致使工程质量不符合合同约定,承包人拒绝修复、在合理期限内不能修复或者发包人有正当理由拒绝承包人修复,发包人另行委托他人修复后要求承包人承担合理修复费用的,应予支持。发包人未通知承包人或无正当理由拒绝由承包人修复,并另行委托他人修复的,承包人承担的修复费用以由其自行修复所需的合理费用为限。"福建省高级人民法院《关于审理建设工程施工合同纠纷案件疑难问题的解答》(2007 年)第十一条规定:"建设工程质量不合格,发包人拒绝由承包人修复而另行委托他人修复的,承包人应否承担修复费用?因承包人的原因造成建设工程质量不合格的,承包人应当承担合理的修复费用。发包人无正当理由拒绝由承包人修复而另请他人修复的,因另请他人而增加的费用不应由承包人承担。"

案例 57 江苏南通二建集团有限公司(以下简称南通二建)与吴江恒森房地产开发有限公司(以下简称恒森公司)建设工程施工合同纠纷案①

江苏省高级人民法院二审认为:

1. 屋面广泛性渗漏属客观存在并已经法院确认的事实,竣工验收合格证明及其他任何书面证明均不能对该客观事实形成有效对抗,故南通二建根据验收合格抗辩屋面广泛性渗漏,其理由不能成立。其依据《建设工程质量管理条例》,进而认为其只应承担保修责任而不应重作的问题,同样不能成立。因为该条例是管理性规范,而本案屋面渗漏主要系南通二建施工过程中偷工减料而形成,其交付的屋面本身不符合合同约定,且已对恒森公司形成仅保修无法救济的损害,故本案裁判的基本依据为《民法通则》(已失效)《合同法》(已失效)等基本法律而非该条例,根据法

① 本案例载《最高人民法院公报》2014 年第 8 期。

律位阶关系,该条例在本案中只作参考。本案中屋面渗漏质量问题的赔偿责任应按“谁造成,谁承担”的原则处理,这是符合法律的公平原则的。

2. 屋面渗漏的质量问题不在于原设计而在于南通二建偷工减料,未按设计要求施工,故应按全面设计方案修复。南通二建上诉提出,原设计方案中伸缩缝部位无翻边设计,不符合苏 J9503 图集要求;原设计方案中屋面伸缩缝未跨越坡低谷点,设计坡度不够;原设计方案中屋面伸缩缝以两种不匹配材料粘接。并认为上述设计缺陷均是造成屋面渗漏的原因。对南通二建所提的异议,工程质量检测中心曾于 2012 年 3 月 15 日出具鉴定意见,对原设计方案是否有缺陷以及与屋面渗漏是否存在因果关系作出说明。二审庭审中,工程质量检测中心的鉴定人员也出庭接受了质询。关于原设计方案中伸缩缝部位无翻边设计的问题,二审认为,苏 J9503 图集并非强制性规定,伸缩缝翻边仅是为进一步保险起见采取的更有效的防水措施,伸缩缝是否做翻边与屋面渗漏之间无必然联系,施工方如果按照原设计规范保质保量施工,结合一般工程施工实际考量,屋面不会渗漏。南通二建欲以原设计方案伸缩缝部位无翻边设计减轻其自身责任的上诉理由缺乏依据。关于原设计屋面伸缩缝未跨越坡低谷点的问题,二审认为,增大屋面坡度并跨越坡低谷点,其虽有利防水防漏,但南通二建严格按原设计标准施工即能防止渗漏,故南通二建该上诉理由亦不能成立。关于原设计中屋面伸缩缝以两种不匹配材料粘接的问题,二审认为,不同种材料原本难言完全匹配,且国家并没有相关规范或标准对材料粘接匹配作出禁止性规定,此点与屋面渗漏亦无必然联系,故南通二建该上诉理由也不能成立。换言之,合同双方在合同的履行中均应认真而善意地关注对方的权利实现,这既属于合同的附随义务,亦与自身的权利实现紧密关联,故而南通二建的此类抗辩更应事前沟通而不应成为其推卸责任的充分理由。

关于本案屋面渗漏应按何种方案修复的问题,二审认为,根据法律规定,因施工方原因致使工程质量不符合约定的,施工方理应承担无偿修理、返工、改建或赔偿损失等违约责任。本案中,双方当事人对涉案屋面所做的工序进行了明确约定,然南通二建在施工过程中,擅自减少多道工序,尤其是缺少对防水起重要作用的2.0厚聚合物水泥基弹性防水涂料层,其交付的屋面不符合约定要求,导致屋面渗漏,其理应对此承担违约责任。鉴于恒森公司几经局部维修仍不能彻底解决屋面渗漏,双方当事人亦失去信任的合作基础,为彻底解决双方矛盾,原审法院按照司法鉴定意见认定按全面设计方案修复,并判决由恒森公司自行委托第三方参照全面设计方案对屋面渗漏予以整改,南通二建承担与改建相应责任有事实和法律依据,亦属必要。

3. 全面设计方案修复费用应在考虑案情实际的基础上合理分担。二审认为,在确定赔偿责任时,应以造成损害后果的各种原因及原因力大小为原则。一审法院根据天正鉴定所及工程质量检测中心的鉴定意见,认定屋面渗漏南通二建未按设计图纸施工为主要原因,路灯破坏防水层为局部和次要原因。一审法院在鉴定机构就破坏防水层的路灯对屋面防水层整体防水功能的影响程度无法做出明确判断的情况下,鉴于屋面渗漏位置与路灯位置的关系、路灯局部破坏防水层对屋面渗漏整体情形的影响力大小等因素,且南通二建擅自减少工序在先,即使没有该处路灯螺栓孔洞影响防水层,也难避免屋面渗漏的事实,酌情减轻南通二建15万元赔偿责任尚属得当。至于全面设计方案的费用应否下浮9.5%的问题。二审认为,承担全面设计方案的工程造价,是南通二建作为施工人向恒森公司承担的违约责任,与工程实际施工工程款结算分属不同的法律关系,南通二建要求比照施工工程款下浮9.5%的方式计算全面设计方案修复费用,缺乏合同依据和法律依据。关于全面设计方案费用中,0～100毫米厚细石混凝土找平层费用536,379.74元是否应当扣除的问题。二审认为,0～100毫米厚细石混凝土找平层是涉案工程原设计方案没有的,系全面设计方案中为配合伸缩缝部位翻边设计而增加的,由此增加的费用536,379.74元应从总修复费用中扣除。综前所述,南通二建在本案中应支付的修复费用合计为2,877,372.30元(3,198,436.68元+365,315.36元-150,000元-536,379.74元)。

二、建设工程质量保证金

根据《建设工程质量保证金管理办法》所作的定义,建设工程质量保证金是指发包人与承包人在建设工程承包合同中约定,从应付的工程款中预留,用以保证承包人在缺陷责任期内对建设工程出现的缺陷进行维修的资金。司法实践中,建设工程质量保证金主要涉及以下几个问题:

(一)缺陷责任期

缺陷责任期是指承包人按照合同约定承担缺陷修复义务,且发包人预留质量保证金(已缴纳履约保证金的除外)的期限,自工程实际竣工日起计算。根据2017年版示范文本通用条款的规定,缺陷责任期内,由承包人原因造成的缺陷,承包人应负责维修,并承担鉴定及维修费用。如承包人不维修也不承担费用,发包人可按合同约定从保证金或银行保函中扣除,费用超出保证金额的,发包人可按合同约定向承包人进行索赔。承包人维修并承担相应费用后,不免除对工程的损失赔偿责任。发包人有权要求承包人延长缺陷责任期,并应在原缺陷责任期届满前发出延长通知。理解缺陷责任期的关键在于厘清其与质量保修期之间的界限。

建设工程正常竣工验收的情况下,缺陷责任期和质量保修期均自建设工程竣工验收合格之日起算;在缺陷责任期和质量保修期内,承包人都负有对工程质量缺陷进行维修的义务。这些是缺陷责任期和质量保修期相似的地方。但是,缺陷责任期与质量保修期存在明显的区别,主要体现在:(1)起算时间存在一定区别。建设工程正常竣工验收合格时,缺陷责任期和质量保修期的起算时间一致,均为竣工验收合格之日。但是,如果由于发包人原因导致建设工程无法按照约定日期进行竣工验收的,根据《建设工程质量保证金管理办法》第八条的规定,在承包人提交竣工验收报告 90 天后,工程自动进入缺陷责任期。但法律法规对质量保修期没有这方面的规定。(2)期限上存在较大差异。《建设工程质量保证金管理办法》第二条第三款规定:"缺陷责任期一般为 1 年,最长不超过 2 年,由发、承包双方在合同中约定。"《建设工程质量管理条例》等法律法规对质量保修期则作了最低期限的规定,当事人不得在合同中对质量保修期作出低于最低保修期限的约定。建设工程质量保修期一般长于缺陷责任期。(3)承担责任上存在差异。《建设工程质量保证金管理办法》第九条规定:"缺陷责任期内,由承包人原因造成的缺陷,承包人应负责维修,并承担鉴定及维修费用。如承包人不维修也不承担费用,发包人可按合同约定从保证金或银行保函中扣除,费用超出保证金额的,发包人可按合同约定向承包人进行索赔。承包人维修并承担相应费用后,不免除对工程的损失赔偿责任。由他人原因造成的缺陷,发包人负责组织维修,承包人不承担费用,且发包人不得从保证金中扣除费用。"第十条规定:"缺陷责任期内,承包人认真履行合同约定的责任,到期后,承包人向发包人申请返还保证金。"根据上述规定,设立缺陷责任期最主要的意义在于其是预留质量保证金的期限,在缺陷责任期内承包人不履行维修义务,发包人可以从保证金中扣除相应的费用;缺陷责任期内承包人履行维修义务,则发包人应在约定时间返还质量保证金。而质量保修期是承包人承担工程质量保修义务的期限,承包人在质量保修期不承担保修义务,需承担支付修复费用、赔偿损失等责任,质量保修期与质量保证金的返还并不存在关系。

(二)工程质量保证金与工程质量保修金

2004 年 10 月 20 日实施的《建设工程价款结算暂行办法》第十四条第(四)项规

定:“发包人收到承包人递交的竣工结算报告及完整的结算资料后,应按本办法规定的期限(合同约定有期限的,从其约定)进行核实,给予确认或者提出修改意见。发包人根据确认的竣工结算报告向承包人支付工程竣工结算价款,保留5%左右的质量保证(保修)金,待工程交付使用一年质保期到期后清算(合同另有约定的,从其约定),质保期内如有返修,发生费用应在质量保证(保修)金内扣除。”该规定未区分工程质量保证金和工程质量保修金,在实践中造成一定混乱。2005年1月12日实施的《建设工程质量保证金管理暂行办法》(已失效)仍未区分质量保证金和质量保修金。国务院办公厅《关于清理规范工程建设领域保证金的通知》(国办发〔2016〕49号)第一条规定:“全面清理各类保证金。对建筑业企业在工程建设中需缴纳的保证金,除依法依规设立的投标保证金、履约保证金、工程质量保证金、农民工工资保证金外,其他保证金一律取消。对取消的保证金,自本通知印发之日起,一律停止收取。”该通知保留的四类保证金中包括工程质量保证金,删除工程质量保修金的规定,工程质量保修金这一概念不应再保留。2017年7月1日施行的《建设工程质量保证金管理办法》没有保留工程质量保修金的概念,仅使用工程质量保证金的概念。《建设工程司法解释(一)》也仅采用工程质量保证金的概念。可见,工程质量保修金和工程质量保证金已统一为工程质量保证金。

(三)工程质量保证金的性质

工程质量保证金是为保证承包人在缺陷责任期内对工程缺陷进行维修而由发包人从应付工程价款中预留的资金。工程质量保证金不同于定金,不适用定金罚则,数额不得超过工程总价的3%,与定金不得超过合同标的的20%不同。工程质量保证金与金钱质押也存在明显的区别,金钱质押中的质押物是特定化的,区别于债务人或第三人其他财产的金钱,其所有权属于债务人或第三人,即金钱质权的金钱虽然转移了占有,但该金钱因为其特定化的特点导致其丧失了一般等价物的功能,不能为债权人任意支配。工程质量保证金则不同,发包人从应付工程价款中预留的款项与发包人的财产并未严格区分,发包人对于工程质量保证金已经具有所有权,这与法定担保中的流质非常类似,但法律对此未加以禁止,实践中亦广泛应用。[①] 工程质量保证金是一种担保,明显区别于工程预付款。

工程质量保证金的法律性质分析如下:(1)质量保证金属于金钱担保。金钱担

---

① 参见最高人民法院民事审判第一庭编著:《最高人民法院建设工程施工合同司法解释(二)理解与适用》,人民法院出版社2019年版,第185~186页。

保是通过特定数额的金钱得失的规则效力使债务人产生心理压力,促使债务人为避免自己的金钱损失而积极履行债务,保障债权实现。严格来讲,金钱也属于物的一种,但与其他物的不同之处在于其属于一般等价物,因而差异明显有必要将此种担保单列为一种方式。(2)质量保证金属于非典型担保。质量保证金虽在实务中较为常见,但相关法律却未对其适用规则作出明确规定,故属于非典型担保。[①](3)工程质量保证金从发包人应当支付的工程价款中预先扣留,这不同于其他类型的质量保证金。(4)工程质量保证金是法律、法规规定发包人应当预留的资金,而且工程质量保证金的数额、返还期限等均由法律法规规制,这与其他类型质量保证金得由当事人任意约定不同。

(四)工程质量保证金的预留与提供

发包人应当在招标文件中明确保证金预留内容,在建设工程施工合同中,当事人应当对质量保证金预留的方式、比例、期限、争议处理程序等进行约定。《建设工程质量保证金管理办法》第五条至第七条规定:“推行银行保函制度,承包人可以银行保函替代预留保证金。”在工程项目竣工前,已经缴纳履约保证金的,发包人不得同时预留工程质量保证金。采用工程质量保证担保、工程质量保险等其他保证方式的,发包人不得再预留保证金。“发包人应按照合同约定方式预留保证金,保证金总预留比例不得高于工程价款结算总额的3%。合同约定由承包人以银行保函替代预留保证金的,保函金额不得高于工程价款结算总额的3%。”

根据2017年版示范文本通用合同条款的规定,承包人提供质量保证金有以下三种方式:(1)质量保证金保函;(2)相应比例的工程款;(3)双方约定的其他方式。除专用合同条款另有约定外,质量保证金原则上采用上述第(1)种方式。质量保证金的扣留有以下三种方式:(1)在支付工程进度款时逐次扣留,在此情形下,质量保证金的计算基数不包括预付款的支付、扣回以及价格调整的金额;(2)工程竣工结算时一次性扣留质量保证金;(3)双方约定的其他扣留方式。除专用合同条款另有约定外,质量保证金的扣留原则上采用上述第(1)种方式。发包人累计扣留的质量保证金不得超过工程价款结算总额的3%。如承包人在发包人签发竣工付款证书后28天内提交质量保证金保函,发包人应同时退还扣留的作为质量保证金的工程价款;保函金额不得超过工程价款结算总额的3%。

---

① 参见王富博、都星羽:《质量保证金的法律探讨》,载《人民司法(应用)》2012年第7期。

(五)质量保证金的返还

缺陷责任期内,建设工程未出现质量问题,或者虽然出现质量问题,承包人依合同约定履行修复义务,缺陷责任期到期后,承包人有权向发包人申请返还质量保证金。《建设工程质量保证金管理办法》第十条规定:“缺陷责任期内,承包人认真履行合同约定的责任,到期后,承包人向发包人申请返还保证金。”第十一条规定:“发包人在接到承包人返还保证金申请后,应于 14 天内会同承包人按照合同约定的内容进行核实。如无异议,发包人应当按照约定将保证金返还给承包人。对返还期限没有约定或者约定不明确的,发包人应当在核实后 14 天内将保证金返还承包人,逾期未返还的,依法承担违约责任。发包人在接到承包人返还保证金申请后 14 天内不予答复,经催告后 14 天内仍不予答复,视同认可承包人的返还保证金申请。”2017 年版示范文本通用合同条款第 15.3.3 项对质量保证金返还的规定与《建设工程质量保证金管理办法》基本一致。

《建设工程司法解释(一)》第十七条规定:“有下列情形之一,承包人请求发包人返还工程质量保证金的,人民法院应予支持:(一)当事人约定的工程质量保证金返还期限届满;(二)当事人未约定工程质量保证金返还期限的,自建设工程通过竣工验收之日起满二年;(三)因发包人原因建设工程未按约定期限进行竣工验收的,自承包人提交工程竣工验收报告九十日后当事人约定的工程质量保证金返还期限届满;当事人未约定工程质量保证金返还期限的,自承包人提交工程竣工验收报告九十日后起满二年。发包人返还工程质量保证金后,不影响承包人根据合同约定或者法律规定履行工程保修义务。”根据该条规定,当事人在建设工程施工合同专用条款约定质量保证金返还期限的,该约定期限届满,承包人可以申请发包人返还工程质量保证金;当事人未在合同专用条款约定质量保证金返还期限,但将 2017 年版示范文本通用条款订入合同的,则依通用条款规定的期限确定发包人返还质量保证金的期限;当事人未在建设工程施工合同中约定质量保证金的返还期限,则自建设工程竣工验收合格之日起满 2 年的,承包人可以申请发包人返还质量保证金;当事人在建设工程施工合同中约定质量保证金的返还期限超过 2 年,承包人申请返还质量保证金的年限仍为建设工程竣工验收合格之日起满 2 年;因发包人原因导致建设工程未按约定期限进行竣工验收,则自承包人提交工程竣工验收报告 90 日作为返还工程质量保证金起算的日期。建设工程施工合同无效,合同约定的工程质量保证金返还期限仍可参照。

案例58 阿尔山市人民政府与中铁九局集团第一工程有限公司建设工程施工合同纠纷案①

最高人民法院再审审查认为：关于案涉工程质保金635,678元应否返还问题。建设工程质量保证金是指发包人与承包人在建设工程承包合同中约定，从应付的工程款中预留，用以保证承包人在缺陷责任期内对建设工程出现的缺陷进行维修的资金。双方在《公路建设工程施工合同》第4.4条约定："工程质量保证金按结算价款的3%预留，初验并在乙方将初验中所发现的质量问题处理后15日内返还给乙方50%，余50%在竣工验收一年后15日内返还……"该工程交付使用时间及通车时间为2009年10月25日。按照施工合同约定，从2009年10月25日起，1年后15日内应返还质保金。双方在《补充协议》中约定：工程缺陷责任期为2年，保修期为5年，质保金为合同价款的5%。因此，635,678元质保金应按照《补充协议》的约定于工程缺陷责任期届满后返还，即2011年10月25日前返还，不能按约返还应支付相应的利息损失。故二审法院根据双方在《补充协议》中的约定，判决阿尔山市人民政府返还质保金635,678元并无不当。

发包人预留质量保证金，实际上占用了承包人的资金，因此，根据2017年版示范文本通用条款的规定，发包人在缺陷责任期届满时应同时按照中国人民银行发布的同期同类贷款基准利率支付利息（自2019年8月20日起为全国银行间同业拆借中心公布的贷款市场报价利率）。当然，当事人可以在合同专用条款中排除这一规定。

河北省高级人民法院《建设工程施工合同案件审理指南》（2018年）第四十三条规定："当事人对质量保证金返还期限有约定的，承包人请求按照约定返还工程质量保证金的，人民法院应予支持。没有约定或约定不明的，适用《建设工程质量保证金管理办法》（建质〔2016〕295号）第二条规定，缺陷责任期最长为2年。发包人应在最长缺陷责任期（2年）期满后将质量保证金返还承包人。质量保证金的期限自工程竣工验收合格之日起算；工程因发包人原因未能竣工验收的，自承包人提交工程竣工验收报告90天后起算。发包人返还质量保证金后，不影响承包人依照合同约定或法律规定履行工程保修义务。"

① 最高人民法院（2014）民申字第259号民事裁定书。

CHAPTER 6

第六章

建设工程价款优先受偿权

建设工程竣工验收合格后，发包人应当依合同约定向承包人支付工程价款。自20世纪90年代以来，随着固定资产投资规模的增长，拖欠工程款的现象时有发生，已成为严重的社会问题。工程价款关系施工单位的切身利益，而施工单位能否及时取得工程价款又牵涉广大建筑工人的切身利益。为切实解决拖欠工程款问题，保障承包人工程价款债权的实现，维护承包人及广大建筑工人的利益，法律设置建设工程价款优先受偿权制度。

第一节 建设工程价款优先受偿权制度的历史沿革及法律性质

一、建设工程优先受偿权的历史沿革

建设工程价款优先受偿权制度由《合同法》（已失效）创设，经司法解释细化，《民法典》继续沿用《合同法》（已失效）的规定。

（一）建设工程价款优先受偿权制度的创设

《经济合同法》（已失效）并未规定建设工程价款优先受偿权制度。1999年10月1日施行的《合同法》（已失效）第一次规定建设工程价款优先受偿权制度，该法第二百八十六条规定："发包人未按照约定支付价款的，承包人可以催告发包人在合理期限内支付价款。发包人逾期不支付的，除按照建设工程的性质不宜折价、拍卖的以外，承包人可以与发包人协议将该工程折价，也可以申请人民法院将该工程依法拍卖。建设工程的价款就该工程折价或者拍卖的价款优先受偿。"

（二）建设工程价款优先受偿权制度的细化

2002年6月27日施行的最高人民法院《关于建设工程价款优先受偿权问题的批复》（已失效）针对建设工程价款优先受偿权制度在实践中适用的迫切问题，在优先受偿权的效力、范围、行使期限等方面进行细化。根据该批复的规定，建筑工程承包人的优先受偿权优于抵押权和其他债权；消费者交付购买商品房的全部或者大

部分款项后，承包人就该商品房享有的工程价款优先受偿权不得对抗买受人；建筑工程价款包括承包人为建设工程应当支付的工作人员报酬、材料款等实际支出的费用，不包括承包人因发包人违约所造成的损失；建设工程承包人行使优先权的期限为6个月，自建设工程竣工之日或者建设工程合同约定的竣工之日起计算。

（三）建设工程价款优先受偿权制度的重构

2005年1月1日施行的最高人民法院《关于审理建设工程施工合同纠纷案件适用法律问题的解释》（已失效）并未规定建设工程价款优先受偿权。2019年2月1日施行的最高人民法院《关于审理建设工程施工合同纠纷案件适用法律问题的解释（二）》（已失效）从第十七条至第二十三条共七个条文对建设工程价款优先受偿权制度进行全面重构，使建设工程价款优先受偿权制度在保障承包人实现工程价款债权、维护承包人和建筑工人利益、促进建筑业健康发展等方面发挥更大的作用。

（四）建设工程价款优先受偿权制度的沿用

2021年1月1日施行的《民法典》继续沿用《合同法》（已失效）创设的建设工程价款优先受偿权制度。《民法典》第八百零七条规定："发包人未按照约定支付价款的，承包人可以催告发包人在合理期限内支付价款。发包人逾期不支付的，除根据建设工程的性质不宜折价、拍卖外，承包人可以与发包人协议将该工程折价，也可以请求人民法院将该工程依法拍卖。建设工程的价款就该工程折价或者拍卖的价款优先受偿。"该条基本保留了《合同法》（已失效）的规定，仅是将"按照"改为"根据"，将"不宜折价、拍卖的以外"改为"不宜折价、拍卖外"，将"申请"改为"请求"，实质意义未作变动。

2021年1月1日施行的《建设工程司法解释（一）》基本沿用最高人民法院《关于审理建设工程施工合同纠纷案件适用法律问题的解释（二）》（已失效）关于建设工程价款优先受偿权的规定。另外，《建设工程司法解释（一）》明确建设工程价款优先受偿权优于抵押权和其他债权，将承包人行使建设工程优先受偿权的期限修改为18个月，并对装修装饰工程价款优先受偿权作了部分修改。

二、建设工程价款优先受偿权的法律性质

关于建设工程价款优先受偿权的法律性质，理论界有三种不同的观点。

观点一认为，建设工程价款优先受偿权是一种法定抵押权。梁慧星教授认为，从立法过程可知，《合同法》（已失效）第二百八十六条从设计、起草、讨论、修改、审议直至正式通过，始终是指法定抵押权，在历次专家讨论会上，未有任何人对此表示异议，未有任何人提出过规定承包人优先权的建议。[①] 因此，从立法原意看，建设工程价款优先受偿权应当定性为法定抵押权。从权利设置的目的看，建设工程价款优先受偿权目的在于担保承包人的建设工程价款债权，具有一般担保物权的属性，故应认定为法定抵押权。[②]

观点二认为，建设工程价款优先受偿权是一种留置权。承包人为工程施工投入人力、物力和财力，在移交工程之前，承包人实际控制工程，发包人未依约支付工程价款，承包人可拒绝移交建设工程，并就其实际控制的工程折价或拍卖的价款优先受偿，符合留置权的法律特征。

观点三认为，建设工程价款优先受偿权是一种优先权。这种优先权可称为建筑优先权，如同船舶优先权、航空器优先权一样。其权利主体为建筑、安装和装饰施工的承包人，义务主体为建设工程人即发包人。这种优先权是法定的，无须登记公示。将承包人的优先受偿权解释为优先权与合同法的表述一致，而且在一定程度上避免了概念之争。比较目前有关优先权的法律，如《海商法》规定的船舶优先权、《民用航空法》规定的航空器优先权，《合同法》（已失效）的规定虽然过于简略，但确实与这两个法律规定的优先权的实质有相同之处。[③]

笔者倾向于观点三，理由如下：

1. 建设工程价款优先受偿权非抵押权。抵押权是指为担保债务的履行，债务人或者第三人不转移财产的占有，将该财产抵押给债权人的，债务人不履行到期债务或者发生当事人约定的实现抵押权的情形，债权人有权就该财产优先受偿。我国法律仅规定约定抵押权，并未规定法定抵押权，根据物权法定的法律原则，没有必要在法律规定之外另外设置法定抵押权。而且，将建设工程价款优先受偿权解释为法定抵押权不符合法律规定，也不利于优先受偿权制度作用的发挥。法律规定不动产抵押权自登记时设立，当事人仅在合同中约定不动产抵押权，但未进行登记公示，抵押权未设立。而建设工程价款优先受偿权并不需要经过登记公示程序。如

---

① 参见梁慧星：《合同法第二百八十六条的权利性质及其适用》，载《山西大学学报（哲学社会科学版）》2001 年第 6 期。

② 参见李后龙、潘军锋：《建设工程价款优先受偿权审判疑难问题研究》，载《法律适用》2016 年第 10 期。

③ 参见汪治平：《建设工程价款优先受偿权的若干问题》，载《人民司法》2002 年第 8 期。

将建设工程价款优先受偿权解释为抵押权，与上述法律规定明显矛盾。建设工程价款优先受偿权的登记公示在实践中并不可行，如强制要求优先受偿权登记，建设工程优先受偿权的适用将大受限制。

2. 建设工程价款优先受偿权非留置权。根据《民法典》第四百四十七条的规定，留置权是指债务人不履行到期债务，债权人可以留置已经合法占有的债务人的动产，并有权就该动产优先受偿。建设工程属于不动产，而非动产，而留置权的客体只能是动产，债权人不能对不动产行使留置权，这是建设工程价款优先受偿权与留置权最大的区别。而且，留置权成立的要件之一是债权人合法占有债务人的财产，如债权人丧失对财产的占有，留置权就不成立。但建设工程价款优先受偿权并不以承包人占有或控制建设工程为前提，即使承包人将建设工程交付给发包人，建设工程价款优先权仍然存续，并不因此丧失。因此，建设工程价款优先受偿权与留置权存在本质区别，不可混为一谈。

3. 建设工程价款优先受偿权应当归属于优先权。优先权是指特定的当事人在符合法律规定或合同约定的情形时享有的申请程序优先权利或就特定财产享有优先受偿的权利。例如，《专利法》《商标法》规定，特定当事人在特殊情形下享有申请专利、注册商标的优先权利，此为程序性的优先权；《海商法》规定的船舶优先权、《民用航空器法》规定的航空器优先权是为实体性的优先权。建设工程价款优先权与船舶优先权、航空器优先权相类似，是建设工程承包人就建设工程这一特定财产享有的优先受偿的权利。(1)建设工程价款优先受偿权作为一种优先权，具有法定担保物权的性质。建设工程价款优先受偿权由法律规定，当事人不得在法律规定的情形外约定优先受偿权。建设工程价款优先受偿权是以建设工程作为承包人取得工程价款的担保，属于担保物权。(2)建设工程优先受偿权通过当事人的事实行为设立，即承包人完成工程建设且工程通过竣工验收，但发包人未按约定付款，承包人经催告后即享有建设工程价款优先权，而不需要通过登记或交付的方式设立。(3)将建设工程价款优先受偿权定位为优先权，有利于优先受偿权效力的提升，更能发挥优先受偿权的作用，更有利于保障承包人和广大建筑工人的利益。

第二节　建设工程价款优先受偿权的权利主体

《民法典》第八百零七条规定，享有建设工程价款优先受偿权的主体是承包人。

与发包人签订建设工程施工合同的承包人是享有建设工程价款优先受偿权的主体并无疑问。但是,由于建设工程合同分为建设工程勘察合同、建设工程设计合同、建设工程施工合同等,勘察人、设计人也属于广义上的承包人。在建设工程施工合同中,广义上的承包人包括总承包人、分包人和实际施工人。如何理解《民法典》第八百零七条规定的承包人,实践中存在比较多的争议。

一、建设工程勘察人、设计人和监理人

关于勘察人、设计人和监理人是否有权主张建设工程价款优先受偿权的问题,有观点认为,勘察合同、设计合同和监理合同均属于建设工程合同,勘察人、设计人和监理人均属于建设工程合同的承包人,而且他们的劳动也都物化到建设工程之中,《民法典》关于建设工程价款优先受偿权的规定并未明确将勘察人、设计人和监理人排除在外。因此,勘察人、设计人和监理人理应有权主张建设工程优先受偿权。

笔者认为,建设工程勘察人、设计人和监理人均不属于建设工程价款优先受偿权的主体。理由有如下两点:

1. 监理合同不属于建设工程合同。《民法典》第七百八十八条规定:"建设工程合同是承包人进行工程建设,发包人支付价款的合同。建设工程合同包括工程勘察、设计、施工合同。"根据该条规定,监理合同不属于建设工程合同。建设工程监理,是指由具有法定资质条件的工程监理单位,根据发包人的委托,依照法律、行政法规及有关的建设工程技术标准、设计文件和建设工程合同,对承包人在施工质量、建设工期和建设资金使用等方面,代表发包人对工程建设过程实施监督的专门活动。监理合同属于委托合同的范畴,非建设工程合同,监理人的报酬不属于建设工程价款。监理人作为发包人的代理人,自然无权向发包人主张建设工程价款优先受偿权。

2. 勘察人、设计人不属于建设工程价款优先受偿权的保护对象。(1)建设工程价款优先受偿权设立的目的之一是保护作为弱势群体的劳动工人,勘察、设计人显然不属于弱势群体,勘察、设计是知识密集型产业,且费用相对于工程款而言较少,一般情况下发包方不会拖欠。[①] (2)勘察人、设计人依据勘察、设计合同应当取得的报酬,不属于建设工程价款。勘察人、设计人的工作成果主要体现为勘察报告和设计图纸,并非物化到建设工程之中。他们应得的报酬债权不能通过对建设工程折

① 参见张娜瑞:《论建设工程价款优先受偿权的权利主体》,载《中国审判》2018年第21期。

价或拍卖的方式优先受偿。(3)勘察、设计工作是工程建设中的前期性工作,勘察、设计合同约定的报酬支付时间远远早于建设工程竣工日期。按应支付价款的时间作为建设工程价款优先受偿权行使期间的起算点,一些大型工程在竣工之日,勘察人、设计人主张建设工程价款优先受偿权的期限已经超过。因此,勘察人和设计人也非建设工程价款优先受偿权的权利主体。浙江省高级人民法院《执行中处理建设工程价款优先受偿权有关问题的解答》(2012 年)第六条第二款规定:“工程勘察人或设计人就工程勘察或设计费主张优先受偿权的,不予支持。”

二、实际施工人

除发包人明知或追求承包人出借资质的情形外,实际施工人与发包人之间并不存在合同关系。实际施工人是否有权主张建设工程价款优先受偿权,实践中存在较大争议。

观点一认为,实际施工人应当有限制地享有建设工程价款优先受偿权。理由如下:(1)《民法典》第八百零七条规定的承包人不宜作限缩解释。实际施工人相对于其前手转包人或违法分包人来说是承包人,不应当被排除在《民法典》第八百零七条规定的承包人之外。(2)《建设工程司法解释(一)》规定实际施工人直接向发包人主张欠付工程款范围内的折价补偿,还规定实际施工人通过代位权诉讼向发包人主张权利,因此,在发包人欠付工程款的情况下,实际施工人可以主张建设工程价款优先受偿权。(3)实际施工人理应成为建设工程价款优先受偿权的保护对象。实践中,实际施工人被拖欠工程款的现象远比发包人拖欠承包人工程款的现象要多,而且建筑工人往往是实际施工人直接雇佣,如实际施工人无法通过行使建设工程价款优先受偿权取得工程折价补偿,那么实际施工人和建筑工人的权利就无法得到充分保障。(4)实际施工人投入的劳动、资金、材料等均物化于建设工程中,其理应就建设工程享有价款优先受偿权。(5)实际施工人享有的建设工程价款优先受偿权应当有所限制。其一,实际施工人只有在总承包人或转包人、违法分包人怠于向发包人行使权利时,方可主张建设工程价款优先受偿权,否则容易出现多人主张优先受偿权的局面,也可能损害总承包人或转包人、违法分包人的利益;其二,实际施工人只能在发包人欠付工程款范围内行使建设工程价款优先受偿权,实际施工人前手承包人欠付工程折价补偿的数额多于发包人欠付工程款数额的,实际施工人不能就超出部分行使建设工程价款优先受偿权。江苏省高级人民法院《关于审理建设工程施工合同纠纷案件若干问题的解答》(2018 年)第十六条规定:

"实际施工人是否享有建设工程价款优先受偿权？实际施工人在总承包人或者转包人不主张或者怠于行使工程价款优先受偿权时，就其承建的工程在发包人欠付工程价款范围内可以主张优先受偿权。"河北省高级人民法院《建设工程施工合同案件审理指南》(2018 年)第三十三条规定："建设工程施工合同无效、但建设工程质量合格，承包人主张建设工程价款就该工程折价或拍卖的价款优先受偿的，人民法院应予以支持；分包人或实际施工人在总包人或非法转包人怠于主张工程价款时，主张建设工程价款就该工程折价或拍卖的价款优先受偿的，人民法院应予支持。"浙江省高级人民法院民事审判第一庭《关于审理建设工程施工合同纠纷案件若干疑难问题的解答》(2012 年)第二十二条规定："建设工程施工合同无效情形下，谁有权行使优先受偿权？建设工程施工合同无效，但工程经竣工验收合格，承包人可以主张工程价款优先受偿权。分包人或实际施工人完成了合同约定的施工义务且工程质量合格，在总承包人或转包人怠于行使工程价款优先受偿权时，就其承建的工程在发包人欠付工程价款范围内可以主张工程价款优先受偿权。"四川省高级人民法院民事审判第一庭《关于审理建设工程施工合同纠纷案件若干疑难问题的解答》(2015 年)第三十七条第二款规定："建设工程施工合同无效，但建设工程经竣工验收合格，或者未经竣工验收但已经实际使用，实际施工人请求其工程价款就承建的建设工程折价或拍卖的价款优先受偿的，应予支持。"

观点二认为，实际施工人不应享有建设工程价款优先受偿权。理由有如下三点：(1)《建设工程司法解释(一)》第四十三条规定实际施工人有条件地向发包人主张工程价款，但实际施工人不宜直接向发包人主张工程价款优先受偿权，毕竟司法解释赋予实际施工人有条件地向发包人主张工程价款的权利与优先权并无必然联系。(2)客观上，勉强给予实际施工人以优先权，也难以行使。实际施工人施工的范围有限，所得工程价款同样有限，不足以取得与发包人协商变卖或者申请人民法院拍卖建设工程的地位。在实际施工人只享有部分工程价款或者所占整个工程价款比例很低的情况下，要求发包人同意折价或由实际施工人申请拍卖，对发包人亦不公平。(3)挂靠或借用资质的施工人虽然可能承包全部工程，但与发包人之间并无直接的合同关系，只能以出借人或者被挂靠人的名义订立合同并履行合同。如果允许实际施工人向发包人主张工程价款优先受偿权，实属变相鼓励挂靠或者出借资质行为，不利于建设主管部门对建筑企业的资质的管理。[①]《全国民事审判

① 参见最高人民法院民事审判第一庭编著：《最高人民法院建设工程施工合同司法解释(二)理解与适用》，人民法院出版社 2019 年版，第 370～371 页。

工作会议纪要》(2011年)第二十九条规定:“因违法分包、转包等导致建设工程合同无效的,实际施工人请求依据合同法第二百八十六条(现为《民法典》第八百零七条)规定对建设工程行使优先受偿权的,不予支持。”

笔者认为,实际施工人主张建设工程价款优先受偿权能否得到支持,应区分不同情况作不同处理。

1. 实际施工人依据《建设工程司法解释(一)》第四十三条规定向发包人主张工程折价补偿,并主张建设工程价款优先受偿权的,不应支持实际施工人关于建设工程价款优先受偿权的主张。这是因为:(1)《建设工程司法解释(一)》第四十三条突破合同相对性原则,规定实际施工人有权向与其没有合同关系的发包人主张欠付工程款范围内的工程折价补偿,是司法解释为保护实际施工人及建筑工人的利益,赋予实际施工人特殊的权利。这种特殊权利应当严格限制,只能在司法解释规定的范围内行使,不得突破或扩张。司法解释仅赋予实际施工人向发包人主张在欠付工程款范围内支付工程折价补偿的权利,但并未赋予实际施工人对建设工程进行折价、拍卖并优先受偿的权利,毕竟工程折价补偿的索要和建设工程价款优先受偿权的行使之间并不存在必然的联系。建设工程属于发包人所有,实际施工人主张对建设工程折价、拍卖并优先受偿,明显突破了合同相对性原则,在法律、司法解释没有明确规定的情况下,此类主张不应得到支持。(2)实际施工人与转包人、违法分包人签订建设工程施工合同,对工程进行施工,本身就是违法行为,如允许实际施工人直接行使建设工程价款优先受偿权,则无法体现法律对违法行为的否定,实际上是变相鼓励违法行为,对发包人的合法债权人也是不公平的。(3)《建设工程司法解释(一)》第三十五条关于优先受偿权的权利主体规定,即与发包人订立建设工程施工合同的承包人,依据《民法典》第八百零七条的规定请求其承建工程的价款就工程折价或者拍卖的价款优先受偿的,人民法院应予支持。虽然司法解释并未明确否定实际施工人的优先受偿权,但最高人民法院民事审判第一庭编著的《最高人民法院建设工程施工合同司法解释(二)理解与适用》一书对该条文的要点提示明确:“根据该条司法解释,依法享有工程价款优先受偿权的人必须与发包人存在直接的施工合同关系,建设工程的勘察人、设计人、分包人、实际施工人、监理人以及与发包人无合同关系的装饰装修工程的实际施工人均不应享有此项权利。”①因此,从该司法解释条文设置的原意看,实际施工人不享有直接享有建设工

① 最高人民法院民事审判第一庭编著:《最高人民法院建设工程施工合同司法解释(二)理解与适用》,人民法院出版社2019年版,第370~371页。

程价款优先受偿权。

案例59 马某某、新疆鑫达伟业房地产开发有限责任公司(以下简称新疆鑫达房产公司)建设工程施工合同纠纷案[1]

最高人民法院再审审查认为,根据查明的事实,2014年8月26日,伊犁金鑫建筑公司与马某某签订3份责任合同约定,由马某某承建五金城项目一标段1号A、1号B楼,二标段2号楼、16号地下车库,三标段3号—15号楼,三个标段项目。2014年10月27日,经招投标程序,新疆鑫达房产公司(发包人)与伊犁金鑫建筑公司(承包人)分别签订3份施工合同,该3份合同约定的内容与上述责任合同的主要内容基本一致。案涉施工合同项下的建设工程由马某某施工,马某某系案涉工程实际施工人。《合同法》第二百八十六条(现为《民法典》第八百零七条)规定:"发包人未按照约定支付价款的,承包人可以催告发包人在合理期限内支付价款。发包人逾期不支付的,除按照建设工程的性质不宜折价、拍卖的以外,承包人可以与发包人协议将该工程折价,也可以申请人民法院将该工程依法拍卖。建设工程的价款就该工程折价或者拍卖的价款优先受偿。"最高人民法院《关于审理建设工程施工合同纠纷案件适用法律问题的解释(二)》第十七条(现为《建设工程司法解释(一)》第三十五条)规定:"与发包人订立建设工程施工合同的承包人,根据合同法第二百八十六条规定请求其承建工程的价款就工程折价或者拍卖的价款优先受偿的,人民法院应予支持。"该司法解释施行后本案尚未审结,上述规定适用于本案。马某某并非与发包人新疆鑫达房产公司签订建设工程施工合同的承包人。根据上述法律及司法解释的规定,二审法院认为马某某作为实际施工人不享有建设工程价款优先受偿权,适用法律正确。

2. 实际施工人可依据《民法典》第五百三十五条的规定,代位行使承包人的建设工程价款优先受偿权。《民法典》第五百三十五条第一款规定:"因债务人怠于行使其债权或者与该债权有关的从权利,影响债权人的到期债权实现的,债权人可以向人民法院请求以自己的名义代位行使债务人对相对人的权利,但是该权利专属于债务人自身的除外。"《合同法》(已失效)第七十三条第一款将代位权限定为"债务人的到期债权"。也就是说,债权人只能就债务人的到期债权行使代位权,不能

---

[1] 最高人民法院(2019)最高法民申2755号民事裁定书。

就债务人的其他权利行使代位权。与《合同法》(已失效)第七十三条第一款规定相比,《民法典》第五百三十五条第一款将代位权客体规定为"债权或者与该债权有关的从权利",扩大了代位权的客体范围,"与该债权有关的从权利"主要是指担保权利,而且,该条中"代位行使债务人对相对人的权利",用的是"相对人"而不是"次债务人",主要也是与扩大代位权的客体范围有关,因为"次债务人"指的是债务人的债务人,而不能包括为债务人的债权提供担保的抵押人、质押人、保证人等担保人,"相对人"的概念涵盖范围则可以更广。① 建设工程价款优先受偿权作为一种法定担保物权,从属于承包人对发包人享有的工程价款债权。实际施工人可以根据《民法典》的该条规定,代位行使建设工程价款优先受偿权。

3. 挂靠施工中的实际施工人能否主张建设工程价款优先受偿权,需要分两种情形。第一种情形是发包人在签订建设工程施工合同时并不知道挂靠施工的情况,该情形下,建设工程施工合同的当事人是发包人和被挂靠人,实际施工人与发包人并不存在合同关系,实际施工人原则上无权行使建设工程价款优先受偿权。第二种情形是发包人与挂靠人(实际施工人)有订立建设工程施工合同的合意,因挂靠人无相应资质,故借用被挂靠人的名义签订建设工程施工合同。此情形下,建设工程施工合同的实际当事人是发包人与实际施工人。在符合法律规定的条件时,实际施工人应当有权利主张建设工程价款优先受偿权。

三、支解发包中的承包人

支解发包关系中,发包人将应当由一个承包人完成的建设工程支解成若干部分发包给几个承包人,就会出现多个承包人与发包人均存在建设工程施工合同关系的情况。有观点认为,与发包人存在建设工程施工合同关系的承包人都应享有建设工程价款优先受偿权,因此,支解发包中的多个承包人均有权主张建设工程价款优先受偿权。笔者不同意该观点,这是因为:存在多个承包人的情况下,如果每个承包人都享有建设工程价款优先受偿权,将会对建设工程的施工、利用、交易安全等造成较大损害。尤其是承包非主体工程的承包人,其可能因为一小部分分项工程的价款而对全部建设工程行使建设工程价款优先受偿权,对施工秩序和交易安全的影响非常大。② 因此,支解发包情形下,享有建设工程价款优先受偿权的主体

---

① 参见黄薇主编:《中华人民共和国民法典释义》(中),法律出版社 2020 年版,第 1024 ~ 1025 页。

② 参见最高人民法院民法典贯彻实施工作领导小组主编:《中华人民共和国民法典合同编理解与适用(三)》,人民法院出版社 2020 年版,第 2037 页。

是承包主体工程的承包人，承包其他工程的承包人无权主张建设工程价款优先受偿权。与发包人签订建设工程分包合同的分包人，基于同一理由，也不应享有建设工程价款优先受偿权。

四、装饰装修工程承包人

装饰装修工程是指对建筑物内、外进行以美化、舒适化、增加使用功能为目的的工程建设活动，属于建设工程的范围。根据《建筑法》第二条第二款的规定，建筑活动是指各类房屋建筑及其附属设施的建造和与其配套的线路、管道、设备的安装活动。《建设工程质量管理条例》第二条第二款规定："本条例所称建设工程，是指土木工程、建筑工程、线路管道和设备安装工程及装修工程。"《招标投标法实施条例》第二条规定："招标投标法第三条所称工程建设项目，是指工程以及与工程建设有关的货物、服务。前款所称工程，是指建设工程，包括建筑物和构筑物的新建、改建、扩建及其相关的装修、拆除、修缮等；所称与工程建设有关的货物，是指构成工程不可分割的组成部分，且为实现工程基本功能所必需的设备、材料等；所称与工程建设有关的服务，是指为完成工程所需的勘察、设计、监理等服务。"《国民经济行业》（GB/T 4754—2017）将建筑业分为房屋建筑业，土木工程建筑业，建筑安装业，建筑装饰、装修和其他建筑业等几个大类。

基于此，最高人民法院《关于装修装饰工程款是否享有合同法第二百八十六条规定的优先受偿权的函复》（〔2004〕民一他字第 14 号）答复："装修装饰工程属于建设工程，可以适用《中华人民共和国合同法》第二百八十六条关于优先受偿权的规定，但装修装饰工程的发包人不是该建筑的所有权人或者承包人与该建筑物的所有权人之间没有合同关系的除外。享有优先权的承包人只能在建筑物因装修装饰而增加价值的范围内优先受偿。"《建设工程司法解释（一）》第三十七条规定："装饰装修工程具备折价或者拍卖条件，装饰装修工程的承包人请求工程价款就该装饰装修工程折价或者拍卖的价款优先受偿的，人民法院应予支持。"根据上述规定，装饰装修工程承包人享有建设工程价款优先受偿权应当具备以下两个条件：

1. 装饰装修工程必须具备折价或者拍卖条件。装饰装修工程附着于建设工程上，不能单独折价或拍卖，只有在与建设工程一起折价或拍卖时，装饰装修工程才能体现其价值。装饰装修工程具备折价或者拍卖条件，一是要求装饰装修工程所附的建设工程具备折价或者拍卖的条件；二是要求装饰装修工程可以独立评估出价值。

2. 装饰装修工程承包人的建设工程优先受偿权限于因装饰装修使建筑物增加的价值范围。因装饰装修使建筑物增加的价值,并非指承包人应当取得的工程价款,正常情况下,增加的价值一般要高于工程价款。因装饰装修使建筑物增加的价值可以通过鉴定确定,也可以通过发包人与承包人协商一致确定。

案例60 江苏华乐建设工程有限公司(以下简称华乐公司)与江苏百大实业发展有限公司(以下简称百大公司)建设工程施工合同纠纷案①

江苏省无锡市中级人民法院二审认为:装饰装修工程的承包人,请求装饰装修工程价款就该装饰装修工程折价或者拍卖的价款优先受偿的,人民法院应予支持,但装饰装修工程的发包人不是该建筑物的所有权人的除外。本案中,华乐公司承包百大公司开发的百大悦水园南地块三期外墙涂料工程,并按约履行了合同义务,故华乐公司按照双方签订的合同,依法享有优先受偿权。即使百大公司已出售相应的商品房,也不影响华乐公司可向百大公司主张优先受偿权。

实践中,装饰装修工程的发包人并不一定是建筑物的所有人,而是承租人或使用权人。已失效的最高人民法院《关于审理建设工程施工合同纠纷案件适用法律问题的解释(二)》规定,在发包人非建筑物所有权人的情况下,装饰装修工程的承包人不得行使建设工程价款优先受偿权。但《建设工程司法解释(一)》删除了这一规定,这意味着装饰装修工程的发包人不是建筑物所有权人的,承包人仍可行使建设工程价款优先受偿权。

浙江省高级人民法院执行局《执行中处理建设工程价款优先受偿权有关问题的解答》(2012年)第六条第一款规定:"装饰装修工程承包人主张工程价款优先受偿权的,可予以支持。但装修装饰工程的发包人不是该建筑的所有权人,或者承包人与该建筑物的所有权人之间没有合同关系的除外。享有优先权的承包人只能在建筑物因装修装饰而增加价值的范围内优先受偿。"四川省高级人民法院民事审判第一庭《关于审理建设工程施工合同纠纷案件若干疑难问题的解答》(2015年)第三十七条第三款规定,"装饰装修工程属于建设工程,可以适用《合同法》第二百八十六条(已失效,现为《民法典》第八百零七条)的规定,但装饰装修工程的发包人不是该建筑物的所有权人或者承包人与该建筑物的所有权人之间没有合同关系的除

① 江苏省无锡市中级人民法院(2019)苏02民终5665号民事判决书。

外。享有优先受偿权的承包人只能在建筑物因装饰装修而增加价值的范围内优先受偿。”深圳市中级人民法院《关于建设工程合同若干问题的指导意见》(2010 年)第三十二条规定:“建设单位直接发包的基础工程,享有工程价款优先受偿权。建设单位直接发包的消防工程、玻璃幕墙工程、装修装饰工程,在该工程增加价值的范围内享有工程价款优先受偿权。总承包人分包的专业工程,专业工程分包人不享有工程价款优先权。”

关于住宅装饰装修工程的承包人是否享有建设工程价款优先受偿权的问题。由于住宅装饰装修工程不属于《建筑法》调整的范围,而应适用《民法典》关于承揽合同的规定。江苏省高级人民法院《关于审理建设工程施工合同纠纷案件若干问题的意见》(2008 年)第一条第二款即规定:“劳务承包合同纠纷案件和家庭住宅装饰装修合同纠纷案件不适用本意见的规定。”而且,住宅所有权人对住宅的居住权应当优先于对住宅装饰装修工程承包人的价款优先受偿权。因此,住宅装饰装修工程的承包人不应享有建设工程价款优先受偿权。

五、无效建设工程施工合同的承包人

建设工程施工合同无效,承包人是否有权主张建设工程价款优先受偿权,实践中存在一定争议。

观点一认为,建设工程价款优先受偿权是一种担保物权,其对建设工程施工合同具有依附性,建设工程施工合同是否有效决定建设工程价款优先受偿权是否存在。建设工程施工合同无效,承包人有权向发包人主张工程折价补偿,而非工程价款。既然承包人不享有建设工程价款债权,其也不应享有建设工程价款优先受偿权。因此,建设工程施工合同无效,承包人不享有建设工程价款优先受偿权。深圳市中级人民法院《关于建设工程合同若干问题的指导意见》(2010 年)第三十条规定:“建设工程合同无效,承包人主张建设工程价款优先受偿权的,不予支持。”

观点二认为,建设工程施工合同无效,但是工程经竣工验收合格,根据《民法典》和《建设工程司法解释(一)》的相关规定,承包人可向发包人主张工程折价补偿,其当然享有建设工程价款优先受偿权。

笔者同意观点二,建设工程施工合同无效,不影响承包人享有建设工程价款优先受偿权。理由有如下三点:

1.《民法典》《建设工程司法解释(一)》均未将无效建设工程施工合同的承包人排除在享有建设工程价款优先受偿权的主体之外。上述法律和司法解释规定享

有建设工程价款优先受偿权的主体是与发包人存在建设工程施工合同关系的承包人，并未将承包人限定为有效建设工程施工合同的承包人。将无效合同的承包人排除在优先受偿权主体之外，并无法律依据。

2. 法定担保物权是否存在不受合同效力的影响。《民法典》第三百八十八条关于"主债权债务合同无效的，担保合同无效"的规定，指的是约定担保物权受主债权债务合同无效的影响，法律并未规定法定担保物权的存在以合同有效为前提。

3. 符合建设工程价款优先受偿权的立法目的。建设工程价款优先受偿权的立法目的是保护承包人及建筑工人的利益。实践中，无效建设工程施工合同较为普遍，如将建设工程价款优先受偿权的主体限定为有效建设工程施工合同的承包人，将会使大量的承包人无法行使优先受偿权，优先受偿权的立法目的就会大打折扣。建设工程价款优先受偿权是工程价款债权的从权利，只要承包人享有工程价款债权，建设工程价款优先受偿权这种从权利就不会因合同无效而消灭。因此，无效建设工程施工合同的承包人也应享有建设工程价款优先受偿权。

江苏省高级人民法院《关于审理建设工程施工合同纠纷案件若干问题的解答》(2018 年)第十五条规定："建设工程施工合同无效，承包人是否享有建设工程价款优先受偿权？建设工程价款优先受偿权不受建设工程施工合同效力的影响。建设工程施工合同无效，承包人仍然享有建设工程价款优先受偿权。"安徽省高级人民法院《关于审理建设工程施工合同纠纷案件适用法律问题的指导意见》(2009 年)第十七条规定："建设工程施工合同无效，但工程经竣工验收合格，承包人主张工程价款优先受偿权，可予支持。"浙江省高级人民法院民事审判第一庭《关于审理建设工程施工合同纠纷案件若干疑难问题的解答》(2012 年)第二十二条规定："建设工程施工合同无效情形下，谁有权行使优先受偿权？建设工程施工合同无效，但工程经竣工验收合格，承包人可以主张工程价款优先受偿权。分包人或实际施工人完成了合同约定的施工义务且工程质量合格，在总承包人或转包人怠于行使工程价款优先受偿权时，就其承建的工程在发包人欠付工程价款范围内可以主张工程价款优先受偿权。"

六、未竣工工程的承包人

《建设工程司法解释(一)》第三十九条规定："未竣工的建设工程质量合格，承包人请求其承建工程的价款就其承建工程部分折价或者拍卖的价款优先受偿的，人民法院应予支持。"根据该条规定，建设工程未竣工，建设工程施工合同即被解除,只要承包人已施工完成部分的工程质量合格的,承包人就享有建设工程价款优先受偿权。之所以作此规定,是因为:(1)根据《建设工程司法解释(一)》第十条前段的规定,建设工程施工合同解除后,已经完成的建设工程质量合格的,发包人应当按照约定支付相应的工程价款。因此,建设工程施工合同在工程未竣工的情况下被解除,但已完成部分的工程质量合格的,承包人仍有权要求发包人支付已完成工程部分相应的工程价款,其也应当享有建设工程价款优先受偿权。(2)《民法典》第八百零七条并未将建设工程竣工作为承包人享有建设工程价款优先受偿权的前提条件。(3)在建建设工程可以作为担保物权的客体。《民法典》第三百九十五条第一款第(五)项规定正在建造的建筑物可以抵押。以此类推,在建建设工程可以作为建设工程价款优先受偿权的客体。(4)建设工程未竣工,可能存在多方面的原因,如承包人无力继续施工、发包人资金链断裂或者是政府政策原因等。非承包人原因导致工程未竣工的情况下,如否定承包人的建设工程价款优先受偿权,对承包人明显不公。

案例61 青岛和众建筑有限公司(以下简称和众公司)与青岛兰婷服装集团有限公司(以下简称兰婷公司)建设工程施工合同纠纷案①

山东省高级人民法院二审认为:根据最高人民法院《关于审理建设工程施工合同纠纷案件适用法律问题的解释(二)》第二十条(已失效,现为《建设工程司法解释(一)》第三十九条)的规定,未竣工的建设工程质量合格,承包人请求其承建工程的价款就其承建工程部分折价或者拍卖的价款优先受偿的,人民法院应予支持。本案中,和众公司施工的涉案工程于2014年12月经发包人、承包人、监理单位组织验收,地基与基础工程结构验收合格,且兰婷公司未提交证据证明涉案工程存在质量不合格的情形,故和众公司有权请求对其承建的涉案工程价款享有优先受偿权。根据最高人民法院《关于审理建设工程施工合同纠纷案件适用法律问题的解释(二)》第二十二条的规定,承包人行使建设工程价款优先受偿权的期限为6个月(现《建设工程司法解释(一)》第四十一条规定为18个月),自发包人应当给付建设工程价款之日起算。本案中兰婷公司对和众公司提交的结算报告审核确认后,但未依结算报告支付工程款,法院经审理确认兰婷公司欠付和众公司工程款的事实,故应以和众公司起诉时间即2018年9月13日作为应付款时间,和众公司起诉主张

① 山东省高级人民法院(2020)鲁民终286号民事判决书。

其对涉案工程价款享有优先受偿权未超过法定期间。

七、建设工程价款债权的受让人

《民法典》第五百四十五条规定:“债权人可以将债权的全部或者部分转让给第三人,但是有下列情形之一的除外:(一)根据债权性质不得转让;(二)按照当事人约定不得转让;(三)依照法律规定不得转让。当事人约定非金钱债权不得转让的,不得对抗善意第三人。当事人约定金钱债权不得转让的,不得对抗第三人。”建设工程价款债权不属于根据债权性质不得转让或依照法律规定不得转让的情形,如发包人与承包人未约定工程价款债权不得转让的,承包人可以将其享有的工程价款债权转让给第三人。即使发包人与承包人约定工程价款债权不得转让,也不得对抗第三人。

建设工程价款债权转让后,建设工程价款优先受偿权是否随之转让,工程价款受让人是否得主张建设工程价款优先受偿权,实践中存在不同观点。

观点一认为,建设工程价款优先受偿权的设立目的,在于保护承包人和建筑工人的利益。工程价款债权转让后,一般不存在承包人和建筑工人利益的保障问题,没有必要赋予受让人以建设工程价款优先受偿权。因此,建设工程价款优先受偿权不随着工程价款债权的转让而转让,价款债权的受让人无权主张建设工程价款优先受偿权。河北省高级人民法院《建设工程施工合同案件审理指南》(2018 年)第三十七条规定:“建设工程价款优先受偿权与建设工程价款请求权具有人身依附性,承包人将建设工程价款债权转让,建设工程价款的优先受偿权消灭。”深圳市中级人民法院《关于建设工程合同若干问题的指导意见》(2010 年)第三十一条规定:“承包人将其对发包人的工程款债权转让给第三人的,建设工程价款优先受偿权不能随之转让。”

观点二认为,建设工程价款优先受偿权属于担保物权,是工程价款债权的从权利,工程价款债权转让的,建设工程价款优先受偿权作为工程价款债权的从权利应当一并转让。江苏省高级人民法院《关于审理建设工程施工合同纠纷案件若干问题的解答》(2018 年)第二十条规定:“工程款债权转让的,建设工程价款优先受偿权是否一并转让?建设工程价款优先受偿权依附于工程款债权,承包人将建设工程价款债权转让的,建设工程价款优先受偿权随之转让。受让人是否实际享有建设工程价款优先受偿权,仍应进行实体审查。”浙江省湖州市中级人民法院《关于建设工程价款优先受偿权有关问题的解答》(2016 年)第七条规定:“工程价款债权转让的，建设工程价款优先受偿权能否随工程价款债权一并转让？承包人将建设工程施工合同约定的工程价款债权依法转让，债权受让方在法定期间内主张其对建设工程价款享有优先受偿权的，可予支持。”

笔者同意第二种观点。前已论及，建设工程价款优先受偿权是一种法定担保物权，是依附于建设工程价款债权的从权利。《民法典》第五百四十七条规定：“债权人转让债权的，受让人取得与债权有关的从权利，但是该从权利专属于债权人自身的除外。受让人取得从权利不因该从权利未办理转移登记手续或者未转移占有而受到影响。”第四百零七条规定：“抵押权不得与债权分离而单独转让或者作为其他债权的担保。债权转让的，担保该债权的抵押权一并转让，但是法律另有规定或者当事人另有约定的除外。”根据以上规定，主债权转让的，作为担保物权的从权利也随着主债权一并转让，法律另有规定或当事人另有约定的除外。此外，因建设工程价款优先受偿权属于法定优先权，其功能是担保工程款优先支付，不宜以其转让否定权利本身的优先受偿性质。① 因此，承包人将建设工程价款债权转让给第三人的，建设工程价款优先受偿权一并转让，受让人因受让工程价款债权而享有建设工程价款优先受偿权。

案例62 陕西西岳山庄有限公司（以下简称西岳山庄）与中建三局建发工程有限公司（以下简称建发公司）、中建三局第三建设工程有限责任公司建设工程施工合同纠纷案②

最高人民法院二审认为：关于建发公司对涉案工程是否享有优先受偿权的问题。建设工程款具有优先受偿性质。建发公司基于受让债权取得此项权利。鉴于该项建设工程目前尚未全部竣工，《施工合同》因西岳山庄拖欠工程款等原因而迟延履行，建发公司优先受偿权的行使期限应从2005年10月10日解除合同时起算。此前建发公司已提起诉讼，故不应认定其优先受偿权的行使期限已超过6个月。对于西岳山庄关于建发公司已超过行使优先受偿权期限的主张，不予支持。

① 参见陈东强：《建设工程价款优先受偿权的行使与规制》，载《山东法官培训学院学报》2018年第5期。

② 最高人民法院（2007）民一终字第10号民事判决书，载《最高人民法院公报》2007年第12期。

第三节　建设工程价款优先受偿权的客体与范围

建设工程价款优先受偿权的客体，是指建设工程价款优先受偿权可以行使的财产对象，主要探讨的问题是优先受偿权可以针对哪些工程行使，哪些工程不宜作为优先受偿权行使的对象。建设工程价款优先受偿权的范围，是指权利人的可以就建设工程折价或拍卖所得价款优先清偿的债权范围。

一、建设工程价款优先受偿权的客体

关于建设工程价款优先受偿权的客体，《民法典》第八百零七条采取了排除模式，除根据建设工程的性质不宜折价、拍卖外，承包人可以针对建设工程行使优先受偿权。

1. 不宜折价、拍卖的建设工程不得成为建设工程价款优先受偿权的客体。

何为不宜折价、拍卖的建设工程，法律和司法解释没有规定。梁慧星教授认为，此所谓"不宜折价、拍卖"的建设工程，应当解释为法律禁止流通物。包括：公有物，如国家机关办公的房屋建筑物及军事设施；公用物，如公共道路、桥梁、机场、港口及公共图书馆、公共博物馆等。但国家机关的员工宿舍不属于公有物。国有企业的办公用房不属于公有物或公用物，法律并不禁止此类工程流通，不属于依法律性质不宜折价、拍卖的工程。[①] 上述观点可以在实践中借鉴。另外，参照抵押权的规定，学校、幼儿园、医疗机构等为公益目的成立的非营利法人的教育设施、医疗卫生设施和其他公益设施属于不宜折价、拍卖的财产，也不能作为建设工程价款优先受偿权的客体。但学校、幼儿园、医疗机构建设的非教育、非医疗和非公益的工程，可以作为建设工程价款优先受偿权的客体。依附于建设工程的设备安装和装修装饰工程不能单独折价或拍卖，但可与建设工程一并折价或拍卖。

---

① 参见梁慧星：《合同法第二百八十六条的权利性质及其适用》，载《山西大学学报（哲学社会科学版）》2001 年第 6 期。

案例63 浙江华凯市政环境艺术发展有限公司（以下简称华凯公司）与临安金禾房地产开发有限公司（以下简称金禾公司）建设工程施工合同纠纷案[①]

华凯公司与金禾公司2010年11月22日签订名为《金禾嘉园绿化、景观、市政工程建设工程施工合同》，约定工程承包范围为金禾嘉园小区绿化、景观、市政工程施工图纸范围内的园林建筑、园路、园林绿化、园林小品、景观水电及景观施工图上标注的其他所有内容。华凯公司在施工合同签订后，按约履行合同，案涉工程已于2011年10月8日实际竣工，2011年10月10日经金禾公司竣工验收合格，工程总造价为9,405,930元，金禾公司已支付工程款5,895,150元，双方在工程质量保修书中约定质量保修期从工程实际竣工验收合格之日起计算，工程质量保修金为施工合同结算总价的10%，发包人在质量保修期满1年后7天内，返还质量保修金的50%给承包人；质量保修期满2年后7天内，将剩余质量保修金返还给承包人。

杭州市中级人民法院二审认为：(1)住宅小区绿化、景观、市政工程与装修装饰工程没有本质区别。住宅小区绿化、景观、市政工程，与装修装饰合同并无本质区别，惟对于装修装饰工程在物理上直接与房屋联结为一体，而住宅小区绿化、景观、市政工程则通过建筑物区分所有的方式与房屋联结为一体。但这种差异并不构成两者实质上的差异，只是在限定范围方面有所不同。装修装饰工程价款优先受偿权限定在装修装饰工程的发包人是建筑物的所有权人，或者建筑物的所有权人与承包人之间存在合同关系，以便于装修装饰工程与建筑物一体拍卖、折价；而住宅小区绿化、景观、市政工程则限定在如下情形：其一，房屋尚未出售，发包人原始取得住宅小区房屋以及绿化、景观、市政工程的所有权，与装修装饰工程的情形完全相同；其二，房屋尚未售罄，发包人与其他业主并为共有权人，需借由建筑物区分所有的方式测算发包人在绿化、景观、市政设施上所占的比例，与装修装饰工程类似。据此，按照"类似情况、同样处理"之法理，应参照装修装饰工程进行处理。(2)住宅小区绿化、景观、市政工程不属于不宜折价、拍卖的工程。根据《合同法》第二百八十六条（已失效，现为《民法典》第八百零七条）中的但书规定，不宜折价、拍卖的工程，则应排除优先受偿权的适用。所谓不宜折价、拍卖的工程，分为两种情形：一是出于对公共利益的考量，如国家机关的办公用房、军事建筑、关系国计民生、涉及公共服务、公用事业和社会团体的主要公益建筑等工程，折价、拍卖该类工程将损害公共利益。二是客观上无法折价、拍卖的工程，如建设手续不合法等情形。首先，住宅小

① 杭州市中级人民法院（2013）浙杭民终字第2734号民事判决书。

区绿化、景观、市政工程不属于因涉及公共利益而不宜折价、拍卖的建设工程。公共利益作为一种公共服务,是为公众所欲求的,一旦提供了这种服务,就不能为提供者所垄断,而应为所有社会成员所共享。因此,任何公共利益的受益人是所有的人而不是某一或特定的利益共同体。倘若某种利益只是某些或特定利益主体受益,满足的是特定人的利益需求或愿望,这种利益不能成为社会的普遍利益,因此不是公共利益。据上所述,当住宅小区的商品房尚未出售时,商品房与绿化、景观、市政工程均属发包人所有,因此不存在公共利益的问题;当商品房部分出售时,绿化、景观、市政工程服务于发包人和其他特定的业主,亦与公共利益无涉。其次,住宅小区绿化、景观、市政工程不属于客观上不能折价、拍卖的建设工程。按照《物权法》第七十二条第二款(已失效,现为《民法典》第二百七十三条第二款)规定:"业主转让建筑物内的住宅、经营性用房,其对共有部分享有的共有和共同管理的权利一并转让。"故住宅小区的绿化、景观、市政工程的价值已经包含在商品房、经营性用房等专有部分折价、拍卖所得的价款之中,可对专有部分折价、拍卖,使附着其上的绿化、景观、市政工程的价值得以实现。华凯公司享有对金禾嘉园楼盘项目整体可拍卖工程(商品房、物业)价款享有建设工程价款优先受偿权,据此判决:确认华凯公司对金禾公司在金禾嘉园楼盘项目整体可拍卖工程(商品房、物业)所得价款中华凯公司施工的绿化、景观、市政工程价款所占比例范围内享有建设工程价款优先受偿权。

2. 竣工验收不合格的建设工程,经修复后仍不合格,不得成为建设工程价款优先受偿权的主体。

根据《民法典》第七百九十三条、第八百零六条以及《建设工程司法解释(一)》的相关规定,无论建设工程施工合同是否有效,只有在建设工程竣工验收合格的情况下,承包人才有权要求发包人支付工程结算价款。建设工程竣工验收不合格,承包人可以进行修复,经修复后建设工程竣工验收合格,承包人可以要求发包人支付工程价款,但承包人应当承担修复费用,此时,承包人可以就修复后合格的建设工程主张价款优先受偿权;如经修复后,建设工程竣工验收仍不合格,承包人无权请求发包人支付工程价款,自然不享有建设工程价款优先受偿权。在建设工程未经竣工验收,发包人擅自使用的情况下,视为发包人已认可建设工程质量合格或愿意接受建设工程质量不合格的风险,此时,承包人有权向发包人主张工程价款,并享有建设工程价款优先受偿权。未竣工但质量合格的建设工程,可以成为建设工程价款优先受偿权的客体,已如上述。

四川省高级人民法院民事审判第一庭《关于审理建设工程施工合同纠纷案件若干疑难问题的解答》(2015 年)第三十九条规定:“承包人、实际施工人不享有优先受偿权的情形有哪些?具有下列情形之一,承包人、实际施工人请求工程价款就承建的建设工程折价或拍卖的价款优先受偿的,不予支持:(一)经竣工验收不合格的工程;(二)建设工程属于为公益目的建设的教育设施、医疗设施及其他社会公益设施;(三)建设工程属于国家机关已投入使用的办公用房或者军事建筑;(四)建设工程属于设备安装等附属工程;(五)消费者购买承包人承建的商品房,并已经办理商品房产权变更或预告登记,或者消费者已交付购买商品房的全部或者大部分款项的。”可资借鉴。

3. 建设用地使用权不得成为建设工程价款优先受偿权的客体。

关于建设用地使用权能否成为建设工程价款优先受偿权的客体,实践中存在一定争议。

观点一认为,建设工程价款优先受偿权应当及于建设工程占用范围内的建设用地使用权。这是因为:首先,根据《民法典》第三百五十六条、第三百五十七条的规定,建设用地使用权转让、互换、出资或者赠与的,附着于该土地上的建筑物、构筑物及其附属设施一并处分;建筑物、构筑物及其附属设施转让、互换、出资或者赠与的,该建筑物、构筑物及其附属设施占用范围内的建设用地使用权一并处分。上述条文规定了“房地一致”的原则,根据该条原则,建设工程折价或拍卖时,其所占用范围内的建设用地使用权应一并折价或拍卖,建设工程与建设用地使用权不可分割,不能单独折价或拍卖。其次,《民法典》第三百九十七条关于建筑物抵押的规定:以建筑物抵押的,该建筑物占用范围内的建设用地使用权一并抵押。以建设用地使用权抵押的,该土地上的建筑物一并抵押。抵押人未依据前款规定一并抵押的,未抵押的财产视为一并抵押。根据该条规定,当事人以建筑物抵押,抵押权及于建设用地使用权。建设工程价款优先受偿权可以参照该条规定,及于建设工程占用范围内的建设用地使用权。

观点二认为,建设工程价款优先受偿权不及于建设用地使用权。《民法典》第八百零七条规定“建设工程的价款就该工程折价或者拍卖的价款优先受偿”,明确指向的客体是建设工程,而不包括建设工程占用的建设用地使用权。虽然根据“房地一致”的原则,在实现建设工程价款优先受偿权时,应将建设工程及建设用地使用权一并折价或拍卖,但折价或拍卖时,可将建设工程的价值和建设用地使用权的价值分开,承包人仅就建设工程折价或拍卖的价款优先受偿。

笔者同意第二种观点。理由是:(1)建设工程价款优先受偿权源于承包人为工程建设投入的资金、材料、设备和劳务等,这些投入均物化于工程之中,因此,承包人有权就建设工程折价或拍卖所得的价款优先受偿。但承包人为工程施工的投入并未使建设用地使用权增值,其无权对建设用地使用权行使优先受偿权。(2)建设工程优先受偿权的客体范围不能照搬建筑物抵押权的规定。《民法典》之所以规定建筑物和建设用地使用权一并抵押,是为了贯彻"房地一体""房随地走、地随房走"的原则,防止出现建筑物的权利人和建设用地的权利人不一致的情形。但是,《民法典》仅规定承包人可以就建设工程折价或拍卖所得的价款优先受偿,而未涉及建设工程占用的建设用地使用权。从《民法典》第八百零七条规定的文义看,承包人不能就建设工程占用的建设用地使用权行使优先受偿权。(3)对建设工程进行折价或拍卖时,应当将建设工程占用的建设用地使用权一并折价或拍卖,但是可以将建设用地使用权的价值剥离出来。《民法典》第四百一十七条规定:"建设用地使用权抵押后,该土地上新增的建筑物不属于抵押财产。该建设用地使用权实现抵押权时,应当将该土地上新增的建筑物与建设用地使用权一并处分。但是,新增建筑物所得的价款,抵押权人无权优先受偿。"根据该条规定,建筑物的价值和建设用地使用权的价值可以在实现担保物权时进行区分。在实现建设工程价款优先受偿权时,可以对建设工程的价值和建设用地使用权的价值分别评估,计算出各自所占比例,乘以建设工程和建设用地使用权的整体折价或拍卖的价款,确定承包人可以优先受偿的价款。

安徽省高级人民法院《关于审理建设工程施工合同纠纷案件适用法律问题的指导意见(二)》(2013 年)第二十二条规定:"承包人仅对建设工程占用的土地使用权主张优先受偿权的,不予支持。"浙江省高级人民法院执行局《执行中处理建设工程价款优先受偿权有关问题的解答》(2012 年)第四条规定:"建设工程承包人对工程占用范围内的土地使用权的拍卖价款是否享有优先受偿权?建设工程承包人只能在其承建工程拍卖价款的范围内行使优先受偿权,对该工程占用范围内的土地使用权的拍卖价款不能主张优先受偿。实际操作中可对建设工程和土地使用权分开进行价值评估,确定各自在总价值中的比例,然后一并拍卖,拍卖成交后再确定建设工程承包人可以优先受偿的金额。"

4. 违法建筑在实现建设工程价款优先受偿权前无法修正为合法建筑的,不得作为优先受偿权的客体。

作为建设工程价款优先受偿权客体的建设工程,必须是可以在市场上流通、具有交换价值的物体。法律禁止流通之物,不得成为优先受偿权的客体,已如上述。

违法建筑不一定永远是违法建筑,在符合法律规定的情形下,其可以通过改正措施消除对规划实施的影响、补办规划审批等修正为合法建筑。《城乡规划法》第六十四条规定:"未取得建设工程规划许可证或者未按照建设工程规划许可证的规定进行建设的,由县级以上地方人民政府城乡规划主管部门责令停止建设;尚可采取改正措施消除对规划实施的影响的,限期改正,处建设工程造价百分之五以上百分之十以下的罚款;无法采取改正措施消除影响的,限期拆除,不能拆除的,没收实物或者违法收入,可以并处建设工程造价百分之十以下的罚款。"最高人民法院《关于审理城镇房屋租赁合同纠纷案件具体应用法律若干问题的解释》第三条第一款规定:"出租人就未经批准或者未按照批准内容建设的临时建筑,与承租人订立的租赁合同无效。但在一审法庭辩论终结前经主管部门批准建设的,人民法院应当认定有效。"《建设工程司法解释(一)》第三条第一款规定:"当事人以发包人未取得建设工程规划许可证等规划审批手续为由,请求确认建设工程施工合同无效的,人民法院应予支持,但发包人在起诉前取得建设工程规划许可证等规划审批手续的除外。"根据上述规定,违法建筑在一定情形下可以修正为合法建筑。

违法建筑在修正为合法建筑前,不能在市场上流通,不具备交换价值,承包人无法通过将违法建筑折价或拍卖,并就所得价款优先受偿。因此,在实现建设工程价款优先受偿权时,违法建筑未修正为合法建筑,该建筑物不能成为优先受偿权的客体。但是,发包人或建筑物所有权人能够办理规划审批手续而未办理的除外。在实现优先受偿权时,违法建筑已修正为合法建筑,实现优先受偿权的障碍已消除,该建筑物自然可成为优先受偿权的客体。

案例64 中建海峡建设发展有限公司(以下简称海峡公司)与和昌(福建)房地产开发有限公司(以下简称和昌公司)建设工程施工合同纠纷案[①]

最高人民法院再审审查认为:1.关于案涉建设工程施工合同的效力问题。最高人民法院《关于审理建设工程施工合同纠纷案件适用法律问题的解释(二)》第二条(已失效,现为《建设工程司法解释(一)》第三条)规定:"当事人以发包人未取得建设工程规划许可证等规划审批手续为由,请求确认建设工程施工合同无效的,人民法院应予支持,但发包人在起诉前取得建设工程规划许可证等规划审批手续的除

① 最高人民法院(2020)最高法民申1850号民事裁定书。

外。发包人能够办理审批手续而未办理，并以未办理审批手续为由请求确认建设工程施工合同无效的，人民法院不予支持。”和昌公司与海峡公司对案涉工程至今未取得建设工程规划许可证均无异议，二审判决认定案涉建设工程施工合同无效，有事实和法律依据。根据《民事诉讼法》第六十四条第一款“当事人对自己提出的主张，有责任提供证据”的规定，海峡公司应当举证证明和昌公司持有办理建设工程规划许可证的所有材料、相关行政部门在收到和昌公司持有的材料后能够颁发建设工程规划许可证、和昌公司存在故意不办理建设工程规划许可证的行为，但海峡公司未提交充足的证据证明其关于和昌公司能够办理建设工程规划许可证而未办理的主张。和昌公司作为案涉工程发包方，确有办理建设工程规划许可证的义务，但该义务不等同于本案诉讼中的举证义务，海峡公司关于二审法院举证责任分配错误的主张缺乏法律依据。

2. 关于海峡公司是否对案涉工程价款享有建设工程价款优先受偿权问题。《合同法》第二百八十六条（已失效，现为《民法典》第八百零七条）规定：“发包人未按照约定支付价款的，承包人可以催告发包人在合理期限内支付价款。发包人逾期不支付的，除按照建设工程的性质不宜折价、拍卖的以外，承包人可以与发包人协议将该工程折价，也可以申请人民法院将该工程依法拍卖。建设工程的价款就该工程折价或者拍卖的价款优先受偿。”承包人就工程折价或者拍卖的价款享有优先受偿权的前提是该工程不存在按照其性质不宜折价、拍卖的情形。根据《土地管理法》《城乡规划法》《村庄和集镇规划建设管理条例》等相关法律、法规的规定，在城市规划区内，未取得建设工程规划许可证或者违反建设工程规划许可证建设，严重影响城市规划的建筑，为违法建筑。案涉工程至今尚未取得建设工程规划许可证，应属于违法建筑。对于违法建筑，《城乡规划法》第六十四条明确规定了处理方式，即“由县级以上地方人民政府城乡规划主管部门责令停止建设；尚可采取改正措施消除对规划实施的影响的，限期改正，处建设工程造价百分之五以上百分之十以下的罚款；无法采取改正措施消除影响的，限期拆除，不能拆除的，没收实物或者违法收入，可以并处建设工程造价百分之十以下的罚款”。案涉工程因违反法律禁止性规定，无法取得不动产所有权，二审判决认定该工程系不可折价、拍卖的工程，海峡公司对案涉工程价款不享有优先权，并无不当。

二、建设工程优先受偿权的范围

已失效的最高人民法院《关于建设工程价款优先受偿权问题的批复》第三条规

定："建筑工程价款包括承包人为建设工程应当支付的工作人员报酬、材料款等实际支出的费用，不包括承包人因发包人违约所造成的损失。"从该条规定看，建设工程价款优先受偿权的范围仅限于承包人为工程建设支付的实际支出，不包括承包人利润、损失等。但是，在批复的实施过程中，出现了比较多的分歧，司法实践逐步突破该批复规定的优先受偿权的范围，很多法院出台的指导性意见和司法裁判将承包人的利润也包括在优先受偿权范围之内。《建设工程司法解释（一）》顺应司法实践的趋势，修改该批复第三条的规定，该解释第四十条规定："承包人建设工程价款优先受偿的范围依照国务院有关行政主管部门关于建设工程价款范围的规定确定。承包人就逾期支付建设工程价款的利息、违约金、损害赔偿金等主张优先受偿的，人民法院不予支持。"

（一）建设工程价款的范围

住房和城乡建设部、财政部《建筑安装工程费用项目组成》规定："建筑安装工程费按照费用构成要素划分：由人工费、材料（包含工程设备，下同）费、施工机具使用费、企业管理费、利润、规费和税金组成。其中人工费、材料费、施工机具使用费、企业管理费和利润包含在分部分项工程费、措施项目费、其他项目费中。"原建设部《建设工程施工发包与承包价格管理暂行规定》第五条第二款规定："工程价格由成本（直接成本、间接成本）、利润（酬金）和税金构成。"虽然上述两个规定对工程价款组成的表述不同，但实质上基本一致。根据《建设工程司法解释（一）》第四十条的规定，应当根据上述规定确定建设工程价款优先受偿权的范围。国务院有关行政主管部门关于建设工程价款范围的规定发生变化，建设工程价款优先受偿权的范围也随之变化。

1. 承包人的利润属于建设工程价款优先受偿权的范围。

《建筑安装工程费用项目组成》《建设工程施工发包与承包价格管理暂行规定》均将利润作为建设工程价款的一部分，根据《民法典》和《建设工程司法解释（一）》的规定，承包人的利润属于建设工程价款优先受偿权的范围。而且，工程价款的一些计价方法难以区分成本和利润，如采用工程量清单计价方法，工程价款由分部分项工程费、措施项目费、其他项目费、规费和税金组成，难以从中剥离出利润。将利润排除在建设工程价款优先受偿权的范围之外，不利于保护承包人的建设工程价款债权，从而也会影响建筑工人工资的发放。因此，建设工程价款优先受偿权的范围包含承包人的利润。

案例65 林某某与信丰嘉信建筑有限责任公司(以下简称嘉信公司)、江西远达置业有限公司(以下简称远达公司)第三人撤销之诉案①

最高人民法院再审审查认为:关于优先受偿权的行使范围和期间。(1)对优先受偿的建设工程价款范围,建筑工程价款包括承包人为建设工程应当支付的工作人员报酬、材料款等实际支出的费用,不包括承包人因发包人违约所造成的损失。这并未将利润排除在外,建设工程价款由成本、利润和税金构成,均应属于优先受偿权的行使范围。故林某某主张利润不应包含在工程款优先受偿权的行使范围于法无据。此外,林某某还主张一审、二审判决将案涉建设工程占用的土地价值列入优先受偿权的行使范围,经查与事实不符,亦不能成立。(2)(2016)赣07民初47号民事判决已经查明,因远达公司未按约履行付款义务以及未解决拆迁等问题,嘉信公司被迫于2016年2月2日终止合同履行。由于发包人的原因,合同解除或者终止履行时已超出合同约定的竣工日期的,承包人行使优先受偿权的期限自合同解除或终止履行之日起计算。嘉信公司于2016年3月28日起诉主张工程价款优先权,系在法定期限内行使优先受偿权。

2.承包人用于工程建设的垫资款应当属于建设工程价款优先受偿权的范围。

关于承包人的垫资款是否属于建设工程价款优先受偿权的范围,实践中存在较大争议。

观点一认为,原建设部、国家发展和改革委员会、财政部、中国人民银行《关于严禁政府投资项目使用带资承包方式进行建设的通知》规定:“政府投资项目一律不得以建筑业企业带资承包的方式进行建设,不得将建筑业企业带资承包作为招投标条件;严禁将此类内容写入工程承包合同及补充条款,同时要对政府投资项目实行告知性合同备案制度。”《政府投资条例》第二十二条第二款规定:“政府投资项目不得由施工单位垫资建设。”根据上述规定,使用各类政府投资资金投资的建设工程项目不得由施工单位垫资建设,而非政府投资的建设工程项目,法律法规虽未禁止垫资建设,但国家也不鼓励这种行为。如将承包人的垫资纳入建设工程价款优先受偿权的保护范围,可能变相鼓励垫资施工的行为。而且,承包人的垫资行为实质上属于承包人向发包人出借款项的行为,垫资款不属于工程价款,也不属于建设工程价款优先受偿权的范围。

---

① 最高人民法院(2018)最高法民申1444号民事裁定书。

观点二认为，承包人的垫资属于建设工程价款优先受偿权的范围。《建设工程司法解释(一)》规定将垫资作为工程欠款处理，垫资款属于工程价款。发包人未在约定时间支付垫资款的，承包人可行使建设工程价款优先受偿权。江苏省高级人民法院《关于审理建设工程施工合同纠纷案件若干问题的意见》(2008年)第二十一条将用于建设工程的垫资纳入建设工程价款优先受偿权的范围。浙江省高级人民法院执行局《执行中处理建设工程价款优先受偿权有关问题的解答》(2012年)第三条第一款也将承包人的垫资纳入建设工程价款优先受偿权的范围。

笔者认为，承包人用于工程建设的垫资款应当纳入建设工程价款优先受偿权的范围。理由有如下三点：

(1)《建设工程司法解释(一)》第二十五条规定："当事人对垫资和垫资利息有约定，承包人请求按照约定返还垫资及其利息的，人民法院应予支持，但是约定的利息计算标准高于垫资时的同类贷款利率或者同期贷款市场报价利率的部分除外。当事人对垫资没有约定的，按照工程欠款处理。当事人对垫资利息没有约定，承包人请求支付利息的，人民法院不予支持。"根据该条规定，承包人用于工程建设的垫资不同于借款，而是作为工程欠款处理，属于建设工程价款的范围。

(2)虽然《政府投资条例》《关于严禁政府投资项目使用带资承包方式进行建设的通知》规定承包人不得在政府投资项目中垫资建设，但是法律、法规并未禁止承包人在非政府投资项目中垫资建设。而且，政府投资项目中，发包人与承包人约定垫资建设的条款是否有效尚有争论。即使相应的条款无效，也不应影响承包人在发包人未按期支付垫资款的情况下行使建设工程价款优先受偿权的权利。

(3)实践中，承包人垫资建设的情况非常普遍，而且垫资建设的原因多种多样，有发包人要求承包人垫资建设的原因，也有承包人为取得工程承包权承诺垫资建设的原因。如果将承包人的垫资款排除在建设工程优先受偿权范围之外，将会给承包人垫资款债权造成很大影响，进而影响建筑工人利益的实现。而且，如果垫资建设是承包人在发包人的强行要求下不得已而为之，在此种情形下将垫资款排除在建设工程优先受偿权范围之外，对承包人来说是不公平的。

但是，符合以下情形，承包人的垫资款不属于建设工程优先受偿权范围：一是承包人的垫资款并未用于工程建设，垫资实质上是一种借贷行为；二是承包人的垫资用于对发包人的投资，垫资款实质上属于投资款。

3. 工程质量保证金属于建设工程价款优先受偿权的范围。

关于工程质量保证金是否属于建设工程价款优先受偿权的范围，实践中存在较大争议。

观点一认为，工程质量保证金是发包人在应付工程款中预留一定比例作为工程质量的保证，属于建设工程价款，如发包人逾期返还工程质量保证金的，承包人可以行使建设工程价款优先受偿权。浙江省湖州市中级人民法院《关于建设工程价款优先受偿权有关问题的解答》(2016 年)第四条规定："享有建设工程价款优先受偿权的建设工程价款的范围如何界定?"最高人民法院《关于建设工程价款优先受偿权问题的批复》(已失效)第三条规定："建筑工程价款包括承包人为建设工程应当支付的工作人员报酬、材料款等实际支出的费用，不包括承包人因发包人违约造成的损失。享有优先保护的建设工程价款的范围为，已竣工验收的工程，指竣工结算价；未竣工的工程，可以参考以施工预算价作为基础进行评估后确定的工程价款。工程价款中应包含已做工程的正常利润，也包括为支付工作人员报酬、材料款及其他工程垫资等实际支出的费用，质量保修金，以及发包人承诺给予承包人提前竣工的奖金。承包人因发包人违约造成的损失、工程价款的利息、履约保证金不享有建设工程价款优先受偿权保护。"

观点二认为，工程质量保证金是承包人支付的在缺陷责任期内保证工程质量的款项，其不属于建设工程价款。而且，工程质量保证金在缺陷责任期届满后返还，此时一般已超过承包人行使优先受偿权的期限。因此，工程质量保证金不属于建设工程价款优先受偿权的范围。四川省高级人民法院民事审判第一庭《关于审理建设工程施工合同纠纷案件若干疑难问题的解答》(2015 年)第三十八条第二款规定："承包人、实际施工人支付的履约保证金、工程质量保证金、发包人应当支付的违约金等不属于优先受偿范围。"

笔者认为，发包人为保证工程质量，在应付工程款中预扣一定比例的款项作为工程质量保证金。从工程质量保证金产生的原因看，该保证金实质上属于工程价款的一部分，应当纳入建设工程价款优先受偿权的范围。工程质量保证金一般在工程竣工验收合格后的 1 年至 2 年内返还，此时可能已超过工程结算价款支付时间 18 个月。笔者认为，承包人就工程质量保证金主张优先受偿权，优先受偿权的期限可从合同约定或法律法规规定的质量保证金返还时间起算 18 个月，而不应从工程结算价款支付时间起算，如此一来，可以解决质量保证金优先受偿权的期限问题。

(二)不属于建设工程价款优先受偿权范围的项目

1. 建设工程价款的利息不属于建设工程价款优先受偿权的范围。

关于工程价款的利息是否属于建设工程价款优先受偿权的范围，有观点认为，利息作为工程价款的法定孳息，与工程价款本金应视为一体，而且法律规定担保物权的担保范围多包括利息，利息也应属于建设工程价款优先受偿权的范围，但建设工程价款优先受偿权保护的利息作为法定孳息应限定在法定利率之内。[①] 例如，河北省高级人民法院《建设工程施工合同案件审理指南》(2018 年)第三十四条第一款、第二款规定："承包人享有的优先受偿权的建设工程价款范围是指承包人完成的工作成果所产生的费用，包括直接费、间接费、利润、税金及工作人员报酬、材料款等实际支出的费用，不包括因发包人违约所产生的损失。利息属于工程价款的法定孳息，承包人主张未付工程价款利息属于工程价款属于优先受偿权范围的，应予支持。"

笔者不同意该观点。《建筑安装工程费用项目组成》《建设工程施工发包与承包价格管理暂行规定》规定的建设工程价款均未包含利息，而法律和司法解释规定的建设工程价款优先受偿权范围仅限于工程价款。利息虽然属于工程价款的法定孳息，但不是工程价款的组成部分，不属于建设工程价款优先受偿权的范围。建设工程价款优先受偿权是对承包建设工程价款的特别保护，其效力优先于抵押权等权利，对抵押权人、发包人及其他债权人利益影响巨大，不宜过度扩大其适用范围，司法解释已将利润作为工程价款的一部分，赋予其可就建设工程优先受偿的效力，在利息的保护上，应当倾向于保护抵押权人、发包人及其他债权人的权益和交易安全，以实现各方当事人权利的平衡。[②] 基于此，《建设工程司法解释(一)》第四十条第二款明确将建设工程价款的利息排除在建设工程价款优先受偿权的范围之外。江苏省高级人民法院《关于审理建设工程施工合同纠纷案件若干问题的解答》(2018 年)第十七条规定："工程款利息是否属于建设工程价款优先受偿权的范围？承包人主张将工程款利息纳入建设工程价款优先受偿权范围的，不予支持。"浙江省高级人民法院执行局《执行中处理建设工程价款优先受偿权有关问题的解答》

---

① 参见陈东强：《建设工程价款优先受偿权的行使与规制》，载《山东法官培训学院学报》2018 年第 5 期。

② 参见最高人民法院民事审判第一庭编著：《最高人民法院建设工程施工合同司法解释(二)理解与适用》，人民法院出版社 2019 年版，第 433 页。

(2012 年)第三条第一款规定:“建设工程价款优先受偿权的范围为建设工程的工程价款,包括承包人应当支付的工作人员报酬、材料款和用于建设工程的垫资款等。工程价款的利息不在优先受偿范围内。”

2. 逾期支付工程价款的违约金和损害赔偿金不属于建设工程价款优先受偿权的范围。

发包人逾期支付工程价款的违约金和损害赔偿金不属于建设工程价款,因此,不能归入建设工程价款优先受偿权的范围。很多地方法院出台规范性文件,将违约金和损害赔偿金排除在建设工程价款优先受偿权的范围之外。江苏省高级人民法院《关于审理建设工程施工合同纠纷案件若干问题的意见》(2008 年)第二十一条规定:“承包人的优先受偿权范围限于建设工程合同约定的工程价款,包括承包人应当支付的工作人员报酬、材料款、用于建设工程的垫资等实际支出的费用。未用于建设工程的借款以及发包人应当支付的违约金或者因为发包人违约所造成的损失不属于建设工程价款优先受偿权的受偿范围。”浙江省高级人民法院执行局《执行中处理建设工程价款优先受偿权有关问题的解答》(2012 年)第三条第二款规定:“发包人应当支付的违约金或者因为发包人违约所造成的损失,不属于建设工程价款优先受偿权的受偿范围。”《建设工程司法解释(一)》第四十条第二款明确,承包人就逾期支付建设工程价款的利息、违约金、损害赔偿金等主张优先受偿的,人民法院不予支持。

案例 66 中铁二十二局集团第四工程有限公司与安徽瑞讯交通开发有限公司、安徽省高速公路控股集团有限公司建设工程施工合同纠纷案①

2003 年,安徽瑞鑫交通开发有限公司(后更名为瑞讯公司,以下统称瑞讯公司)获得了阜阳至周集高速公路(以下简称阜周高速公路)建设经营权。2003 年 12 月 31 日,中铁二十二局集团第四工程有限公司(后更名为中铁公司,以下统称中铁公司)经过招投标,与瑞讯公司签订阜周高速公路路基工程施工《合同协议书》,约定瑞讯公司将阜周高速公路 13 标段发包给中铁公司施工,合同总价为 201,901,950 元,工期 22 个月等内容。

2004 年 2 月 18 日,安徽省公路工程建设监理有限责任公司阜周高速公路路基工程总监理工程师办公室向包括中铁公司在内的各合同段承包人发出《开工令》,

① 最高人民法院(2014)民一终字第 56 号民事判决书,载《最高人民法院公报》2017 年第 4 期。

明确工期从2004年2月18日开始计算。中铁公司按合同约定进行施工，但未在合同约定的工期内完工。中铁公司于2006年3月完成了原计划应于2005年3月完成的施工工程量。

一审诉讼期间，一审法院根据中铁公司的申请，依法委托安徽明珠建设项目管理有限公司（以下简称明珠公司）就中铁公司所主张的停窝工损失是否存在及如存在则具体数额为多少进行了鉴定。明珠公司于2012年7月17日出具了皖明珠基字〔2012〕119号《阜周高速公路13标段停窝工损失费用工程造价鉴定报告》（以下简称《鉴定报告》），结论为："根据现有资料，中铁公司承建的阜周高速公路13标段工程停窝工损失费为：1. 2004年3月至2005年3月第一次停工期间停窝工损失费：(1)确定部分造价为6,778,661.54元。(2)不确定部分造价为6,929,833.87元。2. 2006年11月至2009年3月第二次停工期间停窝工损失费，根据现有的证据资料不能计算具体金额。2013年3月7日明珠公司作出《补充鉴定报告》，结论为：根据现有资料，中铁公司承建的阜周高速公路13标段工程因2004年停工影响原材料及油料价格上涨费用为3,119,237.63元。"

最高人民法院二审认为，关于中铁公司主张对案涉工程项目享有优先受偿权的请求能否成立问题。

根据最高人民法院《关于建设工程价款优先受偿权问题的批复》（已失效）第三条规定："建筑工程价款包括承包人为建设工程应当支付的工作人员报酬、材料款等实际支出的费用，不包括承包人因发包人违约所造成的损失"，能够行使建设工程价款优先受偿权的权利范围不包括因发包人违约导致的损失。而从前述中铁公司在本案中被支持的诉请款项来看，因瑞讯公司违约给其造成的停窝工损失和材料价差损失两项，均不属于建设工程价款优先受偿权的权利行使范围，故一审法院未予支持中铁公司主张对案涉工程项目享有优先受偿权的请求，并无不当。中铁公司主张对案涉工程项目享有优先受偿权的该项上诉请求，无事实及法律依据，应予驳回。

第四节 建设工程优先受偿权的行使

建设工程竣工验收合格，或工程未完工但已完成的工程质量合格，发包人未依约定支付工程价款，承包人经催告后即可行使建设工程优先受偿权。

一、建设工程价款优先受偿权的行使期限

权利人应当在法律规定的期限内行使建设工程价款优先受偿权,如超出法定期限,权利人将失去行使建设工程价款优先受偿权的权利。

(一)建设工程价款优先受偿权的行使期限属于除斥期间

《民法典》第一百九十九条规定:"法律规定或者当事人约定的撤销权、解除权等权利的存续期间,除法律另有规定外,自权利人知道或者应当知道权利产生之日起计算,不适用有关诉讼时效中止、中断和延长的规定。存续期间届满,撤销权、解除权等权利消灭。"该条是关于除斥期间的规定。除斥期间是法律为某项权利预设存在的期间,权利人在该期间内不行使权利,期间届满时,该权利即消灭。除斥期间是不变期间,不因任何事由中止、中断或延长。

司法解释规定的建设工程价款优先受偿权的行使期间属于除斥期间,不存在中止、中断或延长的情形。《建设工程司法解释(一)》未规定建设工程价款优先受偿权的行使期间可以中止、中断或延长。由此可知,建设工程价款优先受偿权的行使期限不适用诉讼时效中止、中断和延长的相关规定。

(二)建设工程价款优先受偿权行使期限的计算

1. 建设工程价款优先受偿权行使期限的历史沿革。

已失效的最高人民法院《关于建设工程价款优先受偿权问题的批复》第四条规定:"建设工程承包人行使优先权的期限为六个月,自建设工程竣工之日或者建设工程合同约定的竣工之日起计算。"之所以如此规定,是因为建设工程价款优先受偿权行使期间的起算点应当根据法律事实状态而分别确立,若建设工程价款优先受偿权以登记为生效要件,应从登记之日开始计算除斥期间。在没有响应配套的登记制度的情形下,如果以完成阶段性工程为担保,以该项阶段性工程完成时间作为优先受偿权成立的时间;如果以全部工程为担保的,以全部工程竣工之日起算。①

但是,该批复规定的建设工程优先受偿权行使期限存在明显缺陷,导致司法实践对这一问题的处理存在混乱。首先,该批复规定优先受偿权的行使期限自工程竣工之日或约定的竣工之日起算,忽视建设工程价款优先受偿权从属于工程价款

① 参见余能斌、范中超:《论法定抵押权——对〈合同法〉第286条之解释》,载《法学评论》2002年第1期。

债权这一本质。建设工程价款优先受偿权是一种担保物权,从属于建设工程结算价款债权,建设工程结算价款债权实现的时间尚未届至,承包人就无法行使建设工程价款优先受偿权,更无建设工程优先受偿权行使期限起算或超过的问题。建设工程实际竣工时间或约定竣工时间届至,并不意味着发包人应付承包人的建设工程结算价款时间已到,因为建设工程施工合同约定的支付工程结算价款的时间往往晚于工程竣工时间。2017 年版示范文本通用合同条款规定,承包人应在工程竣工验收合格后 28 天内向发包人和监理人提交竣工结算申请并提供完整竣工结算资料,监理人应在收到申请后 14 天内完成审核并报送发包人,发包人应当在 14 天内完成审批,并由监理人向承包人签发经发包人签认的竣工付款证书。发包人自收到承包人提交的竣工结算申请后 28 天内未完成审批且未提出异议,视为发包人认可承包人提交的竣工结算申请单,并自发包人收到承包人提交的竣工结算申请单后第 29 天起视为已签发竣工付款证书。除专用合同条款另有约定外,发包人应在签发竣工付款证书后的 14 天内,完成对承包人的竣工付款。根据上述规定,从工程竣工验收到发包人应付工程款最少要 56 天,这还是在发包人和监理人对竣工结算未提出异议的情况下。但从建筑实践看,发包人和监理人对承包人的竣工结算申请不提异议的极少,如他们提出异议,这段时间将大为延长。而且,当事人在建设工程施工合同专用条款中约定的发包人支付工程结算款的时间通常要比通用条款延长。特别是当事人约定以审计部门的审计结论或财政评审中心的评审结论作为工程价款结算的依据时,工程结算价款的支付时间更长。实践中,经常会有当事人约定的支付工程结算价款时间尚未到来,建设工程价款优先受偿权业已超过的不正常情况发生。因此,该批复规定的优先受偿权的起算时间不符合优先受偿权的权利性质,不能很好地起到保护承包人工程价款债权和建筑工人利益的作用。其次,该批复规定的优先受偿权的起算时间未考虑建设工程价款竣工时间确定的复杂性。如在工程未完工情况下,是以合同解除的时间还是以合同约定的竣工时间作为优先受偿权的起算时间?实际竣工时间早于或晚于约定竣工时间?优先受偿权的起算时间是以实际竣工时间还是约定竣工时间为准?等等。上述问题一直困扰司法机关,造成法院裁判标准的混乱。在最高人民法院《关于审理建设工程施工合同纠纷案件适用法律问题的解释(二)》(已失效)出台之前,就有一些地方的人民法院通过具体案件的裁判或发布解答的方式,对该批复规定的优先受偿权行使期限的起算时间进行修正。例如,江苏省高级人民法院《关于审理建设工程施工合同纠纷案件若干问题的解答》(2018 年)第十四条规定,建设工程价款优先受偿权起算如何确定？建设工程施工合同的承包人行使建设工程价款优先受偿权的期限为6个月，具体起算按照以下方式确定：(1)工程已竣工且工程结算款已届期的，自建设工程竣工之日或者建设工程施工合同约定的竣工之日起算；(2)建设工程施工合同解除、终止履行的，自合同实际解除、终止之日起算；(3)工程已竣工验收合格，但合同约定除质保金以外的工程款付款期限尚未届满的，自合同约定的工程款付款期限届满之日起算。

为更好地保护承包人和建筑工人的利益，最高人民法院《关于审理建设工程施工合同纠纷案件适用法律问题的解释(二)》(已失效)第二十二条规定："承包人行使建设工程价款优先受偿权的期限为六个月，自发包人应当给付建设工程价款之日起算。"《建设工程司法解释(一)》第四十一条进一步延长承包人行使建设工程优先受偿权的期限，该条规定："承包人应当在合理期限内行使建设工程价款优先受偿权，但最长不得超过十八个月，自发包人应当给付建设工程价款之日起算。"

2. 行使建设工程价款优先受偿权起算时间的确定。

建设工程价款优先受偿权的行使期限18个月自发包人应当给付建设工程价款之日起算，此处"发包人应当给付建设工程价款之日"指的是发包人应当给付建设工程结算价款之日，而非应当支付工程预算款和工程进度款之日。因工程预算款、工程进度款的支付都是在施工过程中，合同尚未履行完毕，承包人或发包人主张依据合同约定的工程预算款或工程进度款的付款时间作为优先受偿权的起算时间，不应予以支持。①

(1)建设工程施工合同对发包人应付工程结算价款的时间有明确约定，而且建设工程经竣工验收合格的，应当以合同约定应付工程结算价款的时间作为行使建设工程价款优先受偿权的起算时间。当事人在建设工程施工合同中约定工程结算价款支付时间，该约定系当事人的意思自治，应当予以尊重。行使建设工程价款优先受偿权的起算时间应当是建设工程施工合同专用条款约定的工程结算价款支付时间。合同专用条款没有约定，但当事人将示范文本通用条款订入合同的，应当以通用条款约定的工程结算价款支付时间为建设工程价款优先受偿权行使的起算时间。

(2)建设工程施工合同无效，可以参照建设工程施工合同约定的工程结算价款支付时间确定行使建设工程价款优先受偿权的起算时间。根据《建设工程司法解

① 参见最高人民法院民事审判第一庭编著：《最高人民法院建设工程施工合同司法解释(二)理解与适用》，人民法院出版社2019年版，第462页。

释(一)》第六条第二款的规定,建设工程施工合同无效,合同无效损失大小无法确定的,合同约定的工程价款支付时间等内容可以作为参照。虽然该规定针对的是建设工程施工合同无效时损失大小的判断,但是,在建设工程结算价款支付时间难以确定的情况下,也可以将合同约定的工程结算价款支付时间作为参照,如此一来,也更符合双方当事人的心理预期。因此,在建设工程施工合同无效但合同明确约定工程结算价款支付时间的情形下,当事人要求按《建设工程司法解释(一)》第二十七条规定确定无效合同工程结算价款支付时间并以此作为行使建设工程价款优先受偿权起算时间的,不应支持。

(3)建设工程施工合同约定工程结算价款支付时间,但双方在结算工程价款时,对建设工程施工合同约定的工程结算价款支付时间作了变更。如双方结算工程价款的时间在建设工程施工合同约定的工程结算价款支付时间起 18 个月以内,且双方没有恶意串通损害第三人的情况,应当以双方在结算协议中变更后的付款时间作为建设工程价款优先受偿权的起算时间。双方结算工程价款的时间在建设工程施工合同约定的工程结算价款支付时间起 18 个月之后,有观点认为,双方达成结算协议的时间已超出建设工程价款优先受偿权的行使时间,此时,应当以建设工程施工合同约定的工程结算价款支付时间,而不是以结算协议约定的付款时间作为建设工程价款优先受偿权的起算时间。笔者不同意该观点。在认定建设工程价款优先受偿权的行使期限时,应当尊重承包人、发包人之间关于支付工程价款期限的约定。承包人、发包人在施工合同之外另行签订的关于付款时间的协议,实际上系对施工合同的数额及付款时间进行了变更,该协议除符合法律规定的合同无效的情形外,应当认定为有效,应付款之日即以另行约定的日期为准。但是,为了避免发包人与承包人恶意串通,损害银行等其他债权人的利益,人民法院应当主动审查承包人、发包人的主观意愿及是否存在损害第三人利益的情形。如果确系一方原因,导致付款条件不能成就,双方协商一致另行确定付款时间,不存在恶意损害第三人利益的情形,应认定对付款时间的约定有效,优先受偿权的行使起算时间以协议约定的付款时间为准。反之,承包人、发包人恶意串通,目的是拖延银行抵押权的行使或损害第三人利益,则仍应以原合同约定的付款日期作为应付款之日,即行使建设工程价款优先受偿权的起算时间。[①] 但是,发包人、承包人双方在建设工程施工合同约定的应付工程款之日起 18 个月以后签订结算协议,另行约定工程款支付

① 参见王楠楠:《建设工程价款优先受偿权行使期限的问题研究》,载《民事审判指导与参考》2019 年第 2 辑(总第 78 辑)。

时间,难免会使人产生恶意串通的怀疑,为防止出现争议,承包人与发包人应当尽早结算,达成结算协议的时间务必不要超过建设工程施工合同约定的工程结算价款支付时间后18个月。

案例67 湖南协和建设有限公司(以下简称协和公司)与株洲市汉华房地产开发有限公司(以下简称汉华公司)建设工程施工合同纠纷案①

最高人民法院再审认为,本案再审的争议焦点为:协和公司对案涉工程主张优先受偿权是否已经超过6个月的保护期限。对此问题的判断,主要取决于两个方面的因素,一是优先受偿权保护期限的起算点,二是协和公司提出主张的时间。

1. 关于本案优先受偿权保护期限的起算点如何认定的问题。协和公司主张本案优先权受偿权的保护期限应从双方结算协议约定的付款日之次日即2015年1月28日开始起算,而汉华公司则认为应当从建设工程竣工日2012年10月18日开始起算。最高人民法院认为,本案优先受偿权的保护期限应从2015年1月28日开始起算。理由是:首先,《合同法》第二百八十六条(已失效,现为《民法典》第八百零七条)规定:"发包人未按照约定支付价款的,承包人可以催告发包人在合理期限内支付价款。发包人逾期不支付的,除按照建设工程的性质不宜折价、拍卖的以外,承包人可以与发包人协议将该工程折价,也可以申请人民法院将该工程依法拍卖。建设工程的价款就该工程折价或者拍卖的价款优先受偿。"根据该条规定可知,建设工程优先受偿的对象是工程折价或者拍卖价款,而工程需折价或者拍卖的前提是发包人逾期不支付工程价款。当发包人支付工程价款已届履行期时,承包人要求支付工程款才可能得到支持,并相应主张优先受偿权才有意义,故建设工程优先受偿权宜从发包人应付工程款期间届满之日起算。《合同法》(已失效)第二百八十六条规定,承包人就未付工程款对所承建工程享有优先受偿权,系为保护承包人对工程价款的实际受偿,在认定该优先受偿权的行使期限时,应当尊重当事人之间关于支付工程价款期限的约定,优先受偿权行使期限的起算点,不应早于当事人之间约定的工程价款支付期限,以保证实现该优先权权能。最高人民法院《关于建设工程价款优先受偿权问题的批复》(已失效)第四条规定,建设工程承包人行使优先受偿权的期限自建设工程竣工之日或者建设工程合同约定的竣工之日起计算,宜理解为前述起算点与应付工程款的期限一致的情形。本案中,汉华公司在2014年10月

① 最高人民法院(2017)最高法民再389号民事判决书。

24日办理竣工结算备案之日，向协和公司出具"欠条"，确认实际拖欠工程款3316万元，承诺于2015年1月27日之前完成支付，并在"欠条"中载明协和公司就拖欠的工程款享有优先受偿权。由此可见，虽然案涉工程已于2012年10月18日竣工，但双方实际办理竣工结算备案的时间是2014年10月24日，约定的付款时间是2015年1月27日之前。因此，本案优先受偿权宜从2015年1月28日起算，计算6个月，截至2015年7月27日。其次，根据《民事诉讼法司法解释》第三百八十六条的规定，人民法院受理申请再审案件后，应当对当事人主张的再审事由进行审查。最高人民法院根据协和公司的申请提审本案后，亦应围绕协和公司申请再审的事由进行审理。二审法院认定，双方结算协议约定付款于2015年1月27日之前付清，在该约定付款期限到达前，双方纠纷尚未发生，协和公司不行使建设工程优先受偿权合乎情理。这说明二审判决也认为本案优先受偿权应从2015年1月27日之后开始起算。当事人双方对二审判决有关优先受偿权起算点的认定未申请再审，而汉华公司在再审审理中提出的从2012年10月18日开始起算优先受偿权期限的抗辩主张，最高人民法院不予支持。

2. 关于协和公司提出优先权主张的时间如何认定的问题。建设工程款优先受偿权的行使期限属于除斥期间，且承包人需在法定期限内通过诉讼的方式予以主张。二审法院认为，优先受偿权须向相对方提出，审判机关不是其权利的行使对象，属于对法律规定的错误理解，最高人民法院予以纠正。原审查明，协和公司于2015年5月15日向一审法院提交民事起诉状，主张欠付工程款及优先受偿权。因协和公司无力缴交诉讼费，其降低了诉讼请求标的额并重新提交起诉状后，一审法院于2015年7月29日予以立案。虽然本案一审立案时间是2015年7月29日，但协和公司第一次提交起诉状的时间是2015年5月15日，在一审法院对协和公司第一次提交起诉状未作处理的情形下，应认定协和公司后面提交的起诉状是对之前起诉状的变更，其通过起诉主张权利的效力处于延续状态，故本案应认定协和公司提起优先受偿权主张的时间是2015年5月15日。该时间点未超过优先受偿权保护期限，协和公司主张就建设工程款优先受偿，符合法律规定，应予支持。二审认定协和公司主张建设工程优先受偿权超过了6个月的保护期限，适用法律错误，判决结果不当，最高人民法院予以纠正。

据此，最高人民法院判决确认协和公司就工程款对"汉华国际商业城"建设工程折价或者拍卖的价款享有优先受偿权。

(4)建设工程施工合同对工程结算价款支付时间没有约定或约定不明，双方当事人就工程结算价款达成结算协议的，应当以结算协议确定的结算价款支付时间作为行使建设工程价款优先受偿权的起算时间。结算协议未明确价款支付时间的，可以结算协议签订日期作为行使建设工程价款优先受偿权的起算时间。

(5)建设工程施工合同对工程结算价款支付时间没有约定或约定不明，双方未签订其他协议明确应付款时间，也未达成结算协议的。此情形下，如何确定建设工程价款优先受偿权行使的起算时间，实践中存在不同观点：观点一认为，应当以工程竣工之日或合同约定的工程竣工之日作为优先受偿权行使的起算时间，因为工程竣工后，结算工程价款的条件已经具备，承包人应当及时主张工程价款，以稳定现有的法律关系。[①] 观点二认为，应当以当事人向法院起诉的时间作为优先受偿权行使的起算时间。《民法典》第五百一十一条第(四)项规定："履行期限不明确的，债务人可以随时履行，债权人也可以随时请求履行，但是应当给对方必要的准备时间。"当事人向法院起诉，是要求对方履行合同，在合同未约定付款期限的情况下，应以起诉之日作为应付款之日，即优先受偿权行使的起算时间。观点三认为，应当以工程结算价款确定的时间作为优先受偿权行使的起算时间，工程价款通过造价咨询或司法鉴定确定的，应当以咨询报告或鉴定意见作出之日作为优先受偿权行使的起算时间。观点四认为，应当以建设工程实际交付之日作为优先受偿权行使的起算时间；工程未交付，也未结算的，应以当事人起诉之日作为优先受偿权行使的起算时间。笔者倾向于观点四。《建设工程司法解释(一)》第二十七条规定："利息从应付工程价款之日开始计付。当事人对付款时间没有约定或者约定不明的，下列时间视为应付款时间：(一)建设工程已实际交付的，为交付之日；(二)建设工程没有交付的，为提交竣工结算文件之日；(三)建设工程未交付，工程价款也未结算的，为当事人起诉之日。"建设工程已实际交付，从交付之日起发包人开始实际占有、使用工程并产生收益，从此时起发包人开始负有向承包人支付工程结算价款的义务。建设工程未实际交付，也未结算的，工程结算价款的支付时间并未确定，此时，以承包人向人民法院起诉主张自己权利的时间作为应付款时间，并以此作为优先受偿权行使的起算时间，较为合理。山东省高级人民法院民事审判第一庭《关于审理建设工程施工合同纠纷案件若干问题的解答》(2020年)第十一条规定了承包人主张建设工程价款优先受偿权的起算时间的确定方式：行使建设工程价款优先

① 参见肖峰等：《〈关于审理建设工程施工合同纠纷案件适用法律问题的解释(二)〉解读与探索》，载《法律适用》2019年第7期。

受偿权的期限自发包人应当给付工程价款之日起算。当事人对应付款时间有明确约定的，按照当事人约定。无明确约定的，可以参照最高人民法院《关于审理建设工程施工合同纠纷案件适用法律问题的解释》第十八条（已失效，现为《建设工程司法解释（一）》第二十七条）规定审查处理。

（6）建设工程施工合同解除，双方就解除前的工程价款达成结算协议的，以结算协议约定的应付款时间作为建设工程价款优先受偿权行使的起算时间。如结算协议未明确应付款时间，可以结算协议达成时间为优先受偿权行使的起算时间。

（7）建设工程施工合同解除，双方未进行结算，也未明确工程价款支付时间，应认为双方对合同解除后的应付款时间未作约定。建设工程已实际交付给发包人的，应当以工程实际交付的时间作为优先受偿权行使的起算时间；建设工程未实际交付，以当事人向人民法院起诉之日作为优先受偿权行使的起算时间。一些地区的人民法院认为，在建设工程施工合同解除的情形下，应以合同解除的时间作为优先受偿权行使的起算时间，[①]如江苏省高级人民法院《关于审理建设工程施工合同纠纷案件若干问题的解答》（2018 年）第十四条第（二）项规定，建设工程施工合同解除、终止履行的，自合同实际解除、终止之日起算建设工程价款优先受偿权行使期限。河北等省的高级人民法院也有此类指导性意见。因此，在合同解除的情况下，承包人行使优先受偿权最迟不要超过合同解除之日起 18 个月，当事人达成解除合同结算协议的除外。

案例 68 通州建总集团有限公司（以下简称通州建总公司）诉安徽天宇化工有限公司（以下简称安徽天宇公司）别除权纠纷案[②]

2006 年 3 月，安徽天宇公司与通州建总公司签订了一份《建设工程施工合同》，安徽天宇公司将其厂区一期工程生产厂区的土建、安装工程发包给通州建总公司承建，合同约定，开工日期：暂定 2006 年 4 月 28 日（以实际开工报告为准），竣工日期：2007 年 3 月 1 日，合同工期总日历天数 300 天。发包方不按合同约定支付工程款，双方未达成延期付款协议，承包人可停止施工，由发包人承担违约责任。后双方又签订一份《合同补充协议》，对支付工程款又做了新的约定，并约定厂区工期为 113 天，生活区工期为 266 天。2006 年 5 月 23 日，监理公司下达开工令，通州建总

① 参见李玉生主编：《建设工程施工合同案件审理指南》，人民法院出版社 2019 年版，第 291 页。

② 安徽省高级人民法院（2014）皖民一终字第 00054 号民事判决，最高人民法院指导案例 73 号。

公司遂组织施工,2007年安徽天宇公司厂区的厂房等主体工程完工。后因安徽天宇公司未按合同约定支付工程款,致使工程停工,该工程至今未竣工。2011年7月30日,双方在仲裁期间达成和解协议,约定如处置安徽天宇公司土地及建筑物偿债时,通州建总公司的工程款可优先受偿。后安徽天宇公司因不能清偿到期债务,江苏宏远建设集团有限公司向安徽省滁州市中级人民法院申请安徽天宇公司破产还债。安徽省滁州市中级人民法院于2011年8月26日作出(2011)滁民二破字第00001号民事裁定,裁定受理破产申请。2011年10月10日,通州建总公司向安徽天宇公司破产管理人申报债权并主张对该工程享有优先受偿权。2013年7月19日,安徽省滁州市中级人民法院作出(2011)滁民二破字第00001-2号民事裁定,宣告安徽天宇公司破产。通州建总公司于2013年8月27日提起诉讼,请求确认其债权享有优先受偿权。

安徽省高级人民法院二审认为,本案双方当事人签订的建设工程施工合同虽约定了工程竣工时间,但涉案工程因安徽天宇公司未能按合同约定支付工程款导致停工。现没有证据证明在工程停工后至法院受理破产申请前,双方签订的建设施工合同已经解除或终止履行,也没有证据证明在法院受理破产申请后,破产管理人决定继续履行合同。根据《企业破产法》第十八条第一款"人民法院受理破产申请后,管理人对破产申请受理前成立而债务人和对方当事人均未履行完毕的合同有权决定解除或继续履行,并通知对方当事人。管理人自破产申请受理之日起二个月内未通知对方当事人,或者自收到对方当事人催告之日起三十日内未答复的,视为解除合同"之规定,涉案建设工程施工合同在法院受理破产申请后已实际解除,本案建设工程无法正常竣工。按照最高人民法院全国民事审判工作会议纪要精神,因发包人的原因,合同解除或终止履行时已经超出合同约定的竣工日期的,承包人行使优先受偿权的期限自合同解除之日起计算,安徽天宇公司要求按合同约定的竣工日期起算优先受偿权行使时间的主张,缺乏依据,不予采信。2011年8月26日,法院裁定受理对安徽天宇公司的破产申请,2011年10月10日通州建总公司向安徽天宇公司的破产管理人申报债权并主张工程款优先受偿权,因此,通州建总公司主张优先受偿权的时间是2011年10月10日。安徽天宇公司认为通州建总公司行使优先受偿权的时间超过了破产管理之日6个月,与事实不符,不予支持。据此,判决确认通州建总集团有限公司对申报的债权就其施工的安徽天宇化工有限公司生产厂区土建、安装工程享有优先受偿权。

二、建设工程价款优先受偿权的行使方式

(一)折价或拍卖的方式

根据《民法典》第八百零七条的规定,承包人可以通过与发包人协议将该工程折价,也可以通过请求人民法院将该工程依法拍卖的方式行使建设工程价款优先受偿权。当然,当事人也可以通过诉讼的方式行使建设工程价款优先受偿权。有观点认为,当事人只能通过诉讼或者在人民法院执行程序中申请将工程拍卖行使优先受偿权,该观点明显与法律规定不符,不应采纳。

(二)建设工程价款优先受偿权能否以发函的方式行使

实践中,常有承包人通过发函的方式向发包人主张建设工程价款优先受偿权,是否有效,司法实践中存在较大争议。观点一认为,承包人可以通过发函的方式行使建设工程价款优先受偿权,这是因为:(1)建设工程价款优先受偿权既不同于留置权,也不同于抵押权,而是法律规定的一种特殊的、优先受偿的权利,其本质仍然属于债权。(2)建设工程价款优先受偿权的效力是法定的,无须得到双方当事人的合意。因此,承包人向发包人提出请求或者发包人向承包人承认其享有建设工程价款优先受偿权,均应认定承包人合法行使了工程价款优先受偿权。重庆市高级人民法院民事审判第一庭《关于建设工程施工合同纠纷中的法律适用问题解答(一)》(2018年)第十一条规定:“如何认定承包人在规定期间内行使了建设工程价款优先受偿权?答:《最高人民法院关于建设工程价款优先受偿权问题的批复》(法释[2002]16号,已失效)第四条规定:‘建设工程承包人行使优先权的期限为六个月,自建设工程竣工之日或者建设工程合同约定的竣工之日起计算。’因此,建设工程价款优先受偿权,必须自建设工程竣工之日或者建设工程合同约定的竣工之日起六个月内(现为应付工程价款之日起18个月内)行使。否则,承包人将丧失该项权利。实际竣工之日与约定竣工之日不一致的,以时间在后的日期作为优先受偿权的起算点。主张建设工程价款优先权的当事人,包括全部及部分履行合同的承包人,受让的承包人,以及实际施工人。承包人在上述‘六个月内’(现为十八个月)行使建设工程价款优先受偿权,并不以向人民法院提起诉讼为限。在该期限内,承包人向发包人提出请求或者发包人向承包人承认其享有建设工程价款优先受偿权,也应当认定承包人行使了该项权利。但是,无论以何种方式行使建设工程价款优先受偿权,承包人均须具有明确的请求或者发包人承认优先受偿的意思表示。”

观点二认为,承包人只能通过协议将工程折价或申请人民法院将工程拍卖的方式行使建设工程价款优先受偿权,承包人通过发函的方式行使优先受偿权的,行使效力将不被认可。江苏省高级人民法院《关于审理建设工程施工合同纠纷案件若干问题的解答》(2018年)第十八条规定:"承包人行使建设工程价款优先受偿权的方式如何认定?承包人通过提起诉讼或申请仲裁的方式,主张建设工程价款优先受偿权的,属于行使建设工程价款优先受偿权的有效方式。承包人通过发函形式主张建设工程价款优先受偿权的,不认可其行使的效力。"笔者认为,建设工程价款优先受偿权是一种法定担保物权,承包人必须按法律规定的方式行使。《民法典》第八百零七条仅规定两种行使建设工程价款优先受偿权的方式:一是承包人与发包人协议将建设工程折价,二是请求人民法院将工程依法拍卖。法律和司法解释均未规定承包人可以通过发函的方式行使优先受偿权,因此,以发函的方式行使优先受偿权并没有法律上的依据,无论发包人是否认可承包人所发送的函中主张的权利,以发函方式主张优先受偿权的效力都有可能被否定。目前,大部分地区的人民法院不认可承包人以发函的方式行使建设工程价款优先受偿权的效力。因是之故,承包人在行使建设工程优先受偿权时,应依法律规定通过协议折价、诉讼、申请人民法院拍卖的方式,而不应通过发函的方式。

案例69 江苏苏南建设集团有限公司(以下简称苏南公司)与溧阳市华盛染整有限公司(以下简称华盛公司)确认建设工程价款优先受偿权纠纷案①

江苏省常州市中级人民法院二审认为:承包人通过提起诉讼或申请仲裁的方式,主张建设工程价款优先受偿权的,属于行使建设工程价款优先受偿权的有效方式。承包人通过发函形式主张建设工程价款优先受偿权的,不认可其行使的效力。本案中,苏南公司主张于2014年9月3日以函告方式向华盛公司主张建设工程价款优先受偿权,该权利主张形式并非有效的行使方式,不发生确认华盛公司享有建设工程价款优先受偿权的法律效力。在苏南公司以提起诉讼方式主张权利的建设工程施工合同纠纷中,苏南公司未主张建设工程价款优先受偿权,其仅就工程价款的权利主张并不属于行使建设工程价款优先受偿权的有效方式。因此,苏南公司并未在法定期限内以有效方式主张建设工程价款优先受偿权,其上诉请求对建设工程价款优先受偿权予以确认,没有事实和法律依据,不予支持。

① 江苏省常州市中级人民法院(2018)苏04民终2503号民事判决书。

（三）建设工程价款优先受偿权能否通过民事调解书确认

关于建设工程价款优先受偿权能否通过民事调解书确认的问题，有观点认为，根据《民事诉讼法司法解释》第三百五十七条第一款第（五）项的规定，当事人申请司法确认调解协议，调解协议内容涉及物权、知识产权确权的，人民法院裁定不予受理。建设工程价款优先受偿权属于法定担保物权，不应在民事调解书中确认。笔者认为，《民事诉讼法司法解释》第三百五十七条是关于当事人申请司法确认调解协议的特别程序规定，人民法院对调解协议内容涉及物权确权的不予受理。该条并不涉及当事人向人民法院起诉，诉讼请求中涉及担保物权，双方当事人在人民法院主持下就包括担保物权的内容达成调解协议的情形。人民法院可以在民事调解书中确认承包人的优先受偿权，但是应当全面、严格审查权利主体是否适格、行使期限是否超过、欠付工程价款的数额是否有虚增、优先受偿权的范围是否符合法律规定、是否存在虚假诉讼等。

（四）建设工程价款优先受偿权能否适用实现担保物权的程序

《民事诉讼法》第一百九十六条、第一百九十七条规定："申请实现担保物权，由担保物权人以及其他有权请求实现担保物权的人依照物权法等法律，向担保财产所在地或者担保物权登记地基层人民法院提出。""人民法院受理申请后，经审查，符合法律规定的，裁定拍卖、变卖担保财产，当事人依据该裁定可以向人民法院申请执行；不符合法律规定的，裁定驳回申请，当事人可以向人民法院提起诉讼。"《民事诉讼法司法解释》第三百六十一条规定："民事诉讼法第一百九十六条规定的担保物权人，包括抵押权人、质权人、留置权人；其他有权请求实现担保物权的人，包括抵押人、出质人、财产被留置的债务人或者所有权人等。"虽然《民事诉讼法司法解释》并未明确规定建设工程价款优先受偿权可以适用实现担保物权的程序，但建设工程价款优先受偿权属于法定担保物权，其实现的主要方式是由人民法院拍卖建设工程，与实现担保物权的程序一致。因此，建设工程价款优先受偿权可以适用实现担保物权的程序。需要注意的是，涉及建设工程价款优先受偿权的纠纷往往也涉及工程价款的争议，工程价款争议在实现担保物权程序中无法解决，在此情形下，难以通过实现担保物权程序实现建设工程价款优先受偿权。因此，在建设工程价款存在争议的情况下，承包人应当通过普通诉讼程序行使建设工程价款优先受偿权。

第五节 建设工程价款优先受偿权的效力

建设工程价款优先受偿权的成立时间为建造行为合法依约结束之时，且对因发包人原因停建，承包人施工劳务、供应材料义务被迫终止的情形予以保护。[①] 建设工程竣工验收合格之日，建设工程价款优先受偿权即告成立；建设工程未完工时合同解除的，合同解除之日为建设工程价款优先受偿权的成立时间。建设工程价款优先受偿权的成立不以登记为生效要件或对抗要件。建设工程价款优先受偿权成立，就可以对抗抵押权和其他债权。

一、建设工程价款优先受偿权的对抗效力

（一）建设工程价款优先受偿权可对抗抵押权和普通债权

《建设工程司法解释（一）》第三十六条规定："承包人根据民法典第八百零七条规定享有的建设工程价款优先受偿权优于抵押权和其他债权。"从该条规定看，建设工程价款优先受偿权优先于抵押权，不考虑优先受偿权和抵押权成立时间的先后，也不考虑优先受偿权是否登记。一般来说，建设工程价款优先权自成立之时就可以优先于建筑物转让的合同之债，即基于商业利益的建筑物受让人的债权请求权不能对抗建设工程价款优先权的实现。[②]

（二）建设工程价款优先受偿权不能对抗的债权人

最高人民法院《关于建设工程价款优先受偿权问题的批复》（已失效）第二条规定："消费者交付购买商品房的全部或者大部分款项后，承包人就该商品房享有的工程价款优先受偿权不得对抗买受人。"该条规定虽已失效，但根据最高人民法院《关于人民法院办理执行异议和复议案件若干问题的规定》第二十九条规定，金钱债权执行中，买受人对登记在被执行的房地产开发企业名下的商品房提出异议，符合下列情形且其权利能够排除执行的，人民法院应予支持：（1）在人民法院查封之

---

① 参见王楠楠：《建设工程价款优先受偿权行使期限的问题研究》，载《民事审判指导与参考》2019年第2辑（总第78辑）。

② 参见万挺、冯小光、张闻：《论附着建设工程价款优先受偿权建筑物转让规则》，载《法律适用》2018年第21期。

前已签订合法有效的书面买卖合同;(2)所购商品房系用于居住且买受人名下无其他用于居住的房屋;(3)已支付的价款超过合同约定总价款的50%。对商品房消费者权利的保护优先于建设工程价款优先受偿权,当然也优先于抵押权。但是,对商品房消费者要严格界定,只有购买商品房用于自住的购房人才能认定为商品房消费者,购买商品房用于自住以外的投资等目的的购房人、单位购房人、以房抵工程款的债权人均不能认定为商品房消费者。

二、建设工程价款优先受偿权的追及效力

物权的追及效力,是指物权设立后,不论标的物辗转流入何人之手,物权人都有权追及物之所在并直接支配该物的效力。[①] 就建设工程价款优先受偿权而言,承包人不因建设工程所有权或占有权的流转而丧失优先受偿权,而是应当继续拍卖执行承包人承建的建筑物并优先受偿。建设工程价款优先受偿权成立后,以建筑物交换价值的优先受偿性保障建设工程价款的实现,不动产所有权人仍可充分利用、创造价值或者处分、交易换取对价,附着建设工程价款优先权的不动产应为自由转让模式。[②]

建设工程价款优先受偿权应当具备有限的追及效力,这是因为:建设工程价款优先受偿权是一种法定担保物权,法律并未明文排除建设工程价款优先受偿权的追及效力,在附着建设工程价款优先受偿权的不动产自由转让模式下,如否定建设工程价款优先受偿权的追及效力,将对承包人实现建设工程价款债权极为不利。抵押权等担保物权追及效力的基础在于担保物权的公示公信制度,担保物权未依法律规定的登记、交付等方式进行公示,受让人系善意取得物权的,可以对抗担保物权人。由于我国没有建立建设工程价款优先受偿权的登记制度,建设工程价款优先受偿权似只能通过对建设工程进行财产保全的方式进行公示。承包人未提起建设工程价款优先受偿权之诉亦未查封保全,考虑建设工程价款优先受偿权的法定性,如第三人知道或应当知道建设工程价款优先受偿权的存在,应视为优先受偿权已向其公示,对其权利保护劣后于建设工程价款优先受偿权。原则上讲,建设工程价款优先受偿权自符合法定条件时成立,虽不必然具有追及效力,但如第三人知

---

① 参见最高人民法院民法典贯彻实施工作领导小组编著:《中华人民共和国民法典物权编》(下),人民法院出版社2020年版,第1091页。

② 参见万挺、冯小光、张闻:《论附着建设工程价款优先受偿权建筑物转让规则》,载《法律适用》2018年第21期。

道或应当知道发包人欠付承包人工程价款，而自甘风险受让建设工程范围内的不动产，又以已支付对价为由，不能对抗承包人的建设工程价款优先受偿权的实现。[1]建设工程价款优先受偿权无论公示与否，均不得对抗已支付大部分购房款的商品房消费者。

三、建设工程价款优先受偿权的物上代位性

《民法典》第三百九十条规定："担保期间，担保财产毁损、灭失或者被征收等，担保物权人可以就获得的保险金、赔偿金或者补偿金等优先受偿。被担保债权的履行期限未届满的，也可以提存该保险金、赔偿金或者补偿金等。"该条即担保物权物上代位性的规定。担保物权的物上代位性，是指在担保物权存续期间，担保物权因毁损、灭失或者被征收等原因获得保险金、赔偿金、补偿金等补偿时，担保物权人仍可就保险金、赔偿金、补偿金等补偿优先受偿。担保物权之所以具有物上代位性，原因在于担保物权实质上是一种价值权，无论担保物的状态如何，只要其交换价值没有消失，无论其交换价值存在于何种代位物上，均为担保物权的效力所及。[2] 建设工程毁损、灭失，或者被征收，发包人或建设工程所有人获得的保险金、赔偿金或补偿金等代位物，承包人可就这些代位物行使建设工程价款优先受偿权。

四、建设工程价款优先受偿权放弃的法律效力

最高人民法院《关于审理建设工程施工合同纠纷案件适用法律问题的解释(二)》(已失效)发布前，司法实践中对承包人放弃建设工程价款优先受偿权的效力存在较大争议。

观点一认为，不能以事先放弃的方式放弃建设工程价款优先受偿权的法定物权效力，承包人同意放弃的意思表示，应认定无效。理由有如下五点：(1)建设工程价款优先权是基于法律规定产生的，不同于意定担保物权；(2)建设工程价款优先受偿权往往涉及施工人的材料款和工人工资，材料款债权在一定程度上具有所有权取回权的性质，而工人工资债权则具有基本生存保障的性质，放弃行为在一定程度上牺牲了材料款权利和工人工资权利，明显侵害了第三人的利益；(3)允许建设

① 参见万挺、冯小光、张闻：《论附着建设工程价款优先受偿权建筑物转让规则》，载《法律适用》2018 年第 21 期。

② 参见最高人民法院民法典贯彻实施工作领导小组编著：《中华人民共和国民法典物权编》(下)，人民法院出版社 2020 年版，第 1006 页。

工程价款优先权预先放弃违反了立法初衷;(4)从社会防范的角度看,如果这种权利不能放弃,抵押贷款人乃至建筑物受让人还可以采取预先防范措施,而如果这种权利可以放弃,则参与工程建设的个人等债权人无法采取防范措施;(5)从当前建筑业市场来看,承包人往往处于弱势地位。有些施工人为了承揽到工程不得不接受发包人的苛刻条件。[①]

观点二认为,承包人可以放弃建设工程价款优先受偿权。这是因为:建设工程价款优先受偿权是一种民事财产权利,既然是民事财产权利,权利人原则上可以放弃,但是放弃权利符合法律规定的无效、可撤销情形的除外。

最高人民法院《关于审理建设工程施工合同纠纷案件适用法律问题的解释(二)》(已失效)第二十三条规定:"发包人与承包人约定放弃或者限制建设工程价款优先受偿权,损害建筑工人利益,发包人根据该约定主张承包人不享有建设工程价款优先受偿权的,人民法院不予支持。"《建设工程司法解释(一)》第四十二条沿用该条款,并作改动。根据《建设工程司法解释(一)》第四十二条的规定,承包人放弃或限制建设工程价款优先受偿权的效力认定如下:

1. 原则上承包人放弃或限制建设工程价款优先受偿权的行为有效。承包人限制建设工程优先受偿权,是指承包人仅放弃部分优先受偿的权利,或针对某些担保物权人放弃部分优先受偿的顺位。如承包人放弃优先于某一抵押权人的权利,仍保留对普通债权人的优先受偿权。建设工程价款优先受偿权是一种私权,原则上应当允许权利人放弃或限制。承包人可以在建设工程价款优先受偿权成立前对权利进行放弃或限制,也可以在优先受偿权成立后实现前对权利进行放弃或限制。承包人放弃或限制建设工程价款优先受偿权,既可通过向发包人或建设工程所有权人单方承诺的方式,也可以通过与发包人或建设工程所有人签订协议的方式。

案例70 大连安泰建设有限公司(以下简称安泰公司)与大连中裕嘉合房地产开发有限公司(以下简称嘉合公司)建设工程施工合同纠纷案[②]

最高人民法院二审认为,安泰公司已经放弃涉案工程的优先受偿权。

① 参见钟玮衍:《建设工程价款优先受偿权若干疑难问题分析》,载《民事审判指导与参考》2010年第3辑(总第43辑)。转引自陈信勇:《建设工程价款优先受偿权放弃行为的效力分析》,载《浙江社会科学》2016年第2期。

② 最高人民法院(2016)最高法民终532号民事判决书。

第一,安泰公司已放弃涉案工程优先受偿权。本案中,安泰公司出具的《承诺书》明确载明,无论嘉合公司现在及以后是否欠付安泰公司在建工程的工程款,其自愿放弃上述《抵押合同》中约定的在建工程的优先受偿权。本承诺书一经签发不可撤销。该承诺书是安泰公司的真实意思表示,不违反法律、行政法规的强制性规定,合法有效。安泰公司上诉称该承诺书是为了嘉合公司取得贷款作出的,不是其真实意思表示。但其作为专业建筑企业,应当知道出具《承诺书》的法律后果,而且,其也没有证据证明在出具《承诺书》时存在欺诈、胁迫、乘人之危等违背真实意愿的情形,应当为出具《承诺书》的行为负责。因此,安泰公司该项上诉请求,证据不足,不应支持。安泰公司上诉主张该承诺书是其针对吉林银行大连分行出具的,并不是针对嘉合公司、恒源公司出具的,该承诺书对嘉合公司、恒源公司不产生效力。但嘉合公司是涉案工程的建设单位,该承诺书也明确载明承诺对象包含嘉合公司,《承诺书》一经作出,即对嘉合公司产生效力。在安泰公司明确放弃优先受偿权之后,再次提起诉讼主张涉案工程优先受偿权,违反了《承诺书》的约定,也违背了诚实信用原则,依法不应支持。

第二,安泰公司放弃优先受偿权不违反法律规定。《民事诉讼法》第十三条第二款规定,当事人有权在法律规定的范围内处分自己的民事权利和诉讼权利。建设工程优先受偿权是法律赋予建设工程施工人的法定权利,属于具有担保性质的民事财产权利。作为民事财产权利,权利人当然可以自由选择是否行使,当然也应当允许其通过约定放弃。而且,放弃优先受偿权并不必然侵害建设工程承包人或建筑工人的合法权益,承包人或建筑工人的合法权益还可通过其他途径的保障予以实现。因此,安泰公司关于优先受偿权属于法定权利,不能通过约定放弃的上诉理由,于法无据,不应支持。

2. 承包人放弃或限制建设工程价款优先受偿权损害建筑工人利益的,放弃或限制的行为无效。法律之所以设置建设工程价款优先受偿权,其目的不仅在于保护承包人的工程价款债权,更重要的目的在于保护广大建筑工人的利益。由于建筑工人的劳务报酬系从承包人处取得,如承包人不能取得工程价款,可能导致其生产经营和资金发生困难,建筑工人的劳务报酬无法得到保障。如任由承包人放弃或限制建设工程价款优先受偿权,将可能导致承包人责任财产减少,损害建筑工人的利益,这显然与建设工程价款优先受偿权的立法目的相悖。因此,应当对承包人放弃或限制建设工程价款优先受偿权的权利进行限制。如果承包人与发包人约定放弃或者限制建设工程价款优先受偿权,导致其工程价款债权不能实现,进而造成其资产负债状况恶化，以致不能支付建筑工人工资，则该放弃或者限制建设工程价款优先受偿权的行为就违反法律设立建设工程价款优先受偿权制度的本意，承包人与发包人关于放弃或者限制建设工程价款优先受偿权的约定无效。在判断承包人放弃或者限制建设工程价款优先受偿权是否损害建筑工人的利益时，要看承包人的这一行为是否影响其整体的清偿能力，要将承包人整体的资产负债情况以及现金流情况是否因此恶化到影响建筑工人工资支付的程度作为主要考虑因素。[①] 如果承包人只是欠付个别建筑工人的劳务报酬，或者承包人具有支付劳务报酬的能力而恶意拖欠，承包人不得以损害建筑工人利益为由主张其放弃或限制建设工程价款优先受偿权的行为无效。

3. 承包人放弃或限制建设工程价款优先受偿权符合法律规定无效情形的，放弃或限制的行为自始无效。承包人放弃或限制建设工程价款优先受偿权的行为是一种民事法律行为，自然要受法律关于民事法律行为效力规定的约束。如承包人与发包人恶意串通，签订放弃建设工程优先受偿权协议，损害材料设备供应商等第三人权利的，该协议无效。

4. 承包人放弃或限制建设工程价款优先受偿权符合法律规定可撤销的情形或债权人撤销权的条件，当事人或承包人的债权人行使撤销权的，放弃或限制行为自始不发生法律效力。例如，承包人因受发包人欺诈在违反真实意思的情况下放弃或限制建设工程价款优先受偿权，承包人有权请求人民法院或仲裁机构予以撤销。又如，承包人放弃建设工程价款优先受偿权，影响其债权人债权实现的，债权人可以请求人民法院撤销承包人放弃或限制建设工程价款优先受偿权的行为。

---

① 参见最高人民法院民事审判第一庭编著：《最高人民法院建设工程施工合同司法解释（二）理解与适用》，人民法院出版社 2019 年版，第 475 页。

CHAPTER 7

第七章

建设工程施工合同的解除

建设工程施工合同的解除，是指建设工程合同成立并对当事人产生法律拘束力后，具备法律规定或当事人约定的合同解除事由，或当事人协商一致时，因当事人一方或双方的意思表示而使建设工程施工合同的整体合同关系终止。建设工程施工合同的解除分为法定解除、约定解除和协商解除。其中，法定解除，是指合同具有法律约束力后，当事人在法律规定的解除事由出现时，行使解除权而使合同权利义务关系终止。约定解除，是指当事人约定，在合同履行过程中出现某种情况，当事人一方或双方可行使合同解除权使合同权利义务关系归于消灭。协商解除，是指合同产生法律拘束力后，当事人以解除合同为目的，经协商一致，订立一个解除原来合同的协议。[①] 法律、司法解释规定的建设工程施工合同的解除，是对当事人的一种救济方式，使当事人在特定情形致使建设工程施工合同无法实现合同目的时，得以摆脱合同权利义务的束缚，重获交易自由。

第一节 建设工程施工合同的法定解除

《民法典》第五百六十三条规定："有下列情形之一的，当事人可以解除合同：（一）因不可抗力致使不能实现合同目的；（二）在履行期限届满前，当事人一方明确表示或者以自己的行为表明不履行主要债务；（三）当事人一方迟延履行主要债务，经催告后在合理期限内仍未履行；（四）当事人一方迟延履行债务或者有其他违约行为致使不能实现合同目的；（五）法律规定的其他情形。以持续履行的债务为内容的不定期合同，当事人可以随时解除合同，但是应当在合理期限之前通知对方。"

一、发包人的法定解除权

对发包人的法定解除权分析如下：

① 参见黄薇主编：《中华人民共和国民法典释义》（中），法律出版社 2020 年版，第 1072～1074 页。

(一)承包人明确表示或者以行为表明不履行合同主要义务,发包人有法定解除权

承包人明确表示或以行为表明不履行建设工程施工合同的主要义务,属于根本性的预期违约。在合同约定的履行期限届至前,承包人明确表示不履行合同主要义务,是明示预期违约。在合同约定的履行期限届至前,承包人以自己的行为表明不履行合同主要义务,是默示预期违约。承包人根本性预期违约,建设工程施工合同的目的已不能实现,如仍要求发包人到履行期限届至时才能解除合同,将给发包人造成更多的损失。因此,《民法典》将当事人一方根本性预期违约作为另一方解除合同的法定事由。

实践中,承包人明示预期违约的情形比较容易界定。承包人默示预期违约的情形主要是无合理理由地擅自停工且长期不复工、擅自退场等。这里的承包人擅自停工或退场,必须符合无合理理由的前提。如果发包人不依约支付工程进度款,致使承包人无资金继续进行工程建设,承包人的停工就具备合理理由,发包人不得因此解除合同。

案例71　临泉县万嘉置业有限公司(以下简称万嘉公司)与中城投集团第六工程局有限公司(以下简称中城投六局)建设工程施工合同纠纷案①

最高人民法院二审认为:《合同法》第九十四条(已失效,现为《民法典》第五百六十三条)规定:"有下列情形之一的,当事人可以解除合同:(一)因不可抗力致使不能实现合同目的;(二)在履行期限届满之前,当事人一方明确表示或者以自己的行为表明不履行主要债务;(三)当事人一方迟延履行主要债务,经催告后在合理期限内仍未履行……"最高人民法院《关于审理建设工程施工合同纠纷案件适用法律问题的解释》第八条(已失效,被《民法典》的相关规定吸收)规定:"承包人具有下列情形之一,发包人请求解除建设工程施工合同的,应予支持:(一)明确表示或者以行为表明不履行合同主要义务的……"具体到本案中,在中城投六局未按2012年8月29日签订的《临泉苏果财富广场1号、2号、3号楼工程补充协议》履行7日内复工义务的情况下,万嘉公司于2012年10月29日向中城投六局发出一份《郑重函告》,要求中城投六局在接函后3日内立即全面复工,但中城投六局在其2012年

① 最高人民法院(2018)最高法民终74号民事判决书。

10月30日的《复函》中仍提出万嘉公司按照复工补充协议约定支付相关费用后才予以复工。如前所述,因在中城投六局停工时万嘉公司并不拖欠其工程进度款,且双方在《临泉苏果财富广场1号、2号、3号楼工程补充协议》中明确约定中城投六局复工在先,万嘉公司支付补偿款在后,故中城投六局在《复函》中关于万嘉公司支付相关费用后其才复工的主张明显与《临泉苏果财富广场1号、2号、3号楼工程补充协议》的约定不一致,不能成立。因中城投六局在万嘉公司并不拖欠其工程进度款的情况下停工,且经万嘉公司催告仍拒不履行约定的复工义务,而上述义务属于中城投六局在案涉合同中的主要义务,根据《合同法》(已失效)第九十四条第三款[现为《民法典》第五百六十三条第一款第(三)项]的规定,万嘉公司有权解除合同,故案涉合同自万嘉公司2012年11月7日向中城投六局发出的《关于解除建设工程施工合同的函》送达之日起解除。

(二)合同约定的期限内没有完工,且在发包人催告的合理期限内仍未完工,发包人有法定解除权

该情形与《民法典》第五百六十三条第一款第(三)项的规定相对应。当事人一方迟延履行债务需符合以下情形,另一方才能根据《民法典》的该项规定解除合同:(1)迟延履行的是主要债务。主要债务是影响合同目的实现的债务,在建设工程施工合同中,承包人的主要债务是如期保质地完成工程施工。承包人在合同约定的期限内没有完工,构成主要债务的迟延履行。(2)经催告后债务人在合理期限内仍未履行。当事人一方迟延履行主要债务,另一方不能直接行使合同解除权,否则会造成财产的不必要损失和浪费。守约方应当进行催告,并指定一个合理的履行期限,合理期限根据债务履行所需的必要时间和难度而定。在守约方指定的合理期限内,违约方仍未履行,守约方可以解除合同。

关于承包人延误工期的认定,首先,要确定工期延误是否因承包人原因所致。如果是因发包人或其他原因导致工期延误,发包人无权因工程延误解除合同。承包人工期延误的认定,前面已经详细论述。其次,要判断承包人是否按施工进度计划进行工程施工。2017年版示范文本通用条款第7.1款、第7.2款规定:承包人应按照第7.1款[施工组织设计]约定提交详细的施工进度计划,施工进度计划的编制应当符合国家法律规定和一般工程实践惯例,施工进度计划经发包人批准后实施。施工进度计划是控制工程进度的依据,发包人和监理人有权按照施工进度计划检查工程进度情况。施工进度计划不符合合同要求或与工程的实际进度不一致

的,承包人应向监理人提交修订的施工进度计划,并附具有关措施和相关资料,由监理人报送发包人。除专用合同条款另有约定外,发包人和监理人应在收到修订的施工进度计划后 7 天内完成审核和批准或提出修改意见。发包人和监理人对承包人提交的施工进度计划的确认,不能减轻或免除承包人根据法律规定和合同约定应承担的任何责任或义务。当工程实际施工进度远远落后于施工进度计划时,发包人可以向承包人进行催告,如承包人在发包人指定的合理期限内仍未履行,发包人可以解除合同。但是,承包人可以施工进度计划不符合合同要求、不合理等事由进行抗辩,并可据此要求对施工进度计划进行修订。如施工进度计划确实存在不合理、不符合合同要求,或者发包人对承包人修订施工进度计划的申请未及时审查和批准的,发包人无权以实际施工进度落后于施工进度计划为由解除合同。最后,要判断在合同约定的工期届满时,承包人是否完成施工。工期是从工程开工之日到工程竣工之日的期限。如因承包人的原因,到工期届满之日,工程远未完工,则发包人可以进行催告,并在合理期限届满且承包人未完成施工时解除合同。承包人可以工期不合理或发包人任意压缩合理工期进行抗辩,如发包人确有任意压缩合理工期的行为,则其不能以工期届满未完工为由解除合同。

(三)已经完成的建设工程质量不合格,承包人拒绝修复,发包人有法定解除权

该情形与《民法典》第五百六十三条第一款第(三)项的规定相对应。根本性违约是指当事人一方迟延履行或有其他违约行为致使合同目的不能实现。在根本性违约的情形下,守约方无须催告,可直接解除合同。

建设工程的质量是建设工程的灵魂,质量不合格的工程不能竣工验收并投入使用,发包人不能实现签订及履行合同的根本目的,因此,如果承包人对质量不合格的工程拒绝修复,承包人的行为构成根本性违约,发包人依法享有合同的解除权。[①] 需要注意的是,此处建设工程质量不合格,不仅指工程竣工验收不合格,还包括施工过程中发现的部分工程质量不合格。部分工程质量不合格,发包人或监理人可以要求承包人进行修复,承包人拒绝修复的,发包人可以依法行使解除权,而无须等到竣工验收之时。如果工程存在一般性的质量瑕疵,不影响建设工程整体质量合格,承包人拒绝修复,并不影响合同目的的实现,不属于承包人的根本性违

---

① 参见最高人民法院民事审判第一庭编著:《最高人民法院建设工程施工合同司法解释的理解与适用》,人民法院出版社 2015 年版,第 80 页。

约,发包人可以通过委托他人修复或减价等方式进行弥补,但不享有合同解除权。

已经完成的建设工程质量不合格,承包人同意修复,但迟迟不予修复,或者经修复工程质量仍不合格,此时承包人的行为同样导致建设工程施工合同的目的不能实现,构成根本性违约,发包人可以解除合同。

此处已经完成的建设工程质量不合格,主要指的是建设工程质量不符合国家强制性标准。如当事人在建设工程施工合同中约定的质量标准高于国家强制性标准,已完成的建设工程不符合约定的质量标准,但符合国家强制性标准,一般情况下,建设工程的正常使用和安全仍可得到保障,合同的目的仍可实现,发包人一般不得行使合同解除权。但是,合同约定的质量标准是为发包人特定的安全生产需求设定,如不修复将影响生产安全时,承包人拒绝修复的,发包人仍可解除合同。①

(四)承包人将建设工程转包、违法分包,发包人有法定解除权

转包行为中,承包人将其承接的工程全部倒手转给他人,自己基本不实际履行合同义务。法律允许承包人经得发包人同意将主体结构以外的工程部分地分包给他人,但禁止承包人承接工程后的转包行为。转包行为将造成以下危害:(1)承包人将工程转包给他人,通常要赚取一定利益,即承包人应支付转承包人的工程折价补偿款要少于承包人应得的工程价款。经层层转包后,实际施工人可得的工程折价补偿款大为减少,相应地,他们实际投入工程建设的费用也将大幅度减少,难免会出现偷工减料的现象,可能危及建设工程的质量与安全。(2)发包人选择承包人承接工程,往往经过慎重考虑,很多工程承包人还经过招标投标程序确定。承包人将工程转包给他人,破坏发包人与承包人之间的信任关系,违背发包人的意愿,损害招标投标程序和合同的严肃性。而且,很多转承包人不具备相应的施工资质,这不仅损害发包人的利益,还对人民群众的正常生产生活造成严重影响。

违法分包,主要是指承包人违反法律规定将主体结构工程分包给他人,将工程分包给不具备资质的单位或个人,未经发包人同意分包、层层分包等情形。承包人承接工程后进行违法分包的,也会造成建设工程质量缺陷和安全隐患、违背发包人的意愿、损害发包人的利益等后果,为法律所明确禁止。

承包人将工程转包或违法分包,将使发包人订立建设工程施工合同的目的落空,因此,发包人有权在承包人转包或违法分包情形下解除合同。

---

① 参见李玉生主编:《建设工程施工合同案件审理指南》,人民法院出版社 2019 年版,第 235 页。

（五）承包人的其他违约行为，导致建设工程施工合同的目的不能实现，发包人有法定解除权

承包人的一些其他违约行为导致建设工程施工合同的目的不能实现的，发包人可根据《民法典》第五百六十三条的规定解除合同。如承包人违法施工，导致建设工程存在严重的安全隐患或已造成安全责任事故，发包人或监理人责令其整改后，承包人拒绝整改或怠于整改，发包人可以解除合同。根据2017年版示范文本通用合同条款第16.2.1项和第16.2.3项的规定，承包人违反合同约定采购和使用不合格的材料和工程设备，或者违反材料与设备专用要求，未经批准，私自将已按照合同约定进入施工现场的材料或设备撤离施工现场，或者未能按照合同约定履行其他义务，监理人发出整改通知后，承包人在指定的合理期限内仍不纠正违约行为并致使合同目的不能实现的，发包人有权解除合同。承包人在建设工程施工合同履行期间资质等级下降，如下降后的资质等级低于该工程施工所需的资质等级，该情形将导致合同目的落空，发包人可以解除合同；下降后的资质等级不低于工程施工所需的资质等级，该情形不影响合同目的的实现，发包人不得因此解除合同。

（六）承包人不履行合同或履行合同不符合约定，发包人终止合同的权利

《民法典》第五百八十条规定："当事人一方不履行非金钱债务或者履行非金钱债务不符合约定的，对方可以请求履行，但是有下列情形之一的除外：（一）法律上或者事实上不能履行；（二）债务的标的不适于强制履行或者履行费用过高；（三）债权人在合理期限内未请求履行。有前款规定的除外情形之一，致使不能实现合同目的的，人民法院或者仲裁机构可以根据当事人的请求终止合同权利义务关系，但是不影响违约责任的承担。"建设工程施工合同中，承包人的债务属于债务的标的不适于强制履行的情形，在承包人不履行债务的情况下，发包人可以向人民法院或仲裁机构请求终止合同权利义务关系。此处的终止请求权与法定解除权不同，终止请求权只能通过向人民法院或仲裁机构起诉或申请仲裁的方式行使，而且，终止请求权不受《民法典》第五百六十四条解除权行使期限的限制。合同权利义务关系终止后，不影响发包人向承包人主张除继续履行之外的违约责任的权利。

（七）发包人是否享有任意解除权

《民法典》第七百八十七条规定："定作人在承揽人完成工作前可以随时解除合

同,造成承揽人损失的,应当赔偿损失。"《民法典》合同编"建设工程合同"一章第八百零八条规定:"本章没有规定的,适用承揽合同的有关规定。"而"建设工程合同"一章中,并无发包人是否可以任意解除合同的规定。有观点据此认为,建设工程施工合同也应适用《民法典》第七百八十七条关于定作人任意解除合同的规定,发包人可以在建设工程竣工前随时解除合同,造成承包人损失的,应当赔偿损失。笔者认为,不应赋予发包人以合同任意解除权。《民法典》合同编"建设工程合同"一章没有规定的内容,在适用承揽合同的有关规定时,应当注意根据建设工程合同的性质及特征能否直接适用承揽合同的有关规定;如果其他法律对建设工程合同作出的强制性规定使对其直接适用承揽合同的相关规定不适当时,便不能直接适用承揽合同的相关规定,而应结合建设工程合同的规定、合同的一般规定以及其他法律的强制性规定确定当事人之间的权利义务。① 例如,《民法典》第七百八十三条关于承揽人留置权的规定,由于建设工程施工合同中的承包人享有建设工程价款优先受偿权,就不能适用该条规定享有留置权。建设工程施工合同相对于承揽合同而言,具有履行周期长、投入大、涉及利益主体众多、标的物长期存在且不可移动等特点,如允许发包人任意解除合同,将严重损害承包人的利益,进而影响建筑工人利益的实现,并将造成极大的资源浪费。因此,应尽量维护建设工程施工合同的稳定性,发包人不享有任意的合同解除权。

二、承包人的法定解除权

对承包人的法定解除权分析如下:

(一)发包人未按约定支付工程价款

依约支付工程价款是发包人的主要合同义务。发包人未依合同约定支付工程价款,是对合同主要义务的违反,承包人可以向发包人进行催告,发包人在催告的合理期限内仍未支付工程款,承包人有权解除合同。这里的工程价款包括工程预付款、工程进度款和工程结算款,主要指的是工程进度款。由于工程结算款支付期限届至时,承包人的施工任务已经完成,一般不会要求解除合同。

发包人未按约定支付工程价款,必须达到导致承包人无法施工的程度,承包人才能在催告未果时解除合同。关于发包人未支付工程价款的数额,必须在个案中

① 参见黄薇主编:《中华人民共和国民法典释义》(中),法律出版社 2020 年版,第 1492 页。

根据具体案情进行考虑。发包人可以在诉讼中就其未支付工程价款存在合理理由进行抗辩,如工程质量不合格,承包人的实际施工进度明显落后于施工进度计划,承包人未履行先合同义务等。如发包人就未支付工程价款提出合理抗辩,承包人无权解除合同。

案例 72　湖北教建建设集团有限公司(以下简称教建公司)与洪湖市新堤办事处洪林村村民委员会(以下简称洪林村村委会)、洪湖市泓林房地产开发有限公司建设工程施工合同纠纷案①

湖北省荆州市中级人民法院一审认为:关于教建公司请求解除工程承包合同的诉讼请求是否应予支持的问题。洪林村村委会通过招投标程序将洪林村新社区村民公寓工程发包给原告教建公司承建,中标结果已报洪湖市公共资源交易监督管理局备案。案涉工程办理了建筑工程施工许可证、建设用地规划许可证及建设工程规划许可证等相关审批手续,双方于 2014 年 3 月 18 日签订的《洪林花园小区(2、3、4 标段)建设工程承包合同》系双方真实意思表示,双方应当按照合同约定内容全面履行自己的义务。合同签订后,教建公司依约组织人员施工,因洪林村村委会不能按合同约定支付工程进度款,导致教建公司于 2015 年 2 月 25 日停工至今。依据最高人民法院《关于审理建设工程施工合同纠纷案件适用法律问题的解释》第九条(已失效,被《民法典》的相关规定吸收)的规定,发包人具有下列情形之一,致使承包人无法施工,且在催告的合理期限内仍未履行相应义务,承包人请求解除建设工程施工合同的,应予支持:(1)未按约定支付工程价款的;(2)提供的主要建筑材料、建筑构配件和设备不符合强制性标准的;(3)不履行合同约定的协助义务的。本案中,被告未按约定支付工程进度款导致原告停工,其行为已构成违约,且被告在庭审中亦同意解除双方签订的建设工程承包合同,本院对原告要求解除双方签订的《洪林花园小区(2、3、4 标段)建设工程承包合同》的诉讼请求予以支持。

(二)发包人提供的主要建筑材料、建筑构配件和设备不符合强制性标准

主要建筑材料、建筑构配件和设备直接影响建设工程的质量和安全。发包人提供主要建筑材料、建筑构配件和设备的,应当保证这些材料、构配件和设备符合强制性标准和合同约定标准。《建筑法》第五十九条规定:"建筑施工企业必须按照

① 湖北省荆州市中级人民法院(2017)鄂 10 民初 43 号民事判决书。

工程设计要求、施工技术标准和合同的约定，对建筑材料、建筑构配件和设备进行检验，不合格的不得使用。”《建设工程质量管理条例》第二十九条规定：“施工单位必须按照工程设计要求、施工技术标准和合同约定，对建筑材料、建筑构配件、设备和商品混凝土进行检验，检验应当有书面记录和专人签字；未经检验或者检验不合格的，不得使用。”2017 年版示范文本通用合同条款第 9.3.1 项规定：“承包人应按合同约定进行材料、工程设备和工程的试验和检验，并为监理人对上述材料、工程设备和工程的质量检查提供必要的试验资料和原始记录。按合同约定应由监理人与承包人共同进行试验和检验的，由承包人负责提供必要的试验资料和原始记录。”根据上述规定，发包人提供主要建筑材料、建筑构配件和设备，承包人也有义务按照工程设计要求、施工技术标准和合同约定进行检验，未经检验或检验不合格的，不得使用，这也是保证承包人施工质量的重要手段。如果发包人提供的主要建筑材料、建筑构配件和设备不符合强制性标准，经承包人催告后在合理期限仍未提供符合标准的建筑材料、建筑构配件和设备，承包人可以解除合同。

（三）发包人不履行合同约定的协助义务，致使合同目的不能实现

承包人的正常施工有赖于发包人的协助。发包人的协助义务包括：(1)按照合同约定的期限、数量和内容向承包人免费提供图纸，并组织承包人、监理人和设计人进行图纸会审和设计交底。(2)根据施工需要，负责取得出入施工现场所需的批准手续和全部权利，以及取得因施工所需修建道路、桥梁以及其他基础设施的权利，并承担相关手续费用和建设费用。(3)提供场内外交通设施的技术参数和具体条件。(4)办理法律规定由其办理的许可、批准或备案，包括但不限于建设用地规划许可证、建设工程规划许可证、建设工程施工许可证、施工所需临时用水和临时用电、中断道路交通、临时占用土地等许可和批准。协助承包人办理法律规定的有关施工证件和批件。(5)提供施工现场、施工条件和施工资料。(6)按约定时间同意下达开工通知。(7)在约定时间办理工程中间验收和隐蔽工程的验收。(8)暂停施工后，采取有效措施积极消除暂停施工的影响。当工程具备复工条件时，及时批准发出复工通知。(9)其他协助义务。发包人不履行合同约定的协助义务，致使承包人无法施工，承包人可以催告发包人在合理期限内履行协助义务，如发包人仍不履行，承包人可以解除合同。

此外，2017 年版示范文本通用合同条款还规定以下情形中承包人享有合同解除权：(1)除专用合同条款另有约定外，因发包人原因造成监理人未能在计划开工

日期之日起90天内发出开工通知的,承包人有权提出价格调整要求,或者解除合同。(2)暂停施工持续84天以上不复工的,且不属于承包人原因引起的暂停施工及不可抗力的情形,并影响整个工程以及合同目的实现的,承包人有权提出价格调整要求,或者解除合同。(3)除专用合同条款另有约定外,承包人按第16.1.1项[发包人违约的情形]约定暂停施工满28天后,发包人仍不纠正其违约行为并致使合同目的不能实现的,或出现第16.1.1项[发包人违约的情形]第(7)目约定(发包人明确表示或者以其行为表明不履行合同主要义务的)的违约情况,承包人有权解除合同。

三、双方当事人的法定解除权

(一)因不可抗力致使不能实现合同目的

根据《民法典》第一百八十条第二款的规定,不可抗力是不能预见、不能避免且不能克服的客观情况。不可抗力对建设工程施工合同履行的影响有大有小,有些不可抗力只是短暂地影响合同的履行,而有些不可抗力则可能使合同目的落空。只有在不可抗力致使不能实现合同目的的情况下,当事人才可以依据《民法典》第五百六十三条第一款第(一)项的规定解除合同。关于不可抗力致使不能实现合同目的的认定,可参考2017年版示范文本通用合同条款的规定,因不可抗力导致合同无法履行连续超过84天或累计超过140天的,发包人和承包人均有权解除合同。

(二)情势变更

《民法典》第五百三十三条规定:“合同成立后,合同的基础条件发生了当事人在订立合同时无法预见的、不属于商业风险的重大变化,继续履行合同对于当事人一方明显不公平的,受不利影响的当事人可以与对方重新协商;在合理期限内协商不成的,当事人可以请求人民法院或者仲裁机构变更或者解除合同。人民法院或者仲裁机构应当结合案件的实际情况,根据公平原则变更或者解除合同。”关于情势变更的认定,本书前面已有详细论述。发生情势变更的情形,当事人可以选择变更或解除合同。要注意的是,情势变更和不可抗力存在一定重合,在两者重合处,当事人可以选择两者之一来解除合同。

(三)建设工程施工合同未约定期限,当事人是否享有法定解除权

《民法典》第五百六十三条第二款规定:“以持续履行的债务为内容的不定期合

同,当事人可以随时解除合同,但是应当在合理期限之前通知对方。”当事人在建设工程施工合同中未约定期限,是否可以根据该款规定随时解除合同,存在不同观点。观点一认为,建设工程施工合同属于持续性的合同,在未约定期限的情况下,合同属于不定期的合同,符合《民法典》第五百六十三条第二款规定的情形。双方当事人均可在合理期限之前通知对方后解除合同。观点二认为,建设工程施工合同没有工期的约定,可通过合同解释确定工期,因此,未约定工期的建设工程施工合同不属于不定期合同,当事人不享有任意解除权。笔者认为,未约定工期的建设工程施工合同不属于《民法典》第五百六十三条第二款规定的不定期合同,当事人不得随时解除合同。不定期合同,是指未约定期限或约定的期限不明确,而且期限无法确定的合同。根据《民法典》第五百一十条的规定,合同生效后,当事人就质量、价款或者报酬、履行地点等内容没有约定或者约定不明确的,可以协议补充;不能达成补充协议的,按照合同相关条款或者交易习惯确定。交易习惯在一定范围内被普遍接受和采用,或者在特定当事人之间经常使用。对于未约定期限建设工程施工合同,可以参考当地的定额结合建设工程的具体情况确定履行期限。而且,建设工程施工投入大、期限长、涉及主体多,如任由双方当事人解除合同,将给对方当事人及其他主体造成严重损失,不利于资源的有效利用。因此,未约定期限的建设工程施工合同不能适用《民法典》第五百六十三条第二款规定的任意解除权。

第二节 合同解除权的行使及其法律后果

当事人行使合同解除权,无论是法定解除权还是约定解除权,都应当按照法律规定或合同约定的方式和期间行使。合同解除后,双方的合同权利义务关系终止,但不影响违约责任的承担。

一、合同解除权的行使方式

《民法典》第五百六十五条规定:“当事人一方依法主张解除合同的,应当通知对方。合同自通知到达对方时解除;通知载明债务人在一定期限内不履行债务则合同自动解除,债务人在该期限内未履行债务的,合同自通知载明的期限届满时解除。对方对解除合同有异议的,任何一方当事人均可以请求人民法院或者仲裁机构确认解除行为的效力。当事人一方未通知对方,直接以提起诉讼或者申请仲裁的方式依法主张解除合同,人民法院或者仲裁机构确认该主张的,合同自起诉状副本或者仲裁申请书副本送达对方时解除。"根据该条规定,当事人行使合同解除权的方式有以下两种。

(一)通知解除

当事人一方行使法定解除权或约定解除权时,可以采用通知对方当事人的方式。解除权是一种形成权,当事人在具备合同解除权时,只需将解除合同的通知送达对方,即产生合同解除的效果,无须征得对方当事人同意。合同解除的通知既可以采用书面形式,也可以通过口头形式,但出于保存证据的考虑,应当尽可能地采用书面形式。合同解除通知何时生效,应依据《民法典》第一百三十七条的规定进行认定,该条规定:"以对话方式作出的意思表示,相对人知道其内容时生效。以非对话方式作出的意思表示,到达相对人时生效。以非对话方式作出的采用数据电文形式的意思表示,相对人指定特定系统接收数据电文的,该数据电文进入该特定系统时生效;未指定特定系统的,相对人知道或者应当知道该数据电文进入其系统时生效。当事人对采用数据电文形式的意思表示的生效时间另有约定的,按照其约定。"

当事人具备合同解除权,在发出解除合同通知时,也可以在通知中催告债务人在一定期限内履行债务,并载明债务人在一定期限内不履行债务则合同自动解除。如果债务人在该期限内不履行债务,合同自动解除,债权人无须另外再送达合同解除通知。

当事人向对方发出解除合同通知,对方可能就发出方是否具备合同解除权、通知是否有效送达提出异议,这时,当事人可以请求人民法院或仲裁机构确认合同解除行为的效力。

(二)诉讼或仲裁解除

当事人具备合同解除权,既可以采用通知合同解除的方式,也可以在未通知对方当事人时采用直接向人民法院提起诉讼或向仲裁机构申请仲裁的方式解除合同。当人民法院和仲裁机构将有合同解除内容的起诉状副本、仲裁申请书副本送达对方当事人时,即产生合同解除的效果。人民法院或仲裁机构确认该主张的,以上述起诉状副本、仲裁申请书副本送达对方的时间为合同解除的时间。

二、解除权的行使期限

当事人行使合同解除权,将导致合同权利义务关系的终止,对双方当事人的影响重大。如果具备合同解除权的当事人长期不行使合同解除权,将使合同长期处于不安定的状态,不利于交易安全和市场经济秩序的稳定。因此,《民法典》增加合同解除权行使期限的规定,第五百六十四条规定:"法律规定或者当事人约定解除权行使期限,期限届满当事人不行使的,该权利消灭。法律没有规定或者当事人没有约定解除权行使期限,自解除权人知道或者应当知道解除事由之日起一年内不行使,或者经对方催告后在合理期限内不行使的,该权利消灭。"

根据该条规定,合同解除权的行使期限既可以由法律规定,也可以由当事人约定,法律规定或当事人约定的解除权行使期限届满当事人不行使的,解除权消灭。法律没有规定或当事人没有约定解除权行使期限,当事人可以催告解除权人在合理期限内行使解除权,解除权人在合理期限内未行使的,解除权消灭。合理期限需要在个案中进行判断。当事人没有催告的,解除权的行使期限为1年,自解除权人知道或应当知道解除事由之日起算,该期间届满,解除权消灭。1年的解除权行使期限属于除斥期间,不适用诉讼时效中止、中断、延长的规定。

此外,除行使期限届满不行使会导致解除权消灭外,解除权还会因当事人放弃而消灭。当事人在解除事由后明确表示或者以自己的行为表明放弃解除权,均属于对自己权利的处分,根据自愿原则,法律予以准许。[①] 解除权人明示或默示放弃解除权后,又通知对方合同解除或向人民法院起诉请求解除合同的,不应支持。

三、建设工程施工合同解除的法律后果

《民法典》第五百六十六条规定:"合同解除后,尚未履行的,终止履行;已经履行的,根据履行情况和合同性质,当事人可以请求恢复原状或者采取其他补救措施,并有权请求赔偿损失。合同因违约解除的,解除权人可以请求违约方承担违约责任,但是当事人另有约定的除外。主合同解除后,担保人对债务人应当承担的民事责任仍应当承担担保责任,但是担保合同另有约定的除外。"根据该条规定,建设工程施工合同解除将产生以下法律后果。

---

① 参见黄薇主编:《中华人民共和国民法典释义》(中),法律出版社2020年版,第1085页。

(一)债务尚未履行的,终止履行

建设工程施工合同解除时,建设工程尚未完工,双方应终止履行合同。这是因为解除是合同权利义务关系终结的手段,合同解除后解除权人的债务归于终结,这是解除权人所要追求的主要目的之一,也是解除制度最基本的功能的体现。解除的相对人所负的债务如尚未履行的,当然也因解除而归于终结。[①]

(二)已经履行的,根据履行情况恢复原状或采取其他补救措施,并赔偿损失

建设工程施工合同是一种持续履行的合同,承包人的投入已物化于建设工程之中,一般来说没有必要恢复原状,否则会造成资源的浪费。承包人有权依合同约定的工程价款,要求发包人支付已完成工程部分相对应的工程价款。但是,承包人施工的工程质量不合格,需要拆除重建的,承包人不得主张工程价款,发包人可以要求承包人恢复原状。

案例 73 河南省某某建设发展有限公司(以下简称发展公司)与固始县国宾大酒店有限公司(以下简称国宾公司)建设工程施工合同纠纷案[②]

最高人民法院再审审查认为:关于原审判决国宾公司支付的工程款数额是否适当的问题。国宾公司在再审申请中提出,对于案涉工程不合格项目的工程款有权拒绝支付。最高人民法院《关于审理建设工程施工合同纠纷案件适用法律问题的解释》第十条第一款(已失效,被《民法典》的相关规定吸收)规定:"建设工程施工合同解除后,已经完成的建设工程质量合格的,发包人应当按照约定支付相应的工程价款;已经完成的建设工程质量不合格的,参照本解释第三条规定处理。"第三条(现为《民法典》第七百九十三条)规定:"建设工程施工合同无效,且建设工程经竣工验收不合格的,按照以下情形分别处理:(一)修复后的建设工程经竣工验收合格,发包人请求承包人承担修复费用的,应予支持;(二)修复后的建设工程经竣工

---

① 参见韩世远:《合同法总论》,法律出版社 2018 年版,第 674 页。转引自最高人民法院民法典贯彻实施工作领导小组编著:《中华人民共和国民法典合同编理解与适用(一)》,人民法院出版社 2020 年版,第 659 ~660 页。

② 最高人民法院(2020)最高法民申 2575 号民事裁定书。

验收不合格，承包人请求支付工程价款的，不予支持。因建设工程不合格造成的损失，发包人有过错的，也应承担相应的民事责任。”根据上述规定，双方解除建设工程施工合同后，已经完成的建设工程质量不合格且未能修复的，可相应核减不合格部分工程价款。本案中存在部分工程项目质量不合格问题，对此双方均无异议并有鉴定结论证明。但上述司法解释第十三条（现为《建设工程司法解释（一）》第十四条）同时规定：“建设工程未经竣工验收，发包人擅自使用后，又以使用部分质量不符合约定为由主张权利的，不予支持；但是承包人应当在建设工程的合理使用寿命内对地基基础工程和主体结构质量承担民事责任。”国宾公司在未经竣工验收的情况下擅自使用案涉工程，丧失了以工程质量不合格为由，抗辩拒付相应工程款的权利。同时，原审法院基于国宾公司关于工程质量的反诉请求，根据国宾公司的申请对案涉工程质量进行了委托鉴定，并依据鉴定结论，判决发展公司对不合格工程项目承担返工返修直至工程质量合格的义务，在工程质量方面已经充分考量和保护了国宾公司的权益。因此，判决国宾公司依照《结算书》中发展公司主张的价款支付工程款并无明显不当。

合同解除与违约损害赔偿可以并存。因一方当事人违约，合同解除的，守约方可以要求违约方赔偿违约造成的损失。因不可抗力导致合同解除的，一般双方都不需要承担违约责任，但不可抗力发生后，当事人应当采取补救措施减少损失而未采取的，应当对扩大的损失承担赔偿责任。双方协议解除合同，明确免除违约方的赔偿责任，或将违约方的赔偿责任、发包人应当支付的工程价款等作一揽子处理的，协议生效后，守约方不得再要求违约方赔偿。

（三）合同因违约解除的，解除权人可以请求违约方承担违约责任，另有约定的除外

《民法典》第五百六十七条规定：“合同的权利义务关系终止，不影响合同中结算和清理条款的效力。”合同中的结算和清理条款本身就包含对合同终止后事务的处理，因此，合同权利义务关系终止不影响结算和清理条款的效力。当事人在合同中约定违约责任，属于结算和清理条款，合同解除后，这些违约责任条款继续有效。当事人约定合同解除后，违约方无须承担违约责任的，应当尊重当事人的意思自治，解除权人不得再请求违约方承担违约责任。

根据 2017 年版示范文本通用合同条款的相关规定，承包人因发包人违约解除合同，发包人应在解除合同后 28 天内支付下列款项，并解除履约担保：合同解除前

所完成工作的价款;承包人为工程施工订购并已付款的材料、工程设备和其他物品的价款;承包人撤离施工现场以及遣散承包人人员的款项;按照合同约定在合同解除前应支付的违约金;按照合同约定应当支付给承包人的其他款项;按照合同约定应退还的质量保证金;因解除合同给承包人造成的损失。发包人因承包人原因导致合同解除的,则合同当事人应在合同解除后28天内完成估价、付款和清算,并按以下约定执行:合同解除后,商定或确定承包人实际完成工作对应的合同价款,以及承包人已提供的材料、工程设备、施工设备和临时工程等的价值;合同解除后,承包人应支付的违约金;合同解除后,因解除合同给发包人造成的损失;合同解除后,承包人应按照发包人要求和监理人的指示完成现场的清理和撤离;发包人和承包人应在合同解除后进行清算,出具最终结清付款证书,结清全部款项。

(四)合同解除后,担保责任继续存在,担保合同另有约定的除外

主合同解除不同于主合同无效,主合同无论是法定解除还是约定解除,均不影响担保合同的效力,担保合同并不随主合同的解除而解除。① 合同解除后,债务人仍对债权人负有恢复原状或采取其他补救措施、赔偿损失、承担违约责任等债务,担保人对这些债务仍需继续承担担保责任。

① 参见最高人民法院民法典贯彻实施工作领导小组编著:《中华人民共和国民法典合同编理解与适用(一)》,人民法院出版社2020年版,第665页。

图书在版编目(CIP)数据

建设工程施工合同纠纷诉讼实务指南 / 郑一珺，常东岳著. -- 北京 : 法律出版社，2021
ISBN 978 -7 -5197 -5489 -1

Ⅰ. ①建… Ⅱ. ①郑… ②常… Ⅲ. ①建筑施工－合同纠纷－民事诉讼－中国－指南 Ⅳ. ①D925.105

中国版本图书馆 CIP 数据核字(2021)第 054369 号

建设工程施工合同纠纷诉讼实务指南
JIANSHE GONGCHENG SHIGONG HETONG JIUFEN SUSONG SHIWU ZHINAN

郑一珺　常东岳　著

策划编辑　李沂蔚
责任编辑　李沂蔚
装帧设计　汪奇峰

出版发行　法律出版社
编辑统筹　法律应用出版分社
责任校对　周合芝
责任印制　吕亚莉
经　　销　新华书店

开本　710 毫米×1000 毫米　1/16
印张　27　　**字数**　468 千
版本　2021 年 7 月第 1 版
印次　2021 年 7 月第 1 次印刷
印刷　大津嘉恒印务有限公司

地址:北京市丰台区莲花池西里 7 号(100073)
网址:www.lawpress.com.cn
投稿邮箱:info@lawpress.com.cn
举报盗版邮箱:jbwq@lawpress.com.cn
销售电话:010－83938349
客服电话:010－83938350
咨询电话:010－63939796

书号:ISBN 978－7－5197－5489－1
定价:108.00 元
凡购买本社图书,如有印装错误,我社负责退换。电话:010－83938349